기후를 위한 경제학

지구 한계 안에서 좋은 삶을 모색하는 생태경제학 입문

기후를 위한 경제학

ⓒ김병권

1판 1쇄 발행 2023년 2월 21일 **1판 5쇄 발행** 2024년 3월 15일

지은이 김병권

펴낸이 전광철 **펴낸곳** 협동조합 착한책가게

주소 서울시 마포구 독막로 28길 10, 109동 상가 b101 - 957호

등록 제2015 - 000038호(2015년 1월 30일)

전화 02) 322 - 3238 **팩스** 02) 6499 - 8485

이메일 bonaliber@gmail.com

홈페이지 sogoodbook.com

ISBN 979 - 11 - 90400 - 44 - 2   (03320)

기후를 위한 경제학

김병권 지음

지구 한계 안에서 좋은 삶을 모색하는
생태경제학 입문

ECOLOGICAL ECONOMICS

COOPERATIVE
착한책가게

차 례

기후 엔드게임,
이제 경제학이 답할 차례

2022년 4월 세계 곳곳에서 아주 특별한 시위가 있었다. 노동자나 여성, 학생들이 거리에 나선 것이 아니었다. 종일 실험실이나 연구실에 있을 법한 자연과학자들 1천여 명이 시위 참여자가 되었다. 대학과 연구소에서 일하는 기후과학자들이었다. 미국 항공우주국^{NASA} 소속 과학자도 있었다. 이 시위를 기획한 것은 2021년에 결성된 과학자 멸종저항 단체인 '과학자반란^{Scientist Rebellion}'이었다.[1] 도대체 왜 자연과학자들이 연구실을 뛰쳐나와 사회를 향해 직접 목소리를 내려고 작정했을까? 기후위기가 이미 우리 앞에 닥쳤고 위험수위를 넘어가고 있다는 것을 자신들이 차고 넘칠 정도로 충분히 증명했는데도 사회와 정치가 제대로 응답하지도 대처하지도 않고 있다는 이유에서다.[2] 과학자들이 우려했던 돌이킬 수 없는 한계선을 이미 넘어가고 있을 만큼 기후대응이 잘못된 길로 가고 있기 때문에 행동에 나설 수밖에 없었다는 것이다.

"과학자들의 경고를 들으라"며 연구실 밖으로 뛰쳐나온 과학자들

특히 2022년 4월은 '기후변화에 관한 정부간 패널^{IPCC}*의 세 번째 실무그룹이 '기후완화 대책'을 담은 6차 보고서를 발표하는 달이었다. IPCC는 기후변화의 실상과 증거를 과학적으로 알려주는 국제적으로 가장 신중하면서도 권위 있는 기관으로 알려졌다. 하지만 과학자들은 6차 보고서가 작성되는 과정에서 과학자들이 작성했던 초안의 핵심 내용 중에서 기업들과 상류층, 기득권의 문제와 책임을 강조한 내용들이 빠지게 되었다고 분노했다.[3] '과학적인 결론'에 정치적 이해관계를 개입시켜 기후위기의 진정한 위험을 희석시키고 기업의 이익과 정치 엘리트들의 책임을 은폐했다는 것이다.[4] 심층적응포럼 설립자 젬 벤델$^{Jem\ Bendell}$은

---

* 기후변화에 관한 정부간 패널(Intergovernmental Panel on Climate Change:약칭 IPCC)은, 기후변화와 관련된 전 지구적 위험을 평가하고 국제적 대책을 마련하기 위해 세계기상기구(WMO)와 유엔환경계획(UNEP)이 공동으로 설립한 유엔 산하 국제 협의체이다.(출처:두산백과사전)

이런 행태를 '정치적으로 허용된 범위에서 만들어진 과학적 합의'라고 비꼬았다.[5] 그렇지 않아도 보수적이고 방어적인 IPCC의 결론을 다시 정치적으로 고려하면서 흐릿하게 만들었기 때문이다. 이런 식으로 기후위기 대처가 지연되고 은폐되는 것을 더는 두고 볼 수 없기에 자연과학자들이 연구실에서 뛰쳐나와 직접 사회적 호소를 하게 된 것이다.

과학자반란 멤버이면서 나사 소속 과학자인 피터 칼머스Peter Kalmus는 자신들이 거리로 나온 이유를 밝히며 이렇게 항변했다. "과학자들이 거리로 왜 뛰쳐나왔냐고요? 우리가 얼마나 심각한 상황에 있는지를 알리기 위해서요. 지금은 실험실에 있을 때가 아니라 행동해야 할 때입니다."[6] 심지어 일부 과학자들은 정부가 과학자들의 목소리를 계속 외면하고 있는 상황에서 이제부터는 IPCC 기후 평가 보고서 작성에 참여하지 말자는 주장까지 펴고 있다. "앞으로 IPCC 7차 보고서 작성에 과학자들이 참여하는 것은 완전히 무책임한 짓이 될 것이다. 따라서 우리는 더 이상의 IPCC 평가 보고서 작성을 중단하자고 요청한다. 우리는 정부가 기꺼이 자신의 책임을 성실하게 이행하고 지역과 글로벌 수준에서 모두 조율된 행동을 긴급하게 만들어낼 때까지 기후변화 연구를 중단할 것을 촉구한다."[7]

기후 위험을 희석시켰다는 비판에도 불구하고 IPCC의 이번 6차 보고서[8]는 대기와 해양, 육지에서 벌어지고 있는 온난화가 자연적인 현상이 아니라 명백히 '인간이 유발한' 것임을 그 어느 때보다도 강조하고 있다. 불과 200년 남짓의 짧은 기간에 지구 평균 온도가 1.1℃ 이상으로 상승한 것은 지난 200만 년 동안 전례가 없었다는 점도 다시 확인해주고 있다. 그 결과 인류가 농사를 지을 수 있도록 만들어준 11,700년 동안의 안정된 기후체제가 붕괴되고 있다고 경고하고 있다.

과학자들의 경고가 아니더라도 지금 이 순간 기후위기 한계선을 넘어가고 있다는 사실을 우리는 현실에서 점점 더 뼈저리게 체험하고 있다. 매년 신기록을 갈아치우는 홍수와 태풍, 가뭄, 폭염과 열돔현상, 점점 더 거대해지는 산불 등이 그것이다. 세계기상기구WMO는 2015년부터 2022년까지가 관측 기록상 지구 평균 온도가 가장 높았던 시기라고 보고했다.[9] 2022년만 해도 유럽과 미국에서 신기록을 갈아치운 폭염으로 스페인에서 700여 명, 포르투갈에서 1,000여 명이 사망하는 비극이 발생했다. 같은 시기 파키스탄의 거대한 국토를 1/3이나 물에 잠기게 했던 대홍수는 1,500여 명의 사망자와 3,300만 명이 넘는 이재민을 발생시키면서 국가 비상사태를 선언하는 지경까지 몰고 갔다. 미디어에서 충분히 소개되지 않았지만 동아프리카에서는 40년 만에 가장 심각한 가뭄으로 에티오피아, 케냐, 소말리아 등지에서 농업이 황폐화되고 수많은 사람들이 기아 위험에 빠졌다. 그나마 사정이 나았던 한국 역시 2022년 집중호우로 서울 일부 지역이 완전 침수되는 대재난을 초래했는가 하면, 이례적으로 강력한 태풍이 포항제철소 전체를 덮쳐 용광로를 꺼뜨리고 2조 원이 넘는 매출 손실을 발생시켰다. 제철소 용광로가 가동된 이래 처음 있는 일이다.

　　충분히 예견된 일이었다. 지난 2015년 파리에서 194개국이 온실가스 배출을 줄이기로 결의했다. 2018년에는 한국의 인천 송도에서 '1.5°C 특별보고서'를 채택하여 인류의 안전한 삶을 위해 지구 평균 온도를 추가로 1.5°C 이상 올리지 말아야 한다고 못 박았다. 이 '1.5°C 가드레일'은 이후 모든 기후운동과 기후정치가 지켜야 할 공통 기준선이 되었다. 그로부터 5년이 지났다. 하지만 글로벌 온실가스 배출 증가 곡선은 2022년까지도 전혀 꺾이지 않았고 대기의 이산화탄소 농도는 매년 올라가

419.7ppm에 이르렀다(2023년 1월 기준).[10] 지금도 온실가스 배출 추이는 안전한 수준을 향해 꺾이는 궤도로 전혀 진입하지 못하고 있다. 지난 5년 동안 기후위기 대처를 위한 결정적인 행동이 없었으니 당연한 결과다. 그 사이 언론들은 기후변화라는 밋밋한 용어 대신 기후위기climate crisis, 기후비상사태climate emergencey라고 부르기 시작했다.[11]

급기야 지구 생태계 한계 안에서 우리의 삶을 안전하게 지키는 것이 어렵게 되었고, 이미 한계를 넘고 있다는 경고까지 나오게 되었다. 기후위기를 둘러싼 지형이 근본적으로 바뀌기 시작한 것이다. 실제로 유엔은 2022년 현재 전 세계 국가들이 자발적으로 약속한 온실가스 감축을 모두 이행하더라도 1.5°C가 아니라 2.4°C~2.6°C 이상 높아질 것으로 분석했다.[12] 심지어 유엔환경계획은 '탄소 배출 순제로 목표를 향한 신뢰할 만한 경로를 찾기 어렵게' 되었다고 고백하고 있을 정도.[13] 과학자들이 직접 행동에 나설 만큼 일은 확실히 잘못된 방향으로 흘러가고 있는 것이다. 일부 기후과학자들은 달라진 기후위기 상황을 표현하기 위해 새로운 개념을 쓰기 시작했다. 저명한 기후과학자 빌 맥과이어Bill McGuire는 그린란드와 남극 서부 빙하가 녹은 속도 등을 감안할 때 1.5°C 가드레일은 이미 무너져버렸다고 경고하면서[14], 이제 지구온난화[15]라는 어정쩡한 용어를 버리고 '지구가열global heating'이라고 써야 하며 '기후위기'가 아니라 '기후붕괴climate breakdown'로 써야 한다고 역설했다.[16] 물론 0.1°C라도 추가로 더 올라가지 않도록 최선을 다하는 것이 여전히 우리의 희망이 될 것임을 잊지 않고 지적했지만.

젬 벤델은 한발 더 나아가서 기후붕괴가 불가피하게 사회붕괴social collapse로 이어질 것이라면서 이제 이를 외면하지 말고 직시해야 한다고 제안한다. 세상의 종말이 왔다는 얘기를 하려는 것이 아니라, 현재의 실패를 객관적으로 인정해야 더 큰 실패를 막을 수 있다고 역설하는 것이다.[17] 젬 벤델의 경고는 최악의 상황을 예상한 '사전예방의 원칙' 아래 위험에 대처해야 한다는 당연한 사실을 환기시킨다. 일반적으로 우리는 바다에서 밀려오는 해일의 평균적 높이가 아니라 가장 큰 해일이 닥칠 때를 고려해서 방파제의 높이를 결정한다. 기후위기도 마찬가지이어야 한다는 것이다.

그래서 이제 기후붕괴가 전 사회적 붕괴로 이어지는 '기후 엔드게임 climate endgame'[18]의 상황마저 고려해야 한다는 목소리까지 나오고 있다. 물론 지구 평균 온도가 3°C 이상으로 올라갈 때 발생할 수 있는 기후 엔드게임은 아직 확률이 높은 것은 아니다. 하지만 우리는 점점 더 그 방향으로 가고 있고, 최악의 시나리오를 예상하고 대비해야 할 시점까지 온 것이다.[19] 갑작스런 코로나19 팬데믹의 충격에서 생생하게 경험한 것

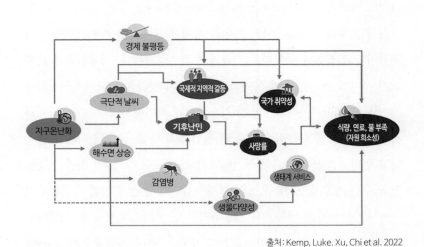

출처: Kemp, Luke. Xu, Chi et al. 2022

그림 1 기후대응 실패로 인해 예상되는 연쇄반응

처럼, 기후변화 역시 우리가 알지 못하는 변수가 너무 많고 예기치 못한 연쇄반응을 일으키는 등 비선형적 복잡계 양상을 띤다는 점을 기억해야 한다. 기후위기는 미래에 어떻게 변할지 모르는 것이 너무 많은 '심층적 불확실성deep uncertainty'을 특징으로 가지고 있기 때문이다. 통제 범위를 벗어나 폭주할 기후붕괴와 기후재난, 그리고 사회붕괴라는 용어를 우리는 앞으로 더 자주 더 많이 미디어에서 들어야 할 것 같다.

어쨌든 지금까지처럼 기후위기 대처를 계속 회피하거나 지연시키면 아무런 준비 없이 사회붕괴 상황을 마주할 것이기에 기후과학자들마저 행동에 나섰던 것이다. 이제 기후과학자, 자연과학자들이 아니라 사회와 경제를 연구하는 이들과 정책을 결정하는 이들이 나설 차례다. 자연과학으로 기후의 심각성을 되풀이하여 설명하고 있을 시점이 아니라, 어떻게 모두의 지혜와 역량을 모아 사회적으로 대처할 수 있는지 사회과학의 지식과 지혜가 필요한 시점이라는 말이다.

하지만 지금껏 사회과학의 중심을 자처한 경제학은 기후위기를 무시해왔거나 인정했다 하더라도 지나치게 과소평가했다. 경제성장과 기후위기 사이에 놓인 딜레마를 아직도 해결하지 못한 이유다. 미국 경제학자 앤드루 맥아피Andrew McAfee는 기후위기에 직면해서도 "우리는 경제와 사회의 운전대를 다른 방향으로 홱 돌릴 필요가 없다. 그냥 가속 페달을 밟고 있기만 하면 된다."고 공언하고 있을 정도다.[20] 기후변화를 오랫동안 연구한 공로로 2018년 노벨 경제학상까지 받은 윌리엄 노드하우스 William Nordhaus 같은 이들조차 기후위기로 인한 사회경제적 충격을 여전히 과소평가하고 있다는 비판을 받고 있다.[21] 이런 경향에 대해 뉴욕타임스는 2022년 8월 25일자 기사에서, 기존 경제학이 기후위기를 지속적으로 과소평가했으며 그나마 "경제학자들이 공들여온 탄소가격제도마저 지금까지 기후위기 대응에서 그다지 큰 역할을 하지 못했다"고 꼬집고 있다.[22]

　이 책의 문제의식은 여기에서 출발한다. 이제 기후대응은 자연과학을 떠나 사회과학적 해법 모색이 절실한 시점에 들어섰는데, 기존에 확립된 주류적인 관점과 정책들은 왜 기후위기 대응에 적절히 기여하지 못했는가? 만약 기존 관점이 기후위기와 생태 문제를 해결하는 데 근본적인 결함을 안고 있다면 이를 대신할 대안적 접근법과 방법론은 무엇일까? 기후위기 시대에 맞는 '기후를 위한 경제'는 없는 것인가? 대안이 있다면 거칠고 부족하더라도 찾아내서 탐구하고 더 나은 해법을 찾기 위해 적용해야 하지 않을까? 이런 질문들은 '생태경제학ecological economics'이라는 낯선 경제학 전통으로 관심을 돌리게 한다. 생태경제학은 그 시작부터 "지구 생태적 한계 안에서 인간의 경제가 존재해야 한다"는 원칙을 강조해왔다. 인간 경제활동에서 과도하게 사용된 화석연료, 그로 인한 막대한 온실가스 배출이 지구 온도를 상승시켜 지구의 탄소 순환체계를 교란하고 지구 안의 생태계를 위험에 몰아넣어 나타난 현상이 바로 기후위기다. 생태경제학은 우리 경제가 어떻게 지구 생태 한계선 안에서 안전하게 작동할 수 있는지 지혜를 줄 수 있다. 최근 무한 경제성장, 무한한 물질소비 확대에 대한 점점 더 커지는 비판적 문제제기나 유행처럼 번지고 있는 '탈성장'도 모두 생태경제학이라는 접근법에 토대를 두고 있다.

　이 책은 생태경제학이 기후위기와 생태위기 대처를 위해 더 나은 해법을 찾는 데 도움을 줄 수 있을 것이라 믿고, 이 낯선 경제학이 어떤 문제의식으로 출발했으며 기존 경제학과 다른 원칙은 무엇인지를, 그리고 생태경제학이 제시하는 주요한 이론 틀, 다양한 주장들과 특별한 정책 수단들을 차례로 검토해보려고 한다. 1장은 생태경제학이 어떤 배경에서 탄생했는지를 확인하면서 생태경제학의 역사를 짧게 되돌아 볼 것이다. 1960년대부터 시작하여 최근의 탈성장론까지 길지 않은 기간 동안 생태경제학이 어떤 문제의식을 발전시켜왔고 기존 경제학과 어떻게 차별화되어 왔는지를 확인하게 될 것이다. 2장에서는 생태경제학을 다른 모든 경제학과 구분지어 주는 생물리학적* 기초를 확인해볼 것이다. 모든 생명현상이 작동하는 방식과 다름없이 인간의 집단적 생명을 유지해주는 경제활동 역시 자연과 끊임없이 물질대사를 하는 과정이라는 점을 보여줄 것이다. 인간의 경제활동이 자연과의 물질대사 과정이라면 당연하게도 경제활동 역시 자연계에 보편적으로 적용되는 열역학 법칙의 지배를 받아야 한다. 열역학 제1법칙이 기존의 생산함수를 어떻게 수정하도록 만드는지, 그리고 엔트로피 법칙으로 더 잘 알려진 열역학 제2법칙은 경제의 무한성장에 어떻게 한계를 지우는지에 대해서 살펴볼 것이다.

3장에서는 현재 기후위기와 인간 경제가 가장 첨예하게 충돌하는 지점인 '경제의 무한성장' 문제를 집중적으로 다룬다. 지구의 한계를 이미 부분적으로 넘어버린 인간 경제는 '꽉 찬 세상'으로 진입하였고, 무한성장은 기술혁신이나 다른 수단으로도 더 이상 가능한 선택지가 아니게 되었다는 점을 확인할 것이다. 현실에서도 이미 1980년대 이후 선진

---

* 생물리학(biophysics)은 "물리학의 이론과 방법들을 이용하여 복잡한 생물학의 문제를 설명하려는 분야이다. 생물리학은 분자생물학 수준부터 복잡한 조직세포 수준의 상호작용, 생태계 등 많은 생물 분야를 포괄적으로 연구하는 학문"이라고 정의된다.(출처: 위키피디아) 이 책에서는 일종의 생명과학인 경제학을 물리학의 관점에서 이해하려는 의도에서 생물리학 개념을 사용한다.

국을 중심으로 제로성장에 수렴하고 있으며 한국 경제도 이 방향으로 움직이기 시작했다는 사실도 살펴볼 것이다. 이어서 4장은 이 책의 중심 주제다. 지구의 생태적 한계를 넘어서지 않기 위해 무한성장을 제한한다면, 우리 경제는 도대체 어떻게 작동하고 유지될 수 있을까? 달리던 자전거를 멈춰 세웠을 때 넘어지는 것처럼, 무한성장을 그만두면 실업과 혼란을 수반하는 경기침체나 공황 상태에 빠져들지 않을까? 여기에 대해 생태경제학자들이 해법으로 제시한 '정상상태 경제', '도넛 경제', '잘 설계된 성장 없는 경제', '탈성장 경제', '생태사회주의' 등이 각각 어떻게 다른 방식으로 경제성장과 자본주의에 새로운 방식으로 접근하는지 세부적으로 비교해볼 것이다. 그리고 OECD 국가의 일원이 된 지 27년이 넘은 선진국 한국 경제가 어떻게 무한성장 궤도에서 빠져나와 생태적 경제로 전환하고 기후위기 대응에 성공할 수 있을지 짚어볼 것이다.

5장은 지금까지 잘 알려져 있지 않은 생태경제학의 분배정책을 소개해보려 한다. 특히 경제의 기본 주제인 성장-분배-시장정책에 대해 생태경제학이 기존 경제학과 달리 어떤 접근을 하는지 확인해보면서, 생태경제학이 왜 파격적인 분배정책을 요구하는지도 알아볼 것이다. 나아가 생태경제학은 기존 경제학에서 가장 중요시하는 시장의 가격 메커니즘을 어떻게 수용하고 있는지, 시장가격을 기후위기 해결에 어떻게 활용하려 하는지 알아볼 것이다. 그리고 우리나라에서 특히 관심을 끌고 있는 ESG나 RE100을 생태경제학이 평가하는 방식도 짚어볼 것이다. 아울러 생태경제학은 금융에 대해서 자신들만의 독특한 접근법을 필요로 하게 된다는 점도 덧붙여보려 한다. 결론 부분에서는 지금까지 정리한 생태경제학의 관점과 정책들을 종합하여 새로운 경제개혁 전략과 정책을 어떻게 구성해낼 수 있을지 시론적인 모색을 해볼 것이다.

필자가 생태경제학에 관심을 갖고 개인적인 탐구를 시작한 것은 2010년대 초반부터지만, 본격적으로 정책에 응용하기 시작한 것은 2017년 서울시 혁신·협치 정책과 2019년 정의당 '그린뉴딜경제위원회'에 참여하면서부터다. 긴급한 글로벌 이슈로 부상한 기후위기 대처를 위해 한국판 그린뉴딜 버전을 고민했고, 그 결과를 담아 2020년 봄에 《기후위기와 불평등에 맞선 그린뉴딜》이라는 단행본을 출간해 많은 분들의 관심을 받았다. 그리고 이듬해에 출간한 책 《진보의 상상력》에서는, 올바른 디지털 경제와 함께 생태경제로 진보적 경제개혁이 재구성되어야 한다는 제안을 담았다.

책 출판을 계기로 수많은 강연과 토론에 참여하면서, 풀어야 할 가장 큰 숙제가 기후위기 대응과 경제 문제의 충돌이라는 사실을 거듭 목격했다. 그리고 기존의 경제성장 정책을 기후위기와 두루뭉술하게 조화시키는 것이 더 이상 불가능하다고 시간이 갈수록 확신하게 되었다. 경제를 품고 있는 지구 생태계에 둔감한 채, 무한성장 패러다임에 깊게 매몰된 기존의 경제관과 경제정책을 뛰어넘지 않으면 제대로 된 기후위기 대응이 어렵거나 불가능하다고 생각한 것이다. 그래서 2022년 여름 약 1개월 남짓 기간 동안 나의 문제의식을 33번에 걸쳐 소셜미디어에 풀어내 보았다. 정말 많은 분들의 공감과 피드백이 있었는데, 이 책은 그 내용을 기초로 더 충실히 다듬고 자료와 문헌을 다수 보완한 것이다.

정책 연구자로서 필자가 이 책을 쓰게 된 동기는 학술적인 관심보다는 이처럼 매우 구체적이고 절박한 정책적 필요에서 나왔다. 기후위기가 사회붕괴를 예고하는 마당에 아직도 '경제를 살리기 위해서'라는 낡은 명분을 내걸고 기후위기를 가속화하는 회색 토건개발, 탄소집약적 산업 지원, 무리한 소비 조장 등이 반복되고 있기 때문이다. 수많은 학자와 전문가들이 즐비한 기존 경제학계가 경제와 기후의 충돌을 풀어주는 것이 아니라 오히려 정당화하고 있기 때문이다. 기후위기와 경제적 수익 추구가 정면충돌하여 파국으로 가는 상황에서 이를 막을 해법은 기존 접근법이 아니라 생태경제학이라는 대안적 접근법이라고 믿기 때문이다. 생태경제학이라는 새로운 경제적 접근법이 기후와 인간 경제를 다시 관계 짓고 지구의 생태적 범위에서 우리의 물질적 삶을 살아갈 길을 안내해줄 수 있다고 전망하기 때문이다.

이 책은 생태경제학에 관한 입문서로서의 역할에 충실하려고 한다. 다양한 문헌과 자료를 바탕으로 생태경제학의 발상과 문제의식, 기본원리들이 어떻게 기존 경제의 관점이나 정책과 확연히 구분될 수 있는지 독자들에게 쉽고 분명하게 전달하려고 노력했다. 생태경제학이 지구 생태계와 경제를 관계 짓는 방법, 다른 관점으로 재해석된 경제성장과 분배, 시장 이론이 어떻게 기후위기 해결에 도움이 될 수 있는지를 밝히는 데 초점을 맞췄다. 또한 생태경제학의 기본원리들이 우리 사회경제의 대전환 과정에도 훌륭하게 적용될 수 있다는 점을 보여주고 그 시작점이 어디일지 찾고자 노력했다. 녹색성장에서 생태사회주의까지 생태경제학을 둘러싼 다양한 주장들을 폭넓게 소개하고 있지만, 필자의 관점은 성장 패러다임을 거부하면서도 생태거시경제적 접근법으로 정책 설계를 모색하는 허먼 데일리나 팀 잭슨, 피터 빅터 등의 견해에 가깝다. 필자는 생태경제학의 관점을 빌려 다음의 세 가지 주장을 독자들에게 전달하려 한다. 첫째, 무한 경제성장은 우리에게 불가피한 것이 아니고 가능하지도 않다는 사실을 생태경제학이 명확히 입증했다. 둘째, 현재 글로벌 경제는 이미 지구 생태계의 경계선을 넘었으므로 선진국을 중심으로 무한 경제성장을 멈추고 에너지와 물질자원 처리량 규모를 줄여나가야 한다. 한국도 이를 따라야 한다. 셋째, 경제 규모 팽창을 멈추는 대신 사회구성원들의 삶을 개선하기 위해 분배를 획기적으로 개선해야 한다. 기후위기 해결을 위한 모든 정책과 실천들은 위의 세 가지를 바탕으로 해야 한다.

한국에서 생태경제학은 연구하는 사람도 극소수이고 번역된 출판물도 매우 적다. 최근 탈성장 관련 서적들이 꽤 번역되기 시작했지만, 대체로 그 내용의 배경을 이루고 있는 생태경제학의 원리나 이론체계를 충분히 소개해주고 있지는 않다. 이 책이 무엇보다 기후위기 대응을 위한 경제의 전환을 상상하고 재설계하려는 기후운동가나 정책 담당자들에게 도움이 되기를 바란다. 아울러 향후 생태경제학의 관점에서 한국 경제와 기후위기에 관한 더 많은 논쟁과 토론을 벌이기 위한 촉진제로 이 책이 활용되길 기대한다. 그래서 더 나은 경제정책 설계와 기후 대응 실천에 보탬이 되었으면 한다. "실천 없는 사상은 좌절을 부르고, 사상 없는 실천은 실패를 부른다"면서 기후운동 실천과 이를 뒷받침할 경제학적 이론을 모두 강조한 한 생태경제학자의 조언이 이 책의 필요성을 뒷받침할 것이라고 믿는다.[23]

1장

기후위기 시대에

필요한

기후경제학

기후대응 30년의 처절한 실패에서
무엇을 배울까?

　기후위기 대응이 지금까지 실패를 거듭하여 급기야 최후의 방어선처럼 간주된 '1.5°C 가드레일'조차 이제는 지키기 어려운 새로운 국면으로 접어들고 있다고 앞서 지적했다. 여기서 한 가지 질문을 던져보자. 도대체 왜 그리고 어떻게 기후위기 대응은 실패의 역사를 밟아왔는가? 나사의 기후과학자 제임스 한센James Edward Hansen이 마이클 오펜하이머 Michael Oppenheimer, 슈쿠로 마나베Syukuro Manabe와 함께 미국 의회 청문회에서 기후변화의 실재적 위험성을 경고하여 기후 위험이 정치화된 것이 1988년이다. 같은 해 기후변화의 위험을 평가하는 조직인 IPCC가 설립되었고 2년 뒤인 1990년에는 첫 보고서가 발표되었다. 이어서 인간이 유발한 것이 명백한 기후위기를 계속 방치하면 돌이킬 수 없는 상황에 직면할 것이라고 계속 강도를 높여가면서 경고한 보고서가 무려 6번째까지 나왔다. 글로벌 차원에서 형식을 갖춘 수많은 기후완화 조치와 결정, 무수한 정책 프레임워크, 다양한 행동 계획과 활동 프로그램, 매년 규모를 키워 개최해온 기후 컨퍼런스, 국제적인 기후기금 조성 계획과 투자 등도 줄을 이었다.

하지만 결과는 뭔가? 1750~1990년까지 240년 동안 이산화탄소 누적 배출량이 8,040억 톤이었는데, 1990~2019년 단 30년 동안 배출한 양이 그보다 더 많은 무려 8,720억 톤이었다(그림 2 참조). 그 결과 글로벌 이산화탄소 연간 배출량이 1990년 대비 60퍼센트 정도 증가했다(같은 기간 세계 경제 규모는 120퍼센트 팽창했다). 이런 실패를 도대체 어떻게 설명해야 하는가? 2000년대에 접어들면서 아예 새로운 지질시대가 왔음을 인정해야 한다는 취지에서 '인류세'라고 부르자는 제안까지 나왔다.* 인류가 유발한 기후변화와 생태계 변화가 이미 지구 생태계에 회복 불가능한 충격을 주고 있다는 것, 그래서 인류가 지구 표면 지층구조에 지울 수 없을 만큼 흔적을 새기고 있다는 사실이 점점 더 분명해지고 있기 때문이다. 인간 사회와 지구 생태계의 관계가 새로운 국면에 진입했다는 것이다.

그래서 당장 떠오르는 질문은 이것이다. 인류가 기후위기를 명백히 인지하고 대처하기 시작한 지도 30년이 넘었는데 도대체 그동안 어떤 식으로 대처했기에 해결은 고사하고 훨씬 더 악화되었는가? 이 질문에 제대로 대답을 해야만 쳇바퀴처럼 실패를 반복하다가 더 큰 위기를 자초하는 상황에서 빠져나올 수 있다. 마침 이 질문을 진지하게 던지고 실패의 원인을 해부하여 교훈을 찾고자 했던 일군의 학자들이 있었다. 클라이브 스패시Clive L. Spash를 필두로 한 전 세계의 저명한 생태경제학자들

---

* '인류세(Anthropocene)'라는 명칭은 2000년 노벨 화학상을 수상한 대기화학자 파울 크루첸(Paul J. Crutzen)이 제안한 것으로, 인간의 활동으로 지구의 상태가 근본적으로 바뀌어서 홀로세가 끝나고 인류세가 왔음을 선언해야 한다는 것이다. 물론 2022년 말 현재 지질학회 국제층서위원회에서 아직 공식적으로 채택되지는 않았지만 점점 더 설득력 있게 받아들여지고 있다.

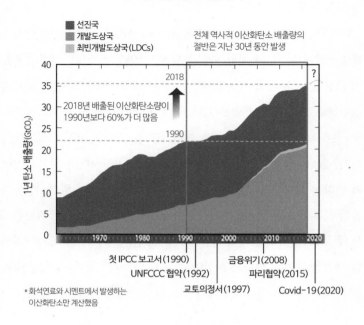

글로벌 이산화탄소 배출 추이

■ 선진국
■ 개발도상국
■ 최빈개발도상국(LDCs)

전체 역사적 이산화탄소 배출량의
절반은 지난 30년 동안 발생

2018년 배출된 이산화탄소량이
1990년보다 60%가 더 많음

첫 IPCC 보고서(1990)
UNFCCC 협약(1992)
교토의정서(1997)
금융위기(2008)
파리협약(2015)
Covid-19(2020)

* 화석연료와 시멘트에서 발생하는
이산화탄소만 계산했음

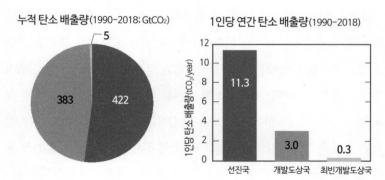

누적 탄소 배출량(1990-2018; GtCO2)

5
383
422

1인당 연간 탄소 배출량(1990-2018)

11.3
3.0
0.3

선진국   개발도상국   최빈개발도상국

출처: Stoddard, Isak·Anderson, Kevin et al. 2021

그림 2   선진국, 개발도상국, 최빈개발도상국의 탄소 배출량 비교

과 기후과학자들 23명이 2021년 공동 집필한 "기후완화 30년: 왜 글로벌 탄소 배출 추이를 꺾지 못했나?"라는 논문이 그것이다.[24] 이 논문의 장점은 학술적 엄밀함을 유지하면서도 매우 직설적이고 분명하게 문제를 해부한다는 점에 있다. 기후변화에 대한 대응 방식과 완화 정책에 대해 그동안 유엔을 포함한 공신력 있는 국제기구들에서 정말 많은 평가와 제안들이 쏟아져 나왔다. 하지만 너무 자주 정치적인 고려가 들어가서 내용이 무뎌지거나 완곡하고 우회적인 표현들로 범벅이 되어 도무지 핵심을 파악하기가 어려운 경우도 적지 않다. 하지만 이 논문은 정치적 고려나 우회적 표현과 같은 거추장스런 형식들을 모두 걷어냈다.

　논문은 기후변화 대응 실패의 원인을 크게 3가지 묶음 즉, '화석연료 기득권'을 유지하려는 권력의 문제, '잘못된 지식과 정책 패러다임'에서 비롯한 지식인 그룹의 문제, 그리고 '익숙한 관성에 안주'하려는 시민들의 습관으로 구분하고, 이를 토대로 더 세부적인 9가지 렌즈를 가지고 기후변화 대응 실패의 원인을 분석한다. 하나씩 살펴보자. 논문은 기후위기 대응이 실패한 제1원인을 권력의 문제라고 곧장 핵심을 파고든다. 그동안 기후위기 대응을 집요하게 방해하고 지연시키려는 화석연료 기득권이 기후위기 대처에서 거듭된 실패를 불러온 가장 중요한 원인이라는 것이다.[25] 주요 선진국 중심으로 핵심 산업 분야에 넓게 포진한 화석연료 기득권은 다양한 방식으로 정치사회적 영향력을 행사하거나 지속적인 로비 등을 통해 기후 논쟁 지형을 결정하고 기후정책에 영향을 주는 제도를 통제함으로써, 온실가스 배출을 줄이려는 중요한 거버넌스나 정책들이 자신들의 기득권을 위협하지 않도록 만들었다. 명성 있는 기후활동가 빌 맥키번Bill McKibben도 기후위기 대처를 빠르게 할 수 없었던 가장 큰 원인을 화석연료 기득권에서 찾고 있다. 여기서 기득권은 엑

슨모빌과 같은 세계 최대 석유기업들이기도 하고, 사우디아라비아나 러시아, 미국 같은 산유 국가들이나 오스트레일리아 같은 석탄 보유 국가들이기도 하며, 화석연료기업들에게 거액의 자금을 받아온 조 맨친^{Joe} ^{Manchin} 미국 민주당 상원의원 같은 정치인이기도 하다. 맥키번에 따르면 화석연료 기득권들에게 재생에너지의 출현은 재앙이다. 재생에너지로의 전환이 너무 급속히 진행되면 더는 화석연료를 계속 채굴해서 큰돈을 벌어들일 수 없기 때문이다.[26]

화석연료 기득권들은 인간 활동으로 인해 급격한 기후변화가 발생하고 있다는 검증된 과학을 부인하는 가짜 정보를 유포했을 뿐 아니라, 보수적 민간 싱크탱크에 대한 자금 지원을 통해 기후위기를 부인하는 보고서를 내고 여론을 조작하도록 유도했다. 심지어 파리기후협약 등에 영향력을 행사하기 위해 정치적인 로비까지 시도하는 등, 글로벌 차원에서 온실가스 감축 절차를 엄격하게 정하지 못하도록 국제적인 기후 거버넌스에 영향력을 행사했다. 특히 신속한 국제적 행동을 방해했던 가장 중요한 요인은 탄소 기득권 로비에 영향을 받은 미국의 예외주의였는데, 가장 큰 경제대국인 미국이 2001년 교토의정서에서 탈퇴했던 사례가 그 점을 잘 보여준다. 유럽연합은 그나마 기후변화 대응을 선도해왔지만, 소속 국가들의 일관되지 못한 국내 정책 등으로 인해 충분한 성과를 거두지는 못했다. 한편 중국은 온난화를 막기 위한 행동에 부분적으로 나서기는 했지만 선도적 역할을 떠맡지 않으려고 했다. 그 결과, 일부 선진국에서 기후대응에 진전이 있었지만 부유한 선진국들이 전반적으로 기후변화 대응에서 리더 역할을 하는 데 결정적으로 실패하게 되었다고 논문은 분석한다.

화석연료기업들의 전방위적 로비와 함께, 석유자원을 둘러싼 '지정학

geopolitics적 경쟁'과 탄소집약적인 '군사주의militarism'가 또한 기후위기 대처를 위한 행동을 가로막았다. 특히 하나의 중견국가 수준만큼 탄소를 배출하는 미국 군대를 포함해서 전 세계의 군대와 이들이 벌이는 군비 경쟁이 글로벌 탄소 배출의 중요한 원인이지만 이에 대한 제대로 된 통계조차 없는 실정이다. 이제는 폭염과 홍수, 가뭄이나 산불 같은 극한의 기후현상 탓으로 기후난민이 발생하여 지정학적 불안정성을 심화하고, 이것이 다시 전쟁의 위험을 높이는 악순환이 발생할 개연성조차 높아지고 있다. 사실 군비경쟁이 기후대응과 충돌한다는 당연한 지적은 지금까지 의도적으로 회피된 사실이다. 한국도 2022년 8월에 와서야 녹색연합을 통해서 한국의 군사부문 탄소 배출량이 최초로 대중에게 공개되었다. 2020년 기준으로 군사부문 탄소 배출량은 약 388만 톤에 달하는데 이는 전국 783개 공공기관의 배출량 370만 톤보다 많은 양이다. 녹색연합은 이조차도 실제보다 적게 추산됐을 가능성이 높다면서 군사부문의 탄소 배출 관리·감축을 위한 국내 및 국제사회의 적극적인 정책이 필요하다고 지적했다.[27]

기후위기 대응을 번번이 실패로 이끌고 있는 두 번째 원인을 논문은 지식인과 전문가 그룹에서 찾고 있다. 특히 기존의 경제 패러다임은 화석연료와 자원의 무한 공급에 기반한 무한 경제성장 논리를 뒷받침해왔다. 이렇게 기후위기 심화에 일정한 책임이 있는 경제 패러다임을 그대로 이용하여 설계된 기후완화 정책이나 수단들로 기후위기에 대처하겠다는 것은 원천적으로 한계가 있을 수밖에 없다. 그래서 논문은 기존 사회과학과 경제학적 접근법이 기후위기 대응에서 보여준 실패를 집중적으로 문제 삼는다. 주요하게는 도전받지 않는 '경제성장 헤게모니'를 뒷받침하는 경제논리와 정책들, 과도하게 시장의 가격 메커니즘에 의존해 온 정책 수단들 등이 제대로 된 기후위기 해결을 방해했다는 것이다. 특히 보수주의 주류경제학은 지금까지도 경제활동이 지구 생태계에 가하는 충격을 단일한 화폐가치로만 계산해왔다. 하지만 지구 생태계가 보유한 무수한 다원적 가치들을 단일한 시장가격으로 환원하는 것 자체가 원래 불가능할 뿐만 아니라, 그렇게 가격을 매겨서 시장 메커니즘 안에 넣는다고 해도(즉 외부성의 내부화), 경제활동이 지구 생태계를 위협하지 않도록 시장을 통해 적절히 조율하는 데 성공하지 못했다.

한발 더 나아가 논문은 가격 메커니즘에 의해 잘 조율되길 기대하는 이상적이고 완전 경쟁하는 시장은 현실에 없다고 확인한다. 현실의 시장은 많은 경우 독과점 세력에 의해 지배되는데, 지구 생태계와 긴밀히 연결된 에너지와 원료, 곡물 시장 역시 글로벌 소수 독점적 공급자들에 의해 지배되고 있다. 이들 소수 독점기업들은 시장의 가격 신호를 따라가는 것이 아니라 시장의 가격을 스스로 정할 만큼 힘이 있다.[28] 더 나아가 이들은 정부를 움직여서 자신들에게 유리한 각종 보조금과 세금 감면도 받아낼 수 있다. 이런 상황에서 시장의 가격 메커니즘이 환경파괴의 사회적 비용을 제대로 반영할 수도, 그 결과 탄소 배출을 줄이도록 시장 행위자들을 유도할 수도 없다는 것은 명백하다.

사실 현실의 시장은 주요 화석연료기업이나 자원집약적 기업들로 하여금 환경파괴 비용을 내부화시키기는 고사하고, 기업들이 발생시킨 사회적 비용을 끊임없이 다른 곳으로 전가해왔다고 논문은 지적한다. "기후변화는 시장실패의 결과가 아니라, 완전히 기능하는 자본축적경제가 다른 곳(특히 목소리나 힘이 없는 서민, 미래세대, 아이들, 그리고 비인간)으로 비용을 전가하려고 집요하게 노력한 결과다." 따라서 지나치게 시장의 탄소 가격 설정에만 의존하면서 이를 비용 효율적이라고 선호해온 보수주의 주류경제학이 기후대응에 무력한 것은 당연했다. 심지어 탄소 가격 부과의 한 방법으로 그나마 유럽 등에서 시작된 탄소배출권거래제[ETS]는 진정한 총량 규제가 되지 않았고, 가격도 변동성이 심했으며, 투기로 시달렸던 점을 교훈으로 삼을 필요가 있다.

이어서 논문은 보수주의 주류경제학에 기반한 '기후완화 모델링' 방법론도 문제 삼는다.[29] 특히 이들 모델은 협소한 기술경제적 합리성에 의존하는 경향이 높다. 그 때문에 원천적으로 자원 수요를 줄이는 방안을 모색한다거나 심대한 사회경제적 구조변화를 기획하기보다는, 주로 탄소 배출을 줄이기 위한 기술적인 선택지에만 좁게 매달리는 경향이 있다. 그러다 보니 탄소 배출을 줄이는 미래 시나리오를 구성할 때에도 기술적인 '대규모 이산화탄소 제거' 방안들을 시나리오에 반복적으로 포함시켰다. 하지만 이들 기술은 여전히 매우 불확실하고 효과도 입증되지 않았으며 매우 현실성이 낮았다.[30] 이런 유형의 기술이 탄소 배출을 줄이거나 대기중 탄소량을 줄일 것이라고 공허하게 약속하게 되면, 지금 화석연료를 계속 사용하는 것이 정당화된다. 탄소 배출을 계속해도 미래 어느 시점에서 기술혁신이 배출된 탄소를 포집해서 어딘가에 묻어버릴 수 있다고 변명할 수 있기 때문이다. 이렇게 대규모 이산화탄소 제거 기술에 대한 장밋빛 희망은 지난 30년 동안 탄소 배출 감축을 지연시켜온 전술로 활용되었다.

기존 정책 패러다임 실패 사례 가운데 논문이 지적한 또 하나 중요한 이슈는 에너지 전환 정책의 실패다. 인류 역사 전체를 통해 주요 에너지원은 인간, 가축, 그리고 바이오매스였다. 지난 200년 동안만 예외적으로 석탄, 석유, 가스와 같은 화석연료에 의존했을 뿐이다. 그런데 새로운 에너지가 등장할 때마다 그것이 기존 에너지를 대체한 것이 아니라 기존 에너지 위에 추가로 얹어지면서 결과적으로 전체 에너지 공급량은 계속 팽창했다. 예를 들어 목재를 계속 쓰면서 그 위에 석탄을, 석유를 활용하게 되자 석탄을 계속 쓰면서 그 위에 석유를, 그리고 다시 그 위에 가스를 추가로 쓰는 방식이었다. 심지어 수력이나 핵발전, 그리고 풍력과 태양광 등 재생에너지조차도 지금까지는 기존 에너지들을 대체하기보다는 전체 화석연료 위에 추가로 얹어졌고, 그 결과 총에너지 공급의 가속 팽창과 탄소 배출의 비례적 증가로 이어졌다.

이런 패턴을 전환하려면 시장이 아니라 정부가 석탄과 같은 기존의 탄소집약적 에너지원을 퇴출시키기 위해 강력한 정책적 개입을 해야 한다. 또한 새로운 에너지를 추가로 공급하는 데만 치우치기보다는 '에너지 총수요'를 일정하게 관리하는 정책 패러다임 변경을 시도해야 한

＊Stoddard, Isak·Anderson, Kevin et al. 2021을 토대로 필자가 구성

그림 3 기후위기 대응 실패의 원인

다.[31] 이처럼 기존 학계와 전문가 그룹이 선호해온 시장 중심, 기술 중심, 공급 중심의 지식 패러다임이 지난 30년 동안 인류로 하여금 효과가 의심되는 비효율적인 해법이나 정책 수단들에 의지해서 기후위기를 대처하도록 했고 그 결과 기후대응 실패에 이르도록 기여했다.

지금까지 기후위기 대응을 방해해온 기득권, 그리고 학계와 전문가 집단들의 문제점을 보았다면 이제 시민들은 어떠했는지를 살펴볼 차례다. 기후과학이 시급하게 사회 시스템 변화를 요구하는데도 시민들로 하여금 현상유지에 머무르게 하는 요인이 무엇인지, 왜 시민들이 기존의 지배적인 규범에서 벗어나 새로운 탈탄소 사회로의 문화적인 전환에 합류하는 걸 주저하는지 따져봐야 한다. 또한 왜 시민의 힘으로 기존의 화석 연료 집약적 산업의 기득권에 도전하지 못했는지도 알아볼 필요가 있다. 논문은 예리하게도 가장 먼저 '불공평inequity' 문제를 들고 나온다. 이제는 꽤 알려져 있지만 글로벌 탄소 배출의 절반 이상은 소비 규모, 재산, 정치적 영향력이 압도적인 상위 10퍼센트가 발생시켰고 배출을 줄여야 할 가장 큰 책임도 그들에게 있다. 한 국가 안에서도 미국을 기준으로 보면, 상위 10퍼센트에 속한 개인은 매년 약 70톤의 탄소를 배출하는 데 비해서 하위 50퍼센트는 그 1/7에 불과한 10톤 남짓을 배출한다(그림 4 참조). 그런데 막상 기후재난으로 인한 피해는 서민들이 입고 있으며 그들은 현재 수준의 기후 충격에도 감당하기 어려운 고통을 겪고 있는 역설이 바로 기후 부정의다.

문제는 유엔 같은 국제기구들은 기후변화와 연결된 부정의를 다룰 역량이 없다는 것이다. 경제적 불평등과 연계된 탄소 배출 불평등 문제를 계속 회피하면 어떤 문제가 발생할까? 소득 상위의 힘 있는 집단들은 기

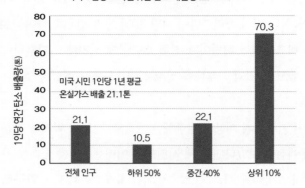

미국 1인당 소득분위별 탄소 배출량(톤, 2019)

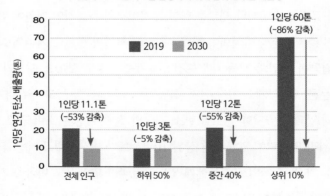

파리협약 2030년 목표를 달성하기 위해 감축해야 할 배출량

출처: Chancel, Lucas. 2022

그림 4 미국의 소득분위별 탄소 배출 현황과 감축량

존 화석산업으로 얻는 이익을 계속 유지하면서 탄소 배출 비용은 사회
전체로 떠넘겨 버리는 한편, 기후재난을 회피할 경제력을 보유하고 있
으니 기후위기 대처에 적극적일 이유가 없다. 한마디로 현상유지에서
이익을 얻는 기득권 엘리트 집단들은 탄소집약적인 라이프스타일을 계
속 누리려는 유인을 가진다. 반면 경제적, 정치적 자원이 취약한 힘없는

서민들은 책임은 적은데 부담만 나누자고 하니 반발하게 되고 설사 기후위기 대응에 참여하려 해도 물적, 재정적 자원이 부족하다. 기후재난을 피할 수단 역시 없다. 이런 상황이 지속되면 시민들 사이에서 공동행동을 위해 필수적인 사회적 신뢰 기반들이 약화되고 기후대응은 점점 멀어지는 악순환에 빠진다.

시민들이 기후위기 대응에 적극 나서는 것을 방해하는 요인으로 탄소배출 불평등만 있는 것은 아니다. 이미 익숙해진 '탄소집약적 라이프스타일'이 바뀌지 않는 문제도 있다. 일상에서 탄소집약적인 생활과 소비 패턴이 습관적으로 반복되고, 그러한 습관적인 행동을 하기에 최적화된 기존 사회적 인프라 환경이 서로 맞물리면서 탄소집약적인 기존 생활 방식은 좀처럼 변하기 어렵게 된다. 예를 들어, 자동차 중심의 도시 인프라, 자동차가 필요한 매일의 바쁜 생활 루틴, 그리고 사적 이동수단에 무게를 두는 문화 등이 서로 상승작용을 일으키게 되면, 개인 자가용 중심의 생활 패턴에 익숙해지고 심지어 잠김효과Lock-in effect가 발생하여 여기에서 빠져나오기가 매우 어렵다. 더욱이 심리적으로도 사람들은 시간 지연적인 효과가 나거나 물리적으로 먼 거리에서 발생하는 사건, 기존 관점에서 기이하게 보이는 정보를 저평가하여 행동에 적극적으로 반영하지 않는 경향이 있는데 바로 기후위기가 여기에 해당할 수 있다는 것이 논문의 분석이다.

이런 와중에서 지금까지 나온 기후위기 시민 실천 캠페인들이 전기 스위치 끄기, 텀블러 지참 등 비교적 생활 패턴을 크게 바꿀 필요가 없는 사소한 실천을 강조할 뿐, 기존의 일상적 패턴에서 근본적으로 탈출하도록 고무하는 보다 과감한 행동에 초점을 두지 못했던 것도 한몫했다고 논문은 지적한다. 아무튼 논문은 편리하게 머리를 모래에 묻어버리고 위험을 피했다고 착각하는 타조에 빗대어 습관적인 탄소집약적 일상의 관성을 반복하는 개인들의 행동 양상을 진단한다. 이는 마치 "기후위기 알람소리를 들었을 때 시민들이 하는 일은 알람 소거 버튼을 눌러버리고" 다시 일상에 몰두하는 것과 같다고 영국의 환경운동가 조지 마셜George Marshall은 개탄하기도 했다.

한편 논문은 잿더미에서 탄생한 불사조의 신화처럼 탄소집약적 라이프스타일에서 과감한 탈출을 이루게 해줄 혁신적 상상력의 부재도 문제로 삼는다. 즉, 탄소집약적 경제나 무한성장 방식에 의존하지 않으면서도 가능한 삶의 방식을 새롭게 모색하려는 '사회적 상상력'의 부족이 시민들의 과감한 기후대응 행동을 방해하는 또 하나의 요인이라는 것이다. 이 대목에서 다시 기존 학계와 전문가 집단의 문제가 지적된다. 예를 들어, 기존 엘리트 집단들이 제공하는 기술 낙관주의적 협소한 대안들이 시민들의 상상력을 제약했을 수도 있고, 대학이나 기존 지식인 집단이 재생산해온 무한성장사회의 이미지가 20세기 문명을 뛰어넘는 탈탄소 사회의 상상력을 제약했을 수도 있다는 것이다.

＊＊＊

지금까지 기후위기 대응 30년 실패의 원인을 권력과 지식인, 시민이라는 세 가지 차원에서 간추려 보았다. 화석연료에 의존해온 200여 년 산업화 문명의 역사가 이미 경제적으로뿐 아니라 사회적, 문화적, 심리적으로 '강력한 경로의존'을 만들어냈기에, 이 궤도에서 이탈하는 것이 개인적으로는 물론 집단적으로도 결코 쉽지 않다. 한번 특정 문명 안에서 생활 패턴이 길들여지면 그 잠김효과는 정말 단단할 것이기 때문이다. 특히 화석연료 기반의 경제문명을 뒷받침하는 데 기여했던 기존의 경제 패러다임이 미치는 영향은 광범위하다. 기존 경제 패러다임은 적극적인 온실가스 감축을 위한 정책 수단 개발에 실패했을 뿐 아니라, 화석연료 기득권으로 하여금 기후위기 대응을 방해하거나 지연시키기 위한 정당화 논리로 이용되기도 했다. 또한 시민들이 기존의 탄소집약적 라이프스타일에서 벗어나 새로운 탈탄소문명을 꿈꾸고 실현하려는 동기를 갖도록 하는 데도 도움이 되지 못했다.

우주의 물질세계에서도 특정하게 힘의 균형을 이루고 있는 궤도를 이탈하려면 막대한 추가적인 힘의 작용이 필요하다. 우리 사회도 마찬가지이고 지식과 정책의 패러다임도 마찬가지다. 특히 화석연료에 의존한 경제 시스템의 무한팽창을 당연한 전제로 하고 있는 경제학이야말로 문자 그대로 기존 패러다임에서의 궤도 탈출이 절실할지 모른다. 이 책에서 지금부터 집중적으로 탐구하고자 하는 주제이기도 하다.

천동설에서 지동설로 관점을 전환한 생태경제학

기후위기는 명확히 인간이 유발한 것이며, 지금 이대로 방치한다면 파국을 초래할 것이라고 기후과학자들이 재론의 여지가 없을 정도로 명백히 밝혀낸 지금, 그래도 뭔가 행동에 나서기가 주저된다면 그 핵심 원인은 무엇일까? 지금 우리 삶을 떠받치고 있는 '탄소집약적인 경제와 산업, 물질적인 삶'을 어떻게 바꿔야 할지 감당이 안 되기 때문 아닐까? 그레타 툰베리가 핵심을 정확히 지적한 것처럼, 기후위기라는 문제 그 자체보다 '탈탄소 경제사회'라는 해법에 더 두려움을 느끼고 있기 때문이 아닐까? 도대체 현대문명을 유지하기 위한 에너지의 80퍼센트 이상을 공급해주고 있는 화석연료 없이 어떻게 살아갈 수 있을지 자신이 없기 때문이 아닐까?[32] 바로 이 점이 산업공정에서 원료 몇 가지만 바꾸면 해결되는 오존층 파괴 문제나 산성비 문제와 차원이 다른 기후위기의 특징 아닐까?

이렇게 보면 기후위기 해결을 가로막고 있는 최대 장애물은 기후위기

에 대한 '과학지식의 부족'도 아니고, 문제 해결을 위한 '시민들의 의지'
도 아니었다. 당장 우리 삶의 기반인 탄소집약적 경제구조를 뒤흔들어
탈탄소 경제로 방향을 전환해야 한다는 거대한 경제적 과제 앞에서 느
끼는 두려움과 공포가, 기후 문제 해결을 끝없이 '나중에' 하도록 미뤄
온 것이다. 또는 두려움과 공포를 완화시켜 줄 수 있는 믿을 만한 경제
적 전환 해법이 나오지 않았기 때문일 수도 있다. 특히 기존 경제 패러
다임이 기후위기를 해결하는 데 기여하기는 고사하고 오히려 기후를 악
화시키는 이론과 정책을 반복해오기만 했던 탓이 크다.

그러면 이제 기존 경제학 관점이 기후와 생태의 위기에 접근하는 방
식에서 어떤 근본 결함이 있는지를 살펴보도록 하자. 통상적인 인문사
회과학과 달리 경제학 분야는 이른바 '신고전파'로 불리는 보수주의 주
류 이론[33]이 지배적 지위를 차지하여 표준으로 행세하고 있고 나머지 이
론이나 견해들은 대체로 '이단 경제학heterodox economics'으로 취급되어 학
계나 전문가 그룹에서 목소리를 제대로 낼 기회도 얻기 어렵다. 대단히
획일화되었다는 뜻인데 다양한 갈래의 '진보적'인 경제학과 정책들이
특히 이단 취급을 받았다. 한국은 이 경향이 더 심한 것 같다. 거시경제
이론과 정책이 나름 체계화되어 있는 포스트케인지언 학파의 소득 주도
성장론조차 대놓고 '듣보잡'이라고 무시했던 한국 경제학계나 관료들의
풍토가 이를 잘 보여준다.[34]
　　보수주의 주류경제학은 환경경제학과 자원경제학이라는 분과에서 지
구 생태계(환경오염이나 자원 희소성)와 경제의 관계를 다루고 있고 기후변화
역시 이 연장선에서 접근한다. 그런데 기존 주류경제학이 환경이나 자
원을 다루는 방식에는 한 가지 중요한 특징이 있다. 인간의 경제활동,

특히 시장경제가 환경을 포함한 모든 것의 중심에 있다는 것이다. 예를 들어 지구 생태계로부터 얻는 에너지나 식량, 원료 등은 노동이나 자본과 마찬가지로 시장경제 안에서 생산에 투입되는 하나의 생산요소로 간주된다. 생태계의 구성요소가 시장경제의 구성요소로 바뀌는 것이다. 그때부터는 생태계에서 인정받았던 다양한 자연적 가치는 모두 무시되고 시장에서 매겨주는 화폐가격만이 고려된다. 일단 시장 안에 가격표가 붙어 들어온 화석연료나 자원들은 설령 너무 희소해지거나 고갈될 위험 상황에 놓이더라도 시장가격 신호에 따라 수요와 공급이 조정될 것이기 때문에 크게 문제될 것이 없다고 간주한다.

생산과 소비의 결과 버려지는 폐기물이나 그로 인한 환경오염도 마찬가지다. 경제활동 과정에서 강물이나 대기가 오염되는 등 환경파괴가 일어나 제3자가 피해를 입게 되면 이를 (부정적) '외부성externality'이라고 부르고, 환경피해 비용을 산정해서 시장가격에 반영하는 식으로 시장경제 안으로 끌어들인다. 여기서 외부성이란 "생산활동 과정에서 일부 비용이나 이익이 시장 밖으로 흘러나가 시장가격이 포착하지 못하는 현상"을 말한다.[35]

예를 들어, 어떤 기업이 상품A를 생산하여 10만 원에 판매하고 있는데 생산 과정에서 폐수가 방출된 결과 강을 오염시켜 지역 주민들이 피해를 입었다. 오염된 폐수를 정화하는 데 1만 원이 소요되었다면 이 기업은 1만 원의 외부비용을 사회에게 떠넘긴 것이다. 정부는 이를 포착하여 그만큼을 세금(이를 피구세Pigouvian tax라고 부르기도 한다)으로 부과할 수 있다. 그러면 상품A의 가격은 11만 원으로 올라가 가격 경쟁력이 그만큼 약화될 수 있고, 결국 그 기업은 상품A의 생산을 포기하거나 아니면 오염 없는 혁신적 상품 생산기술을 도입할 것이라는 얘기다.

이처럼 보수주의 주류경제학은 원래 시장 밖에 있던 자원이나 에너지, 그리고 시장 밖으로 버려지는 폐기물과 오염물질들을 모두 시장가격 메커니즘 안으로 끌어들여 통제하려고 한다. 지독히 시장경제 중심적인 이 같은 발상을 생태경제학자 허먼 데일리Herman Edward Daly는 '경제제국주의economic imperialism' 사고방식이라고 불렀다.[36] 극단적으로 보면 사회와 자연을 포함해서 세상 만물이 마치 모두 시장 메커니즘의 지휘 아래 작동하는 것으로 간주하기 때문이다. 그러다 보니 기존 주류경제학이 오랫동안 쌓아놓은 방대하고 심오한 지적 체계나 수많은 정책 방안들조차 결국 시장 중심적인 틀 안에서 구성되는 근본적인 한계를 피할 수 없게 된다. 그리고 바로 이 때문에 그 막대한 지적 자산에도 불구하고 경제활동이 초래하는 생태파괴를 해석하고 대처하는 방식이 기대한 만큼 유능한 역할을 할 수 없게 된다.

그런데 지구 생태계와 인간의 경제를 정반대로 접근하는 관점이 이미 1960년대부터 제기되었다. 아직도 일반 시민들에게는 매우 낯선 생태경제학ecological economics이라는 비교적 새로운 경제학 조류가 그것이다. 이 관점에서는 인간 경제 시스템 안에 지구 생태 요소들이 속해 있는 것이 아니라, 거꾸로 지구 생태 시스템의 부분집합으로 인간 경제 시스템이 내재되어 있다. 인간의 경제 시스템이 지구 생태 시스템의 하위요소로 편입되어 존재하는 것이 엄연한 현실이라는 것이다.[37] 정반대의 두 접근법에 대해서 허먼 데일리는 '천동설'과 '지동설'의 차이처럼 결정적인 차이라고 강조한다.[38] 무슨 말일까? 천동설은 지구를 중심으로 태양계의 운동을 설명하려고 애쓴다. 그런데 이는 객관적인 사실과 어긋나는 접근법이므로 이 방식으로 행성운동을 설명하기 위해서 천동설 주창자 프톨레마이오스는 불필요하게도 행성들이 주전원epicycle이라고 하는

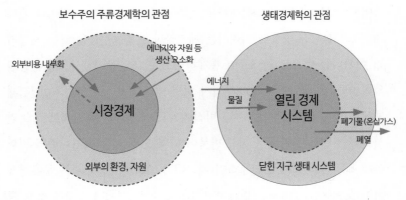

보수주의 주류경제학의 관점   생태경제학의 관점

에너지와 자원 등
생산요소화

외부비용 내부화

에너지

물질   **열린 경제
시스템**

시장경제

폐기물(온실가스)

폐열

외부의 환경, 자원   닫힌 지구 생태 시스템

* Daly, Herman. 2015를 참조하여 필자가 재구성

그림 5 주류경제학과 생태경제학이 인간 경제와 지구 생태계를 바라보는 관점 차이

작은 원을 그리면서 회전한다고 주장할 수밖에 없었다. 인간 경제를 중심으로 지구 생태 시스템을 설명하려 할 때에도 객관적 사실과는 다른 이론에 현상을 꿰어 맞춰야 하기 때문에 똑같이 무리가 따른다는 것이다. 사회제도나 생태 시스템에 속한 수많은 구성요소들을 무리하게 경제 시스템의 구성요소로 편입시키려 하거나, 자연과 사회에 경제가 영향을 주는 수많은 경우에 대해 이를 일일이 시장경제의 가격체계 안으로 억지스럽게 끌어들이려는 사례들이 그것이다.

하지만 지동설로 코페르니쿠스적 전환을 하면 천동설을 합리화하기 위해 끌어들였던 불필요한 논리들은 자동으로 사라진다. 대신 지구가 태양계의 한 행성에 불과한 것임을 인정해야 한다. 마찬가지로 생태경제학은 인간의 경제활동이 지구 생태 시스템의 일부에 불과하다는 것을 인정하는 데서 출발한다. 유한한 지구 안에서 지구 생태계가 제공할 수 있는 만큼의 에너지와 물질을 얻어 생산이 진행되고, 소비의 결과 버려지는 폐기물과 폐열 역시 지구 생태계가 감당할 수 있는 방식으로 처리되어야 한다고 본다(그림 5 참조). 그러면 사회와 자연의 다양한 요소들에 대해 무리하게 화폐가격을 매겨 시장 안으로 끌어들여야 할 이유가 적어진다. 대신 경제가 지구 생태계와 맺는 관계에서 발생하는 이슈는 생물리학적 법칙을 고려해서 해답을 찾게 된다. 특히 이때 기존에는 보이지 않았던 문제, 즉 경제 규모의 팽창이 유한한 지구 한계와 충돌할 수 있다는 새로운 이슈가 정면으로 시야에 들어온다. 그 대표적인 사례가 지구온난화이다. 탄소집약적 경제활동이 계속되면 과도한 온실가스 배출이 지구 생태계를 위험에 빠뜨릴 수 있는데, 이는 시장 메커니즘이 아니라 지구 생태계와 경제 전체를 관통하는 생물리학적 법칙들을 고려해서 풀어야 한다는 사실도 알게 된다.

이처럼 기존 경제학 관점에서 생태경제학 관점으로의 코페르니쿠스적 전환을 정치생태학자 부뤼노 라투르Bruno Latour는, "사람들이 살아가는 수단으로서의 세계"라는 과거의 우주론에서 벗어나 "사람들이 사는 장소로서의 세계"라는 관점으로 우주론을 바꾸는 것이라고 말했다.[39] 이는 경제를 지구 생태계 안에 '뿌리 내려 있는 것embeddedness'으로 보는 관점이기도 하고 '세상이 실제로 어떻게 존재하는가'에 관한 질문이기도 하다는 허먼 데일리의 문제의식과 완전히 일치하는 접근이고 생태경제학의 핵심원리이기도 하다.[40]

사실 상식의 눈으로 보아도 인간에게 지구 생태계는 시장경제에 투입되는 생산요소들의 집합소 정도가 절대 아니다. 인류가 살아갈 터전이며 기반이다. 물질적 생산을 위한 원료 창고라는 차원을 훨씬 넘어서 인류의 물질적, 역사적, 사회적, 문화적, 심리적 존립을 위한 근본 전제인 것이다. 허먼 데일리는 "지구 생태계가 100퍼센트 지분을 가지고 있는 자회사가 인간 경제이지 그 반대가 아니"라고 매우 직접적으로 표현한다. 따라서 지구 생태계에 보편적으로 적용되는 생물학적, 물리학적, 화학적 과정에서 인간 경제도 자유로울 수 없다. 생태 시스템 안에 있는 인간의 경제활동 역시 지구 생태계와 주고받는 에너지-물질의 흐름으로 파악하고 해석해야만 한다. 생태경제학이 초기부터 지구 생태계와 인간 경제를 관통하는 열역학 법칙에 깊은 주의를 기울였던 이유도, 그리고 경제 시스템을 스스로 무한 반복하는 기계역학 운동이 아니라 끊임없이 외부와 상호작용하는 생물학적 물질대사로 비유하려 했던 이유도 여기에 있다.

그러면 기존 주류경제학과 생태경제학이라는 대조되는 두 접근법은 정말 기후위기나 생태 위험을 완전히 다르게 해석하고 다른 해법을 제시하고 있을까? 이어지는 이 책의 대부분에서 이 주제를 다룰 것이지만, 여기서는 간단한 사례만 확인해보자. 앞서 설명한 대로 기존 경제학은 온실가스 배출처럼 생산 과정에서 간혹 환경파괴가 발생할 때 그 비용을 산정하여 가격에 반영하면 시장 메커니즘이 해결해줄 수 있다고 믿는다. 그런데 경제활동에서 환경에 영향을 주는 경우는 보수주의 주류경제학의 가정과 달리 드물게 일어나는 예외적인 상황이 아니라 거의 모든 생산활동에서 일어나는 보편적인 현상으로 봐야 한다. 엄밀하게 따지면 자연자원의 소모와 폐기물 배출을 하지 않는 생산활동이나 경제활동이 있기는 한가? 또한 거의 모든 생산 과정에서 다양한 방식으로 환경에 영향을 주는 요인들을 모두 내부화하여 생산가격에 반영할 수 있다고 양보하더라도, 원래 가격이 붙어 있지 않은 자연의 파괴 비용을 어떻게 제대로 계산할 것이며, 어찌해서 비용을 계산한다고 하더라도 비용을 부담하는 한 자연 생태계의 수용 한계선을 넘는 파괴를 용인해도 될까? 나아가 복잡계로 상호 얽혀있는 지구 생태계에서 특정 부분의 환경파괴 행위가 연쇄작용을 일으켜 아직 알려져 있지 않은 미래에 줄 영향까지 어떤 식으로 예상하여 계산할 수 있을까?

생산 과정에서 소요되는 자원의 고갈 위험에 직면했을 때에도 마찬가지다. 기존 경제학은 생산 과정에서 자연자원이 부족해지면 기술혁신으로 효율을 높이고 대체 자원을 개발하거나, 심지어 인공자본으로 부족한 자원을 대체할 수 있다고 믿고 있다. 물론 더 적은 에너지와 자원을 매우 효율적으로 이용하게 만들어주는 기술혁신은 가능하고 필요하기도 하다. 하지만 이 경우에도 기술만으로 무에서 유를 창조할 수는 없다. 물리화학적 과정에서 질량과 에너지는 형태만 서로 바뀔 뿐 발생하거나 소멸하지 않고 보존된다는 열역학 제1법칙에 위배되기 때문이다. 인공자본으로 천연자원을 일부 대체하면 된다는 논리도 마찬가지다. 허먼 데일리는 자연자원을 인공자본 설비나 노동으로 온전히 대체할 수 없다는 점을 어부의 사례를 들어 설명한다. 아무리 첨단장비를 갖춘 어선과 노련한 어부라고 하더라도 바다에 물고기가 없는데 고기를 잡을 수는 없다는 것이다.[41]

생태경제학으로 관점을 바꾸면 상황이 어떻게 달리 보일까? 생태경제학이 던지는 첫 번째 질문은 "현재 인간의 경제 시스템이 지구의 생태적 수용능력에 비추어 얼마나 적정한 규모인가?"이다. 보수주의 주류경제학은 물론이고 기존의 진보경제학에서도 전혀 제기되지 않았던 질문인 경제 '규모scale'의 문제가 최상위 질문이 된다는 것이다. 이 질문은 지구 생태계가 제공해주는 에너지와 물질의 한계 범위에서 생산이 이뤄지는지, 지구 생태계가 받아줄 수 있는 한계 범위에서 물질적 소비가 한정되는지를 살펴보도록 만든다. 즉 생태경제학은 생물리학적으로 인간의 경제 규모가 지구 생태계의 수용능력을 넘어서고 있는지를 화폐가 아닌 물리적 방식으로 측정하며, 넘어설 위험이 있거나 넘어섰다면 여기에 대한 대처가 경제정책의 1순위가 되어야 하고 더 이상의 무한성장을 멈춰야 한다고 주장한다. 소득분배와 자원의 효율적 배분은 그 다음에야 해결과제로 등장한다.[42] 바로 이런 문제의식이 기존 주류경제학에서는 찾아볼 수 없는 생태경제학만의 특징이다.[43] 그러면 정말 현재 인간의 경제 규모가 지구 생태계를 위협할 만큼 팽창했을까? 지금 직면하고 있는 기후위기는 한 치의 망설임도 없이 그렇다고 대답한다. 기존 경제학이 끊임없이 기후위기를 저평가하거나 기술 변화로 위기를 피할 수

생태경제학	전통적 환경경제학(자원경제학)
최적의 경제 규모	최적 배분과 외부성
지속가능성 우선	효율성 우선
필요 충족과 공평한 분배	최적의 후생 또는 파레토 효율
지속 가능한 발전	지속 가능한 성장
장기에 초점	단기, 중기에 초점
물리적이고 생물학적인 지표	화폐적인 지표
시스템 분석	외부비용과 경제적 가치
다차원적인 가치 측정	비용편익 분석
제한합리성과 불확실성	효용 또는 수익의 극대화
지역 커뮤니티	글로벌 마켓과 고립된 개인
환경적 윤리	공리주의와 기능주의

* Bergh, J.C.J.M. van den. 2000을 토대로 필자가 수정

표 1 생태경제학과 전통적인 환경경제학(자원경제학)**의 비교**

있을 것처럼 말하는 것과 완전히 다르다.

그렇다면 일반 시민의 눈에조차 기후위기가 현실로 닥친 것이 명확하고 생물다양성 훼손이 너무도 분명하게 드러나고 있는 마당에, 이를 가장 적절히 설명해줄 생태경제학을 기존 주류경제학에서 인정하고 수용하기 시작했을까? 유감스럽게도 전혀 아니다. 보수주의 주류경제학은 자신들과 전제와 출발을 달리하는 진보적인 생태경제학자들을 철저히 무시하고 이들의 이론을 배척해왔다. 다만 최근에 와서 기후재난이 강도를 더해가며 반복적으로 발생하자 유럽 사회를 중심으로 생태경제학과 그 일부인 '탈성장' 운동이 부상하기 시작하고 관련 학술논문이 쏟아져 나오기 시작했다. 그리고 조금씩 학계나 정책 담당자들에게 영향이 확대되고 있어 주목된다.

그 증거가 2022년 IPCC 제3실무그룹이 제출한 6차 보고서의 일부인 '기후변화 완화 보고서Mitigation of Climate Change'다. 2,900여 쪽짜리 원문 보고서 곳곳에 포스트성장이나 탈성장 등 생태경제학에 관한 논문들을 참고문헌 목록에 싣고 있으며, 일부 내용을 본문에 포함시키고 있다. 예를 들어 "몇몇 연구는 경제가 성장하지 않거나 탈성장, 또는 포스트성장을 하도록 하는 접근법만이 2°C 이하의 기후 안정화에 도달하게 만들 수 있다는 것을 확인했다"고 명시하고 있다. 또는 "특히 이미 산업화된 국가들에서 더 많은 성장의 지속가능성과 필연성에 의문을 제기하고, 번영이나 '좋은 삶'이 경제성장과 서로 연결되어 있지 않다"는 주장이 있음을 소개한다. 아울러 "지속가능발전의 맥락에서 기후 목표를 추구하려면 웰빙을 측정하는 방법이나 생태적 한계에 대한 진지한 고려를 포함하는 전체적인 사고가 요구된다"는 진단도 내용에 포함하고 있다.[44] 물론 이런 내용은 원문 보고서가 아닌 요약본에서는 모두 삭제되었다.

한국은 어떨까? 한국의 학계나 정책 전문가 그룹 사이에서 생태경제
학은 사실상 존재 자체를 찾을 수 없을 만큼 척박하다. 물론 〈녹색평론〉
같은 잡지가 오랫동안 선도적으로 생태적 관점에서 경제사회 이슈를 포
괄적으로 해석하고 신선한 관점을 제공해왔으며, 시민사회의 다양한 기
후운동 역시 생태경제학적 관점을 암묵적으로 전제하고 캠페인을 한 것
이 사실이다. 또한 최근에 탈성장 이론과 정책을 소개하는 번역서도 쏟
아져 나오기 시작했다. 하지만 경제 이론과 경제정책 차원으로 생태경
제학을 진지하게 연구하고 현실에 적용한 사례는 실로 희귀할 정도로
적다.

한 가지만 더 짚어보자. 기후위기와 생태위기에 대처하기 위해서는
보수주의 주류경제학 대신에 이제 생태경제학의 뒷받침만 있으면 충분
한가? 생태경제학만으로 기후위기를 해결하고 더 나아가 미래 경제개
혁의 전망과 해법까지 마련할 수 있을까? 그렇지는 않다. 기후경제학으
로서 생태경제학은 가장 기본적인 토대이자 정책 프레임의 근간이 되어
야 한다. 하지만 동시에 기존의 개혁적인 경제 관점들을 포괄적으로 수
용하는 열린 태도 역시 필요하다. 지구 생태계의 복잡성으로 인한 비선
형적 변화 과정에 주목하는 복잡계 경제학과 생태경제학은 소통해야 한
다. 또한 자기조정시장의 신화를 거부하고 사회 안에 내재된 일부로 경
제를 보는 칼 폴라니의 접근법은, 지구 생태계에 내재된 일부로 인간 사
회와 인간 경제를 보는 생태경제학과 공유하는 지점이 매우 크다.

기후 불평등은 경제 불평등과 서로 깊게 얽혀있어 동시에 풀어나가야
한다. 이를 위해 보수주의 주류경제학에 맞서 오랫동안 비판적 태도를
취해온 경제학 전통들(마르크스주의, 포스트케인지언, 제도주의 등)은 생태경제학

이 도움을 받아야 할 중요한 지적 전통이다. 생산 과정에서의 노동과 자본의 근본적 불평등에 주목하고 생산수단의 사적 소유에 도전해온 마르크스 경제관, 시장의 균형 상태에서도 실업은 사라질 수 없다고 인식하고 시장의 불안정성을 통제하기 위해 국가의 역할을 강조한 케인지언 경제정책이나 제도주의 정책들이 대표적인 사례다.

한편 장기적인 투자가 필요한 근본적인 혁신은 기업보다는 국가에서 나올 수 있다면서 녹색혁신을 향한 미션을 책임질 혁신국가론을 제기해온 네오슘페터주의 접근법들과 생태경제학은 함께 어우러져야 한다.[45] 나아가 시장경제의 뒤에서 부불노동, 돌봄노동, 사회적 재생산, 비화폐적 교환으로 현대 사회를 떠받쳐온 여성들의 일과 노동에 주의를 기울였던 페미니스트 경제학 역시 상품경제의 무한팽창에 한계를 그으려는 생태경제학이 도움을 받아야 할 중요한 관점이다. 조사에 따르면 우리나라 무급 가사노동의 가치는 전체 GDP의 1/4을 넘는 491조 원(2019년 기준)이다.[46] 예상했던 대로 그 가운데 72.5퍼센트인 356조 원이 여성이

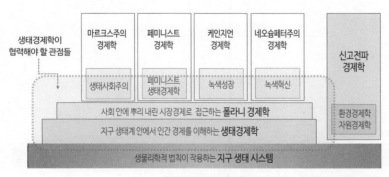

＊필자 작성, 복잡계 경제학과 제도주의 경제학은 일단 도식에서 제외

그림 6 기후위기와 불평등을 해결하기 위해 필요한 경제 관점들의 구성

창출한 것이다. 에너지와 물질 처리량을 최소화하기 위해 불필요한 생산과 소비를 줄이는 한편 삶에 필수적인 활동과 소비에 더 큰 비중을 두어야 할 생태경제학이 가사노동과 돌봄노동 등을 적극적으로 재평가하는 것은 당연한 일이다.

물론 서로 다른 경제학 조류 사이에 이론적 틀이나 접근법 등이 서로 이질적이거나 충돌하는 경우가 적지 않으므로 상호협력이 쉬운 일은 아닐 것이다. 그렇긴 하지만 비판적인 비주류 경제학들과 생태경제학은 모두 기후위기, 생태위기를 시장의 가격 신호에만 맡겨두는 것을 거부하고 있고 미래에 대한 불확실성을 공통적으로 인정한다거나 경로의존성을 중시하는 등 예상 외로 공유하는 영역이 많다.[47]

생태경제학은
어떻게 태동했을까?
(1960~1980년대)

 기후위기와 생태위기 해결에 중요한 돌파구를 열어줄 생태경제학은 어떤 사회적 배경에서 어떤 문제의식을 가지고 싹트게 되었고, 학계와 정책 담당자들 사이에서 어떤 고민과 논쟁을 통해 발전하고 성숙했을까? 이를 알아보는 가장 간단한 방법은 생태경제학의 역사를 돌아보는 것이다. 2020년대인 지금도 한국에서는 생태경제학 관련 학문적 결과물이나 정책에 적용된 사례를 접하기가 여전히 쉽지 않다. 하지만 다른 경제학파에 비해 비록 아주 짧은 역사임에도 서구에서는 1960년대부터 약 60년 동안 고민과 연구, 토론과 논쟁들이 제법 쌓여갔다. 생태경제학의 역사를 대략 1960년대부터 1980년대까지 태동기, 1990년대와 2000년대까지 일정한 틀을 갖추었던 시기, 그리고 2010년대로 오면서 탈성장론이라는 새로운 조류의 부상과 함께 다시 주목받는 시기로 나눠서 살펴보기로 하자(역사를 짧게 살피는 과정에서 낯선 생태경제학 용어들이 나올 수 있다. 하지만 이어지는 장들에서 자세히 설명하고 있으니 그냥 지나쳐도 된다).

우선 1960년대에서 1980년대까지 30여 년 동안 생태경제학이라는 아이디어가 생겨나고 이론 틀이 구성되기 시작한 태동기부터 시작하자. 이 시기는 루마니아 출신 수리경제학자 니콜라스 조르제스쿠-로겐Nicolas Georgescu-Roegen을 필두로, 초기 문제의식을 던지는 데 기여했지만 나중에는 진화경제학 등으로 관심을 옮긴 케네스 볼딩Kenneth Boulding과 같은 선구자들, 그리고 그들에게 배웠지만 거의 동시대에 연구 대열에 합류하기 시작한 미국의 허먼 데일리, 스웨덴의 안마리 얀손AnnMari Jansson, 스페인의 호안 마르티네스-알리에르Joan Martinez-Alier 등이 두드러진 역할을 했다.

당연한 일이지만 새로운 사상이나 이론의 등장에서 당시의 사회적 배경이 어땠는지 알아보는 것은 중요하다. 그러면 이 시기에는 어떤 사건들과 계기들이 있었을까? 미국 해양생물학자 레이첼 카슨Rachel Carson이 1962년 《침묵의 봄》이라는 책을 출간하며 공해 문제를 대중적이고 정치적인 화두로 일거에 끌어올린 영향은 지대했다. 그가 불러일으킨 환경에 대한 관심은 꺼지지 않고 1970년대까지 환경운동의 사회적 확산으로 이어진다. 최초로 지구의 날이 제정된 것은 1970년 4월 22일이었는데, 미국에서 역사상 가장 대규모인 2,000만 명의 시민들이 곳곳에서 모이고 토론하고 캠페인을 했던 것을 기념한 것이다. 또한 1972년에는 '하나뿐인 지구Only One Earth'라는 슬로건 아래 스톡홀름에서 '인류 환경에 관한 유엔 제1차 회의'가 열렸다. 같은 해에 로마클럽의 요청으로 MIT 학자들이 작성한 《성장의 한계》라는 저작은 인구와 자원이 무한히 팽창할 수 없음을 환기시키며 경제와 환경 사이의 충돌을 본격적으로 논쟁의 장에 올렸다.[*] 또한 1970년대 세계 경제를 뒤흔들었던 두 차례의 석유 가격 폭등은 에너지와 경제의 관계 문제를 비상한 관심사로 만들었다. 이들 사회적 배경을 종합하면서 덴마크 생태경제학자 잉게 뢰프케Inge Røpke는, "공해와 인구, 자원과 에너지 문제라고 하는 새롭고 강력한 담론의 부상이 생태경제학의 탄생 기반을 만들어주었다"고 평가한다.[48]

《작은 것이 아름답다》의 저자 슈마허도 1973년에, "공해, 환경, 생태계 등과 같은 이 모든 말을 왜 그토록 갑작스럽게 강조하는지 생각해보아야 한다. 오랫동안 산업체계가 지속되었지만 5~10년 전만 해도 이런 말들은 실제로 거론되지도 않았다"고 지적하고 있다.[49]

이런 배경을 토대로 또 다른 한편에서는 매우 선구적인 생태사회적 이상과 비전들을 제시하는 사상과 철학들도 등장했다. 생태경제학은 물론 생태사회학, 정치생태학, 생태철학 등에 걸쳐서 지금까지도 다양한 아이디어의 원천을 제공하고 있는 이반 일리치Ivan Illich, 코르넬리우스 카스토리아디스Cornelius Castoriadis, 앙드레 고르츠André Gorz, 머레이 북친Murray Bookchin, 에른스트 슈마허Ernst Friedrich Schumacher 등이 아마 대표적으로 당시에 주목받았던 인물들일 것이다. 이들의 사상은 끊어지지 않고 전 세계의 생태와 환경운동가들에게 꾸준히 영향을 미쳐왔고 최근에는 탈성장 운동의 주요 뿌리 가운데 하나로 되살아나고 있는 중이다.[50]

한편 학문적으로는 아무래도 1950~60년대부터 생태학이 '시스템 생태학'으로 진화해온 맥락이 중요하다. 생태 시스템의 안정성과 회복력

---

* 로마클럽(Club of Rome)은 1968년 이탈리아 사업가 아우렐리오 페체이의 제창으로 지구의 유한성이라는 문제의식을 가진 유럽의 경영자, 과학자, 교육자 등이 로마에 모여 회의를 가진 데서 붙여진 명칭이다. 이들은 천연자원의 고갈, 환경오염, 지구온난화, 기상 이변 등 인류의 위기 타개를 모색하고자 했다. 이들은 또한 1972년 《성장의 한계》라는 보고서를 통해 제로성장을 주장하여 거센 논쟁을 불러일으켰다.(출처: 위키피디아)

에 대해 아이디어를 제공한 홀링^{C. S. Holling}, 그리고 시스템 관점에서 에너지 흐름을 연구한 유진 오덤^{Eugene Odum}과 하워드 오덤^{Howard Odum} 형제가 생태경제학 탄생에 중요한 영향을 미쳤다.[51] 특히 오덤 형제 관점에서 생태학은 "무생물적 요소인 주변 환경과 생물적 요소인 생물 군집 사이의 관계를 '에너지 흐름'에 기초한 '물질순환'의 관점 아래 통합적으로 파악"했다.[52] 또한 1970년대부터 큰 영향력을 발휘하기 시작한 일반 시스템 이론과 복잡계 이론 등이 역시 생태경제학 사상과 이론을 구성하는 데 큰 영향을 주었다. 기존 경제학에는 아예 존재하지 않았던 엔트로피^{entropy}[53], 사회적 물질대사^{social metabolism}*, 처리량^{throughput}** 같은 핵심 개념에 기초해서 생태경제학이라는 새로운 경제학의 원리와 체계를 구성하는 데 이렇게 생태학이나 시스템 이론 등이 중요한 토대가 되어주었던 것이다.

이제 생태경제학의 문제의식과 개념을 만들어낸 초기 인물들로 넘어가 보자. 우선 다방면의 식견을 가지고 이미 왕성하게 활동해왔던 경제학자 케네스 볼딩이 있다. 지금도 유명한 1966년 논문 "다가오는 우주선 지구의 경제학^{The Economics of the Coming Spaceship Earth}"에서 그는, 무한팽창을 가정한 과거의 '카우보이 경제^{cowboy economy}' 시대가 끝나고, 닫힌 시스템인 지구 우주선에서 살아야 할 '우주인 경제^{spaceman economy}'라는 개념을 제시하여 생태경제학이라는 관점을 형성하는 데 큰 영향을 주었

---

* 사회적 물질대사는 인간과 같은 생명체가 생명을 유지하기 위해 외부로부터 음식을 섭취하여 에너지를 획득하고 외부로 배출하는 신진대사 개념을 사회로 확장한 것이다. 사회가 자연에서 에너지와 물질을 추출하여 사회적 생산과 소비 과정을 거치고 최종적으로 다시 배출하는 과정을 사회적 물질대사라고 표현한다

** 생태경제학의 핵심 개념인 처리량은 (연간 단위와 같은) 일정 기간 경제 과정에 투입되는 에너지와 원자재가 생산과 소비 과정을 거쳐 마지막에 폐기물과 폐열로 처리되는 물리적 유량(flow)이다. 일부에서는 '자원의 흐름'이라고 의역하기도 한다.(조영탁 2021)

다.[54] 1974년 기고 글에서도 그는 "감지할 수 있는 장래에 인류는 반드시 나와 일부 사람들이 말했던 이른바 '우주선 지구호'-즉 모든 물질이 재순환되지 않으면 안 되는, 그리고 궁극적으로는 태양이 유일한 에너지원이 되는 경제-와 타협하지 않으면 안 된다"면서 문제의식을 이어간다.[55] 하지만 그는 아쉽게도 자신의 혁신적인 생태경제학 아이디어를 계속 발전시키지 않고 곧 다른 방향으로 관심을 돌린다.

생태경제학의 탄생 초기부터 파란과 논쟁을 일으키며 이론 지형에 가장 심대한 영향을 준 인물을 꼽으라면 단연 니콜라스 조르제스쿠-로겐이 아닐까? 이미 수리경제학자로서 상당한 명성을 쌓아왔던 그는, 1950~60년대 동안에 기존 주류경제 담론에서 극적으로 탈출하여 물리학의 엔트로피 이론을 경제에 도입하고 생물리학적 기초 위에서 본격적으로 경제를 재해석하기 시작했다. 그리고 그 성과를 집대성하여 1971년 기념비적인 저작 《엔트로피와 경제The Entropy Law and the Economic Process》를 출간한다.[56]

보수주의 주류경제학자의 일원이었던 로겐이 생태경제학으로 인식론적 전환을 한 후 던진 새로운 문제의식은 이렇다. 기존 경제학에 따르면 "경제 과정은 고립되고 자율적인 과정으로 간주되며, 진자운동처럼 생산과 소비가 반복하는 것으로 간주되었다. 하지만 이러한 경제관은 경제가 자연자원에 의존하고 있음을 무시하는 것이다. 우리는 자연이 경제 과정에서 중요한 역할을 하고 있다는 사실을 인식해야 한다. 경제를 전체적으로 그리고 물리학적 관점에서 보면 열역학 제1법칙(에너지 보존의 법칙)이 말해주듯 우리는 에너지를 생산할 수 없다. 우리가 경제활동을 통해 산출할 수 있는 것은 효용뿐이다. 다음에 열역학 제2법칙(엔트로피 증가의 법칙)이 말해주는 것은 에너지가 저엔트로피 상태에서 경제 과정에 들어간 후 고엔트로피 상태로 나온다는 것이다."[57]

인간의 경제도 자연 생태계의 일부로서 생물리학적 법칙의 지배를 받고, 특히 열린 시스템인 인간 경제활동이 엔트로피 법칙의 지배를 받는다는 그의 주장은, 이후 허먼 데일리를 포함해서 생태경제학의 가장 중요한 특징이자 이론적 토대가 되었다. 심지어 21세기에 부상한 탈성장론자들도 자신들의 뿌리가 로겐으로부터 왔다고 주장할 만큼 그의 초기 문제의식은 강력한 것이었다.[58] 하지만 그 대가도 컸다. 한때 수리경제학자로서 보수주의 주류경제학계에서도 인정받던 그가 엔트로피를 경제학에 끌어들이면서 엔트로피 비관주의자entropy pessimism라는 비아냥거림과 함께 이단으로 철저히 배척되었다.

한편, 초기부터 지금까지 기존 주류경제학과의 소통을 포기하지 않으면서도 정말 긴 기간 동안 생태경제학의 핵심 개념들을 발전시키고 옹호해온 단 한 사람이 있다면 아마 허먼 데일리가 아닐까 싶다. 피터 빅터Peter Victor가 그에 대해 쓴 전기 《꽉 찬 세상을 위한 허먼 데일리의 경제학:그의 삶과 사상Herman Daly's Economics for a Full World: His Life and Ideas》을 보면 그의 생애가 거의 생태경제학의 역사라고 할 수 있을 정도다.[59] 어린 시절 앓았던 소아마비 탓에 10대에 한쪽 팔을 절단했던 아픔을 딛고 생태경제학을 개척하는 데 결정적 역할을 한 그는, 박사학위 논문 지도교수였던 로겐에게서 많은 영향을 받았지만 동시에 독자적인 생태경제학 개념과 이론을 발전시켜나간다.

그는 1968년 "생명과학으로서 경제학에 관하여On Economics as a Life Science"라는 논문을 발표하여 자신만의 생태경제학 접근법을 선보였고, 1977년 《정상상태 경제학Steady-State Economics》, 그리고 2004년 생태경제학의 교과서라고 할 수 있는 《생태경제학:원리와 응용Ecological Econom-

ics:Principles and Applications》을 동료 조슈아 팔리Joshua Farley와 공저하는 데 이르기까지 일관되게 보수주의 주류경제학과 차별화되는 생태경제학을 심화해왔다.[60] 이 여정에서 그의 핵심 이론인 '정상상태 경제steady-state economy'[61]가 스승인 로젠의 공격을 받는 등 스승에게조차 한결같이 지지를 받지 못하는 어려움을 겪기도 한다.[62] 그는 또한 1970년대에는 당대 최고의 주류경제학자들인 솔로-스티글리츠Robert Solow-Joseph Stiglitz와 성장 문제에 관해 적극적으로 논쟁에 참여했고, 2000년대에는 지속가능성 이슈를 가지고 원로 경제학자 케네스 애로Kenneth Arrow 등과도 논쟁하는 등 기존 주류경제학과 진보적 생태경제학을 소통시키려 노력해온 점에서도 다른 생태경제학자들과 달랐다.

아무튼 이렇게 케네스 볼딩, 조르제스쿠-로젠, 허먼 데일리와 같은 특출한 인물들이 주축이 되어 얼개가 형성된 생태경제학은, 인간의 경제를 지구 생태계 안으로 다시 위치 짓고, 열역학 법칙의 지배를 받는 경제 시스템으로 경제학의 틀을 새롭게 짜게 된다. 물론 생태경제학이라는 용어는 한참 뒤에 사용되기 시작했는데 로젠은 자신의 경제학을 '바이오이코노믹스bio-economics'*라고 불렀고, 허먼 데일리는 '생명과학life science'으로서의 경제학을 말했다. 이 와중에 기존 주류경제학계에서도 1970년대부터 자신들의 기존 이론 틀 안에 환경과 자원 이슈를 끌어들여 환경경제학과 자원경제학이라는 분과를 신설하고 환경 문제에 나름의 방식으로 대응해나간다. 물론 거기에 엔트로피나 사회적 물질대사, 처리량 같은 개념은 없다.

---

* 로젠이 자신의 경제학에 이름 붙인 'bioeconomics'는 일부에서 '생명경제학' 또는 '생물경제학'이라고 번역하기도 하지만, 모두 원어의 취지가 잘 살아나지 않아 이 책에서는 원어 그대로 사용하기로 한다.

이렇게 보면, 현재 생태경제학의 주요 원리와 개념들은 물론이고 최근 탈성장론에서 주장하는 내용조차도 기본적으로는 1960~70년대 생태경제학 태동기에 이미 선을 보였다고 할 수 있다. 인간의 경제활동도 근본적으로 생물리학적 최상위 법칙인 열역학에 의해 지배받는다는 사실을 확인한 것이나, 지구라는 고정된 시스템의 하위 시스템으로서 경제가 무한히 규모를 키울 수는 없다는 관점이 모두 이 시기에 정립되었기 때문이다. 심지어 무한성장에 대한 비판적 논쟁이 꽤 진지하게 이루어진 것도 이 시기였다.[63] 비록 1970년대 말부터 경제학계에서 신자유주의라는 보수주의 분위기가 지배하기 시작하면서 생태경제학적 아이디어 역시 더 배척당하게 되었지만, 그래도 이 분야에 관심이 있는 시스템 생태학자들, 에너지 전문가들, 자연과학자들, 경제학자들이 모여서 1982년 스톡홀름에서 컨퍼런스를 여는 등 명맥을 이어간다. 그리고 드디어 1989년에 이르면 로버트 코스탄자Robert Costanza와 허먼 데일리 등이 주축이 되어 〈생태경제학〉이라는 저널을 창간하고 코스탄자를 초대회장으로 하는 학회까지 창립한다. 이제 공식적으로 학계와 전문가 집단에서 생태경제학이라는 새로운 학문 영역이 탄생한 것으로서 이후에 그에 기초한 이론과 정책 제안들이 속속 쏟아져 나오게 되었다.

4

생태경제학의
정체성 만들기
(1990~2000년대)

1989년 이후 틀을 갖추고 공식적 출발을 알린 생태경제학은 이제 양적, 질적으로 다른 수준의 성장을 시작한다. 지금도 왕성하게 활동하고 있는 존 고디John Gowdy, 피터 빅터, 팀 잭슨Tim Jackson, 자코모 달리사Giacomo D'Alisa, 잉게 뢰프케, 코조 마유미Kozo Mayumi, 클라이브 스패시, 조슈아 팔리 등 상당한 규모의 연구자들이 앞 세대 바통을 이어받아 1990년대 이후의 생태경제학 지평을 대규모로 확대하게 되었다. 최근 돋보이는 활동을 하는 케이트 레이워스Kate Raworth나 탈성장론 주창자들인 요르고스 칼리스Giorgos Kallis, 제이슨 히켈Jason Hickel은 그보다 훨씬 젊은 세대에 속한다. 아울러 생태경제학은 기존 주류경제학뿐만 아니라 포스트케인지언과 제도주의, 페미니스트, 마르크스주의 경제학 등 비판적인 사회경제학 조류들과도 교차 영역을 형성해나가기 시작한다.

우선 이 시기의 사회적 배경부터 살펴보자. 생태경제학 저널과 학회가 만들어지던 1980년대 말부터는 오존층 파괴에 대한 우려의 증대, 지구온난화에 대한 더욱 진전된 인식, 그리고 생물다양성 위협에 대한 새로운 자각 등 과거와는 다른 환경과 생태 이슈들이 부상하면서 '제2의 환경주의 물결a second wave of environmentalism'이 도래한다.[64] 당시 주요 환경 이슈들을 확인해보면, 오존층을 파괴하는 약 100여 종의 화학물질 생산과 사용을 규제하자는 '몬트리올 의정서Montreal Protocol'가 1987년 9월 채택되고 1989년에 발효된다. 그 이후 오존층 보호를 위한 국제 협력이 추진되는데 이는 지금까지 가장 성공적인 환경 대책으로 기록된다. 이 시기부터 부상한 가장 중요한 이슈는 단연코 기후변화였다. 나사의 고다드 우주연구소Goddard Institute for Space Studies 소장이었던 기후과학자 제임스 한센이 미국 의회 청문회에서 기후변화에 대해 경종을 울린 시점도 바로 1988년 6월이었다. 대기중 이산화탄소 농도가 위험 경계선인 350ppm을 넘긴 시점도 1988년이다. 이를 계기로 기후변화 이슈가 과학자들은 물론 유엔과 같은 국제기구, 시민 캠페인, 그리고 정치에까지 광범위한 영향을 미치기 시작한다.

아울러 세계기상기구와 유엔환경계획이 인간활동에 의한 기후변화의 위험을 평가하기 위해 조직한 IPCC도 1988년에 설립되었다. 이어서 4년 후에 유엔 환경개발회의United Nations Conference on Environment and Development가 브라질 리우데자네이루에서 '지구를 건강하게, 미래를 풍요롭게'라는 기치를 내걸고 지속 가능한 발전을 모색하는 회의를 열었고, 1997년 그 유명한 교토협약을 체결하는 데까지 이어진다.

물론 이때까지도 앞서 로겐이나 데일리 등이 기초를 놓은, '지구 생태계의 하위 시스템이자 지구로부터 물질-에너지를 받아 작동하는 열린 시스템으로서의 경제'를 이해하자는 생태경제학적 접근법은 보수주의 주류경제학에서 여전히 수용되지 않는다. 하지만 보수주의 주류경제학에서도 탄소가격제도를 도입하자거나 기술혁신 등의 방법으로 기후위기를 막자고 강조하면서 기후변화 대응 해법을 구체적으로 모색하기 시작했다. 대표적으로 2018년 노벨 경제학상을 받았던 윌리엄 노드하우스는 지구온난화의 엄중한 영향을 인정하면서 그 대응책으로, "배출하는 온실가스에 가격을 매겨서 배출을 억제하는 한편", "저탄소 경제로 전환하기 위해 에너지 부문의 급속한 기술적 변화"를 도모해야 한다고 강조한다.[65] 실제로 1990년 핀란드를 시작으로 1991년 스웨덴, 노르웨이, 1992년 덴마크가 탄소세를 도입하기 시작했고 이후 각 대륙으로 퍼져나갔으며 아울러 탄소배출권거래제도[ETS] 역시 속속 도입되기 시작한다.*

이렇듯 기존 주류경제학계에서 환경 문제에 적극적으로 개입하고 정책 수단을 개발하는 상황과 맞물려, 흥미롭게도 생태경제학 쪽에서도 주류경제학과의 경계선을 넘나드는 상황이 만들어지기 시작한다. 그 원인의 하나는 1990년대를 거치면서 북미에서 유럽, 남미까지 생태경제학자들의 참여가 확대되면서 다양한 사람들이 섞이게 된 점도 있다. 하지만 더 주요하게는 초기에 생태경제학회와 생태경제학 저널을 리드했던 코스탄자 등의 애매한 실용적 포지션이 있었다.[66] 당시 코스탄자 등은 "생태경제학의 문제들을 이해하고 해결하기 위해 서로 다른 많은 학문 분과로부터 이론과 도구, 방법들을 가져다 쓸 수 있다"는 방법론적

---

* 탄소배출권거래제도(Emissions Trading System)는 온실가스 배출 허용 총량을 먼저 정하고 나서, 일정한 방식에 따라 배출권을 주로 기업들에게 초기 분배한 후, 그 다음에는 배출권 거래시장에서 추가로 배출이 필요한 만큼 배출권을 더 구입하거나, 배출을 줄여서 남은 만큼 배출권을 판매하도록 만든 제도다. 한국도 2015년부터 제한적으로 도입했지만, 아직 전체 배출량의 10퍼센트 정도만 초기 유상할당을 하여 효과는 매우 제한적이다.

다원주의를 적극 수용했다. 그런데 주류경제학까지를 포함해서 다양한 학문 조류로부터 이론적 도구와 방법론들을 빌려오는 과정에서 막상 생태경제학의 핵심 원칙에 대한 초점을 잃고 기존 주류경제학과의 경계를 흐렸던 것이다.

그 결과, 생태경제학자 클라이브 스패시에 따르면 1990년대 이후 생태경제학 내부가 세 가지 조류로 세분화되었다고 한다. 하나는 기존 주류경제학 방법들을 따라갔던 '신자원경제학자들New Resourse Economists', 두 번째는 다양한 조류로부터 유용한 도구와 방법론을 가져다 쓰자던 코스탄자 등의 '신환경실용주의자들New Environmental Pragmatists', 그리고 기존 경제학 패러다임과는 다른 생태경제학의 차별적인 핵심을 일관되게 유지하자는 급진적인 '사회적 생태경제학자들Social Ecological Economists'의 흐름이다. 스패시는 오직 사회적 생태경제학자들만이 생태경제학의 고유한 원칙을 살려내면서 그것이 가진 잠재력을 완전히 드러내는 데 성공했을 뿐이라면서 나머지를 비판해왔다.[67]

나아가 스패시는 생태경제학 내부의 이런 분열이 미시적으로는 시장의 가격기제에 대한 태도, 거시적으로는 경제성장에 대한 태도에 따라 서로 다르게 나타난다고 보았다. 특히 스패시는 생태경제학이 시장가격 메커니즘을 긍정적으로 활용하는 것에 대해서 매우 비판적인 태도를 보이고 있다. 그 때문에 허먼 데일리의 정상상태 경제에 대해서도, 생태경제학의 핵심 원리를 지키려고 한 점을 인정하지만 동시에 그가 시장가격기제를 과도하게 수용했다고 문제를 제기했다. 시장경제에 대한 스패시의 거부가 너무 극단적이라고 생각한 허먼 데일리는, "정책은 항상 역사적으로 주어진 초기 조건으로부터 시작한다는 점을 인정해야 한다"면서 현대 시장경제를 무시하고 정책을 짤 수는 없다고 반박하기도 했다. 비록 시스템 변화를 추구하더라도 과거의 것으로부터 새로운 구조를 진화시키는 방식으로 진행되어야 한다는 것이다. 허먼 데일리는 시장가격 메커니즘에 대해 다음과 같이 자신의 견해를 덧붙인다. "가격 신호가 생태적이고 윤리적인 목표를 어디에 세워야 하는지를 알려주지는 못하지만, 일단 과학적이고 도덕적인 원칙이 세워지면 시장가격은 그에 도달하는 유용한 지렛대의 하나가 될 수 있다. 또한 정의롭고 지속 가능한 시스템에서 시장은 개인들의 기호를 만족시키는 데 도움을 줄 수 있다."[68]

시장가격 메커니즘에 대한 태도 차이로 경계를 나누는 것이 다소 미묘한 데 비해서, 거시적인 경제성장에 대한 생태경제학 안에서의 태도는 비교적 분명하게 통일되어 있었다. 무한 성장주의에 대한 명시적인 거부다. 그런데 이 시기에 이르면 경제성장에 대한 태도 역시 생태경제학 내부에서 모호한 분열을 보이게 된다. 예를 들어 "환경적 우려와 경제성장이 충돌할 수 있는 목표라는 고전적 이해가 뒤바뀌어서, 경제성장이 환경 개선과 양립하는 윈-윈 상황이 가능하다는 식으로 변화"가 일어나게 되었다고 뢰프케는 진단한다.[69] 말하자면 경제성장과 환경 문제를 조화시킬 수 있다는 관점이 생태경제학 영역에서 일부 스며들게 되었다는 것인데, 여기에는 '지속가능발전sustainable development'이라는 애매한 신조어의 등장이 상당한 역할을 했을 수 있다.

잘 알려졌다시피 지속가능발전 개념은 유엔 요청으로 노르웨이 수상 브룬틀란트Brundtland, G. H.가 주도해서 1987년에 공개한 보고서 〈우리 공동의 미래Our Common Future〉에서 정의된 개념이다.[70] 이 보고서는 환경 문제를 공공정책과 경제정책에 접목하는 데 다양하게 영향을 주었고 지금도 주고 있는데, 문제는 보수와 진보에서 공통으로 차용하고 있는 '지속

가능발전' 개념이 경제성장과 생태 위험을 적당히 타협하도록 만들어준 절묘한 언어유희로 작동했을 수도 있다는 것이다. 예를 들면 지속가능'발전'과 함께 지속가능'성장'이라는 용어가 혼용되어 쓰이는가 하면, '지속가능경제학'이라는 더 혼란스런 개념까지 등장하기도 했다. 이때 로겐은 "의심할 바 없이, 지속가능발전은 가장 유독한 메뉴 중의 하나"라며 강력히 비판했고[71], 허먼 데일리는 지속가능발전이라면 몰라도 지속가능성장은 자기모순적인 용어라며 거부했다.[72] 더욱이 지속가능발전을 현재 인류와 미래 인류 사이의 세대간 공정성이라는 차원만으로 좁게 해석해버리면, 전체 인류와 자연의 관계에 소홀할 개연성도 있었다.[*] 만약 자연을 일부 파괴하더라도 인공자본을 늘려 미래세대의 복지를 보충해준다면 지속가능발전에 문제가 없다고 주장할 수도 있기 때문이다.[73]

어쨌든 1990년대를 거치면서 생태경제학은 보수주의 주류경제학과 일부 교집합을 형성하면서 자기 정체성을 명확히 하는 데 혼란을 겪기 시작한다. 물론 이 와중에도 초기 문제의식을 지켜온 정통 생태경제학자들은 기존 경제학과 뿌리가 다른 생태경제학만의 접근법을 계속 발전시킨다. 기존 보수주의 주류경제학과 다른 관점에서 출발하지 않으면 생태경제학이 보수주의 경제학의 하위 분과인 환경경제학이나 자원경제학과 차별성을 만들기가 어렵고, 심지어 기존 환경경제학의 일개 분과로 취급될 수 있다고 생각했기 때문이다.

---

[*] 통상 지속가능발전의 정의가 "미래세대가 그들 스스로의 필요를 충족할 수 있도록 하는 능력을 저해하지 않으면서 현재세대의 필요를 충족하는 발전"이라고 알려졌지만 이는 세대간 정의 차원에서 본 것일 뿐, 실제 보고서는 다양한 측면에서 정의를 내리고 있다.

한편 혼란기가 되면 이를 극복하기 위해 잠복해 있던 쟁점들이 선명하게 드러난다. 이 시기 생태경제학도 기존 환경경제학이나 자원경제학과 구분되는 자기만의 정체성을 정립하기 위해 노력하는 가운데 새로운 쟁점들을 만들게 되는데 잉게 뢰프케는 이를 6가지로 압축한다.

첫째, 자연자본이 인공자본(기계, 설비) 등과 얼마나 대체 가능한가 하는 논쟁이 더 심화된다.[74] 이 과정에서 인공자본이 자연자본을 대체할 수 없다고 주장하는 '강한 지속가능성' 주창자들과 그렇지 않은 '약한 지속가능성' 주장이 일련의 스펙트럼을 형성하게 된다. 생태경제학 원칙을 고수하는 이들은 강한 지속가능성에 방점을 두게 되는데, 인공자본과 지구 생태계가 근본적으로는 상호보완적이며 아주 제한적으로 상호 대체될 수는 있지만 전반적으로는 서로 대체될 수 없다고 인식하기 때문이다. 또한 인간이나 인간이 만든 자본이 도저히 복제할 수 없는 지구 생태적 존재들만의 특정 기능이 있음을 인정해야 한다고 믿기 때문이다.

둘째, 환경 악화를 초래하지 않으면서 경제성장을 지속시키는 것이 얼마나 가능할 수 있을까 하는 가장 기본적인 이슈에 대해서도 여러 스펙트럼이 만들어진다. 그리고 셋째로, 국제 무역을 증진하는 것이 환경을 개선할까 아니면 악화시킬까라는 질문을 두고 갈래가 나눠지기도 한다. 넷째로, 기술 변화가 어느 정도까지나 환경적 문제를 풀어줄 수 있을까, 또는 어떻게 기술 변화를 환경에 도움이 되는 방향으로 이끌어낼 수 있을까 하는 질문에 대한 제각기의 답변이 생태경제학 안에서 편차를 만들어내기도 한다. 다섯째, 경제성장에 따라 삶의 질이 얼마나 개선될까, 또는 GDP보다 더 나은 웰빙의 변화를 반영하는 측정 방법이 있을까에 대한 고민도 생태경제학의 갈래를 분화시키는 요인이 되었다.[75]

마지막으로 자연은 그 자체의 내재적 가치가 있기 때문에 보호되어야 하는 걸까, 아니면 단지 인간의 이해관계 관점에서 사용가치가 있으므로 보호하는 것일까 하는 쟁점이 있다. 이 이슈는 심층생태학까지 그 스펙트럼을 확대시킨다. 심층생태학은 자연이 인간의 욕망을 충족시키는 대상이 아니라, "인간을 맨 꼭대기에 두는 종적 위계를 설정할 필요를 느끼지 않은 채 모든 인간과 비인간 개별체를 전체의 일부로서 그 자체로 가치를 지니는 존재로 존중"하자는 점에서 기초가 다르다.[76] 생태경제학이 1990년대와 2000년대를 통과하면서 부각시킨 이들 질문과 쟁점은 이후 생태경제학에서 지속적인 논쟁거리로 발전하게 되었고 글로벌 차원에서 환경정책을 결정하기 위한 논의에서 이들 쟁점이 다뤄지기도 했다.[77]

생태경제학이 기존 주류경제학과만 경계선을 넘나든 것은 아니었다. 주류경제학의 반대쪽에 서 있었던 비판적인 사회경제학 조류들과도 이 시기에 교집합을 만들어나가기 시작했기 때문이다. 과연 비판적 사회경제학계는 생태경제학을 어떻게 받아들이고 자신들의 이론과 조화시키려고 했을까? 사실 1980년대 생태경제학의 초기 형성 시기까지만 해도 보수주의 주류경제학은 물론이고 진보적인 조류의 사회경제학 역시 환경에 대한 관심이 거의 없었다. 그 때문에 1980년대까지 생태경제 문제에 관한 연구와 토론에서 경제학자들보다 생태학자나 에너지 전문가 등이 더 많았다고 한다.

하지만 1990년대 이후에는 얘기가 달라진다. 이 시기부터 "제도경제학, 진화경제학, 마르크스주의 경제학, 정치경제학, 경제사회학, 혁신경제학 등의 배경을 가진 다양한 사회경제학자들이 생태경제학의 문제의식에 관심을 갖게 되었다"고 뢰프케는 지적한다.[78] 그 결과 녹색성장, 녹색혁신, 에코페미니즘, 생태사회주의 등 기존 사회경제학 안에서 생태 이슈를 끌어들인 담론들이 형성되기 시작한다. 아울러 생태경제학과의 공통점과 차이점을 비교하고 접점을 모색하려는 시도까지 나타난다.

포스트케인지언 학파와 생태경제학을 예로 들어보자. 최근 환경운동 쪽에서는 주로 '녹색케인스주의'라는 이름으로 케인지언들의 녹색성장 을 비판하는 쪽에 관심이 쏠려 있지만, 사실 포스트케인지언과 생태경 제학 사이에 놓여있는 철학사상적 공통점이 적지 않다. 또한 케인지언 들이 구체적으로 모델링하고 계산한 녹색인프라 공공투자 정책이나 일 자리 창출 방안 등은 많은 경우 굳이 '경제성장'을 전제할 필요는 없기 때문에 생태경제학에서도 유용하게 차용할 필요도 있다.[79]

더 나아가 허먼 데일리 말대로 지구가 감당할 수 있는 적정 경제 규모 에 대한 정책 설계를 하고 나면, 다음으로 '정의로운 분배' 문제를 어떻 게 풀 것인지를 고민해야 하는데, 이를 위해서는 이미 분배정책에 대해 학문정책적 성과가 축적된 케인지언들과 많이 소통할 필요가 있다. 볼 딩이 지적한 대로 성장이 멈춘다고 가정하면 분배 문제는 생각보다 꽤 난해한 도전과제가 될 수 있기 때문이다.[80] 볼딩은 "플러스 성장 상태에 서는 가난한 자가 더 부자가 되더라도 부자가 더 가난해질 필요는 없는 것이다. 하지만 제로성장 상태에서는 결핍의 어려움에서 빠져나올 방 법은 없다. 어떤 개인이나 집단이 더 부유해지면 그 사회의 잔여 부분은 더 가난해지지 않을 수 없다"면서 제로성장 또는 축소성장 현실에서 분 배 문제의 어려움을 지적했었다.

다행히 많은 포스트케인지언들은 생태경제학에 매우 우호적인 것 같 다. 저명한 포스트케인지언 존 킹John King은 "포스트케인지언과 생태경 제학자들이 여행의 동반자가 되는 것이 매우 바람직하다"면서, 포스트

케인지언들이 시장실패를 예외적인 것이 아니라 체계적인 성질을 가지고 있다고 이해하는 점이나, 인간이 만든 가공자본과 자연 사이에 대체 관계보다는 보완 관계가 있다고 강조한다는 점 등에서 공통점이 많다고 주장한다.[81] 또한 마크 라부아 같은 포스트케인지언들과 코조 마유미 등 생태경제학자들이 공동으로 양자의 공통점과 차이점을 분석한 책을 펴내기도 했는데 거기에는 다음과 같이 양자의 차이점과 공통점들을 지적하고 있다.[82] 우선 "포스트케인지언이 경제성장을 촉진하는 것에 초점을 맞추고 생태경제학자들은 성장이 환경에 초래하는 부정적 영향을 강조한다는 점, 그리고 포스트케인지언이 현세대 내부의 분배에 초점을 맞추는 데 비해서 생태경제학자들이 세대간 분배에 방점을 두는" 점에서 차이가 있다는 것을 인정한다.

하지만 포스트케인지언과 생태경제학, 그리고 제도주의 경제학까지를 포함하여 서로 간에 상당한 수준에서 공통적인 토대를 공유한다는 점 역시 강조한다. 우선, 이들은 방법론적 개인주의보다는 시스템 지향적이고 관계적 국면을 강조한다는 공통성을 갖는데, 경제를 '원자론'적으로 파악하기보다는 '유기체'적으로 파악한다는 뜻이기도 하다. 둘째로 이들은 모두 '복잡성'과 '불확실성'을 핵심 키워드로 가지고 있다. 물론 케인지언들은 인간의 상호작용에서의 불확실성에 방점을 두는 반면, 생태경제학이 다루는 불확실성은 지구 생태계와 경제 시스템 사이의 상호작용에서 나온다. 셋째로, 이들은 인간의 경제활동이 어디까지나 '제한 합리성bounded rationality' 아래서 이뤄진다고 보는데, 예를 들어 개인들의 소비 패턴을 이해할 때에도 개인들의 단순선호보다는, 사회적이고 제도적으로 조건 지워진 상황을 중시한다. 이 대목은 생태경제학도 동일하다. 넷째로, 이들은 생산요소로 통상 분류되는 자본과 노동, 자연

사이의 대체 가능성보다는 대체 불가능성과 보완성에 주목한다. 특히 생태경제학은 자연과 인공자본 사이의 대체 가능성을 매우 회의적으로 인식한다. 마지막으로 이들은 한결같이 '이해관계와 권력관계'를 매우 중시한다. 특히 생태경제학에서는 에너지나 자원에 대한 접근, 기후위기 등 위험에 대한 분담에 권력관계가 큰 영향을 준다고 보기 때문이다.

한편 패트리샤 퍼킨스Patricia Perkins나 반다나 시바Vandana Shiva 등 페미니스트들도 이 시기 무렵이면 자연 생태와 환경에 관심을 기울이게 되고 다양한 색깔의 '페미니스트 생태경제학'이나 '에코페미니즘'을 제안하게 된다. 이들은 "생태계와 인간의 생존에 꼭 필요한 두 가지 중요한 경제체, 즉 자연이라는 경제와 생명을 건강하게 유지해주는 (주로 여성 노동으로 이뤄지는) 경제의 가치를" 기존 보수주의 경제학이 모두 무시한다는 사실을 발견한다. 특히 "경제를 시장 안으로만 제한해 놓은" 결과, "자신의 가족, 아이, 공동체, 사회를 위해 생산하는 여성들을 모두 비생산적이며 경제적으로도 비활성화된 부분"으로 인식하는 기존 경제 관점이, 생산 과정에서 시장가격이 형성되지 않는 자연을 외부적 요인으로 배제하는 그들의 관점과 닮았다는 점에 주목한다.[83] 반대로 생태경제학 관점에서는, 더 이상 성장하지 않는 경제에서 삶의 안전성을 보장하기 위한 중요한 영역이 시장 영역 밖의 가사와 돌봄경제 등에 있다는 사실에 대해 페미니스트 경제학의 도움을 받을 수 있다.

다른 사회경제학 조류들과 달리, 생태학과 사회주의의 종합을 시도한 생태사회주의가 최초로 등장한 시점은 생태경제학이 태동하던 1970~1980년대로 거슬러 올라간다. 당시 생태사회주의 초기 버전을 개척한 학자들은 스페인의 마누엘 사크리스탄Manuel Sacristan, 영국의 레이먼드 윌리엄스Raymond Williams, 그리고 미국의 배리 코모너Barry Commoner

와 제임스 오코너James O'Connor 등이 있었다. 생태사회주의는 당시부터 유럽 일부 나라들에서 이른바 '적록동맹'을 시도하는 등 정치적인 움직임으로 표현되기도 했다.[84]

하지만 2000년대에 들어와서야 새로운 세대들이 출현하면서 생태사회주의는 현대적 버전으로 진화하여 지금까지 영향력을 확대해오고 있다. 2000년대 이후 활동한 주요 인물은 조엘 코벨Joel Stephen Kovel, 마이클 로이Michael Löwy, 이안 앵거스Ian Angus, 존 벨라미 포스터John Bellamy Foster, 그리고 더 나중 세대인 안드레아스 말름Andreas Malm 등이 있다. 코벨과 로이, 앵거스 등이 주축이 되어 2008년에 작성하여 2009년 1월에 발표한 '벨렘 생태사회주의 선언Belem Ecosocialist Declaration'은 현재까지 생태사회주의의 중요한 핵심 내용과 방향을 포괄하고 있다.[85]

사실 아직까지도 생태경제학은 경제 규모 문제를 비롯해서 분배나 효율적 시장 활용에 이르기까지 모든 사안들을 독자적으로 완결하고 있지는 못한 것 같다. 2011년에 두 번째 판본을 발간한 허먼 데일리의 생태경제학 교과서를 보면, 여전히 생태경제학을 '구축해가는 과정under construction'이라고 명시하고 있다.[86] 때문에 기존의 비판적 경제학들의 성과와 접목하는 것은 어쩌면 필수일지 모른다. 더욱이 기후위기와 불평등이 동시에 삶을 짓누르는 상황에서는 생태경제학과 비판적 사회경제학 조류들 사이의 융합이 그 어느 때보다 절실하다.

글로벌 금융위기와 대침체,
탈성장의 등장
(2008~)

　1990년대부터 생태경제학이 제도적으로는 안착되어 갔지만 일부에서 "성장과 환경이 함께 갈 수 있다"는 타협적인 분위기도 생겨났다고 앞서 지적했다. 이런 타협에 강한 의문을 품고 반기를 들며 1960~70년대 초기 생태경제학의 문제의식으로 돌아가자는 움직임이 바로 2000년대 후반부터 부상한 '탈성장de-growth'의 배경 중 하나다. 이 점에 주목해서 2010년대의 생태경제학은 탈성장을 중심으로 살펴보겠다.

　생태경제학의 연장선에서 보면 탈성장의 등장은 두 가지 방향에서 90년대 생태경제학의 모호함에 도전한다. 첫째는 애매하게 성장과 지속가능성을 양립시키려는 생태경제학 안의 일부 흐름들을 거부하고 다시금 '유한한 지구에서 무한성장은 불가능하다'는 로겐식의 초기 문제의식을 적극적으로 부활시킨다. 이들은 지속가능발전이라는 개념을 '지속 가능한 탈성장sustainable degrowth'이라는 개념으로 대체하기도 하며, 특히 로겐의 경제학을 "탈성장이 토대로 하는 분석적 이정표의 하나로 간주"한다.[87] 둘째로, 탈성장은 1960~70년대의 생태경제학 초기 문제의식을 부활시키겠다는 의지뿐 아니라 같은 시대에 다른 편에서 부상했던 정치생태학이나 사회생태학 등 사상문화적으로 주목받던 소비주의 비판문화 역시 자신의 출발점으로 끌어들였다. 다시 말해 탈성장은 1970년대 등장했던 이반 일리치나 앙드레 고르츠, 머레이 북친과 코넬리우스 카스토리아디스 등의 사상문화적인 경향도 이어받았는데, 이는 탈성장이 경제학 틀을 넘어 사회문화적 확장을 시도했다는 것을 보여준다.

여기서 잠시 성장에 무관심하다는 의미로 사용되는 '비성장a-growth'과 성장을 적극적으로 부인하는 '탈성장de-growth' 개념을 비교해보자. 비성장 지지자인 네덜란드 경제학자 예룬 판덴베르흐Jeroen van den Berg 같은 이들은 탈성장이 여전히 경제성장 프레임에 갇혀있다면서, 성장 자체에 관심을 보이지 않는 제3의 선택지로서 비성장이 필요하다고 주장한다.[88] 하지만 탈성장론의 초기 주창자의 한 사람인 세르주 라투슈는 두 개념의 차이가 크지 않다고 주장한다. 그에 따르면 "탈성장은 지구를 파멸의 길로 거칠게 몰아가는 '성장을 위한 성장'이라는 사악하고 지옥과 같은 논리와의 철저한 단절을 뜻한다. 더욱 엄격한 단절을 위해, 우리는 그리스어 접두어 'a'를 사용해 '무신론'을 언급하듯 '무성장a-growth'을 이야기해야 한다."면서 'a-growth'를 다른 방식으로 해석한다.[89] 한편 판덴베르흐와 유사한 취지에서 영국의 생태경제학자 케이트 레이워스는 미래 성장의 방향에 대해 '불가지론'이라고 하는 흥미로운 입장을 취하는데, 이를 포함해서 포스트성장론post-growth에 이르기까지 모두 성장주의에 대한 적극적 비판을 담고 있다는 점에서 탈성장과 크게 다르지 않다.[90]

이제 본격적으로 탈성장의 역사적 연원을 찾아보자. 1972년에 앙드레 고르츠가, "지구의 균형을 이루기 위해서는 물질적 생산에 있어서 무성장, 나아가 탈성장이 필요조건"이라고 선언하면서 탈성장이라는 용어가 처음으로 등장했다고 한다.[91] 하지만 본격적으로는 2002년 프랑스 잡지에 클레망탱Bruno Clémentin과 셰이네Vincent Cheynet 등이 '지속가능발전의 명시적인 대항용어'로 '지속 가능한 탈성장décroissance soutenable' 개념을 사용함으로써 시작되었다. 그리고 당시 저명한 프랑스 경제학자 세르주 라투슈 등도 '지속가능발전이라는 개념이 만들어내는 기만에서 벗어나고자' 적극적으로 이 분야에 뛰어들면서 무게를 실었다.[92] 하지만 2000년대까지는 여전히 프랑스 등 일부에 국한된 논의였다.

그런데 2008년 파리에서 '생태적 지속가능성과 사회정의'라는 이름으로 첫 탈성장 컨퍼런스가 개최되고 2년마다 컨퍼런스를 확대해 나가면서 탈성장론은 눈에 띄는 성장 과정을 밟았다. 세르주 라투슈나 자코모 달리사 같은 기존 학자들은 물론, 제이슨 히켈 등 다양한 학문 분과의 소장학자들까지 여기에 매력을 느끼고 대거 참여하게 된 것이다. 물론 아직도 학술 분야나 시민운동 일부를 벗어나서 주류적인 대학 공간이나 정책 공간으로 오면 여전히 미약한 존재감에 그친다. 그럼에도 지난 15년간 예상보다 빠르게 관심을 받고 있는 것 역시 확실하다. 앞서 설명한 대로 IPCC 6차 보고서 원문에 눈에 띄게 이들의 논문 소개가 늘어난 것이 하나의 증거다.

명시적으로 성장주의와 날카롭게 대립하는 탈성장 운동이 2000년대 말부터 설득력을 얻었던 배경에는 2008년 글로벌 금융위기가 있다. 부채를 동원해서 인위적으로 성장해왔던 금융자본주의가 그 대가로 불평등을 심화시켰을 뿐만 아니라 경제적 안정도 매우 부실했다는 것을 확인시켜준 사건이 금융위기였기 때문이다. 금융위기 뒤에 이어진 대침체great recession 기간에는 성장률 자체도 매우 부진하게 되면서 경제성장 신화에 대한 비판적인 사회 분위기가 조성되는 데 영향을 주었을 것이다. 최근 가장 활발하게 탈성장을 연구하는 인류학자 제이슨 히켈은 "2008년 경제위기에서 벗어나 경제성장을 시키기 위해 정부가 경기부양을 해야 한다"고 주장한 미국 경제학자 폴 크루그먼의 2012년 공개 강연을 들었던 것이 탈성장에 관심을 가졌던 계기라고 고백했다. 미국보다 1인당 경제 규모가 작은 나라들도 이미 미국보다 훨씬 복지가 잘되고 있는데, 도대체 왜 미국은 아직도 성장률을 더 올려야 하는지 강연을 들으면서 심각한 의문을 가졌다는 것인데, 그의 눈에 미국에서 필요한 것은 이제 성장이 아니었던 것이다.[93]

앞서 확인한 것처럼 경제 관점 측면에서 보면 탈성장은 생태경제학의 초기 문제의식과 초기 원칙을 다시 선명하게 강조하려는 점에서 차별화된다. 이렇게 보면 초기 문제의식을 계속 유지해온 허먼 데일리, 팀 잭슨, 피터 빅터, 슈테펜 랑게steffen lange 등 진보적인 생태경제학자들의 경제관과 탈성장 경제관은 적어도 '경제적 관점'에서는 크게 다르지 않다. 오히려 탈성장이 상당 부분 이들의 경제 이론에 의지하고 있기도 하다.[94]

그러면 탈성장이 부활시키려는 초기 생태경제학 창시자들의 핵심 문제의식은 무얼까? 로겐, 볼딩, 데일리 등 창시자들은 강도의 차이는 있지만 모두 무한 경제성장에 대해 명시적인 거부의사를 분명히 했다. 케네스 볼딩은 "유한한 지구 위에 지수적인 무한성장을 주장하는 이는 미친 사람 아니면 경제학자일 것"이라는 유명한 어록을 남기면서, 과거 '카우보이 경제' 시대의 무한성장과 달리 '우주인 경제'에서는 지구의 한계 안에서 경제활동이 이뤄져야 한다는 점을 강조했다. 로겐은 한발 더 나아가 제로성장으로도 충분하지 않고 미래에는 태양에너지에만 의존해서 살아야 한다면서 실질적으로 경제 규모의 축소를 지지했다. 한편 허먼 데일리는 볼딩과 유사하게 과거의 '비어있는 세상empty world'은 끝났고 이제는 인간의 경제 규모가 너무 커진 '꽉 찬 세상Full World'이 되었다면서 지구 생태계의 재생 능력 범위 안에서 경제 규모를 일정한 상태로 유지하자는 '정상상태 경제'를 주장했다.[95]

이처럼 1960~1970년대 초기 생태경제학자들에게 "무한 경제성장과 생태적 안정성의 양립 불가"는 너무 당연한 것이었다. 이들은 1970년대에 무한 경제성장 불가능성과 제로성장으로의 전환 문제를 가지고 주류 경제성장 이론가들과 논쟁을 할 정도였다.[96] 로마클럽의 요청으로 작성된《성장의 한계》라는 보고서의 광범한 반향에 자극받은 측면도 있지만, 당시 무한 경제성장에 대한 비판적 논쟁은 지금의 탈성장 논쟁보다 어떤 면에서는 사회적 관심이 컸다. 하지만 1990년대 이후 생태경제학이 제도화되고 기존 경제학과 섞이면서 지속가능발전이라는 모호한 개념 아래 경제성장과 생태적 한계의 유지가 병존할 수도 있다는 분위기가 만들어졌다. 여기에 강하게 반발하면서 초기 정신의 복원을 주장하면서 나타난 것이 탈성장이다.

이렇게 보면 탈성장론 주창자들이 '경제 규모 감소'를 가장 강경하게 주장한 조르제스쿠-로겐에게서 탈성장의 시원을 찾는 것이 우연은 아니다. 로겐은 자신의 제자인 허먼 데일리의 '정상상태 경제'조차도 엔트로피 법칙에 근거할 때 불가능하다면서 냉정하게 비판할 정도로 현실적으로는 경제 규모 감소가 유일한 대안이라고 주장했기 때문이다. 또한 로겐은 시장경제의 인류학적, 제도적 근간에 급진적으로 도전하지 않는 지속가능발전론에 대해서도 강력히 반대했다. 이렇게 탈성장의 경제관은 기존 생태경제학의 가장 강경한 초기 버전과 교집합을 갖는다.

하지만 앞서 잠깐 살펴본 것처럼 탈성장의 기초가 단순히 60~70년대 생태경제학에만 있는 것은 아니다. 이들 경제학적 토대 위에 추가로 사상 문화적인 탈성장 운동이 얹어졌기 때문이다. 세르주 라투슈는 이렇게 압축한다. "탈성장의 수원지는 두 곳이다. 한 곳은 무한성장의 불가능성과 우리의 의무변혁을 이야기하는 생태 이론이다. 또 다른 한 곳의 대표주자는 소비사회가 바람직하지 않다고 경고하는 이반 일리치와 그의 연구집단이 제시한 사상이다." 그 결과 탈성장론은 성장 비판을 넘어 '경제 지상주의'에 대한 문화적 비판을 하고 과시적 소비, 인위적인 내구성 단축, 과도한 광고 등 소비주의 문화에서 벗어나기 위해 '사회를 급진적으로 재조직하자'는 제안으로 나아간다. 라투슈의 8R;재평가 réévaluer, 재개념화 reconceptualiser, 재구조화 restructurer, 재분배 redistribuer, 재지역화 relocaliser, 축소 réduire, 재사용 réutiliser, 재생 recycler도 그런 사례의 하나다.[97]

최근에는 사회의 재조직화 기획에서 한발 더 나아가 시민들의 가치관까지 이동시키려는 전략에도 관심을 기울이는 것 같다. 예를 들어 요르고스 칼리스 등은 지구의 한계 때문에 억지로 탈성장을 수용해야 하는 것이 아니라, 탈성장이 더 자율적이고 더 바람직하기 때문에 '능동적'으로 선택해야 한다며 철학과 사상의 전환 쪽으로 많은 강조를 하기도 한다.[98] 이 점은 뒤에 다시 다룰 예정이다.

2008년 이후 생태경제학에서 점차로 영향력을 넓혀가던 탈성장은, 2019년 오카시오 코르테스 미국 하원의원과 에드워드 마키 상원의원이 발의한 '그린뉴딜 결의안'을 계기로 새로운 국면에 들어간다. 그린뉴딜은 "100퍼센트 재생에너지 전환을 완료하고, 필요한 모든 이들에게 일자리를 보장하며, 노동자와 일선 커뮤니티를 위한 정의로운 전환을 할 수 있도록 10년 동안 전 사회적 역량을 동원"하자는 국가 프로젝트다.[99]

또한 그린뉴딜은 탈탄소화 과정이 시장의 가격 신호에 따라 진행될 수 있다는 주류경제학의 관점을 거부하고, 국가가 적극적 투자정책, 산업정책, 그리고 분배정책 수단들을 동원해 시장에 개입해야 한다고 역설한 점에서 틀림없이 일보 전진한 것이다. 그린뉴딜은 2019년 당시 미국 민주당 주요 대선 후보들이 공약으로 채택했고 동시에 유럽연합도 2019년 '유럽 그린딜'이라는 정책으로 현실화한다. 또한 뉴욕과 LA 등 많은 도시들에서도 그린뉴딜 도시 버전을 발표하게 된다.

　문제는 그린뉴딜 정책이 명시적으로 성장에 대한 언급을 피한 채 고용에 방점을 찍었다는 것이다. 그러다 보니 해석 여하에 따라 녹색성장식 그린뉴딜 버전이 될 수도 있고, 탈성장 쪽에서 주장하는 것처럼 '성장 없는 그린뉴딜' 정책도 가능하게 된 것이다.[100] 이를 계기로 이른바 '녹색성장이냐 탈성장이냐' 하는 논쟁이 활발하게 수면 위로 올라온다. 이제 보수주의 주류경제학과 생태경제학 사이에서가 아니라 케인지언 녹색성장과 생태경제학의 탈성장 사이에 경제성장 논쟁이 첨예하게 일어나게 된 것이다. 한편에서는 이 논쟁을 통해 무한성장주의의 문제점이 다시 한번 분명하게 드러나기도 했지만, 동시에 기후위기를 막기 위한 대규모 탈탄소 산업 전환과 탈성장을 어떻게 함께 할 수 있는지에 대한 의문들도 제기되었다. 특히 성장 없는 경제나 과소비 없는 경제 등 탈성장이 추구하는 목표 모델은 어느 정도 알려졌지만 목표를 향한 전환 전략이 모호했다. 반면 녹색성장 쪽은 여전히 경제성장을 포기하지 못했음에도 불구하고, 보수주의 경제학의 시장가격 의존을 넘어서 긴급한 기후위기 대처를 위한 대규모 에너지 전환, 산업 전환, 도시 전환 전략과 이를 실현할 야심찬 공공투자 정책 설계 역량이 있음을 보여주었다.

　한 가지 흥미 있는 것은 경제학자 베스 스트랫퍼드[Beth Stratford]가 탈성장과 녹색성장이 첨예하게 싸울 일이 아니라 화석연료 기득권이라는 '진정한 적을 상대'하자고 제안한 대목이다. 그에 따르면 탈성장도 녹색 전환을 위한 대규모 투자를 반대하지 않고 녹색성장도 회색투자의 대규모 감축을 반대하지 않는다. 녹색성장은 현재 수준의 탈동조화로 온실가스 감축과 경제성장을 동시에 달성하기 어렵다는 것을 인정한다. 아울러 녹색성장은 탄소 배출 총량을 규제하지 않고 기술혁신으로 효율을 높이기만 하면 제본스 효과로 인해 배출총량이 계속 늘어날 것이라는 것도 인정한다.[101] 한편 탈성장도 대대적인 기술혁신 등으로 재생에너지 비용을 떨어뜨리고 에너지 효율을 계속 높이지 않은 채, 단순히 물질소비 총량과 탄소 배출 총량을 줄이는 것만으로는 부족하다는 것을 인정한다.[102] 그렇다면 긴급한 기후위기 해결을 위한 전 사회적 전환 전략을 구상하면서 좀 더 실제적이고 구체적으로 함께 지혜를 모아 진정한 싸움 대상인 화석연료 기득권과 맞서야 한다는 것이 스트렛퍼드의 주장이다. 어쨌든 그린뉴딜이라는 매우 현실적인 정책을 둘러싸고 녹색성장과 탈성장이 정책 논쟁을 하면서 다양한 쟁점들을 새롭게 드러냈고, 이것이 생태경제학 논의 지평을 넓힌 것은 틀림없다.

마지막으로 생태경제학의 미래 전망을 간단히 덧붙여보자. 생태경제학자 조슈아 팔리는 생태경제학이 앞으로는 좀 더 적극적으로 사회와 문화 영역으로 지평을 확대해야 한다고 강조한다. 사회의 불평등과 권력관계, 그 배후의 문화적 차원 등에 대한 이해가 부족하면 기후위기나 생태위기에 대응하여 시민들이 함께 참여하는 행동에 나서는 것이 어렵다는 이유다. 이것은 생태경제학이 지금까지처럼 인간 경제-지구 생태계의 관계뿐 아니라 앞으로는 '인간 경제-인간 사회'의 연결 역시 동시에 중요하게 다뤄야 한다는 것을 의미한다.[103]

한편 클라이브 스패시는 생태경제학이 앞으로 기존 보수경제학과 더 분명하게 차별화되어야 하며, 성장 의존뿐 아니라 과도한 시장 의존 태도 역시 경계하는 방향으로 발전되어야 한다고 주장한다. 그는 현물로 제공되는 보편서비스, 사회주택, 국가 보건의료, 무상교육, 공공도서관과 박물관, 무료 에너지와 물 공급 등의 중요성을 강조하고, 더 나아가 비화폐적 삶이나 부불노동에 대한 관심을 더 넓혀야 한다고 주장한다.[104]

생태경제학과 사회 이슈를 더 긴밀하게 엮어나가고, 시장 메커니즘에 대한 생태경제학적 관점을 더 날카롭게 가다듬는 것은 확실히 미래 생태경제학의 중요 과제가 될 수 있다. 하지만 무엇보다 생태경제학의 가장 긴급한 과제는 이미 비상상황에 돌입한 기후붕괴 현실에 직면해서 어떻게 가장 대규모적이면서 안전한 경제 시스템 전환을 이룰 수 있는지에 대한 해법 모색이다. 여기에 지금까지 이룩한 생태경제학의 이론적, 정책적 자산을 쏟아 붓고 또 모자라는 것은 다른 비판적 경제학의 자산을 빌려서라도 채우는 것이 필요하다.

*　*　*

지금까지 약 60여 년 동안의 생태경제학 역사를 세 번에 걸쳐 짧게 살펴보았다. 초창기 개척자들은 기존 보수주의 주류경제관과 출발을 달리하는 강력한 새로운 개념들, 즉 경제 역시 생물리학적 과정의 일환이라면서 열역학 법칙을 동원하고 처리량이라는 새로운 개념까지 도입했다. 또한 경제 과정은 기계역학이 아니라 생물학적 물질대사 은유로 더 적절하게 설명할 수 있다고 생각했다. 지구 한계와 충돌하는 수준까지 팽창한 인간의 경제를 '우주인 경제', '꽉 찬 세상'으로 개념화하고 지구의 수용능력 범위 안으로 경제 규모를 통제하자고 제안했다. 하지만 이런 개념들은 보수주의 주류경제학 논리와 정면충돌했고 특히 기업의 무한성장 욕구와도 충돌했다.

한편 신자유주의 부상과 함께 한동안 '무한성장주의 비판' 담론들은 수면 아래로 가라앉는다. 그 분위기 아래 1980년대 말부터 생태경제학이 제도권 안에서 자리를 잡기 시작한다. 때마침 '지속가능발전'이라는 개념이 도입되자 이를 매개로 '성장과 생태적 안정성을 함께' 추구하려는 타협이 일부에서 생겼다. 한편 기존의 보수주의 주류경제학과 일부 개혁적인 경제학은 환경과 생태 의제를 다양한 방식으로 흡수하면서 '약한 지속가능성' 추구, 녹색성장, 지속가능성장 같은 타협적인 해결책들을 쏟아낸다. 일부 생태경제학도 여기에 휩쓸린다.

하지만 2000년대부터 생태경제학의 초기 문제의식과, 소비주의적 삶에 비판적인 사상과 문화의 조류들이 합쳐지면서 '탈성장'이라는 새로운 움직임이 급부상한다. 특히 최근 10여 년 동안 장기 침체와 기후위기라는 사회적 요인들이 탈성장의 매력도를 높였다. 일부에서는 탈성장 개념의 부정적 이미지를 고려해서 '비성장', '성장 불가지론', '포스트성장'이라는 용어를 차용하지만 근본 내용이 다른 것은 아니다.

2019년 이후 탈성장론이 케인지언의 녹색성장론과 활발하게 논쟁을 진행하면서 1970년대의 제로성장 논쟁과 같은 상황을 재연하기도 했다. 하지만 1970년대와 달리 지금은 오히려 생태경제학적 틀을 기초로 케인지언이나 제도주의, 마르크스주의와 페미니스트 경제학이 축적해온 경제적 성과, 특히 경제 규모를 늘리지 않으면서 혁신적인 분배를 통해 삶의 질을 떨어뜨리지 않는 방안을 모색하는 움직임도 있다. 앞으로 생태경제학은 플러스 성장률을 지속하지 않고도 거시경제 안정성을 이룰 방법, 성장 없는 투자와 생산, 고용 이론과 정책, 특히 분배정책 등을 더 발전시켜야 할 것이다. 그리고 이 모든 과제는 기후위기 대처를 위한 긴급한 전환 전략으로 모아질 필요가 있다.

2장

경제를
지구에 묶어둔
'엔트로피'라는 사슬

6

두 노벨 화학상 수상자들의
오래된 경고

이 글을 쓰던 2022년 여름 유럽은 두 개의 전쟁을 치르고 있었다. 유럽의 동쪽은 러시아의 우크라이나 침공으로 인한 군사적 전쟁이, 유럽의 서쪽은 자연과 인간 사이의 기후 전쟁이 벌어졌던 것이다. 특히 유럽을 휩쓴 기후위기는 사망자 숫자만 봐도 군사 전쟁 못지않게 참혹하다. 무려 47°C까지 기온이 올라갔던 포르투갈의 7월 폭염으로 1천 명이 넘게 사망했고 이웃 스페인도 700명이 넘게 사망했다. 문자 그대로 죽음의 전쟁이 아닐 수 없다. 한편 150년 전 기상관측을 시작한 이래 최초로 40°C를 넘긴 프랑스는 건조한 날씨 탓에 여의도 면적의 약 37배에 달하는 산불이 발생해 수만 명의 이재민을 발생시켰다. 같은 기간 영국은 1659년 기상관측을 시작한 이후 역사상 처음으로 최고기온이 40°C를 찍으며 공항 활주로가 녹아내리고 선로가 휘어서 물류가 중단되는 사태까지 일어났다. 이를 보면서 안토니우 구테흐스Antonio Guterres 유엔 사무총장은 우리가 탄소 배출을 줄이는 기후변화 대응을 제대로 하거나 아니면 집단자

살을 하는 선택밖에 없는 시점까지 왔다고 엄중히 경고했다.[105]

한편 코로나19 팬데믹과 글로벌 공급망 교란에 이어 벌어진 우크라이나 전쟁은 예상보다 가파른 인플레이션을 촉발했고, 이어서 급격한 금리 인상과 경기침체 위험으로 전이되었다. 1970년대 오일쇼크 때에도 그랬지만 2022년 인플레이션 역시 통화적 현상이나 수요 압박이 주요 원인은 아니었고, 코로나19와의 전쟁으로 인해 에너지와 곡물 공급에 문제가 생겼기 때문이다.

평상시에는 그저 생산 과정에 대량 투입되는 값싼 원료의 하나로 취급받던 에너지와 곡물이 다시 한 번 세계 경제를 뒤흔들면서 인플레이션과 에너지 위기를 초래하고 있는 것이다. 특히 석탄, 석유, 가스 같은 화석에너지는 공급이 조금만 줄어도 산업은 물론 도시와 문명 전체를 금방 위험에 빠뜨린다. 글로벌 곡물생산과 공급망에 차질이 생겨도 역시 곧바로 경제와 시민 삶은 혼란 속으로 빠져든다. 아무리 첨단 스마트폰이나 최고의 인공지능이라고 해도 에너지 공급을 대체하고 곡물을 대신할 수는 없기 때문이다. 이렇게 2022년 유럽은 '인간 경제활동의 생물리학적 한계'를 매일 체감하면서 고통스런 시간을 보내게 되었다.

경제적 생산 과정이란 어떤 방식으로든 '일work'을 수행한 결과로 인간에게 필요한 재화나 서비스를 얻는 것이라고 단순화할 수 있다. 여기서 '경제학적 일'과 '물리학적 일'은 사실 아무런 차이가 없다. 어떤 일이든 그것은 에너지 투입의 결과이기 때문이다. 일을 할 수 있는 능력 the capacity for doing work인 "에너지는 유일하게 진정한 보편적인 통화universal currency다. 에너지의 전환 없이는 은하의 회전부터 하루살이의 삶까지 어떤 것도 가능하지 않다"는 주장은 그래서 설득력을 갖는다.[106] 물리학과 열역학에서 일과 에너지 모두 동일한 측정단위인 '주울Joule'을 사용하는 이유이기도 하다. 사실 어떤 면에서는 모든 생물들도 섭취하는 영양분을 에너지원으로 사용하여 일을 하는 '열역학적 엔진'이라고 볼 수 있다. 인간이나 말, 동물들은 자연에서 음식이라는 에너지를 취하여 생명을 유지하기 때문이다.[107] 몸무게 70킬로그램의 성인이 체온을 유지하고 심장을 뛰게 하며 그밖에 생명을 최소한으로 유지할 활동을 하려면 하루에 약 7메가주울Mega Joule 또는 1,650킬로칼로리의 음식 에너지를 섭취해야 한다.[108]

이 관점에서 보면 현대문명은 과거 인간이나 가축에 의존했던 에너지의 한계에서 벗어나 화석연료라고 하는 고밀도 에너지를 생산 과정에 대량 투입함으로써 수십억 명이 해야 할 일을 대신하도록 한 결과다.[109] 1880년대 전 세계 증기기관에서 산출된 에너지는 총 1억 5천만 마력에 달했다고 한다. 1마력을 10명의 성인 노동력으로 환산하면 약 15억명 인간 노예의 힘과 맞먹는다.[110] 당시 세계 인구가 15억 명에 불과했고 그 중 25퍼센트 정도가 성인 남자인 것을 감안할 때, 석탄에너지가 만들어내는 일이 얼마나 대단한지 금방 짐작할 수 있다.[111] 현대문명이 수렵채집 시대보다 월등한 것은 이처럼 대체로 수렵채집인 선조들보다 압도적으로 많은 에너지를 화석연료로부터 얻어서 그 결실을 향유하며 살기 때문이다. 순전히 화석연료 덕분이라는 얘기다. "때로 창의력, 구매력 또는 투자 능력이 없을 수는 있다. 하지만 에너지가 없을 수는 없다. 이것은 물리 원칙으로 에너지가 없으면 아무런 움직임도 있을 수 없다. 화석연료가 없으면 우리가 알고 있는 세계화, 산업 및 경제활동은 끝난다."[112] 때문에 에너지 공급이 조금만 교란되어도 세계 경제가 큰 혼란에 빠지는 것은 너무나 당연하다. 20세기 내내 석유나 가스 자원을 확보하기 위해 전쟁을 불사했던 것도 이 때문이다. 하지만 이 자명한 현실이 보수주의 주류경제학에는 잘 드러나 있지 않다. 프랑스 녹색당 정치가 이브 코셰Yves Cochet는 이렇게 문제제기한다. "주류경제학자들은 GDP에서 에너지 비용이 차지하는 비중이 약 5퍼센트 정도이니 걱정할 필요가 없다고 재차 반복한다. 그런데 이 5퍼센트가 경제에서 빠져버릴 경우 나머지 95퍼센트는 더 이상 존재하지 않을 것이라고 말한다면, 저들은 우리에게 뭐라고 반박할 것인가."[113]

경제적 생산 규모가 에너지로 결정된다는 사실을 먼저 통찰한 것은 사회과학이 아니라 자연과학이었다. 한 세기 전 노벨 화학상을 수상했던 두 명의 자연과학자들이 그 주인공이다. 이 두 명의 과학자들은 생태경제학 창시자들인 로겐, 볼딩, 그리고 데일리 등보다 한참 앞서서 열역학 제1법칙과 제2법칙이 경제학의 출발점이 되어야 한다고 생각한 선구자들이기도 하다. 이들은 거대한 생산력을 과시했던 20세기 근대문명이 순전히 화석연료 덕분에 가능했음을 간파했을 뿐 아니라, 화석연료에 의존한 문명은 매우 짧은 순간에만 유지될 수 있을 뿐 다시 태양에너지에 기대는 문명으로 되돌아가야 한다고 예언하기도 했다.

우선, 독일의 화학자 빌헬름 오스트발트Friedrich Wilhelm Ostwald가 첫 번째 인물이다. 그는 1912년에 출간한 저서 《에너지 명령》에서 "화석연료는 필연적으로 고갈될 것이기 때문에 지속적인 경제는 전적으로 태양복사solar radiation 에너지 공급에 근거할 수 있을 뿐이라는 인식을 하게 될 것"이라고 예언했다.[114] 그리고 100년 뒤 같은 이름의 책을 출간한 독일 경제학자이자 재생에너지 전문가인 헤르만 셰어Hermann Scheer는 자신의 책에서 오스트발트의 논지를 다음과 같이 압축한다.[115]

"화석에너지의 이용이 단지 과도기적 단계이리라는 것은 자연법칙상 이미 정해져 있었다." 그래서 오스트발트는 "분명하고도 반박할 수 없는 지적을 했다. 화석연료라는 뜻밖의 유산이 지속적인 경제의 원칙들을 당분간 놓쳐 버리고 되는대로 살아가게 유혹한다고 말이다. 또 화석연료가 필연적으로 고갈될 것이기 때문에 지속적인 경제는 전적으로 태양 복사의 규칙적인 에너지 공급에 근거할 수 있을 뿐이라는 인식을 부득이 하게 될 것"이라고 말이다. 오스트발트가 "화석에너지를 탕진하지 말고 가장 유용한 곳에 사용하라고" 강조한 이유도 여기에 있다. 그의 경고에 따르면 자연법칙은 우리에게 어떤 선택도 허용하지 않으므로 자연법칙의 무시는 심각한 결과를 가져오게 될 것이었다. 정말 미래를 한 세기나 앞서 내다 본 얼마나 중요한 통찰인가? 오스트발트는 당시 세계적으로 인정받는 과학자였음에도 세상은 그의 상식적인 경고를 못들은 체했다. 그리고 한 세기가 지난 지금 역시 그의 경고를 되새기는 사람들은 헤르만 셰어 같은 소수를 제외하면 여전히 거의 없는 것 같다.

다음으로, 1921년 노벨 화학상을 받았던 영국의 프레더릭 소디 Frederick Soddy가 두 번째 소개할 인물이다. 소디는 에너지의 한계를 인식한 후 인생 후반기에 아예 스스로 경제학을 파고들어서 현대 경제, 특히 금융의 제도적 제약을 분석하는 데까지 도달한다. 특히 1926년에 출판한 책 《부와 가상 부, 그리고 부채Wealth, Virtual Wealth and Debt》는 엄청난 논쟁거리를 안고 있는 문제작이다.[116]

소디에 따르면 생명은 에너지의 지속적인 흐름에 절대적으로 의존한다. 이렇게 필수적인 에너지를 나중에 사용할 수 있도록 저장해두는 데는 많은 물질적 제약들이 따른다. 그런데 화석연료라는 특별한 에너지원은 이 제약을 단번에 벗고 화려한 20세기 문명을 안겨주었다. 하지만 소디는 이렇게 경고한다. "자연이 석탄 속에 에너지를 저장해왔다는 것은 사실이다. 그렇지만 그것은 지질학적 영겁의 시간이 걸린다. 우리는 단지 그것을 꺼내 쓸 수 있을 뿐이다. 또한 석탄이라는 자본스톡을 써버리는 '화려한 기간'은 '매우 순식간'이라고 소디는 생각했다. 화려한 시대가 지나면 에너지 소득을 먹고 삶으로써 부과되는 제약이 점점 더 명확해지고 분명하게 느껴질 것이다."[117] 순식간에 끝나는 '화려한 시간' 뒤에 인류는 어떻게 살아가게 될까? 소디의 대답은 햇빛이다. 그런데 햇빛에너지에 의존해서 살기 위해 고생대나 지금이나 인간이 따라야만 하는 규칙은 열역학 제1법칙과 제2법칙이다.

소디는 여기서 그치지 않고 사고의 도약을 시도하면서 현대 금융으로 시야를 확장한다. 물리적인 경제가 열역학적 법칙의 한계 안에서 작동하는 동안, 그 한계를 일시적으로 벗어버릴 수 있는 현대 금융경제의 오묘한 특징을 소디가 통찰했기 때문이다. 그는 '물리적' 자산과, 자산을 대출해서 만들어지는 '장부상의 채권'을 비교하면서 이 문제에 접근한다. 쉽게 돼지 농장 예를 들어보자. 실물자산인 돼지는 무한히 축적할 수 없다. 돼지 농장 규모의 공간적 한계는 물론이고 농장 규모를 키우다 보면 많은 돼지들 가운데 일부가 병들거나 죽거나 현실의 여러 물리적, 생물학적 제약이 폭증할 것이기 때문이다.

그런데 만약 다른 사람에게 돼지를 빌려줘서 채권자가 되면 어떤가? 만약 돼지 2마리를 다른 사람에게 빌려주면 나중에 돼지 2마리를 돌려받을 채권을 갖는 셈이고 거기에 더해 이자까지 요구할 권리도 갖는다. 소디는 이를 '마이너스 돼지 2마리 채권'이라고 불렀다. 그런데 실물 돼지라는 자산과 달리 장부상의 숫자에 불과한 '마이너스 돼지'는 무한히 많아져도 상관없다. 농장을 늘려야 할 필요도 사료를 더 준비할 필요도 없고 병들까 봐 걱정할 필요도 없다. 이게 바로 현대 금융의 다양한 신용 팽창 방식이다. 그 숫자가 아무리 커도 컴퓨터에서 숫자만 바꾸면 자산은 아무런 제약 없이 무한히 늘어날 수 있다.

원래 그냥 두면 썩어 없어져 무한히 축적할 수 없는 실물자산을, 이런 식으로 남에게 빌려줘서 채권으로 만들어 버리면 영원히 썩지도 않고 아무런 추가 비용도 없으며 영원한 복리 이자까지 얹어진 선물로 돌변한다는 사실을 소디는 주목한 것이다. 소디는 이를 "썩을 수 있는 몸체를 버리고 썩지 않는 외피를 입는다"고 표현했다. 그 결과 무질서, 황폐함, 녹, 부패의 법칙인 열역학 제2법칙을 피해갈 기적을 만들었고 그게 현대 자본주의 경제, 특히 금융자본주의라고 통찰했던 것이다.

"부채는 복리의 속도로 성장하고 순수한 수량으로서 그 성장을 느리게 만들 아무런 제한도 없다. 실물자산은 한동안 복리의 속도로 성장할 수 있지만, 물질적 차원을 가지고 있기 때문에 그 성장은 이내 한계에 부딪힌다. 부채는 영원히 지속될 수 있지만 자산은 그럴 수 없다. 실물자산의 물질적 차원이 엔트로피라는 파괴적 힘에 종속되었기 때문이다"[118]

여기서 소디는 다시 한 번 사고의 도약을 이루어 금융의 내면에 잠재한 위험성을 간파한다. 소디는 이렇게 생각했다. 채권의 이자로 영원히 먹고살 수 있다는 생각은 영구기관을 만들겠다는 것과 마찬가지로 '사기'라고. 원금과 이자가 쌓여 점점 커지는 채권자의 청구권은, 채무를 진 생산자들이 실물로 돼지를 키워서 갚아나갈 수 있는 수준보다 어느 시점부터 커질 수밖에 없다. 숫자로만 되어 있는 채권 청구권은 아무런 장애 없이 무한히 팽창할 수 있지만, 갚아야 할 실물은 그럴 수 없기 때문이다. 그렇게 되면 충돌은 필연적 귀결이다.

이처럼 현대 자본주의는 "개인이 비축할 수 없는 잉여를, 미래소득의 선취권으로 전환"해내는 기적을 이뤘지만, 이는 "미래의 햇빛에 의해 창출되는 미래의 소득"을 당겨온 것에 불과하다는 것이 화학자이자 스스로 경제학자가 된 소디의 결론이었다. 그는 다시 강조한다. "어떤 정의라도 식물이 포획하는 태양에서 나오는 에너지 소득의 한계를 준수해야 하고, 미래에 사용하기 위한 부의 저장 가능성에 부과하는 엔트로피적 한계를 준수"해야 한다고.

축적한 거대한 자산을 이용해 또다시 자산을 무한정 확대하려고 애쓰는 부자들의 모습에 대해 그는, "빵으로 만들어지지 못하고 씨앗에서 씨앗으로 이어지는 밀알" 같다고 비판하면서 다음과 같이 존 러스킨을 인용한다. "자본 말고는 아무것도 생산하지 못하는 자본은 뿌리를 생산하는 뿌리일 뿐이다. 결코 꽃을 피우지 못하고 알뿌리에서 알뿌리로 이어지는 튤립이요, 빵으로 만들지 못하고 씨앗에서 씨앗으로 이어지는 밀알이다." 그러면서 한마디 지적한다. 정치경제학은 지금까지 뿌리를 양산하는 데 전념했고 튤립이란 건 본 적도 품은 적도 없다고.

다소 길게 인용했는데, 소디의 이 흥미로운 주장이 현대 생태경제학자들이 직면한 중요한 고민과 맞닿아 있기 때문이다. 즉, 유한한 지구 위에서 무한성장을 그만두게 하고 싶어도, 금융자본이 '복리로 늘어나는 이자' 시스템을 계속 유지하려 한다면 그게 가능할까? 투자에 대한 복리 수익을 끊임없이 요구하는 금융자본의 압박을 받는 산업자본 역시 팽창을 멈출 수 있을까? 제약 없이 무한팽창하려는 금융의 욕구와, 물리적 제약에 의해 한계 지워진 실물경제의 불일치는 어떻게 해소해야 할까?

물리적으로 열역학의 제약을 받는 실물 세계와, 마치 아무런 제약이 없다는 듯이 움직이는 금융 세계의 모순을 파헤친 소디의 통찰에 대해 당대 경제학계는 어떻게 반응했을까? '불확실성의 경제학'으로 유명한 프랭크 나이트Frank Knight가 약간의 코멘트를 한 것을 제외한다면 예상했던 대로 완전히 무시당했다고 한다. 하지만 거의 묻힐 뻔했던 소디의 통찰을 오늘날 되살려낸 이가 바로 생태경제학자 허먼 데일리였다.[119]

7

재료 없이 레시피만으로
요리를 하겠다는
기존 경제학

보수주의 주류경제학은 대체로 지구 생태계로부터 분리된 인간 경제 시스템의 내부 순환에만 집중한다. 경제학 원론 처음에 나오는 가계와 기업 사이의 경제순환 모델이 그 상징이다(그림 7 참조). 여기서는 외부에서 들어와야 할 에너지와 원료, 그리고 외부로 배출되어야 할 폐기물들이 전혀 표시되지 않는다. 또한 인간 경제가 세상의 중심이고 나머지는 모두 '외부'다. 만약 경제활동의 결과 사회나 자연에 충격을 주게 되면 '외부효과'로 치부해버린다. 이브 코셰가 주류경제학 이론에 대해서 "수학적으로는 일면 고상한 듯 보이나 그 이면을 살펴보면 생물학, 화학, 물리학의 기본법칙, 특히 열역학의 기본법칙에 대해 전혀 고려하지 않았음을 알 수 있다"고 비판한 이유다.[120]

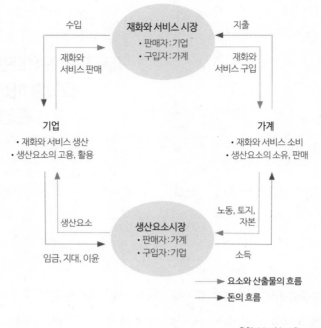

출처 : Mankiw, Gregory 2021.

그림 7 맨큐의 경제학 원론 맨 앞에 나오는 경제순환 모델

하지만 생태경제학은 경제 시스템을 '닫힌계'*인 지구 생태계 안에서 창발한 수많은 '열린계' 가운데 하나로 이해한다. 지구가 우주의 중심이 아니라 태양계의 많은 행성 중 하나인 것처럼, 경제도 그 자체가 우주의 중심이 아니라 지구 안에서 작동하는 열린계 가운데 하나라는 것이다. 허먼 데일리 표현대로 '지동설'로 전환한 것이다.

---

* 계(System)는 일반적으로 크게 3가지로 구분하는데, 우주와 같이 외부로부터 에너지와 물질의 유출입이 없는 고립계(islolated system), 지구와 같이 에너지는 들어오거나 나갈 수 있는데 물질의 유출입이 없는 닫힌계(closed system), 그리고 인간의 경제 시스템이나 우리의 신체처럼 외부에서 에너지와 물질을 받고, 또 외부로 에너지와 물질을 보내어 자신을 유지시키는 열린계(open system)가 그것이다.

이렇게 지구 생태계 안의 열린계로 경제의 위치를 재정립하게 되면 '경제 내부의 순환'에만 집중하지 않고, 기본적으로 지구 생태계에서 에너지와 물질을 공급받아서 경제 과정에서 사용한 후, 다시 폐기물과 폐열의 형태로 지구 생태계에 되돌려주는 '경제와 지구 사이의 비순환' 과정에도 주목하게 된다. 그리고 바로 이 과정이 자연과 우주에 적용되는 가장 보편적인 법칙인 열역학 제1법칙과 제2법칙이 경제에도 자연스럽게 적용되는 경로가 된다.[121] 이 지점을 포착한 허먼 데일리는 "열역학 제1법칙과 2법칙은 또한 경제학의 제1법칙과 2법칙이라고 불려야 한다"고 강조했다.[122]

이 관점에서 경제의 가장 기본적인 생산 과정을 세부적으로 살펴보자. 우선 기초적인 질문부터 다시 시작해보자. 경제의 기초 개념인 생산 production이란 과연 뭘까? 기존에 없던 쓸모 있는 무언가를 '창조'하는 것을 생산이라고 생각하기 쉽다. 하지만 조금만 진지하게 생각해보면 아예 무에서 어떤 것이 창조되는 법은 없다. 무엇이 생산되기 위해서는 처음에 '원료 resource'라는 물질과 이를 가공할 동력인 에너지를 '경제 밖의' 자연에서 가져와야 한다. 이렇게 한 다음에야 비로소 설비와 노동을 투입해서 원료를 변화시키는 일련의 과정을 진행할 수 있는데 바로 이를 생산이라고 정의할 수 있는 것이다. 슈마허가 "인간은 생산자가 아니라 전환자 converter일 뿐이며 모든 전환 작업에서 1차 재화(자연에서 얻은 원료—인용자)를 필요로 한다. 특히 인간의 전환 능력은 1차 에너지에 의존한다"고 강조한 이유이기도 하다.[123]

마찬가지로 소비 consumption란 또 어떻게 정의될까? 소비도 '써서 없애버리는 것'이 아니다. 세상에 어떤 물질이나 에너지를 사라지게 만들 방법은 없다. 따라서 어떤 상품을 소비한다는 것은 소비해서 효용을 얻은 후 폐기물과 폐열로 '경제 영역 밖에' 버리는 행위다. 자연은 플라스틱 쓰레기를 받아서 땅과 바다에 축적하고 온실가스를 받아서 대기에 축적하는 식으로 그 폐기물을 지구 어디엔가 축적하거나 분해해서 다시 순환시킨다. 이것이 경제활동 과정에서 확인되는 아주 상식적인 열역학 제1법칙, 즉 물질과 에너지 보존 법칙이다. 물론 경제 과정 내부만 보면 마치 생산으로 무에서 유가 창조되고 또 소비로 사라지는 것처럼 보이지만, 자연 생태계 안에 생산 과정을 놓고 전체를 바라보면 이야기가 달라지는 것이다. 열역학 제1법칙에 따르면 '생산'으로 창조되는 것은 아무것도 없고 '소비'로 사라지는 것 역시 아무것도 없다.

다음으로 생산 과정에 동원되는 요소를 확인해보자. 생산요소들을 크게 보아 생산 과정 밖에서 계속 새롭게 투입되는 에너지와 물질이 있고, 생산 과정 안에서 고정적으로 생산 행위를 수행하는 노동과 자본이 있다. 그런데 생산을 제대로 분석하려면 에너지와 물질, 그리고 노동과 자본의 역할이 각각 어떻게 다른지 좀 더 따져봐야 한다. 보수주의 주류경제학 원론에 등장하는 생산함수(흔히 '콥-더글러스 생산함수'라 불리는 것)에는 오직 자본과 노동, 그리고 약간 변형한다면 자연자원 등이 모두 같은 수준의 생산요소들로 다음과 같이 배열되어 있다.

생산(Q) = A * f(K, L, R)
A : 총요소 생산성, K : 자본, L : 노동, 그리고 R : 자원[124]

그런데 이렇게 생산함수를 표시하면 생산(Q)을 늘리기 위해 자본(K)과 노동(L), 자원(R)이 모두 동시에 늘어날 필요가 없다. 예를 들어 자원 사용을 줄이더라도 대신에 자본을 더 많이 투입하면 동일한 생산량을 유지하거나 심지어 더 많이 생산할 수도 있게 된다. 자본이 아니라 노동을 더 많이 투입해도 마찬가지다. 바로 이것이 보수주의 주류경제학에서 생각하는 자원과 자본(또는 노동)의 대체 가능성이다.* 자연자원(R)이 남용되어 부족해지고 고갈되더라도 인공자본(K)을 더 투입하거나 노동(L)을 더 투입해서 자연자원을 대체하면, 여전히 생산의 규모를 키울 수 있고 그러면 경제가 계속 성장하는 데 문제가 없다는 주장인 것이다. 경제학자 로버트 솔로는 이렇게 말한다. "자연자원을 다른 요소로 아주 쉽게 대체할 수 있다면", "세계는 자연자원 없이 유지될 수 있다. 그러므로 자원 고갈은 재앙이 아니라 단지 하나의 사건일 뿐이다."[125]

이는 타당한 주장인가? 아니다. 첫째로, 경제 과정의 생물리학적 기초를 무시하고 있다. 만약 자연자원을 인공자본이나 노동으로 마구 대체할 수 있다면, 밀가루 반죽 사용을 줄이더라도 대신 첨단 오븐을 사용하거나 요리사를 더 투입하면 더 큰 피자를 만들어낼 수 있단 말인가? 투입된 물질을 줄이면 생산 과정에서 나오는 물질도 줄어들 수밖에 없다. 이것이 물질과 에너지는 새로 생겨나거나 사라지지 않고 보존된다고 하는 열역학 제1법칙이다. 원료를 자유롭게 인공자본으로 대체할 수 있다는 발상은 생태경제학자들에게는 재료 없이 레시피만 가지고 요리를 하자는 것으로 받아들여진다. 당연하게도 물질과 에너지 없이 자본과 노동만으로 상품을 만들 수는 없다.

둘째로, 경제적 생산 과정에서 시간이 지남에 따라 변환되는 대상(밀가루 반죽 → 피자 → 최종 폐기물)과, 변환을 수행하는 행위자(노동과 자본)를 구

---

* 자연자원과 인공자본이 서로 대체 가능하다고 보는 것을 '약한 지속가능성'이라고도 한다.

분하지 못하고 있다. 즉, 시간이 흘러가면서 자연자원에서 추출된 밀가루라는 변환 대상은 계속 사라지고 대신 피자라는 상품(과 음식물 쓰레기)이 계속 쌓일 것이다. 반면 노동과 자본은 일정 기간 그대로 유지되어서 반복적으로 생산 과정에 참여할 것이다. 즉, 내일은 '다른' 원료를 쓸 테지만 '같은' 공장 설비를 사용할 것이며 '같은' 노동자가 다시 출근해서 일을 할 것이다. 다음날도 또 다음날도 원료는 계속 달라지지만 (적어도 어느 기간까지는) 같은 자본과 노동이 생산을 반복할 것이다. 이런 식으로 자연 자원은 생산 과정에서 '시간'이 흐름에 따라 '소진'된다는 중대한 사실이 보수주의 주류경제학의 생산함수에는 전혀 표시되지 않는다. 주류경제학 생산함수에 '시간'과 '변화'의 개념이 없다고 말해도 좋을 것이다.

그러면 어떻게 달리 생산 과정을 제대로 표할 수 있을까? 로젠이 내놓은 대안은 바로 '펀드-플로 모델funds-flows model'이다.[126] 다소 어색한 용어를 쓰기는 했지만 간단히 설명하면 이렇다. 생산 과정이 반복될 때마다 새로 투입되어 변환되고 소진되는 원료와 에너지가 있다. 매번 유입되어 유출되는 특징이 있으니 '플로flow'라고 부르자. 반면 생산 과정이 반복되어도 고정적으로 남아서 생산 과정에 작용하는 행위자인 노동과 자본이 있다. 이들 요소는 '펀드fund'라고 부르자.[127]

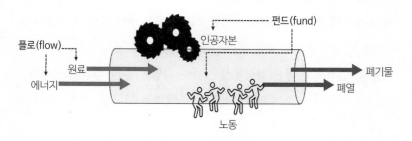

그림 8 생태경제학의 생산 모델로서 펀드-플로 모델

이에 대해 로겐은 "생산요소는 두 범주로, 생산 과정의 행위자를 나타내는 펀드 요소와, 행위자가 사용하거나 작용하는 플로 요소로 나눌 수 있다"고 깔끔하게 요약하고 있다.[128] 이렇게 나누는 이유는 에너지-원료(플로)와 자본-노동(펀드)이 서로 다른 차원의 역할을 하기 때문이다. 그리고 이들 사이에는 서로 '보완'하는 역할을 하지만 서로 '대체'할 수 없다는 것을 분명하게 보여주기 위해서이다. 물론 알루미늄이 부족하면 철강이나 플라스틱으로 대체하는 식으로 자연자원들 사이에서는 서로 대체가 가능할 것이다. 또한 논란은 있지만 자본과 노동 사이에도 어느 정도 대체 가능할 수는 있다. 하지만 원료를 자본으로 온전히 대신하는 것은 불가능하다.

고갈되어가는 자연자원을 인공자본이 대체할 수 있다고 주장하는 기존 주류경제학자들에 대해 로겐은 엉터리 마법이라면서 이렇게 말한다. "자연자원은 어떠한 다른 생산요소와도 같지 않다. 자본이나 노동의 변화는 단지 상품생산에서 폐기물의 양을 감소시킬 수 있다. 어떤 주체도 그 주체의 작업 대상인 물질을 창조하지는 못한다. 자본 역시 그것이 만들어질 때 사용되는 재료를 창조해내지 못한다. 일부의 경우에 똑같은 서비스가 물질이나 에너지를 덜 요구하는 설계에 따라 제공될 수는 있다. 하지만 우리가 경제적 과정의 궁극적 운명이 지상의 에덴동산이라고 믿지 않는 한, 이런 방향에서조차 한계는 존재한다."[129]

이렇게 '펀드-플로 모델'에 따라 펀드와 플로는 원칙적으로 상호 대체할 수 없다고 정의하면 과연 무엇이 달라지나? 점점 고갈되는 자연자원을 인공자본으로 대체해 줌으로써 미래세대의 이익을 해치지 않은 채 오염되고 고갈된 세상을 물려줄 수 있다는 보수주의 주류경제학의 '약한 지속가능성'은 설 자리를 잃게 된다. 어떤가? '펀드-플로 모델'이 콥-

더글러스 생산함수보다 생산 과정을 더 제대로 표현하는가? 이처럼 경제의 생물리학적 특성까지 고려한 생태경제학의 관점을 생산에 적용하면, 실제 생산 과정이 다르게 해석되는 것이다. 로겐이 정식화한 이 생산 모델은 허먼 데일리가 적극적으로 수용했으며, 한국의 생태경제학자들도 받아들이는 것을 보면 꽤 범용적으로 인정되는 것 같다.[130]

그런데 여기서 한 가지 반론이 제기될 수 있다. 자원과 에너지를 절약하는 기술혁신을 계속 발전시키면 자원과 에너지를 극단적으로 적게 사용해서 생산을 할 수 있지 않을까? 앞의 콥-더글러스 생산함수에서 아직 설명하지 않았던 기술요소(총요소 생산성 A) 말이다. 하지만 '노하우'로 표현하든 '첨단장비'로 표현하든 기술 자체도 물질과 에너지에서 완전히 독립해서 존재하지 않는다. 특히 인공지능이 원료 없이 정보만으로 작동하는 것 같은 착시에 빠지지만, 인공지능이 사용하는 데이터센터는 거대한 저장장치와 처리장치, 그리고 무엇보다 엄청난 에너지 사용을 전제로 한다. 더 혁신적인 기술은 그 자체로 더 많은 물질과 에너지를 수반하는 것이 통상적이다.

이는 탄소 배출을 줄이기 위해 태양에너지를 얻을 때도 마찬가지로 적용된다. 오랫동안 원자재와 환경에 대해 조사해온 프랑스 기자 기욤 피트롱Guillaume Pitron은 "오늘날 우리는 녹색기술과 정보기술을 결합하여 멋진 신세계를 만들 수 있다"고 생각하지만 쉽지 않다고 지적하면서, 재생에너지나 배터리 생산에 필요한 희귀금속 채취를 위해 얼마나 지구 생태계가 파괴되고 있는지 경고한다.[131] 그는 "녹색기술에는 엄청난 양의 희귀금속 자원이 필요하다. 컴퓨터 기술로 유도되는 초고성능 통신망 또한 희귀금속을 대거 사용한다"면서, "우리가 지금 추구하는 에너지 전환을 실행하려면 희귀금속 채굴량을 15년마다 2배씩 늘려야 한다"

는 엄연한 사실을 확인시켜준다. 세상에 햇빛조차도 공짜로 얻을 수는 없다는 걸 다시 한 번 실감한다.

물론 기술혁신으로 자원효율성을 높여 기존보다 더 적은 자원과 에너지로 동일한 산출을 만들어낼 수는 있고 이에 대해 기술과 자본이 에너지와 자본을 부분적으로 대체했다고 해석할 수도 있다. 허먼 데일리도 이를 "자연자본을 제한적으로marginally 대체"했다고 표현하기도 한다.[132] 하지만 여기까지가 최대한이다.

더욱이 대규모의 강력한 기술은 대체로 생산 과정에서 더 많은 자원(물질)을 필요로 한다. 실제 역사적 경험을 보더라도 자원과 에너지 효율이 계속 향상된 것은 맞지만, 그 이상으로 총사용량이 늘어난 것을 확인할 수 있다. 바로 제본스의 역설이다.* 물론 기술혁신으로 자원과 에너지의 사용을 줄이는 '자원생산성'을 향상시키는 것은 지구 환경에도 좋고 열역학 법칙에 위배될 것도 없다. 하지만 자원생산성을 높이자는 것이 곧 기술혁신으로 자연자원의 고갈을 막을 수 있다든지, 아니면 자본(설비)으로 자연자원을 대체할 수 있다는 이야기는 아니라는 것은 분명히 해두자.

---

* 제본스 역설은 자원절약형 혁신이 생산가격을 낮춰 오히려 소비를 더 촉진하고 결국은 자원의 총소비를 늘리는 현상을 설명한 것인데, 3장 18절에서 자세히 설명할 것이다.

8

경제학에 잠입한 트로이 목마, '엔트로피 법칙'

생태경제학을 기존 주류경제학과 완전히 다른 뿌리에서 시작하게 만들어주는 원천이자 가장 논란이 많은 개념인 엔트로피로 넘어가보자. 인문사회 분야 전문가들이 자연과학 개념을 빌려와 사용해서 온갖 논란에 휩싸인 가장 인상적인 사례가 있다면 바로 '엔트로피 법칙'이라고도 불리는 열역학 제2법칙이 아닐까 싶다. 엔트로피를 잘못 해독했다면서 많은 문제제기를 받았던 제러미 리프킨Jeremy Rifkin의 책 《엔트로피》가 대표 사례다. 때문에 섣불리 엔트로피 이론을 사회과학에 응용하는 것을 꺼리는 경향마저 있다. 하지만 여전히 전체 생물계를 관통하는 진화론과 함께, 우주의 물리계를 관통하는 엔트로피 법칙은 가장 상위 수준에서 세상을 이해하는 키워드다. 일찍이 아인슈타인은 엔트로피 법칙을 "기본 개념의 적용 범위 내에서 결단코 전복되지 않을 것이라고 내가 확신하는, 보편적인 내용을 갖춘 유일한 물리 이론"이라고 했다. 영국의 천문학자 아서 에딩턴Arthur Stanley Eddington 역시 1928년, "엔트로피가 항상 증가한다는 열역학 제2법칙은 모든 물리학 법칙에 우선한다"면서 이런 말을 남겼다.

> "만일 누군가 말하기를 우주에 대한 당신의 이론이 맥스웰 방정식과 일치하지 않는다면 맥스웰 방정식이 잘못되었을 수도 있다. 만약 당신의 이론이 관측 결과와 모순된다고 해도 걱정할 필요가 없다. 실험하는 사람들이 틀리기도 하니까. 그러나 당신의 이론이 열역학 제2법칙에 위배되는 것으로 밝혀진다면, 나는 당신에게 아무런 희망을 줄 수가 없다. 당신이 굴욕적으로 무너지는 것 말고 다른 길이 없기 때문이다."[133]

엔트로피 이론은 그만큼 확고한 이론이고 여전히 그렇다. 2020년 대중서로 출판된 《엔드 오브 타임》에서 초끈 이론으로 명성 있는 현역 물리학자 브라이언 그린Brian Greene 역시, 우주의 탄생에서 먼 미래의 소멸 전망에 이르기까지를 엔트로피 법칙에 기초하여 설명해내고 있다. 생태경제학은 이처럼 변함없이 확고한 근거를 가지고 있는 엔트로피 법칙을 핵심 기반으로 삼는다.

물리학에서 최고의 법칙이라고 여겨지는 엔트로피 법칙을 경제 영역에 적용하여 생물리학적 과정으로 재해석하고, 유한한 지구에서 무한한 경제성장을 할 수 없는 이유를 입증한 생태경제학 초기 창시자가 있다. 또한 최근 유행하는 탈성장론자들이 자신들 이론의 선구자로 인정하고 있는 인물, 당대 최고 경제학자 폴 새뮤얼슨이 '학자 중의 학자'라고 치켜세웠던 인물이며, 노벨 경제학상 수상자 바실리 레온티예프Wassily Leontief 등과 친밀하게 교류해오던 인물인 니콜라스 조르제스쿠-로겐이 그 주인공이다.

여기서 잠시 로겐이라는 인물이 어떤 배경 아래 엔트로피와 경제를 연결시킬 수 있었는지 알아보자. 그의 제자이자 동료 생태경제학자인 허먼 데일리는 로겐의 생애를 다음과 같이 요약했다. "1906년 루마니아 콘스탄차에서 태어났고, 그곳에서 제1차 세계대전이라는 힘든 시절을 보내며 성장했다. 루마니아 최고의 학교에서 뛰어난 실력을 보이면서, 장학금을 받고 파리의 소르본 대학교에 진학해 그곳에서 수리통계학으로 박사학위를 받았고 최우수상을 수상했다. 그에게 주어졌던 장학금이 2년 연장되면서 박사 후 연구도 지원받아 런던에서 칼 피어슨에게 배운다. 1934년 그는 록펠러 재단이 지원하는 하버드 객원교수 자격으로 미국에 왔다. 거기서 그는 조지프 슘페터의 영향 아래 경제학자가 되었다. 2년 후 그는 모국에 돌아가 학계와 정부에서 지위를 얻어 조국에 봉사했다. 1944~45년 루마니아 정전위원회에서 사무총장의 임무도 맡았다. … 루마니아의 대미 교우협회 의장을 역임했고 농민당 국민위원회의 회원이기도 했다. 이 모든 활동은 공산당 정권이 그의 목을 치려고 쫓아다니기에 충분하고도 남을 만한 이유를 제공했다. 1948년 초 커다란 위기가 덮치자 그는 아내 오틸리아와 함께 외국 화물선에 올라 밀항했다. 이 과정을 통해 그는 1948년에 하버드로 돌아올 수 있었다. 1949년 그는 밴더빌트 대학교에서 준 자리를 받아들였고, 거기서 27년을 머물렀다."[134]

생태경제학자 마우로 보나이우티Mauro Bonaiuti도 로겐의 에세이 모음을 출판하면서 그의 소개를 덧붙인다. 그에 따르면 로겐은 밴더빌트 대학교수 생활을 시작하던 1950년대에서 60년대 중반까지 정통 수리경제학자에서 벗어나 점차 인식론적 혁명을 통해 생태경제학의 체계를 구상했다고 한다. 기존 주류경제학이 경제 현상에서 발생하는 질적 구별을 제거하고 양적 표현에만 몰두한다든지, 사회적 관계와는 분리된 경제 요소에 집착한다든지, 과거 역사 과정을 도외시한 채 경제 현상을 설명하는 등의 한계를 로겐이 심각하게 봤다는 것이다. 특히 농촌 경제를 분석하면서 로겐은 농업이 자연 제약을 훨씬 많이 받은 탓에 도시의 산업경제와 다른 특성을 갖게 되는 것을 확인하고, 이후 생물리학적 제약을 받는 경제에 대해 더 많은 고민을 하게 되었다는 것이다.[135] 이런 인식론적 혁명을 토대로 1965년에서 1971년까지 로겐은 '펀드-플로 모델'이라는 새로운 생산 이론과 함께, 혁명적인 엔트로피 경제학을 창안해내면서 그 자신이 이름 붙인 '바이오이코노믹스'의 핵심 내용을 완성한다. 그리고 1994년 사망할 때까지 자신의 이론을 확장하고 심화한다.

특히 로겐은 1971년 《엔트로피와 경제》라는 기념비적인 저서를 출판하면서 무한한 경제성장이 열역학 제2법칙에 의해 제한될 수밖에 없다는 주장을 대중들에게 알리게 된다. 이 전문서적은 다음 해인 1972년 로마클럽이 공개한 《성장의 한계》가 불러일으킨 엄청난 파장에 비해서는 물론 큰 사회적 영향을 주지는 못했다. 하지만 이후 생태경제학자들에게 미친 영향이나 현재 탈성장론까지 영감을 주고 있는 점을 고려하면 어떤 면에서 더 심대한 영향을 주고 있는지도 모른다. 그는 유용한 에너지와 그렇지 않은 에너지에 대한 물리학적 설명을 담고 있는 엔트로피 법칙이 어떤 의미에서 보면 '경제적 가치에 관한 물리학'이라고 주장한다. 또한 그는 "엔트로피 법칙이 물리학과 과학철학에 커다란 파장을 일으켰음에도 불구하고, 경제학자들은 이상하게도 물리 법칙 중에서 가장 경제적인 이 법칙에 주목하지 않았다"고 의아해하기도 했다.[136]

여기서 잠깐 엔트로피를 정의하고 넘어가자. 엔트로피라는 물리량은 1865년 독일의 물리학자 루돌프 클라우지우스Rudolf Clausius가 열역학 관점에서 처음으로 정의했다. 증기기관이 막 발명되어 활용되기 시작했던 당시에 유럽 과학자들은 열역학적 엔진의 효율을 어떻게 높일지를 두고 수많은 고민을 했다. 심지어 효율을 극단적으로 높여 영구기관을 만들 수 없는지도 연구했다.[137] 연구를 거듭한 결과 열역학 제1법칙에 따라 에너지는 형태만 바뀔 뿐 생기거나 사라지지 않지만, 동시에 자연 상태에서는 항상 가용 에너지free energy가 더는 사용할 수 없는 불가용 에너지로 흩어지고 열은 높은 곳에서 낮은 곳으로만 흐를 뿐 반대 방향으로는 가지 않는다는 사실 역시 확인할 수 있었다. 그는 이를 열역학 제2법칙 또는 엔트로피 법칙이라고 명명했다. 지금 과도한 화석연료 사용으로 기후위기가 심각해지면서 엔트로피 개념이 새삼스럽게 중요해지고 있지만, 그 화석연료 대량소비의 기원이 된 증기기관의 등장이 인류가 엔트로피 법칙을 발견하게 된 계기였다는 점은 결코 우연이 아닐 것이다. 로겐도 클라우지우스의 열역학 정의를 자신의 엔트로피 경제 이론에 적용하면서, 우주가 자연 상태에서는 엔트로피가 낮은 상태(일을 할 수 있는 자유에너지가 높은 상태 또는 질서 있는 상태)에서 엔트로피가 높은 상태(일을 할 수 없는 불가용 에너지로 흩어진 상태 또는 무질서한 상태)로만 비가역적으로 움직인다고 엔트로피 법칙을 해석한다.[138] 하지만 현재는 오스트리아 물리학자 루트비히 볼츠만Ludwig Eduard Boltzmann이 1877년에 통계역학으로 설명한 엔트로피 정의가 더 많이 사용된다. 볼츠만의 엔트로피 정의는 그의 묘비명에 새겨진 다음과 같은 공식으로 압축된다.

엔트로피(S) = k logW

(k는 볼츠만 상수, W는 계의 거시상태에 대응하는 미시상태의 수)

이 공식을 말로 풀어서 해석하면, 고립계의 거시적 특성(온도, 부피, 압력)에 영향을 주지 않은 채 바꿀 수 있는 배열(분자의 위치, 속도)의 수가 엔트로피라고 할 수 있다. 간단한 예로 설명해보자. 완전히 고립된 욕실 안에 수증기 방울들이 자유롭게 움직이고 있다고 가정해보자. 자유분방하게 움직이던 수증기 분자가 어쩌다가 모두 욕실의 한쪽 구석에만 몰려있는 경우도 생기지 않을까? 그런데 모든 수증기 분자가 하필 모두 똑같은 딱 하나의 점에 있을 경우의 수는 딱 한 가지다. "반면에 수증기 분자들이 욕실 전체에 골고루 퍼져 있으면 재배열하는 방법이 엄청나게 많아진다. 화장대 근처에 있는 분자를 조명등 근처에 있는 분자와 맞바꾸건, 창문 근처의 분자와 맞바꾸건, 또는 샤워 커튼 근처에 있는 분자와 맞바꾸건, 전체적인 배열은 달라지지 않기 때문이다."[139]

이처럼 수증기가 우연히도 한 지점에 모두 모여 있을 경우의 수는 엄청 작기 때문에(즉 경우의 수 W가 작으므로) 엔트로피는 낮다. 반대로 수증기가 욕실 전체에 퍼져 있을 경우의 수는 매우 많으므로(W가 크므로) 엔트로피가 높다. 간단히 말해서 발생할 확률이 낮으면 엔트로피가 낮은 것이고, 흔히 발생하는 경우라면 엔트로피가 높다는 것이다. 그래서 우리가 일상에서 경험하는 상태는 "거의 대부분 엔트로피가 높은 상태라는 것이다. 고엔트로피 상태는 구성입자의 다양한 배열을 통해 구현될 수 있으므로 전형적이고 평범하면서도 흔한 상태다."

그런데 마치 청소를 하지 않은 채 방을 계속 사용하면 자연스럽게 어질러질 확률이 매우 높은 것처럼, "고엔트로피 상태에서 가능한 배열의 수는 저엔트로피 상태의 배열 수보다 압도적으로 많기 때문에, 분자들이 무작위로 움직이다 보면 엔트로피가 높은 상태로 이동하게 된다. 이 변화는 엔트로피가 최대치에 도달할 때까지 계속되며, 최대 엔트로피에 도달한 후에는 무수히 많은 동일 배열(엔트로피가 같은 멤버들) 사이를 오락가락하며 최대 엔트로피를 유지한다."[140] 확률적으로 존재할 경우의 수가 적은 것에서 확률적으로 존재할 경우의 수가 많은 쪽으로 세상 만물이 움직인다고 하는, 어찌 보면 동어반복 같은 이야기로 들릴 수 있지만 이것이 볼츠만의 엔트로피 정의인 것이다.

그러면 우주의 어느 곳에서 국지적으로라도 높은 엔트로피(확률이 높은 무질서 상태)가 낮은 엔트로피(확률이 낮서 질서 잡힌 상태)로 이동하는 경우는 없을까? 물론 있다. 하지만 "엔트로피가 낮은 질서 정연한 배열이 만들어지려면 무언가를 조직화하는 강력한 힘이 발휘되어야 한다."[141] 다시 말해서 에너지가 투입되어야 한다. "질서 정연하게 가공된 물체는 자연적으로 만들어지지 않기 때문에 반드시 설명이 필요하다. 무작위로 움직이는 입자들이 저절로 뭉쳐서 계란이나 개미집, 또는 머그잔이 만들어질 수도 있지만, 이런 일이 실제로 일어날 확률은 거의 0에 가깝다."

물론 확률이 제로가 아니므로 매우 긴 시간 동안 지켜보면 언젠가 확률이 낮은 사건도 발생할 수 있다. 따라서 확률이 낮은 상태에서 확률이 높은 상태로 세상이 변한다고 하는 엔트로피 법칙은 엄밀하게 표현하면 '경향'인 것이지 100퍼센트 관철되는 '법칙'은 아니다. 하지만 우주에서 엔트로피가 자연스럽게 낮아질 확률은 마치 원숭이가 타자기 위에서 놀다가 셰익스피어의 작품을 쓸 확률처럼 불가능하다고 프랑스 수학자 에밀 보렐은 단언했다.[142]

도대체 엔트로피 법칙을 물리학 영역이 아니라 경제 영역으로 가지고 오면 무얼 더 설명할 수 있을까? 결론부터 말하면 지금까지 경제가 생산과 소비의 무한순환을 반복하며 무한성장할 수 있다는 가정이 일거에 무너질 수 있다. 엔트로피 이론에 따르면 생산과 소비활동이 반복되면서, 지구 위의 유용한 에너지는 점점 더 사용하기 어려운 에너지로 흩어지고, 활용도 높은 자원들은 점점 더 활용도가 떨어지는 폐기물이나 오염물질로 전환된다. 닫힌계인 지구 생태계 안에서 인류가 문명 발전을 추구하기 위해 물질적 경제활동을 확대하면 할수록 지구는 점점 더 무질서한 상태로 '퇴화'한다는 역설에 직면하는 것이다.

로겐은 이를 다음과 같이 압축한다. "물질적 측면만 고려하더라도, 경제 과정은 순환이 아니라 한쪽 방향으로만 작용한다. 경제 과정은 낮은 엔트로피에서 높은 엔트로피로의 지속적인 변환, 즉 불가역적 폐기물로의, 혹은 시사적인 용어로, 오염물질로의 변환"이다. 로겐은 특히 화석연료라는 고밀도 에너지를 대량으로 태우고 기술혁신으로 점점 더 많은 자원을 가공하여 대량의 상품을 만들어낼수록, 지구 생태계의 엔트로피는 더 빨리 증가하게 될 것이므로 "다른 사정이 같다면 인류의 종말을 앞당긴다"고 전망했다. 로겐은 다음과 같이 이어간다. "아마도 태양은 인류의 종말 후에도 거의 지금과 같은 밝기로 지구를 계속 비추고, 아무런 야망이 없는 다른 종들에게 낮은 엔트로피를 계속 제공할 것이다. 인류의 특성으로 볼 때, 인류는 길고 지루한 이력보다는 위대했지만 짧은 이력을 선택할 운명임이 틀림없다"고 비관적 결론을 내린다.[143]

그런데 한 가지 의문이 있다. 엔트로피 법칙은 외부로부터 에너지와 물질이 모두 차단된 고립계isolated system에 적용된다. 하지만 지구는 외부와 물질 유출입은 없지만 에너지는 지구 외부에 존재하는 태양으로부터 공급받고 있는 닫힌계closed system다. 그렇다. 화석연료라는 막대한 고품질 에너지와 물질을 소비하는 경제활동으로 지구의 엔트로피가 계속 증가할 것이지만, 화석연료 대신 태양에너지를 활용하는 수준만큼 그 증가를 지연시킬 수는 있다. 문제는 지금처럼 지구 안의 자원인 화석연료를 대규모로 태워 얻은 에너지로 물질을 가공하고 또 대량의 온실가스나 폐기물을 지구에 버리는 과정을 앞으로 계속 반복한다면 엄청난 규모로 엔트로피가 증가하는 것을 피하기 어렵다는 것이다. 이 정도의 엔트로피 증가 추세를 외부에서 유입되는 태양에너지를 활용해서 저지하는 것은 현재 기술로는 역부족이다. 화석연료를 계속 태우면서 배출된 온실가스는 포집을 해서 다시 지하에 묻어두면 되지 않겠냐는 주장이 터무니없는 이유도 여기에 있다.

한편 로겐은 화석연료가 '과거의 태양에너지'를 수억 년 동안 축적한 제한된 저축이기 때문에 이를 소진하면 결국 '현재의 태양에너지'를 쓸 수밖에 없다고 전망했다. 그리고 놀랍게도 "햇빛을 에너지원으로 직접 사용하기 위한 다양한 노력들이 성공"할 것이라고 예상했다. 심지어 그는 "태양에너지로 충전한 전지로 움직이는 자동차는 낮은 엔트로피와

출처:Daly, Herman. 1997

그림 9 로겐의 엔트로피 모래시계

건강한 환경 양 측면에서 더 효율적이며 따라서 전기 자동차가 조만간 나타날 것"이라고 내다봤다. 이런 그의 전망은 그가 엔트로피 시계라고 이미지화한 데서 잘 나타나 있다(그림 9 참조).[144] 1970년대 시점에서 로겐이 했던 예상은 2020년대 시점에서 모두 현실이 되고 있다.

이처럼 로겐은 우주 전체에 걸쳐 적용되는 엔트로피 법칙을 경제에 끌어들여서 인간 경제와 지구 생태계 사이의 제약 관계를 설명해냈다. 열린계인 인간 경제가 결국은 유한한 닫힌계인 지구 시스템에 의해 제한될 수밖에 없고, 미래의 인간 경제는 최종적으로 태양에너지를 활용하는 수준에 의존하게 될 것이라고 전망한 것이다. 이는 100년 전 두 화학자가 예견한 것이기도 하다.

그러면 열역학 제2법칙을 경제활동에 끌고 들어온 그의 획기적 발상에 대해 1970년대의 경제학계는 어떻게 반응했을까? 그의 제자 허먼 데일리는 "경제학과 엔트로피에 관한 그의 혁명적 혜안은 매우 근본적이기 때문에 진정으로 기초적"이라서 "분명 기초 교과서에 포함될 수" 있어야 한다고 보았다.[145] 하지만 허먼 데일리는 이렇게 좌절을 표현한다.

"표준 경제 교과서에 그의 영향이라고는 흔적조차 찾아볼 수 없다는 사실에 망연자실함을 고백할 수밖에 없다." 그러면서 "과학, 공학, 철학 저널에서 많은 필자들이 왜 경제학자들은 로겐의 후기 연구(엔트로피와 경제 연구-인용자)에 주의를 기울이지 않는지 목청 높여 의아함을 표현해왔다"고 말한다. 도대체 경제학계가 어떻게 반응했길래? "그의 도전은 근거 있는 반박을 만난 적이 없다. 그보다는 침묵만을 접했다"는 것이 허먼 데일리의 진단이다. 무한 경제성장의 불가능성을 근원적으로 입증할 근거가 될 엔트로피 법칙을 경제학에 도입하기는커녕 보수주의 주류경제학자들은 철저히 무시했다는 것이다.[146]

그렇게 로젠이 주창한 '경제 과정에서의 엔트로피 법칙'은 20년 가까운 기간 논쟁조차 되지 않다가 그나마 1989년 〈생태경제학〉 저널이 창간되면서 약간의 논쟁이 붙었다고 한다. 그리고 이어진 30년 가까운 세월의 공백 끝에 탈성장에 대한 관심이 고조되자 다시 그를 주목하게 된 것이다. 한국은 어떤가? 한국은 더하다고 할 수 있지 않을까? 관련 주제를 다룬 출판물은 고사하고 로젠의 주장을 다룬 학술논문조차 손에 꼽을 만큼 적다. 1971년에 출판된 저서 《엔트로피와 경제》도 2017년이 돼서야 겨우 번역되었을 정도다.

이에 대해서 허먼 데일리는 다음과 같이 상당히 의미심장한 말을 남겼다. "어떤 학문 분야에서의 진보를 얼마나 오랫동안 저지할 수 있느냐가 그 분야에 속한 과학자들의 영향력을 측정하는 가장 좋은 방법이라는 말이 있다. 이 측정 기준으로 따지자면 너무나 많은 영향력이 있는 경제학자들이 존재한다."[147]

한 가지만 더 짚어보자. 만약 기존 주류경제학 교과서에 엔트로피 법칙을 넣으면 도대체 어떤 일이 일어날까? 허먼 데일리는 아주 적절하게 다음과 같이 묘사한다. "엔트로피 개념은 트로이의 목마다. 일단 두꺼운 경제학 교과서 안으로 들어가는 게 허용되면, 그 함의 속에 들어있는 숨은 군대가 책의 거의 모든 부분을 공격한다." 한 가지 사례를 들어보자. 우선 경제학 원론 맨 앞의 경제순환 모형이 모두 바뀌어야 한다. 기존 모형은 "경제적 과정을 기업에서 가계로 이어지는 고립된 순환의 연속인 것으로 생각하게 만드는 단선적 세계상을 전달한다. 여기에는 유지와 재충전이 내부적으로 이뤄지는 것처럼 보인다. 즉 환경에 의존할 필요가 없는 듯하다. 이것은 마치 생물학 교과서가 동물 연구를 제시할 때, 소화기관은 전혀 언급하지 않고 순환계만으로 설명할 수 있다고 하는 것이나 마찬가지다. 소화계는 없고 순환계만 있는 동물은 영구기관인 셈이다." 이러한 "경제순환은 이론적으로 영원히 성장할 수 있다. 추상적인 교환가치가 물질적 차원을 가지고 있지 않기 때문이다. 그러나 엔트로피 흐름 속의 성장은 고갈, 오염, 생태적 훼손이라는 물질적 장벽에 부딪힌다."[148]

반면, 엔트로피 법칙을 넣으면 어떻게 상황이 달라지는가? 경제 과정은 "굵은 실선으로 환경 자원에서 출발해서 기업과 가계를 거쳐 환경 매몰로 돌아가는 엔트로피 처리량을 보여주는 도해여야 한다. 순환은 희미한 점선으로 기업에서 가계로 계속 되먹임하는 환상 회로ring circuit로서 묘사되어야 한다. 물질-에너지의 엔트로피적 처리량이 교환가치의

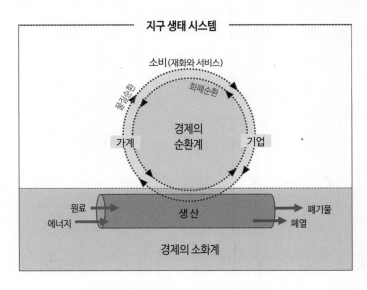

그림 10 순환계에 소화계가 덧붙여진 경제 시스템

순환보다 훨씬 더 근본적이다."[149] 이런 맥락에서 보면, 기존 보수주의 주류경제학은 경제원론에 오직 '순환계' 시스템만을 그려 넣었다. 반면 생태경제학은 경제원론에 가계와 기업 사이에 물질과 화폐 교환을 그려 넣은 '순환계'뿐만 아니라, 자연과 경제 사이의 에너지와 물질 교환을 그려 넣은 '소화계'를 추가하게 되는 것이다(그림 10 참조).

이렇게 보수주의 주류경제학의 생산 모델은 생태경제학이 도입한 열역학 제1법칙과 제2법칙에 따라 완전히 달라진다. 생산요소가 모두 같은 수준에 있고 그 때문에 서로 대체 가능하다고 보는 것이 아니라, 펀드(자본과 노동)와 플로(에너지와 원료)라는 두 개의 대체 불가능하고 보완적인 범주로 구분된다는 것이 열역학 제1법칙의 설명이다. 또한 열역학 제2법칙인 엔트로피 법칙에 따라 경제 과정이 재화와 화폐의 교환을 반복하는 순환계만으로 닫혀있는 것이 아니라, 경제와 지구 생태계 사이에 끊임없이 에너지와 물질을 교환하면서 지구의 엔트로피를 증대하는 물질대사 과정, 즉 소화계로 열려있기도 하다는 것을 보여주었다.

9

엔트로피 이론에 대한
몇 가지 쟁점

통상적으로 엔트로피 법칙이나 진화론처럼 우주나 생물계 전체에 걸쳐 적용되는 법칙과 경향들은, 워낙 넓은 범위를 포괄하기 때문에 과학적으로 공인되었다고 하더라도 세부적 국면으로 들어가면 여전히 수많은 공백들과 모순들이 안에 숨어 있다. 부동의 진실처럼 간주되는 진화론마저 지금도 이론의 공백지대를 들춰내서 여기저기서 공격하는 사례가 그렇게도 많은 것은 이 때문이 아닐까? 엔트로피 법칙도 다르지 않다. 하지만 그렇다고 아무도 두 이론이 틀렸다고는 말하지 않는다.

또한 이런 유형의 이론은 그 포괄성 때문에 특정 학문 영역을 뛰어넘어 학제간 연구를 추구하도록 자극하기도 한다. 이 과정에서 자연과학 비전공자들이 엔트로피 법칙이나 진화론을 인용하는 경우가 생기게 되는데 이때 물리학을 잘못 이해했다거나 최신 진화생물학에 무지하다는 핀잔을 듣기 십상이다. 경제학자인 로겐이 엔트로피를 경제 이론에 끌어들였을 때에도 마찬가지였다.

하지만 엔트로피 법칙은 진화론과 마찬가지로 여전히 확고하다. 엔트로피 법칙이라는 물리 법칙을 인간의 생명활동과 이를 지탱하는 경제활동에 적용한 로겐의 주장 역시 (비록 세부적인 곳들에서는 다소 비약이나 편향이 있을지라도) 큰 틀에서는 확고하다고 생각한다. 때문에 지금도 현역에서 활동하는 생태경제학자 팀 잭슨, 피터 빅터는 물론 마우로 보나이우티 같은 많은 탈성장론자들까지 로겐의 발상을 기꺼이 받아들이고 있는 것이다. 지금부터는 지난 50년 동안 로겐의 엔트로피 경제 이론에 대한 압도적인 무시와 외면 속에서 간간이 나왔던 비판들 일부를 살펴보겠다.

첫째로, 가장 논란이 많았던 지점은, 엔트로피 법칙이 원래는 에너지에만 적용되고 물질에 적용되는 것은 아니었는데, 로겐이 에너지와 물질 모두 엔트로피가 높아지는 퇴화 과정을 밟는 것으로 착각했다는 것이다. 더 나아가 로겐이 이 실수를 뒤늦게 알고 자신의 논리를 방어하고자 "물질의 엔트로피도 닫힌계에서는 결국 최대화로 향한다"는 열역학 제4법칙을 새롭게 주장했고, 이에 기초해서 "물질을 완전히 재활용recycle하는 것은 불가능하다"는 결론을 유도했다는 것이다.[150]

이에 대해서 제프리 영Jeffrey Young이나 로버트 아이레스Robert Underwood Ayres 같은 경제학자들은 물질에는 시간에 따른 엔트로피의 증가(물질의 퇴화)가 적용되지 않는다고 비판했다. 이들은 "충분한 에너지가 외부에서 주어지고 시스템 내부 정보가 정확히 주어진다면"이란 단서가 붙었지만, 경제 과정에서 사용되어 폐기물로 퇴화된 원료를 이전 상태로 완전 재생할 수 있다는 논리로 발전시켰다. 더 나아가 당장 재활용 기술이 확보가 안 되는 경우에조차 지구 어디엔가 충분히 큰 비활성 '폐기물 저장소waste baskets'를 만들어 두었다가 이후 재활용에 나설 수 있다는 논리로 확대했다. 그렇게 되면 자연자원의 고갈을 의미하는 물질의 '절대적 희소성'은 있을 수 없게 되고 적어도 물질 자원의 완전하고 영구적인 재활용이 불가능하다는 로겐의 논지는 맞지 않게 된다.[151]

하지만 애초에 에너지와 물질이 함께 혼합된 '물리계의 거시적 상태'를 표현해주는 엔트로피 법칙에 대해서 물질과 에너지를 따로 분리해서 법칙의 적용을 주장하는 것이 얼마나 타당성이 있는지는 의문이다.[152] 또한 지구 생태계에서 에너지 상태뿐 아니라 물질 상태 역시 확률적으로 더 높은 상태, 즉 녹슬고 부서지며 흩어지고 퇴화된 상태로 이동하는 것은 자연스러운 현상이다. 더구나 석탄, 석유, 가스와 같이 화학에너지를 품고 있는 천연자원 물질은 에너지인가 물질인가? 정작 자원의 고갈 위험과 폐기물(탄소 배출)로 인한 위험이 큰 것은 이들이 아닌가?

구체적인 경제활동을 가정해보자. 현실 경제활동에서는 고품질 자연자원을 활용하는 와중에 마찰이 생기고 쪼개지고 흩어지는 등의 복잡한 물질 상태의 변화가 발생한다. 자원이나 상품을 충분히 사용한 결과 닳고 깨지고 흩어진 폐기물을 모아서 다시 원래 수준의 품질로 되돌려 재활용하는 것은 대단히 어렵거나, 이를 위해 추가로 투입된 에너지나 정보 비용이 워낙 커서 '경제성'이 전혀 없는 경우가 대부분이다. 그래서 지금도 수많은 폐기물을 재활용하는 정도가 지극히 낮은 수준에 그치고 있다. 결국 현실 과정에서는 물질의 퇴화 과정이 불가피하게 진행된다고 말할 수 있는 것이다.

만약 물질의 사용 후 완전 재생이 가능하다면, 석유를 태워 동력을 얻은 다음, 폐기물을 모아서 다시 에너지를 투입해서 석유로 되돌릴 수 있다는 얘기인가? 도대체 아무리 기술이 발전한다 한들 닳아버린 타이어의 요소들을 다시 모아서 새 타이어로 되돌릴 수 있단 말인가? 그 결과 모든 자원은 고갈되지 않고 모두 완전하게 재생될 수 있다는 것인가? 현실의 역사 과정은 그럴 수 없다는 것을 말해준다.[153] 보나이우티나 데일리 등 생태경제학자들은 물질의 비가역적 '퇴화degradation' 현상을 로겐이 '열역학 제4법칙'처럼 근본적인 법칙 수준으로까지 밀어붙인 것은 지나쳤다고 인정한다.[154] 하지만 실용적이고 경제적 측면에서 볼 때 이미 사용한 물질을 부분적으로 재활용하고 순환시킬 수는 있지만 100퍼센트 재활용하는 것은 불가능하다는 로겐의 논지가 대체로 옳다고 지지한다. 문제가 하나 더 있다. 물질의 완전 재생 가능성을 주장하는 이들이 내놓은 전제였던 '충분한 에너지의 추가 투입'은, 필연적으로 지구 생태계라는 '물리계에 추가적인 엔트로피 증가'를 불러오게 된다는 사실이다.

일찍이 맥스웰은 열역학 제2법칙을 깰 수 있는지 확인하기 위해 '맥스웰의 도깨비Maxwell's Demon'라고 하는 사고실험을 제안했다. 기체들이 들어있는 상자를 둘로 나눈 후 작은 통로를 내고, 분자의 운동을 눈으로 관찰할 수 있는 도깨비가 통로를 지키게 한다. 상자 안의 분자들이 무작위로 움직이는 가운데, 운동이 활발한 분자가 통로를 통해 오른쪽으로 가려 하면 통로를 열어주고 아니면 통로를 막는다. 반대로 운동이 느린 분자가 왼쪽으로 가려하면 통로를 열어주고 아니면 막는다. 이런 식으로 도깨비가 부지런히 분자들을 걸러낸 결과 최종적으로 왼쪽에는 운동이 느린 분자만 모이게 되고 오른쪽은 운동이 활발한 분자만 남는다. 그러면 운동이 활발한 오른쪽은 온도가 올라가고 왼쪽은 반대로 내려가게 되어 결국 열적 평형상태가 붕괴되고 질서정연한 저엔트로피로 되돌아가지 않겠냐는 것이다.

1867년에 맥스웰이 제안한 이 사고실험은 아주 최근까지 100년 넘게 다양한 논쟁을 유발했고 각종 변형된 실험장치들을 고안하도록 했다.[155]

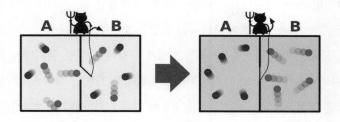

그림 11 열역학 제2법칙을 현실에서 위반할 수 있는지 사고실험을 했던 맥스웰의 도깨비

하지만 맥스웰의 도깨비가 상자 안의 분자운동에 대해 관찰하고 운동량에 대한 정보를 획득하고 양쪽으로 분리해내는 과정에서, 추가적인 에너지 투입이 필요하든 아니면 정보 획득과 저장의 이슈를 발생시키든 맥스웰의 도깨비는 성립하기 어렵다는 것이 1961년 물리학자 롤프 랜다우어Rolf William Landauer에 의해 밝혀졌다. 결국 엔트로피 법칙은 맥스웰의 도깨비로 깨지지 않았다는 것이다. 물질의 퇴화를 완전히 되돌릴 수 있다는 가정도 마치 맥스웰의 도깨비가 다른 운동량을 가진 분자들을 분류해내서 엔트로피를 역진시키려 시도하듯 무모한 것이 아닐까?

두 번째로, 우주가 무질서한 방향으로만 불가역적으로 흐른다면, 도대체 고도로 질서 있게 조직화된 생명이나 인간들이 어떻게 생명 없는 황량한 지구 위에서 진화해나왔냐는 의문이다. 한마디로 무질서로 향하는 엔트로피 법칙과, 꽤 높은 질서를 창출해내는 진화의 법칙이 서로 모순되지 않냐는 거다. 이에 대해 벨기에 화학자 일리야 프리고진Ilya Romanovich Prigogine은 다음과 같이 표현했다. "엔트로피 증가의 법칙은 세상을 질서에서 무질서로 진화해나가는 것으로 기술하고 있다. 그러나 생물학적인 또는 사회적인 진화는 우리에게 복잡한 것(질서-인용자)이 단순한 것(혼란-무질서)으로부터 나타나는 것임을 보여주고 있다."[156]

이 모순은 파동역학을 창시한 20세기 가장 위대했던 물리학자 에르빈 슈뢰딩거Erwin Schrödinger가 이미 오래 전에 제기했던 적이 있다. 일반 대중을 대상으로 1944년 강의한 내용을 담은 《생명이란 무엇인가》에서 슈뢰딩거는, '무질서로 향하는 엔트로피 법칙'과 '질서를 유지하려 하는 생명활동'의 모순을 쉽게 설명하고 있다. 슈뢰딩거는 우선 "우리가 인위적으로 방해하지 않는 한 물질이 무질서 상태로 가는 이러한 자연적 경향인 근본적인 물리 법칙" 즉 엔트로피 법칙이 작용함을 인정해야 한다고 전제한다. 그런데 이 법칙이 인간을 포함한 생명체들에게도 예외 없이 적용되려면 생명체들은 곧 생명활동을 중단하고 죽고 부패해감으로써 최대 엔트로피로 향해야 한다. 하지만 현실 세계에서 생명체들은 끊임없이 신진대사를 통해 죽음을 미루고 생명 유기체의 질서를 재창조하지 않는가?

이에 대해 슈뢰딩거는 특이하게 '음(-)의 엔트로피'라는 개념을 도입한다. 생명체들은 "음의 엔트로피 흐름을 자신에게 끌어당겨서, 살아가느라고 만든 엔트로피 증가를 보상하여 비교적 낮은 엔트로피 수준에서 일정하게 자신을 유지"한다는 것이다. 즉, 생명체들이 "비교적 높은 질서도 수준(즉 비교적 낮은 엔트로피 수준)에서 자기 자신을 일정하게 유지하는 방법은 진정 '환경에서 질서정연함을 계속 흡입'하는 것"이라는 주장이다. 상식적인 수준에서 다시 말하면, "고등동물은 음식물인 유기화합물 속에 들어있는 질서를 이용한 뒤 상당히 대사된(분해된) 형태로 그것을 (자연계에) 되돌려"줌으로써 자신의 유기체 질서를 계속 이어간다는 것이다.[157]

엔트로피 법칙과 생명체 사이의 모순을 풀기 위해 슈뢰딩거가 끌어들인 '음의 엔트로피' 이론은 이후 많은 논쟁을 불러일으켰는데, 현대에 와서는 굳이 음의 엔트로피를 끌어들이지 않고도 모순 없이 설명할 수 있는 해법이 나와 있다. 예를 들어 현역 물리학자 브라이언 그린은 "세상에 혼자 고립된 채 살아가는 생명체는 없으므로 엔트로피 법칙을 적용할 때는 생명체와 함께 주변 환경까지 고려해야 한다"면서 열린계로서의 생명체 활동 양상에 초점을 맞춘다. 생명체가 자신의 자연적인 엔트로피 증가 경향을 억제시킨 것은, 외부 환경으로부터 낮은 엔트로피의 음식물을 섭취하고 여기에서 얻은 에너지로 신진대사 작용을 하여 생명체 내부의 질서를 유지했기 때문이다.[158] 하지만 대신 노폐물과 열의 형태로 주변 환경의 엔트로피를 증가시켰으므로 주변 환경을 포함한 전체의 엔트로피는 결국 증가했다.

이런 방식으로 어떤 열린계가 자신의 엔트로피를 낮추면서 자신을 둘러싼 외부계로 엔트로피를 전파하고 전체의 엔트로피는 높이는 과정에 대해서, 브라이언 그린은 슈뢰딩거의 '음의 엔트로피' 개념 대신에 '2단계 엔트로피 과정entropic two-step'이라는 용어를 도입한다. 어떤 용어를 쓰든 브라이언 그린의 결론은, 생명현상에 엔트로피 법칙과 진화의 법칙이 동시에 작용할 수 있으며 따라서 "생명은 처음 등장한 후로 진화를 통해 개선되었으며, 다른 물리계와 마찬가지로 엔트로피 지침도 준수해 왔다"는 것이다. 미국 해양대기청 과학자 에릭 슈나이더 역시 "생태계에서 이뤄지는 조직화나 진화는 다른 어떤 곳에서의 무질서화를 요구한다"고 확인한다.[159]

세 번째로, 1970년대에 쏟아져 나오기 시작한 '복잡계' 이론들 가운데 1977년 노벨 화학상을 받은 프리고진이 제기한 이른바 '혼돈 속에서의 질서'라는 문제제기를 들여다보자. 그는 열린계에서 에너지의 기울기가 어떤 상태를 넘어서게 되면 물질은 '예민'해지고 불가역적인 속성을 가진 '자기조직화self-organization' 현상을 만들어낸다는 주장을 발표하여 세계의 이목을 끌었다.[160] 이는 생물계뿐 아니라 무생물계에서도 질서가 국지적으로 창출될 수 있음을 보여준 것인데, 프리고진의 은유대로 '혼돈(높은 엔트로피)으로부터 질서(낮은 엔트로피)'가 유도된다는 것이다.

혼돈 속에서 질서가 만들어지는 대표적인 사례로 많이 인용되는 것이 이른바 '베나르 세포Bénard Cell'다. 레일리 베나르 대류현상Rayleigh-Bénard convection이라고도 하는데, "점성이 높은 기름을 접시에 담아서 가열하면 처음에는 별일 없이 온도만 올라가다가, 에너지 유입량이 어느 임계점을 넘으면 분자의 무작위 운동이 눈에 보이는 질서를 창출"하는 현상이다.[161] 그러면 이렇게 자발적으로 질서가 생기는 것은 엔트로피 법칙에 역행하는 것이고, 곧 로겐의 엔트로피 경제학 논리를 무너뜨리는 결정적 근거로 사용될 수 있지 않을까?

하지만 브라이언 그린의 설명에 따를 때, "이런 현상은 액체 분자가 특별한 환경의 영향을 받았기 때문에 일어나는 것이다. 액체 분자가 열에너지를 계속 흡수하면 중요한 변화가 일어나는데, 이런 경우 임의의 물리계는 자발적 요동을 일으키면서 순간적으로 작은 영역에 집중된 질서 정연한 패턴을 보일 수도 있다"는 것이다. 더 일반적으로 말하면, "분자의 특별한 배열로 이루어진 물리계가 주변으로부터 집중된 에너지를 꾸준히 공급받으면 무질서에서 질서가 창출되거나, 이미 존재했던 질서가 더욱 질서 정연해질 수 있다. 그리고 역시 그 과정에서 저품질의 에너지(넓게 퍼져 사용하기 어려운 에너지)"가 주변 환경으로 방출된다. 이 질서 정연한 패턴은 에너지를 분산시키기 때문에 '소산구조dissipative structure'로

불리기도 한다.[162]

따라서 프리고진의 이론 역시 "주변 환경까지를 감안하면 전체 엔트로피가 증가하는 것"을 부인하지는 못하는 것이다. 그의 진정한 업적은 엔트로피 법칙을 무너뜨린 것이 아니라, "'혼돈 속의 질서'를 정확하게 서술하는 수학적 도구를 개발"한 데 있다고 브라이언 그린은 덧붙인다. 사실 이후 복잡계 이론이 발전하면서 베나르 세포뿐 아니라 눈꽃송이나 해안선 같이 자연 상태 곳곳에서 나타나는 반복 패턴인 프랙털 구조fractal structure*를 비롯해 복잡계 세상의 수많은 규칙적인 패턴들이 알려지고 확인되었다. 생명현상도 마찬가지다. 하지만 복잡계에서 스스로 만들어지는 규칙적인 패턴, 자기조직화 등 역시 생명현상에 대한 설명과 유사하게 엔트로피 법칙과 모순 없이 설명 가능한 것이다.

브라이언 그린은 엔트로피와 생명현상 사이의 모순 현상, 그리고 엔트로피와 복잡계 자기조직화 사이의 모순 현상을 모두 '2단계 엔트로피 과정'이라는 하나의 개념으로 통일해서 정리한다. 한마디로 우주는 직선적으로 엔트로피가 증가하는 방향으로 이동한 것이 아니라, 국지적으로 곳곳에서 엔트로피를 감소시키면서 질서를 만들고 대신에 주변의 엔트로피를 높이는 식으로 진화해왔다는 것이다. 그는 이 방식에 따라 138억 년 전 빅뱅부터 시작해서 "시간이 흐를수록 무질서해지는 우주에서 별과 행성, 인간과 같은 질서정연한 구조가 형성"되는 등 변화무쌍한 역동적인 우주의 역사가 어떻게 이뤄졌는지를 설명하려고 노력한다.[163]

예를 들어, 지구와 같은 별의 생성 역시 엔트로피 2단계 과정으로 설명 가능하다는 것이다. 빅뱅 이후 처음에는 기체 구름의 상태로 존재하

---

* 어떤 구조가 있을 때, 그 구조의 일부가 전체 구조와 비슷한 모양으로 되어있고, 그런 패턴이 연속적으로 되풀이 되는 경우 이 구조를 프랙털, 또는 프랙털 구조라고 한다.

던 우주에서 "기체 구름의 중심부가 자체 중력으로 수축되면 열을 방출하면서 엔트로피가 감소하고, 변두리는 그 열을 흡수하여 엔트로피가 높아진다. 중심부에 질서정연한 구조체(별의 형성)가 만들어진 대가로, 변두리의 무질서도가 크게 증가하는 것이다." 생명의 탄생과 인류의 진화, 생존 과정 역시 엔트로피를 낮추는 과정이지만, "일상생활 속에서 양산된 폐기물과 엔트로피를 자연이 흡수해주지 않는다면 인류는 살아남을 수 없다." 결국 생명은 자신의 엔트로피를 낮추면서 지구의 엔트로피를 높여온 것이다.

지금까지 엔트로피 법칙의 적용을 받지 않거나 심지어 역행하는 상황이 만들어질 수 있다는 주장들에 대해 살펴봤다. 최종적으로 다음과 같이 요약할 수 있을 것이다. 엔트로피가 높아지는 법칙은 에너지에만 적용되므로 물질의 퇴화는 되돌릴 수 있다는 가정은 타당하지 않다. 생명의 진화로 질서가 조직되는 것은 주변의 엔트로피를 높인 대가다. 열린계에서 일부 자연 현상의 자기조직화 과정 역시 내부의 질서를 이룩한 대가로 주위의 엔트로피를 높인다. 인간의 경제가 고도로 조직된 기술을 창안하고 인공지능과 같은 고도의 질서 있는 생산물을 만들어낼수록 전체 지구 생태계 엔트로피는 더 높아지게 된다. 결국 어떻게 해도 21세기 내내 엔트로피 법칙은 건재할 것이고 이를 경제에 응용하려 했던 로겐의 도전 역시 여전히 정당성을 훼손 받지 않을 것이다.

생태경제학자 팀 잭슨은 2021년에 펴낸 책을 통해서 이 사실을 명확히 다시 확인한다. 그는 "엔트로피 역전(혼란에서 질서로 이동 - 인용자)을 실행할 때마다 매번 대가를 치러야 한다. 대가는 엔트로피의 전반적 증가"라면서, "에너지를 특정 상황에 적용해 질서 잡힌 작은 천국을 창조하더라도 계 전체로 보면 엔트로피는 증가"한다고 확인한다. 심지어 그는 우리가 엔트로피 증가와 맞서 절대 이길 수 없고, 심지어 비길 수조차 없기 때문에, "지구에서 우리가 할 수 있는 일이라고는 제2법칙에 복종하는 것뿐"이라고 단언한다.[164] 인간 경제 안에서 물질주의와 소비주의 천국을 만들 수는 있지만, 이는 어디까지나 지구 생태계를 지옥으로 만드는 대가를 치러야 가능하다는 말일 것이다.

10

인간에 관한 생태학,
자연에 관한 경제학

앞서 열역학 제1법칙과 제2법칙(엔트로피 법칙)을 통해 인간 경제가 어떻게 지구 생태계에 물리적으로 연결되어 있는지 살펴보았다. 경제 과정에서 외부로부터 아무런 에너지와 물질의 투입 없이 재화나 서비스를 창조할 수는 없다. 생산 과정에서 한 번 사용한 에너지는 일을 하는 데 다시는 사용할 수 없는 폐열로 전환된다. 이미 사용된 물질은 퇴화하므로 아무리 많은 에너지를 투입하더라도 100퍼센트 재활용되기는 어렵다. 경제 과정이 반복될수록 가용 에너지와 고품질 물질은 계속 소진되고 대신에 폐기물과 오염물을 누적시키는 엔트로피 증가가 진행된다. 인류가 산업혁명 이후 화석연료를 대량으로 사용하여 무한 경제성장을 추구한 결과 온실가스를 대기 중에 축적하고 지구 생태계를 교란한 것도 엔트로피가 증가하는 과정이다. 이처럼 불가피한 엔트로피 증가 법칙이 경제 과정에 어김없이 관철되는 것은 가치판단의 문제나 미래에 대한 추측의 문제가 아니라 지금 당장 입증할 수 있는 객관적인 팩트의 문제다. 사람들이 무시한다고 열역학 법칙이 없어지는 것은 아니다.

이제 물리화학적 열역학 법칙이 경제 과정에 관철되고 있다는 사실과 함께, 생물학의 물질대사metabolism라는 개념 또한 경제 과정에서 적절하게 응용될 수 있다는 사실에 대해서도 알아볼 차례다. 생태경제학은 경제 과정이 기계적 역학보다는 생물학적 신진대사 과정과 훨씬 닮았다고 평가하고 있기 때문이다. 하지만 잘 알려진 것처럼 보수주의 주류경제학은 자신의 개념과 은유를 생물학이 아니라 주로 19세기 고전역학에서 가져왔다.

신고전파 경제학 창시자의 한 사람인 윌리엄 제본스William Stanley Jevons에 따르면, 경제학은 효용과 사익을 추구하는 기계적인 역학이라면서 다음과 같이 말했다. "역학은 질적 특성이 없는 가역현상을 연구한다. 교환의 순환은 질적 특성이 없고 가역적이기 때문에 기계적 관점에 들어맞는다."[165] 신고전파 경제학의 이런 특성은 미국 경제학자 어빙 피셔Irving Fisher가 묘사한 물리학과 경제학의 대응관계를 통해 직관적으로 확인해볼 수 있다(표 2 참조).[166] 한마디로 19세기 말에 형성된 신고전파 경

물리학	신고전파 경제학
입자(a particle)	개인(an individual)
공간(Space)	상품(Commodity)
힘(Force)	한계효용(Marginal Utility) 또는 한계비효용
일(Work)	비효용(Disutility)
에너지(Energy)	효용(Utiltiy)

출처: Victor, Peter. 2022

표 2 어빙 피셔가 묘사한 물리학 개념과 경제학 개념의 대응관계

제학은 효용 극대화를 추구하는 원자적 개인으로서 인간을 생각했다는 이야기고, 시장에서 이루어지는 인간의 상호작용을 공간에서 이루어지는 원자들의 상호작용과 유사하게 인식했다는 얘기다.

하지만 경제학이 본원적으로 사람들의 물질생활을 책임지는 '생명과학'이라고 가정한다면 생물학과 더 가깝다고 보는 것이 맞지 않을까? 신고전파 경제학의 중심인물이었던 앨프레드 마셜Alfred Marshall도 "경제학자들의 메카는 경제학적 역학보다는 경제학적 생물학에 있다"고 주장했다.[167] 실제로 생태경제학은 경제 과정을 지구 생태계의 일부로서 생물학적 과정과 닿아 있다는 점을 강조하고 있고, 또한 경제 과정 자체가 인간 생명유지의 일환으로서 생물학적 물질대사와 대단히 닮은 점이 많다는 점에 주목한다. 때문에 생물학에서 유래한 물질대사라는 용어는 생태경제학에서 열역학만큼이나 중요하게 다뤄지는 개념이다. 경제적 생산 과정을 생물학적 물질대사와 연계시켜 풍부하게 설명해낸 인물도 청년시절 허먼 데일리다.

허먼 데일리는 1968년에 "생명과학으로서 경제학에 관하여On Economics as a Life Science"라는 논문을 정치경제학 저널에 기고했는데 주요 심사자인 원로 경제학자 프랭크 나이트가 이 논문을 아주 긍정적으로 평가해서 바로 게재되었다고 한다. 이 논문에서 그는 인간 신체의 '생물학적 물질대사'를 '경제학적 생산 과정'과 곧바로 연결하고 있다. 두 과정 모두 인간의 생명을 유지하고 삶을 만족시키는 데 기여한다. 구체적으로 자연에서 무기물과 태양에너지를 섭취해서 살아있는 유기체에 필요한 고분자를 합성하는 동화작용anabolism은 경제 과정에서는 생산에 대응할 수 있다. 그리고 합성된 고분자 유기물을 분해하여 유기체가 사용할 에너지로 만드는 이화작용catabolism은 경제 과정에서 소비로 대응시킬 수 있

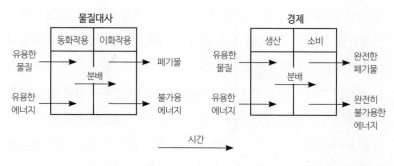

출처: Daly, Herman. 1968

그림 12 생명체의 물질대사와 경제 과정의 비교

다는 것이다(그림 12 참조).[168]

또한 앞서 보았던 것처럼, 경제 과정 내부의 화폐순환은 생물학에서 피의 흐름을 연구하는 '순환계'로 은유되고, 자연에서 에너지와 원료를 받아 생산-소비하고 폐기물을 버리는 과정은 생물학에서의 '소화계'로 은유된다. 이 대목에서 열역학 법칙과도 자연스럽게 통합된다. 하지만 기존 주류경제학이 상품과 화폐의 순환계만 다루고 있는 것에 대해 허먼 데일리는 이렇게 꼬집었다. "생물학자들은 순환계를 연구하면서도 소화계가 있다는 것을 잊지는 않는데, 경제학자들은 교환가치의 순환 흐름에 초점을 두면서 물질대사의 처리량을 완전히 무시했다."[169]

한편, 생물은 항상성homeostasis을 유지하기 위해서 물질대사를 섬세하게 조절regulation하고 있는데 성장을 결정하는 성장 호르몬도 마찬가지다. 탁월한 건강함은 과하지도 부족하지도 않은 적정 수준의 균형을 이룰 때다. 즉 건강은 균형적 행동이고 신체가 세포를 재생하고 부패되는 것을 예방하는 등 질서를 창조하고 유지할 수 있는 능력에 의존한다.[170] 만약 인간 경제가 생물학적 물질대사처럼 작동해야 한다면, 인간 경제도 일정한 균형에서 항상성을 유지해야 하고 지금처럼 무한축적과 무한성장을 추구하려는 경향을 포기해야 한다. 생명체는 물질적 섭취가 적어서 건강에 이상이 생길 뿐 아니라 너무 많아도 비만이나 각종 질병 위험에 노출된다. 마찬가지로 경제가 낮은 생산 수준 때문에 빈곤의 늪을 헤어 나오지 못해도 문제가 되지만, 너무 과해서 삶의 터전인 지구 생태계를 파괴하는 것은 더 큰 문제가 된다고 유추할 수 있지 않을까?

경제 과정을 생명 과정에 비유한 허먼 데일리는 조금 더 시야를 확장하여 생물학·생태학·경제학이 모두 본질적으로 생명 과정이라는 하나의 주제를 다루면서도 어떻게 나눠지게 되는지를 탐색한다. 그에 따르면 사람의 신체 외부outside-skin와 내부within-skin를 경계로 하여 생물학은 주로 신체 안의 물질대사를, 그리고 생태학은 신체 밖 자연과의 상호작용을 연구한다. 그럼 경제학은? 허먼 데일리는 다음과 같이 생태학과 경제학을 잘못 경계 짓는 것을 비판한다. "신체 내부의 물질대사는 주로 생물학, 신체 외부의 대사는 생태학이 관찰하지만 생태학은 인간의 경제활동을 추상화하여 자연의 상호작용만을 다룬다.[171] 반면 경제학은 자연으로부터 경제를 추상화하고 상품과 인간의 상호작용만을 고려한다."[172]

일찍이 1960년에 동물학자 마스턴 베이츠Marston Bates도 생태학이 '인간은 없는 셈 치고', 경제학은 '자연을 없는 셈 치고' 연구를 하는 관행에 대해 한탄을 했다.[173] 그는 '인간에 관한 생태학'과 '자연에 관한 경제학'은 서로 분리될 수 없고, 분리될 경우 단순히 잘못된 길로 접어드는 것 이상으로 위험하다고 경고했다. 인간의 운명은 자연의 운명에 결박되어 있으며 아무리 거만한 공학자라도 이를 바꿀 수는 없다는 것이다. 물론 인간이 아주 독특한 동물인 것은 틀림없지만 여전히 자연 생태계의 일부라는 사실이 달라지지는 않는다는 것이다.

허먼 데일리는 "우리의 경제 질서가 단지 인간들 사이에서만 상품이 순환하는 것으로 보면 안 되고, 상호의존하는 생태적 영역들을 통해서 타원궤도를 도는 것으로 이해해야 한다"는 확고한 문제의식을 가졌다. 그럼 어떻게 상품의 순환 과정을 자연 생태계와 구체적으로 접목할 수 있을까?

여기서 그는 주류 거시경제학의 핵심 도구이자 GDP 측정을 위해 필수적인 '투입-산출표(또는 산업연관표)'를 가져와 재구성한다. 일찍이 18세기 중농주의 경제학자 케네François Quesnay에서 기원한 투입-산출 분석은 칼 마르크스도 재생산 도식으로 응용한 적이 있지만, 20세기에 와서 바실리 레온티예프가 체계화하여 GDP 통계 작성에 활용했다. 통상적으로 투입-산출 분석은 중간재와 최종소비재에 이르기까지 모든 상품들의 연간 흐름을 파악하고 합산해서 그 연도의 전체 총생산과 최종소비, 총소득을 계산하는 것이다. 그런데 허먼 데일리는 전통적으로 경제 영역 밖에 있는 자연 생태계로 기존의 투입-산출표를 확장했다.[174]

자연 생태계로 투입-산출표를 확장하기 위해서는 '자연에서 인간으로' 들어오는 물질과 에너지(특히 태양)의 흐름을 추가해서 연결해야 한다. 그리고 동시에 '인간에서 자연으로' 배출되는 폐기물과 폐열도 명시해야 한다. 허먼 데일리는 기존 투입-산출표가 "①인간(생산자) 대 인간(구매자)"으로만 한정했다고 보고, 여기에 3가지를 덧붙였다. 우선 "②비인간 자연에서 인간 경제"로 투입되는 영역과 "③인간 경제에서 비인간 자연"으로 산출되는 부분을 추가한다. 그리고 여기에 "④비인간 자연 대 비인간

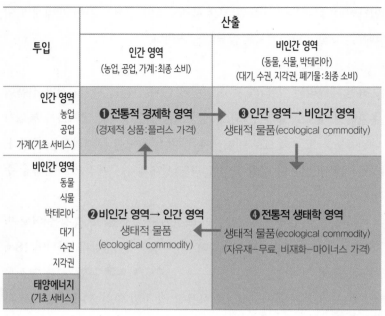

투입	산출	
	인간 영역 (농업, 공업, 가계:최종 소비)	비인간 영역 (동물, 식물, 박테리아) (대기, 수권, 지각권, 폐기물:최종 소비)
인간 영역 농업 공업 가계(기초 서비스)	❶전통적 경제학 영역 (경제적 상품·플러스 가격)	❸인간 영역→ 비인간 영역 생태적 물품(ecological commodity)
비인간 영역 동물 식물 박테리아 대기 수권 지각권	❷비인간 영역→ 인간 영역 생태적 물품 (ecological commodity)	❹전통적 생태학 영역 생태적 물품(ecological commodity) (자유재－무료, 비재화－마이너스 가격)
태양에너지 (기초 서비스)		

* Daly, Herman. 1968, 필자가 재구성

그림 13 허먼 데일리가 자연 생태계 영역으로 확장한 투입－산출 분석표

자연" 영역을 전통적인 생태학의 영역으로 덧붙인다(그림 13 참조).[175]

허먼 데일리는 이처럼 인간 경제활동 영역과 자연 생태계 영역을 모두 생명 과정으로 통일시켜 보았을 뿐 아니라 구체적으로 경제학에 응용하여 확장된 투입-산출표 개념을 제시했다. 이제 확장된 투입-산출표 개념을 통해 재화 및 서비스 생산과 교환만을 표시하던 기존 방식을 넘어서 지구 생태계와 인간의 상호작용까지도 표현할 수 있게 된 것이다.[176]

전통적인 투입-산출 분석을 이처럼 비인간 영역까지 확장해야만 경제 과정에서 물질이나 에너지 흐름을 정확히 측정할 수 있고, 또 그래야만

경제활동으로 인한 자원 고갈 문제나 오염, 특히 탄소 배출을 정확히 파악할 수 있다. 예를 들어, 확장 투입-산출표에는 최종소비재인 휴대폰이 단지 생산-소비 범주에서 끝나지 않고, 휴대폰에 포함된 금속을 추출하기 위해 채굴된 광석량을 계산하고, 채굴부터 소비에 이르는 각 단계 동안 투입된 전력이나 에너지 양도 계산해야 한다. 나아가 생산 과정에서 발생한 탄소 배출량, 사용기간이 끝난 휴대폰의 폐기량까지 계산해야 한다. 이런 유형의 데이터를 가지고 있으면 기후위기 대응을 위해 생산과 소비를 어떻게 세부적으로 조정할 수 있는지가 좀 더 분명해질 것이다. 실제로 이 같은 허먼 데일리의 아이디어는 이후 실제에 적용하기 위한 다양한 시도가 이뤄졌고, 그 결과의 하나가 '환경으로 확장된 투입-산출 분석^{EEIOA; Environmentally extended input-output analysis}'이다.

11

경제활동의 궁극적 목적은 무엇인가?

이 장을 마무리하기 전에 한 가지 매듭지을 이슈가 있다. 기존 주류경제학과 달리 생태경제학이 지구 생태계와 인간 경제 사이의 관계에 집중하다 보면, 과도하게 인간의 경제활동을 생물리학적 차원으로 환원하는 것 아닌가 하는 의문이 들지 않을까? 하지만 로겐이나 허먼 데일리 같은 생태경제학 창시자들은 경제 과정을 생물리학적 과정으로 환원하지 않으려고 신중하게 행동했다. 더 나아가 그들은 경제학이 한편으로는 지구 생태계의 생물리학적 과정과 연결되어야 할 뿐만 아니라 동시에 윤리와 도덕에 닿아야 한다고 적극적으로 주장했다. 생물리학적 과정-경제 과정-윤리와 도덕적 과정을 통합적으로 이해하려고 노력했다는 것이다.

우선 로겐의 문제의식부터 따라가 보자. 로겐은 물리적 관점에서의 엔트로피 증가 과정과 경제적 관점에서의 엔트로피 증가 과정의 차이에 주목하면서 이렇게 짚는다. "물질세계에서의 엔트로피 과정은 저절로 진행된다는 의미에서 자동"이지만, 경제 과정은 개개인들이 의도적으로 에너지를 동원해서 낮은 엔트로피의 물질(유용한 상품)을 분리해낸다는 점에서 다르다. 다시 말해서 경제 과정의 차별적인 특징은, '인간에게 유용한' 낮은 엔트로피의 상품을 만들어 이용함으로써 삶의 즐거움을 얻게 해주는 데 있다. 로겐은 "삶의 즐거움이라는 개념을 분석 도구에 도입하지 않고서는 경제의 세계를 이해할 수 없다"고 단언하면서 다음과 같이 덧붙인다.

"순수하게 물리적 개념에만 머물러서는 경제 과정을 제대로 이해할 수 없다. 목적 지향 활동과 삶의 즐거움이라는 개념 없이는 경제의 세계를 이해할 수 없다. 그리고 이 개념들은 모두 기본 물질의 특성에 해당하지 않으며 물리적 변수들로 표현할 수도 없다." 따라서 로겐은 "경제 과정을 거대한 열역학 시스템과 동일시하고, 열역학 방정식을 본떠 만든 거대한 방정식으로 경제 과정을 설명할 수 있다는 주장은 완전한 오류"라고 결론짓는다.[177]

여기에서 로겐이 주의해야 한다고 지적한 대목은, "독버섯에는 낮은 엔트로피가 있지만 경제적 가치는 없다"는 비유처럼, 물리적으로 낮은 엔트로피를 곧 경제적 가치가 높은 것으로 대응시키면 안 된다는 것이다.[178] 물론 엔트로피가 낮으면 인간에게 유용한 상품이 될 수 있지만 엔트로피가 낮다고 모두 유용한 것은 아니라는 말이다. 경제적 가치는 엔트로피 기준이 아니라 인간의 필요성이나 유용성에 따라 판단되어야 하기 때문이다. 시장에서 가격으로 반영이 되든 안 되든 말이다.

요약하면 비인간 물질세계에서의 엔트로피 증가 과정과는 달리, 경제 과정은 인간에게 유용한 낮은 엔트로피를 분리해내고 그렇게 해서 얻은 결과(상품과 서비스)는 인간에게 삶의 즐거움을 가져다주어야 한다는 것이 로겐이 강조한 지점이다. 너무 거친 설명이라고 생각되기는 하지만, 그가 경제학을 물리 과정으로 환원하지 않으려고 노력했다는 점은 분명하다.

그런데 이 문제에 대해서만큼은 로겐보다 허먼 데일리가 훨씬 더 구조화된 설명을 제공한다. 그는 '목적과 수단의 스펙트럼'이라고 이름 붙인 개념도를 통해서 물리학이 지배하는 영역-경제학이 지배하는 영역-그리고 윤리학이 지배하는 영역을 서로 연결해낸다(그림 14 참조).[179]

허먼 데일리는 두 가지 질문을 던진다. 첫째, 우리 경제활동의 '궁극적

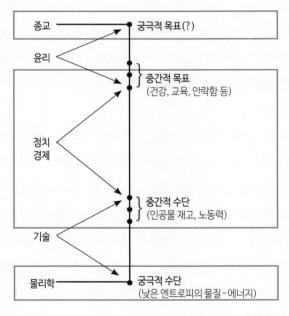

출처: Victor, Peter. 2022

그림 14 허먼 데일리가 개념화한 '목적과 수단의 스펙트럼'

인 수단ultimate means'은 정확히 무엇인가? 그 수단들은 기술혁신만으로는 극복될 수 없는 한계가 있는가? 둘째, 우리 경제활동의 '궁극적인 목적 ultimate end'은 무엇인가? 물질적인 것을 일정 수준 이상 축적하면 더 축적하는 것이 궁극적인 목적에 기여하는 데 더는 도움이 되지 않는 지점이 존재할까?

위의 '목적과 수단의 스펙트럼' 개념도에 따르면 우리가 생산요소로 경제활동에 투입하는 노동이나 인공물들은 모두 중간적인 수단이다. 경제활동을 하기 위해 의지하는 궁극적 수단은 자연에서 얻는 낮은 엔트로피의 물질-에너지다. 이는 단지 소모해버릴 수만 있고 경제 과정에서 새롭게 창조하거나 다른 것으로는 대체 불가능한 요소다. 기술적인 진보는 낮은 엔트로피의 물질-에너지를 자연에서 얻어 보다 효율적으로 또는 대규모로 경제활동에 투입할 수 있도록 해주지만, 궁극적인 수단들을 대체하거나 창조할 수는 없다. 여기까지가 경제 과정에서 생물리학적 법칙의 지배를 받는 영역이다.

이어서 경제 과정은 노동과 자본 등 중간적 수단을 이용해서 생산하고 시장 교환을 매개로 소비하며 그 결과 개인의 삶과 사회를 유지하고 즐거움을 주는 '중간적 목표'를 달성하게 된다(로젠은 여기까지만 지적한다). 하지만 경제활동은 그 자체의 물질적 소비량의 증가나 경제성장을 목표로 할 것이 아니라 더 높은 윤리적 차원에서의 목표를 달성할 수단이 되어야 한다. 그런데 기존 경제학은 높은 목표가 무엇인지를 질문하고 탐색하는 노력 대신에 중간적인 목표에 너무 비중을 많이 두고 있다. 따라서 이제부터라도 '더 많은 성장을 통한 더 많은 소비'에 경제의 관심을 지나치게 집중하지 말고 비물질적, 윤리적, 정신적, 관계적, 문화적 가치를 찾고 향유하기 위한 방안은 무엇일지 고민해야 한다는 것이다. 최근 탈성장론자들이나 포스트성장론자들, 그리고 생태경제학자들 안에서 다양한 철학적, 문화적 질문들이 쏟아져 나오고 있는 이유도 더 많은 성장과 더 많은 소비를 넘어 경제의 윤리적, 비물질적 목표를 찾으려는 시도의 일환이다.[180]

> "경제는 지구 한계 안에서 머물러야 하는 동시에, 윤리적이고 사회적인 목표에 복무하는 방법으로 작동되어야 한다."

생태경제학자 리처드 하워스Richard Howarth가 허먼 데일리의 '목적과 수단 스펙트럼'을 아주 간명하게 요약했는데, 이 한마디가 생태경제학의 포괄적인 관점과 철학을 담고 있다.[181] 일찍이 탈성장의 사상적 원천의 한 사람으로 기억되는 코넬리우스 카스토리아디스는 경제의 궁극적 목적에 관해 허먼 데일리와 맥락을 같이하는 다음과 같은 주장을 남겼다.

> "경제적인 가치들을 중심에 두는 (또는 유일한 것으로 생각하는) 일을 중지하고, 경제가 최종 목적이 아니라 인간 생활의 단순한 수단으로서 합당한 위치로 돌아간 사회, 따라서 끝없이 증가하는 소비의 이 미친 경쟁을 사람들이 털어버리는 사회를 원하지 않으면 안 될 것이다. 그것은 단순히 지구 환경의 결정적인 파괴를 피하기 위해서뿐만 아니라, 특히 현대인의 정신적, 도덕적 재앙에서 탈출하기 위해 필요한 것이다."[182]

3장

무한히
성장하는 경제의
종말

12

'카우보이 경제'에서
'우주인 경제'로

흔히 기후위기 다큐멘터리에서 등장하는 이미지는 '불타는 지구'나 '생존 위험에 처한 북극곰'이다. 하지만 이런 이미지는 인간의 경제활동이 지구의 재생능력을 넘어서 현재 얼마나 무모하게 팽창하고 있고, 그 결과 지구 생태계 교란으로 다시 인간의 삶을 어떻게 위협하고 있는지 제대로 보여주지 못한다. 그러면 지구의 생태계 한계선을 압박하고 있는 인간 경제를 어떻게 하나의 이미지로 상징화할 수 있을까? 여기서는 지구 수용능력의 한계까지 팽창한 경제에 대한 간결한 이미지를 두 가지 정도 공유해보려고 한다. 첫 번째가 바로 '우주선 지구'라는 이미지다.

1966년에 발표한 짧은 에세이 "다가오는 우주선 지구의 경제학The Economics of the Coming Spaceship Earth"에서 케네스 볼딩은 '우주선 지구'라는 은유를 통해서 현대 생태경제학의 시원 가운데 하나로 기록될 중요한 화두를 던진다.[183] 그는 과거의 경제를 '카우보이 경제cowboy economy'라고 정의했는데, 이 경제는 지구를 무한한 평원으로 사고하며, 무모하고 착취적이며 낭만적이고 폭력적인 행동들과 관련되어 있는 경제라고 덧붙인다. 굉장히 유럽적이고 식민주의적인 체취가 나기는 한다. 그러나 거대한 지구에 비해 인간의 경제활동 규모가 보잘것없었던 시절에, 살던 곳의 초원이 황폐해지면 내버려둔 채 다른 초원을 찾아 떠나면 그만인 상황을 상징하는 은유로 매우 직관적이다.[184]

하지만 20세기 중반 이후로 접어들면서, 지구는 여전히 똑같지만 인간 경제 규모가 점점 더 감당키 어려울 정도로 커져갔고 이제 발견되지 않고 무진장한 자유로운 미지의 땅은 더는 남아있지 않게 되었다. 그래서 이대로 가면 미래의 경제는 '우주인 경제spaceman economy'가 될 것이라고 그는 전망한다. 우주인 경제에서 지구는 하나의 우주선이 되었고 추출할 끝없는 외부 자원이나 폐기물을 수용할 무한한 외부 저장고도 없다. 따라서 오직 외부 에너지인 태양에너지를 받는 만큼만 활용할 수 있으며 물질도 순환 가능한 수준으로 이용을 제한할 수밖에 없다. 우주 개발과 경쟁이 치열했던 1960년대 분위기에 어울리는 은유라고도 할 수 있다. 그는 미래의 얘기처럼 우주인 경제를 기술했지만 이미 현재형이 되고 있다고 덧붙인다.[185] 훗날 허먼 데일리도 볼딩의 문제의식을 수용해서 인간 경제가 현재 카우보이 경제와 우주인 경제 중간에 걸쳐 있으며 그 결과 경제 규모의 문제가 핵심 사안으로 떠오르고 있다고 진단하기도 했다.[186]

볼딩은 카우보이 경제와 우주인 경제의 가장 명백한 차이는 '소비하는 태도'에서 나타날 것이라고 전망하면서 두 경제에서 소비행동 패턴의 차이를 이렇게 요약한다. 카우보이 경제에서는 생산만큼 소비도 좋은 것이며, 천연자원이나 비경제 대상물을 자연에서 더 많이 추출하고 폐기물로 더 많이 배출할수록 경제도 성장하고 또 성공하고 있다는 징표가 된다. 하지만 우주인 경제에서는 처리량이 많을수록 좋은 것이 아니라 적을수록 좋은 것으로 간주된다. 우주인 경제에서 성공적인 경제는 생산과 소비의 확대가 아니라, "보유하고 있는 저량stock의 유지이다. 또한 더 적게 생산하고 소비하면서도, 즉 처리량을 줄이면서도 보유하고 있는 전체 저량을 유지하도록 만들어주는 기술 변화가 중요하다."[187] 여기서 그는 생태경제학의 중요 개념인 '처리량throughput'을 도입하는데, 처리량은 통상 1년 단위 같은 특정 기간에 에너지와 원자재 투입으로 시작해서 일련의 상품 생산 과정에 들어가서 최종 폐기물로 나오는 물질, 에너지의 유량flow이다.

그는 더 나아가 우주인 경제에서 "가지고 있는 자본스톡의 유지가 아니라 새로운 생산과 소비에 집착하는 것은 기술 변화 과정을 바람직하지 않은 방향으로 왜곡할 수 있다"고 강조한다. 인위적인 내구성 단축이나 경쟁적인 광고와 과시적 소비 등이 그 사례다. 이 대목은 최근 탈성장론자들이 주장하는 과도한 소비주의 문화 비판과 적절히 닿아있다. 이처럼 볼딩은 카우보이 경제와 우주인 경제를 선명히 대조함으로써, 더 많은 생산, 과소비, 자원의 낭비, 무분별한 폐기물 처리 등이 모두 과거의 카우보이 경제에서나 통하던 방식이라고 단언하고, 앞으로 다가오는 우주인 경제에서는 소비 패턴의 변화를 포함하여 많은 것이 바뀌어야 할 것임을 예시하고 있는 것이다.

볼딩이 우주선 지구라는 은유를 도입한 것은 그저 문학적 차원의 표현은 아니었다. 그는 일반 시스템 이론 창시자의 한 사람이었던 오스트리아 생물학자 루트비히 폰 베르탈란피Ludwig Von Bertalanffy를 인용하면서 시스템 이론을 경제학 설명에 전격적으로 도입한다. 그는 경제를 '열린계' 즉 오픈 시스템으로 간주하고 시스템으로 들어오고 나가는 유형을 세 가지, 즉 물질, 에너지, 그리고 정보로 꼽으면서 이를 통해 경제 과정을 다음과 같이 재해석한다.

첫째 '생산-소비'라는 관점에서 경제를 보면, 경제 외부(지구)에서 처리량(물질-에너지)을 받아서 생산할 때 자본스톡이 늘어나고, 이를 소비해서 외부로 폐기물을 버리면 자본스톡은 줄어든다. 둘째 '물질'이라는 관점에서 경제를 보면, 비경제 영역에 있던 물질을 경제 영역으로 투입해서 생산을 하고, 다시 생산물을 소비하여 소진하면 폐기물이 된다. 셋째 '에너지' 관점에서 경제를 보면, 물질자원을 자연에서 채굴하여 생산 과정에 투입하여 다시 폐기물로 버릴 때까지의 전 과정에서 수력/화석연료/태양 등으로 생성된 가용 에너지를 반드시 투입해야 한다. 투입된 유용한 에너지들은 생산 과정을 거치고 나면 최종적으로 덜 가용한 에너지가 되어 열의 형태로 배출된다.[188]

마지막으로 볼딩은 '정보' 관점까지 끌어들이는 과감함을 보이는데 당시 로겐이나 허먼 데일리는 이런 시도를 하지 않았다. 볼딩에 따르면 정보는 대부분 인간 사회 안에서 자체 창조되고 물질이나 에너지만큼 시스템 외부에 의존하지는 않지만, 빛과 같은 형태로 우주에서 인간 사회로 전달되는 정보도 있다. 그는 또한 독특하게도 정보 또는 지식이 세 가지(물질, 에너지, 정보) 가운데 가장 중요하다면서, 사실 자본이란 지식이 응결된 것 또는 물질세계에 부과된 지식이라고 설명한다. 어쨌든 볼딩이 지구라는 '닫힌계' 안에서 작동하는 '열린계'인 경제 시스템을 물질-에너지-정보 흐름으로 표현한 것은 그가 이미 열역학 법칙을 경제에 정확히 적용하고 있다는 것을 의미한다.

특히 그는 경제 과정에 작용하는 엔트로피 법칙을 물질, 에너지, 정보 모두에 적용하는 과감함을 보이고 있다. 그는 우선 물질 엔트로피의 경우 전체적으로 증가하거나 감소하지 않는다고 결론짓고 있다. 하지만 실제로 물질 엔트로피는 전체적으로 증가하는 과정에 있으며 다만 에너지가 투입되는 경우에 국지적으로 감소가 일어나는 상황이 발생하기도 하므로 그의 설명은 불충분하다. 에너지 엔트로피에 대해서 그는 명백하게 열역학 제2법칙으로부터 벗어날 방법이 없다고 확인한다. 또한 현재의 거대한 문명은 분명 화석연료에서 대량의 에너지를 얻었기 때문인데 이는 언젠가 고갈될 운명이라고 적시한다. 한편 그는 지금까지도 논란의 여지가 많은 정보 엔트로피에 대해 언급을 하고 있지만 스스로 혼란스럽게 뭉개버리고 만다. 볼딩이 과감한 해석을 시도한 정보 엔트로피가 물리적 엔트로피와 동일하게 해석될 수 있는지에 대해서 정보 이론의 창시자인 클로드 섀넌은 끝까지 언급을 피했으며 지금까지도 논쟁거리다.[189]

요약해보자. 아직 생태경제학이라는 학문 영역이 만들어지기 한참 전인 1960년대에, '우주선 지구'라는 은유를 통해서 이토록 쉽게 이해할 수 있게 현대 생태경제학의 중요한 화두들을 간결하게 던진 것은 지금 보아도 획기적이라고 평가하지 않을 수 없다. 그는 당대의 경제학자들이 거의 주목하지 않았던 시스템 이론과 열역학 법칙을 나름대로 숙고하고 경제에 적용했다. 또한 우주인 경제라는 개념을 통해서 성장 지상주의와 과소비에 대해 부정적인 견해를 강력히 내보이기도 했다. 특히 그의 우주인 경제론은 엔트로피 법칙과 처리량 개념, 닫힌계로서의 지구에 대한 인식에 기초했다는 점에서 이후 생태경제학 연구자들에게 주는 영향이 적지 않았다.

생태경제학자 클라이브 스패시는 볼딩의 '우주선 지구'가 관심 있는 많은 이들을 자극했고, 인간 경제활동의 생물리학적인 함의에 대한 쉬운 개요를 초창기에 제공해주었다고 긍정적으로 평가한다. 또한 그의 아이디어는 '산업생태학'과 '사회적 물질대사론' 등에도 영향을 주었으며, 이후 로겐이나 허먼 데일리에게서 심화된 버전으로 발전해나갔다고 진단했다.[190] 이 대목에서 한 가지 궁금한 사항이 있다. 사실 거의 비슷한 시기에 로겐도 엔트로피 이론을 경제학에 접목하고 있었고, 로겐의 제자인 허먼 데일리도 엔트로피와 경제에 관심을 보였는데, 그렇다면 이들 사이에 공동 연구는 없었을까?

볼딩과 로겐, 그리고 허먼 데일리 세 사람이 1960~1970년대 동시에 유한한 지구 안에서의 경제성장의 한계를 동일하게 문제 삼았지만 학문적으로 공동 작업을 하지는 않았는데 그 이유를 볼딩 자신은 이렇게 전한다. "로겐은 엔트로피에 관심이 많았고 데일리는 정상상태 경제에, 그리고 나는 지속 가능한 사회적 진화에 관심이 많았다. 비록 친분관계는 이어졌지만 이들 차이는 이후에도 계속되었다."[191]

볼딩의 표현과 달리 사실 그냥 차이만 있었던 것은 아니고 서로의 의견에 대한 날선 비판들도 제법 있었던 것 같다. 아쉬운 건 볼딩이 '우주인 경제론'을 이후 계속 발전시키지 않은 채 학문적 관심을 진화경제학 쪽으로 옮겨가 버렸고, 그 결과 1970~80년대 생태경제학의 태동에도 거의 관여하지 않았다는 점이다. 클라이브 스패시가 지적하는 것처럼, 볼딩이 에세이에서 했던 주장 가운데에는 정보 엔트로피 이론이나 미래를 할인하는 문제 등에서 논쟁점이 적지 않다. 따라서 지금의 눈높이로 보면 완전한 설명과는 거리가 멀고 상당히 추정적인 요소들이 있다. 그럼에도 '우주선 지구'에 대한 그의 은유는 확실히 지금도 무한 경제성장과 과소비로 위험에 처할 수 있는 지구 이미지를 여전히 많은 이들에게 연상시켜줄 중요한 통찰이라고 생각한다.

13

'비어있는 세상'에서
'꽉 찬 세상'으로

"허먼 데일리가 그려낸 '비어있는 세상Empty World'과 '꽉 찬 세상Full World' 이미지는 나에게는 패러다임을 바꾸게 해준 다이어그램이었다."[192] 《도 넛 경제학》으로 잘 알려진 옥스팜 경제학자 케이트 레이워스의 이야기 다. 경제와 지구 생태계의 관계를 고민하는 많은 경제학자들에게 허먼 데일리의 '비어있는 세상-꽉 찬 세상' 은유는 볼딩의 '카우보이 경제- 우주인 경제'와 함께 지구 생태계 한계까지 팽창한 인간 경제의 현주소 를 잘 이미지화해주고 있다. 그럼 허먼 데일리의 은유는 과연 어떤 차별 적 설명력을 제공할까? 2014년에 허먼 데일리가 푸른 지구상Blue Planet Prize을 받으면서 했던 수상 연설 "꽉 찬 세상을 위한 경제학Economics for a Full World"을 토대로 그의 얘기를 따라가 보자.[193]

우선 허먼 데일리가 표현한 '비어있는 세상'이란 어떤 세상인가? 비어 있는 세상은 거대한 "지구 생태계에 비해서 상대적으로 인간의 경제 규모가 작은 데다가, 인간이 경제활동을 위해 수행하는 자연자원 추출량이나 곡물 수확 기술발전도 그다지 강력하지 않으며, 심지어 인구도 적었을 때의 세상"이라는 것이다. 이런 세상에서는 "물고기를 잡는 것보다 물고기가 더 빠르게 번식하고, 나무를 베는 것보다 나무가 더 빨리 성장하며, 땅에 묻혀있는 풍부한 광물을 제약 없이 채취할 수 있는 세상이다. 다른 말로 자연자원이 진정 희소하지 않은 세상이다. 이런 세상에서는 대체로 경제성장과 지구 생태 시스템이 충돌하지 않는다고 말할 수도 있다."[194]

인류는 역사의 대부분을 비어있는 세상에서 살아왔고 그래서 여전히 우리의 뇌리에 그런 인상이 남아있지만, 이런 세상은 대체로 20세기 중반인 1950년대 전후로 종료되었다. 그 후 경제 규모, 인구, 도시화, 에너지와 물질 처리량 등 모든 차원에서 '거대한 가속The Great Acceleration'이 되기 시작하면서 상황이 달라졌기 때문이다. 이제 1950년대 25억 인구에 비해서 3배 이상 늘어난 인구와 부wealth를 유지하고 재생산해야 하는 것은 물론 그 이상으로 경제를 팽창시키려고 지구 생태계를 파괴해야 하는 국면에 이르렀다.

그러면 이렇게 비어있는 세상이 끝나면서 맞이한 '꽉 찬 세상'이란 어떤 세상일까? 허먼 데일리는 이렇게 말한다. 고정된 규모의 지구에 비해 경제 규모가 너무 커지면서 큰 경제를 위해 요구되는 물질-에너지 처리량 규모 역시 드디어 지구 생태계가 재생시키는 역량을 초과해버리게 되었다. 이 시점이 우리가 '비어있는 세상'에서 '꽉 찬 세상'으로 이동하게 된 시기다. 이제 희소한 것은 자연자원이 되었고 노동과 자본이 상대적으로 풍부하게 되었다.

과거에는 어선이나 어부의 숫자가 부족해서 어획량이 제한을 받았지만, 지금은 물고기 숫자가 적어서 제한을 받지 어선이나 어부가 부족하기 때문은 아니다. 이제 우리가 집중 투자해야 할 곳은 어선 제작이 아니라 물고기가 다시 번식하도록 계획적으로 어획량을 줄이고 관리하는 영역이다. 다시 말해서 생태계를 회복시키고 생물다양성을 보존하고 자원을 지속 가능하게 이용할 수 있는 방안을 찾아야 한다. 마찬가지로 목재 조달을 제한하는 것도 전기톱이 부족해서가 아니라 남아있는 숲이 제한되고 새 숲을 가꾸는 데 시간이 필요하기 때문이 아닌가? 곡물의 수확을 제한하는 것도, 원유나 다른 화석연료 채취를 제한하는 것도 마찬가지다. 원료 자체가 부족하거나 그 원료를 과도하게 사용한 결과 온실가스와 같은 폐기물을 해결하지 못하기 때문이지 시설자본이나 노동력이 부족해서가 아니다.[195]

희소해진 자연자원을 기술로 극복하거나 인공자본으로 대체하면 되지 않을까? 인공자본과 기술은 자연에서 얻는 물질과 에너지를 변환해

비어있는 세상   꽉 찬 세상

출처: Daly, Herman. 2015

그림 15 허먼 데일리가 은유한 비어있는 세상과 꽉 찬 세상

내는 역할을 할 뿐이지 자연자원을 기술이나 인공자본으로 대체할 수는 없다. 물론 기술혁신으로 폐기물을 줄이고 재활용 비율을 높일 수는 있지만, 오직 인공자본(시설)과 기술, 노동만으로 무언가를 생산해낼 수는 없다. 아무리 신비한 기술을 동원한다고 해도 우리가 1kg의 밀가루와 식재료를 가지고 2kg의 피자를 만들 수 있겠는가?

꽉 찬 세상에서는 경제 규모가 점점 커지면서 지구 생태계 파괴로 인한 비용도 동시에 증가하는데 단순히 비례적으로 증가하는 것이 아니다. 어느 시점에 이르면 연쇄반응이 일어나고 티핑포인트*를 넘으면서 생태적으로 취약한 지점들부터 붕괴가 일어나는 '생태적 파국의 한계선 ecological catastrophe limit'에 이르게 된다고 허먼 데일리는 강조한다. 예를 들어 지구 온도 추가 상승 1.5°C 한계선이 과학자들이 반복적으로 경고하고 있는 기후위기의 티핑포인트다.

우리는 생태적 파국의 한계선에 도달하기 전에, 경제적 효용이 생태적 비용보다 작아지는 순간에 이르는 '경제적 한계선economic limit'까지만 경제 규모를 확대할 수 있다. 즉 그 시점부터는 더 이상의 경제성장을 멈춰야 한다고 허먼 데일리는 주장한다. 만약 이 한계를 넘어서 계속 성장을 하면 생태적 비용이 경제적 효용을 넘어서는 일종의 '비경제적 성장uneconomic growth'이 될 수 있기 때문이다.[196] 실제로 최근 기후위기가 점점 심화되어 극단적인 기후 현상이 빈발하자 기후재난을 수습하는 비용이 경제성장의 이익을 초과해버리게 되고 그 결과 경제성장이 무의미

---

* 티핑포인트(tipping point)는 이전 상태로 되돌아갈 수 없는 거대 규모의 단절점을 의미한다. 기후 티핑포인트, 생태 티핑포인트는 기후와 생태환경이 영원히 바뀌어서 알려지지 않는 새로운 국면에 진입하는 것으로서, 산호초의 멸종으로 인한 바다 생태계의 변화, 영구동토층 해빙이나 거대한 빙하 붕괴로 인한 생태계 변화 등을 그 사례로 들 수 있다. IPCC는 지구 평균 온도가 추가로 1~2°C 상승하게 되면 몇 가지 티핑포인트를 넘어갈 수 있다고 예상한다.

해지는 것을 현실에서 목격하고 있다. 2022년 8월 파키스탄을 재앙으로 몰아넣은 대홍수가 그 증거다. BBC 방송 등에 따르면, 파키스탄 "대홍수 피해액은 최대 400억 달러(약 55조 7,600억 원)에 달하는 것으로 추산된다. 2021년 파키스탄 GDP의 11퍼센트 규모"라는 것이다.[197] 파키스탄 2021년 경제성장률이 6퍼센트였으니 이걸 모두 까먹은 것은 물론이고 그 이전 3년 이상의 경제성장 결과가 대홍수로 모두 사라진 것이다. 사정이 이렇다면 이제 기후위기를 무릅쓰고 경제성장을 해야 할 이유가 사라진다.

그러면 지구 생태계의 하위 시스템으로서 경제 시스템이 점점 더 규모가 커져서 지구 생태계의 수용능력에 근접하는 '꽉 찬 세상'에 직면했을 때 우리는 어떤 선택을 해야 하나? 허먼 데일리는 지구 생태계가 스스로 재생시킬 수 있는 범위 안에서 경제 규모를 유지하도록 거시경제의 방향을 전환해야 한다고 강조한다. 특히 "인간에게 충분한 삶의 질을 달성하는 데 필요한 낮은 엔트로피 사용(가용 에너지 사용—인용자)을 최소화하는" 수준으로 경제 규모를 제한해야 한다는 것이다. 기술혁신을 할 때에도 꼭 필요한 인간의 삶의 질을 만족시키기 위해 낮은 엔트로피 사용량을 최소화해야 한다는 것이다. 더 나아가 허먼 데일리는 경제의 궁극적인 목적이 "(사치스런 삶이 아니라) 좋은 삶을 위해 충분한 정도만큼만 부를 유지하면서 오랫동안 삶을 유지하고 즐거움을 누릴 수 있도록 하는 것"이라는 '충분성sufficiency' 원칙을 제시한다.

14

도전 불가의 성역
'경제성장 패러다임'

세계에서 가장 영향력 있고 강력한 숫자가 하나 있다면 무엇일까? 경제성장률이다. 경제학자 케네스 로고프Kenneth S. Rogoff는 "현대 경제학은 빠르고 안정적인 경제성장을 종종 '정책의 핵심요체the be-all and end-all for policy'로 간주한다"고 지적했다.[198] 환경역사가 존 맥닐John McNeill도 "경제성장을 우선으로 보는 생각은 20세기의 가장 중요한 아이디어였다"고 확인했다.[199] 이런 유형의 언급은 정말 끝도 없이 나열할 수 있다. 미국 마르크스주의 정치 이론가 프레드릭 제임슨Fredric Jameson은 "자본주의의 종말을 상상하는 것보다 세상의 종말을 상상하는 것이 더 쉽다"고 말했지만, 어쩌면 자본주의 종말을 상상하는 것보다 더 어려운 것이 성장의 종말을 상상하는 것일지도 모른다. '포스트자본주의'보다 더 어려운 것이 '포스트성장'일지도 모른다는 뜻이다. 심지어 20세기 사회주의조차 자본주의를 넘으려고 시도했을지언정 성장주의를 넘을 생각조차 못하지 않았나? 경제학자와 정책가들 사이에서 거의 종교적인 수준의 성장숭배 분위기가 만연해 있는데도 왜 경제성장이 사회과학자나 정치가, 대중들에게 가장 우선하는 목표가 되었는지는 설명조차 없을 정도다.[200] 또한 흥미로운 것은 보수경제학뿐만 아니라 기존 개혁경제학에서도 '경제성장 패러다임' 또는 '성장의존형 경제'는 절대 도전받지 않는 성역으로 버티고 있다는 사실이다. 개혁경제학의 대표 주자들인 케인스주의나 제도주의조차도 대체로 '경제성장'을 경제가 잘 작동하는 징표로 보았을 뿐 그 자체를 문제 삼지는 않았다. 최근에 탈성장이 주목을 받으면서 성장주의 전반을 비판하는 분위기가 커지고 있기는 하지만, 이 흐름은 대안경제에 대한 구체적이고 확신 있는 비전을 보여주지 못한 채 다소 문화적 정서에 호소하고 있어 시민들에게 설득력과 공감을 받는 데는 아직 역부족이다. 오히려 생태경제학자 팀 잭슨이나 피터 빅터, 슈테펜 랑게, 그리고 최근 독일 경제사학자 마티아스 슈멜쩌Matthias Schmelzer 등이 거시경제 정책 차원에서 성장의존형 경제 모델을 비판하고 있는 점이 돋보인다.[201]

  사실 오늘날 '경제성장 헤게모니' 또는 '경제성장 패러다임'*은 현대 문명 그 자체라고 할 만큼 강력하게 사회에 뿌리내린 것 같아서 그 내부 메커니즘에 대한 충분한 해부 없이 곧바로 '탈-성장'으로 비약해버리면 설득력을 얻기가 좀처럼 쉽지 않다. 물론 생태경제학계에는 이미 '탈성장' 말고도, '포스트성장(팀 잭슨)', '정상상태 경제(허먼 데일리)', '비성장(판덴베르흐)', '불가지론적 태도(케이트 레이워스)' 등 다양한 버전으로 성장 패러

---

* 경제성장 헤게모니, 경제성장 패러다임, 성장지상주의, 성장의존주의는 무한한 지수적 성장이 정상적일 뿐 아니라 진보적이라고 간주하고 이를 제1의 국가목표로 삼는 사상적 조류를 말한다. 이 책에서는 문맥에 따라 다양하게 유사한 용어를 혼용해서 사용하게 될 것이다.

다임을 비판하는 주장들이 경합하고 있다. 뒤에서 이들 논지를 각각 차례로 검토할 것이지만 그에 앞서 '무한성장 패러다임'의 역사적 배경과 근원에 대해 먼저 충분히 구체적으로 따져볼 필요가 있다. 특히 인간 경제의 생물리학적 기초를 새롭게 조명하려고 하는 생태경제학의 관점에 따라 경제성장 지상주의의 역사적 맥락을 비판적으로 검토하는 것은 뒤에 이어질 내용 설명을 위해 유용한 사전 작업이 될 수 있다.

여기서 한 가지 주의할 것은, 경제성장 측정지표로서 국내총생산GDP을 비판하는 것과 경제성장주의 비판이 같지 않다는 것이다. 경제성장 패러다임을 비판한다는 것은 소극적으로 보면 경제성장 그 자체를 바람직한 것으로 여기는 기존의 관행에 대한 문제제기다. 그리고 적극적으로 생각하면 지구 생태계가 이미 감당하기 어렵게 팽창된 인간 경제 규모를 아예 체계적으로 줄여나가자는 주장까지 포괄할 수 있다.

하지만 GDP에 대한 비판은 현재의 GDP 계산 방식이 국민의 삶의 질이나 행복을 측정하는 바람직한 지표가 아니라는 전제 아래, 이를 대체할 대안지표를 모색하자는 취지가 핵심이다. 이 경우 경제성장도 바람직한 목표의 일부로 포괄하는 것이 통상적이다. 예를 들어, 유엔의 지속가능 발전목표SDGs나 OECD의 더 나은 삶의 지표Better Life index, 또는 세계경제포럼WEF이 제안한 포용발전지표Inclusive Development Index들이 그런 사례들이다. 이 지표들은 모두 경제성장을 반대하지 않으며 심지어 경제가 성장하면 이 지표들은 모두 개선된다. 물론 성장지상주의 비판도 GDP 비판을 포함하고 있다. 하지만 이는 비판 논지의 일부에 불과하다. 좀 더 본질적으로는 양적으로 무한히 경제 규모를 팽창하는 것을 제1의 국가 목표로 두고 있는 기존의 관행들과 이를 뒷받침하는 경제 관점들이 과연 바람직한 것인가 하는 근본적인 질문을 담고 있다.

이제 본격적으로 경제성장 얘기로 들어가자. 경제성장이란 1년 동안 한 국가 안에서 생산된 모든 재화와 서비스를 화폐로 계산한 총액의 증가를 말한다. 그리고 연간 실질 경제성장률은 물가상승을 감안해서 경제가 얼마나 높은 비율로 성장했는지를 본다. 경제학자나 정책 전문가를 막론하고 경제가 잘 돌아가는지 알아보는 단 하나의 지표를 꼽으라면 누구나 '연간 실질 경제성장률'을 꼽는다. 경제가 어려움에 빠질 조짐을 보이면 그들은 늘 성장률 전망부터 쳐다본다. 성장률은 마이너스가 아니라 당연히 플러스이어야 하며, 플러스 수치가 얼마나 클 것인지가 최고의 관심사가 된다. 이런 분위기로 짐작해보면, 성장률은 마치 자본주의가 태어날 때부터 개발되어 항상 경제가 바람직한지를 확인해주는 리트머스 시험지로 기능하지 않았을까 착각하게 된다.

그런데 역사적 사실은 전혀 다르다. '경제성장률'이라는 용어 자체가 비교적 매우 최근에 만들어졌기 때문이다.[202] 사실 인류 역사에서 전년

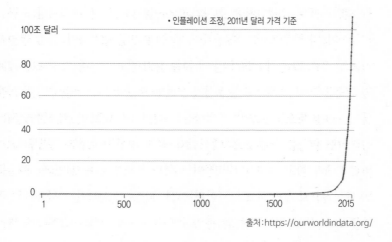

출처:https://ourworldindata.org/

그림 16 지난 2,000년 동안 세계 경제성장률 추이

도 대비 성장률이 눈에 띄게 늘어난 것은 아주 최근의 일이다. 이는 지난 2,000년 동안의 세계 성장률 추이 곡선만 보더라도 확연히 알 수 있다(그림 16 참조). 18세기까지만 해도 경제 규모는 오르락내리락 했으며 인구가 조금씩 늘어난 탓에 매년 평균 고작 0.05퍼센트 정도만 성장했을 뿐이다. 사실상 성장하지 않는 경제가 오랫동안 유지되었다고 볼 수 있다. 국민총생산GNP 혹은 국내총생산GDP을 연간 단위로 산출하는 방식이 개발된 것조차 사실은 1929년 대공황과 2차 대전 시점이라는 것은 이미 알려진 사실이다. 특히 어떤 의미에서 GDP는 전시의 군사물자 조달을 위한 계산의 필요가 낳은 산물이었다. 그렇다고 GDP가 발명된 뒤 곧바로 '연간 성장률' 지표가 사용된 것도 아니다. 도마E. Domar나 해러드R. Harrod 같은 경제학자들에 따르면 2차 대전 이후 경제에 대해 가장 크게 고민했던 것은 완전고용이었고 경제성장은 이를 달성하기 위한 '수단' 정도로 고려했다는 것이다. 실제 '연간 경제성장률'이 처음으로 공공 영역에 등장한 것은 미국이 1949년이고 영국이 1950년이다.[203] 그리고 1957년이 돼서야 유엔이 유럽 지역의 실질 경제성장률을 처음으로 비교 발표하기 시작한다.[204]

이렇게 시작된 경제성장률이라는 지표는 대단히 짧은 시간 안에 그 자체가 수단이 아니라 최고 정책 목표로서, 각 정부가 고려해야 할 1차 과제로서 자리 잡기 시작했고 국제비교를 통해 경쟁을 촉진하는 지표가 되었다. 또한 당시는 비록 선진국들에 국한되었지만 고도의 경제성장이 불평등 감소와 동반했던 매우 예외적인 '대압착 시기Great Compression'였다. 이런 분위기 탓에 경제성장은 심지어 빈곤과 불평등, 복지 부족 등 모든 경제적 질병의 치료제로 격상되었다. 특히 냉전이 한창이던 이 시기에 경제성장률 지표는 미국과 소련의 체제경쟁으로 인해 중요성이 증폭된다. 자본주의 미국이나 사회주의 소련 모두 한결같이 누가 높은 성장률을 기록하는지에 따라 자신들 체제의 우월성이 입증된다고 생각한 것이다.

더 나아가 성장률은 각 국가의 위신을 세워주는 지표가 되었고 자본주의 국가들 사이에서도 경제 규모 순위는 곧 국력과 동격이 되었다. 이렇게 해서 "1960년대 말쯤이면 적어도 선진국에서는 가장 중요한 정부 정책 목표로서 경제성장이 확고하게 자리 잡게" 된다.[205] 이 추세는 2020년대인 지금까지 크게 손상 받지 않고 견고하게 이어져 오고 있는데 알고 보면 기껏해야 70년 정도의 역사에 불과하다. 짧은 역사에도 불구하고 한번 굳어진 '경제성장 패러다임'과 '경제성장 헤게모니'는 경제정책 일반은 물론이고 공공정책 전체에 걸쳐 전방위적인 영향을 미치게 된다. 이 점에서 보면 적어도 20세기 후반 이후의 사회는 복지국가가 아니라 '성장국가growth state'였다고 할 수 있지 않을까? 오죽하면 1973년 슈마허가 "병적인 성장, 건전하지 못한 성장, 파괴적인 성장도 있을 수 있다는 생각은 경제학자에게 표현조차 허용될 수 없을 정도로 그릇된 것"으로 간주되었다고 말했을까?[206]

그런데 과연 지난 70년 동안 정부의 최고 목표가 된 '경제성장 패러다임'은 정말 아무런 도전도 받지 않고 정상의 지위를 고수하기만 했을까? 꼭 그렇지는 않다. 최근 탈성장론이 경제성장을 파상적으로 비판하기 한참 이전부터 경제성장주의는 몇 차례 도전을 받아왔다. 아주 간결하게 이 과정을 요약해보자.

첫째, 경제성장 패러다임이 막 자리를 굳혀가던 1960~1970년대 사이에 첫 번째 강력한 도전에 직면했다. 슈마허나 이반 일리치 같은 이들이 가한 외곽에서의 비판 말고도 생태경제학적 관점에서 로겐이나 볼딩, 허먼 데일리 등이 했던 비판, 즉 유한한 지구에서 무한한 성장은 엔트로피 법칙에 따를 때 불가능하다는 비판은 이미 살펴보았다. 한편 정치권에서는 아주 이례적이지만 미국 대통령 후보로 출마했던 로버트 케네디 상원의원이 1968년 캔자스에서 "GDP는 삶을 가치 있게 만드는 것만 빼고 모든 것을 손쉽게 측정한다"는 유명한 연설로 GDP 비판을 정치적으로 이슈화했다.[207]

대중적으로는 로마클럽이 공개한 1972년 《성장의 한계》라는 출판물이 큰 반향을 일으키면서 로버트 솔로와 같은 보수주의 주류 거시경제학자들 사이에서 논쟁을 불러일으키기도 했다. 여기서 잠깐 이 출판물이 나온 배경을 살펴보자. "1968년에 기업가, 외교관, 학자들의 집단이 한데 모여 '로마클럽'이라 부른 모임을 결성했다. 급속한 산업화 때문에 환경이 감당해야 할 명백한 피해에 경악한 그들은 고삐 풀린 경제성장이 던지는 장기적 함의에 대해 더 잘 알아보고 싶어했다. 이 목표를 세운 그들은 MIT대학의 경영학 전문가인 데니스 메도즈_{Dennis Lynn Meadows}에게 해답을 찾는 일을 맡겼다. 폭스바겐 재단이 제공한 넉넉한 예산을 지원받은 메도즈는 먼저 하버드 대학의 우수한 생물리학자이자 마침 자신의 배우자이기도 했던 도넬라 메도즈를 고용했다." "그들은 그 무렵 MIT에 설치된 환상적인 새 메인프레임 컴퓨터의 데이터 처리능력을 활용하여 시뮬레이션을 했다."[208]

그렇게 해서 작성된 《성장의 한계》에 대한 당시 분위기는 뉴욕타임스 서평을 보면 대번에 알 수 있다. 뉴욕타임스는 사람들을 오도하는 공허한 연구라고 단언하고 쓰레기를 넣으면 쓰레기가 나올 뿐이라고 코웃음을 쳤다는 것이다. 경제학자들도 줄줄이 바보이거나 사기라고 비웃었는데, 로버트 솔로Robert Solow 같은 거시경제학자는 "나쁜 과학이고 따라서 공공정책에 나쁜 지침을 줄 것"이라고 비난했으며 심지어 베커먼Becker-man은 "아무도 심각하게 생각하지 않을 넌센스"라고 폄하했다.[209]

결국 정부와 기업, 국제단체들은 그냥 그것을 무시하기로 했다.[210] 하지만 1974년에 출간된《성장 없는 사회No-Growth Society》와 같은 출판물을 보면, 케네스 볼딩이나 맨서 올슨 등이 제법 진지하게 이 문제를 가지고 논쟁에 참여했다는 것 역시 확인할 수 있다.[211] 보수주의 주류경제학에서는 주로 '기술적 진보'와 '시장의 가격 기능'이 에너지와 자원을 더 효율적으로 사용하게 만들 것이라면서 반론을 제기했다. 예를 들어 자원이 고갈 위험에 처하면 가격이 올라가고 그러면 대체 자원이나 기술적 해법들이 모색되어서 문제를 풀 수 있다는 것이다. 또한 공해나 온실가스 등을 과도하게 배출하면 탄소세 부과 등으로 비용을 내부화하거나 기술적 해법들이 발명될 것이라고 주장하기도 했다. 물론 그,이후 심화된 기후위기를 보건대 기술과 시장가격 기능 모두 그들이 기대한 역할을 하지 못했음이 증명되었지만 말이다.

그런데 정작《성장의 한계》에서 제시하는 예상 시나리오와 이후 실제 전개된 현실이 얼마나 부합했을까? 인구, 산업생산, 식량, 자원 고갈, 공해 등을 전망하면서 무한성장이 벽에 직면할 것이라고 컴퓨터 시뮬레이션으로 전망한 이 책의 시나리오들이 지금의 관점에서 보면 얼마나 타당성이 있을까? 보고서 작성자들은 스스로 1992년과 2004년 두 차례 '월드3'이라고 이름 붙인 자체 분석 모델과 데이터를 새롭게 업데이트하기도 했고, 다른 많은 연구자들도 실제 데이터에 근거해 모델이 추정했던 12개 시나리오와 비교하는 작업을 반복했다.[212] 그 가운데 2020년에 최신 데이터로 분석한 가야 해링턴Gaya Herrington의 논문을 보면, 시나리오들 가운데 '관행대로 계속 가는 시나리오'와 '매년 4퍼센트씩 기술 혁신이 이뤄지는 시나리오' 모두에서 지금부터 10년 또는 그 내외의 시간에 경제성장이 중단될 수 있다는 결과가 나왔다. 대체로 1972년 전망에서 크게 어긋나지 않았던 것이다. 특히 관행대로 가는 시나리오는 기후과학자들이 '기후 티핑포인트'로 갈 수 있다고 우려했던 것과 대체로 일치했다고 논문은 평가했다.[213]

둘째로, 1970년대에는 어떤 점에서 지금보다 훨씬 진지하게 성장 담론에 대한 비판과 반비판이 이뤄졌지만, 1980년대 시작된 신자유주의 보수화 물결로 분위기는 싸늘하게 반전된다. 그리고 1980년대 말에 들어서면서 환경과 기후에 대한 사회적 관심이 다시 부상했을 때는 '지속가능발전'이라는 새로운 해결사가 등장한다. 1987년 만들어진 '지속가능발전'이라는 용어는, 유엔의 이름으로 공유된 지 단 2년 만에 60개의 서로 다른 정의가 난무할 정도로 태생부터 작위적으로 오용될 소지가 컸다. 원래 보고서는 지속가능발전을 윤리적, 사회적, 생태적 측면 등 다차원적으로 정의했지만, 실제 사용된 정의는 '세대간 형평성'만 주로 강조하다 보니 당초의 용어 취지가 제대로 전달되지 않았던 측면도 물론 있다.*

그런데 분명한 사실은 '지속가능발전' 개념이 경제성장을 명시적으로 부인한 적이 없다는 것이다. 오히려 이후에 '지속 가능한 경제성장'이 지속가능발전의 기초적인 구성요소가 되는 상황이 거의 모든 나라에서 관례화되었다. 이런 문제가 겹치면서 1990년대와 2000년대까지 경제성장 담론은 진지한 비판과 성찰보다는 지속가능발전이라는 개념 보호

---

* 세대간 형평성에 초점을 맞춘 지속가능발전 개념은 잘 알려진 것처럼, "미래세대의 필요를 만족시키는 능력의 손실 없이, 현세대의 필요를 만족시키는 개발"로서 지속가능발전을 정의하는 것이다.

막 뒤에서 안전하게 자신의 위치를 지킬 수 있었다. 심지어 2015년 확정된 '지속가능 발전목표SDGs'는 17개 목표 가운데 8번에 명시적으로 경제성장을 포함시켰다. 물론 환경파괴를 막기 위한 대책으로서 경제성장에 따른 자원 사용 축소라는 탈동조화decoupling를 덧붙이기는 했지만 말이다. 하지만 탈동조화가 가능한가에 대한 의문은 차치하고 탈동조화 비율도 제대로 숫자로 제시하지 않았다고 피터 빅터는 비판한다. 적어도 자원 사용을 줄이는 비율이 경제성장률을 초과해야만 경제성장에도 불구하고 자원 사용이 줄어들 것이므로 탈동조화를 얼마만큼 해야 할 것인지 목표라도 있어야 했다는 말이다.[214]

셋째로, 21세기 들어서 첫 경제적 시련이었던 2008년 글로벌 금융위기는 기존 경제 시스템 전반에 대해 많은 문제제기를 불러일으켰는데, 그 분위기에서 먼저 나타난 것이 GDP 지표에 대한 광범위한 비판이다. 잘 알려진 것처럼 2009년, 글로벌 금융위기가 터지면서 프랑스 사르코지 대통령의 요청으로 최고의 경제학자들인 아마르티아 센Amartya Sen과 조지프 스티글리츠Joseph Stiglitz가 GDP 대안을 연구하여 보고서를 냈다 (하지만 불행하게도 현실적으로 이 영향을 받아 정책을 바꾼 경우는 없다).[215] 최근에는 다보스포럼 창시자인 클라우스 슈밥이 GDP 지표를 자세히 문제제기하는 책을 출판하기도 했다.[216] 하지만 현실 정책 영역에서는 뉴질랜드 등 일부 국가에서 대안지표를 만들어 사용하는 수준에 그칠 정도로 아직도 제한적이다.

오히려 2008년 글로벌 금융위기 이후 현실적으로 정책 담당자들 안에서 유행했던 것은 경제성장에 다양한 '질적인 형용사' 표현들을 동원한 것이었다. 지난 40여 년 신자유주의 경제사가 증명해주듯 단순히 경

성장주의 형성	성장주의 정착	성장주의 비판	비판의 실종	지속가능 발전	단서 붙은 성장	탈성장의 부상
• 1950년대 • 처음으로 연간 경제성장률 비교 시작	• 1960년대 • 국가 제1정책으로 정착 • 성장과 불평등 감소가 동반	• 1970년대 • 로버트 케네디 • 성장의 한계 • 엔트로피와 경제	• 1980년대 • 신자유주의 등장으로 성장주의 비판이 수면 아래로 잠복	• 1990년대 • 지속가능발전 개념의 등장 • 성장과 지속가능성 동시추구 환상 유포	• 2000년대 • 경제성장과 불평등 동시 진행 • 포용적 성장, 녹색성장 등 수식어 붙은 성장이 유행	• 2010년대 이후 • 1970년대 이후 성장주의에 대한 공개적 부인이 다시 시작 • GDP 대안 실험

그림 17 부침을 겪어온 성장주의 신화

제성장 그 자체가 고용이나 분배, 환경과 기후위기를 개선시켜주지 않는다는 점이 이제는 너무 명백해지면서, 질적인 형용사 표현을 넣어 '포용성장', '지속가능성장', '녹색성장' 등 다양한 버전의 성장론이 무차별 동원되는 상황이 유행처럼 번졌다. 지금도 역시 이렇게 수식어로 덧칠된 모습으로 경제성장 패러다임은 명맥을 이어가고 있다.

넷째로, 2010년대에 들어오면서 기후위기와 경기침체 둘 다 심각해지자, 이런 긴 우여곡절을 배경으로 '탈성장'이 유럽을 중심으로 조금씩 확산되기 시작했으며 최근까지 그 추세가 이어져 오고 있는 중이다. 탈성장이 '성장 패러다임'을 비판하는 접근법은, 여기서 말하는 생태경제학적 접근법뿐만 아니라, 사회경제적 관점-자본주의 비판의 관점-페미니스트적 관점-산업주의 비판의 관점-그리고 글로벌 남-북 격차의 관점 등 매우 다방면에서 이뤄진다. 이는 4장 24절에서 더 자세히 다루게 될 것이다.

이렇게 경제사를 돌이켜보면 경제성장 헤게모니의 형성(1950년대), 성장주의의 국가적-국제적 정착(1960년대), 성장주의에 대한 초기 비판(1970년대 초), 성장 패러다임에 대한 비판의 실종(1980년대), 지속가능발전으로의 타협(1990~2000년대), 단서 붙은 성장론으로 수명 연장(2000년대), 성장주의를 정면 부인한 탈성장 등장(최근)이라는 역사적 흐름을 보이고 있다(그림 17 참조).[217] 이처럼 성장주의 헤게모니 역사는 그저 순탄하게만 이어온 것도 아니고 도전을 받지 않았던 것도 아니다. 특히 21세기에 들어오면서 '단순한 성장 그 자체가 최고선'이라는 신화는 완전히 무너졌으며, 이제 포용성장이든 녹색성장이든 한정하는 수식어가 붙어야 겨우 정당성을 인정받을 정도로 의심받게 되었다. 그리고 기후위기가 한계선을 넘어가고 있는 지금 시점에서는 그마저의 정당성도 견디기 쉽지 않게 되었다. 성장지상주의 신화를 과대평가할 필요가 없다는 뜻이다.

한 가지만 덧붙여 보자. 억지로 단서를 붙여야만 정당성을 인정받을

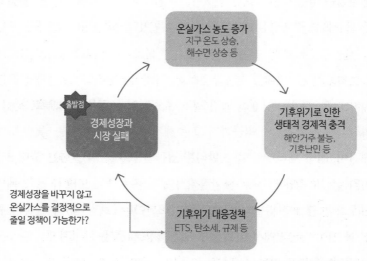

*Nordhaus, William. 2018. 필자가 수정

그림 18 경제성장을 그대로 둔 채 기후위기를 해결하려는 주류경제학의 개념도

만큼 경제성장의 효용이 갈수록 떨어지는 반면, 경제성장이 초래한 인류의 생존 위협인 기후위기는 티핑포인트를 지나고 있는데도 왜 여전히 경제성장 패러다임에 대한 미련을 버리지 못하고 있는 걸까? 그레타 툰베리가 하나의 단서를 던져준다. 툰베리는 사람들이 기후위기에 대처하는 행동을 하지 않는 이유가 "문제 자체보다 해법을 더 두려워하기they are more scared of the solutions than of the problem itself" 때문일지 모른다고 지적했다.[218] 이 지적은 경제성장에 가장 적절하게 들어맞을지 모른다. 경제학자들과 정책 담당자들은 이미 현실이 된 기후위기는 두려워하지 않으면서 경제성장론을 포기했을 때 예상되는 패닉을 과도하게 두려워하고 있는 것이 아닐까?

그러다 보니 기후위기 해법을 찾을 때에도 주류경제학자들은 경제성장과 시장실패가 기후위기를 일으켰다는 사실을 인정하면서도 그 원인을 근원적으로 해결하기보다는, 경제성장을 그대로 두고서 다른 정책 수단들을 조정해서 문제를 해결할 수 있다고 믿는 것 같다(그림 18 참조).[219] 그들은 경제성장 포기로 인한 심리적 붕괴가 기후위기 심화로 인한 사회적 붕괴보다 덜 심각하다고 스스로 믿을 때까지 경제성장 포기를 받아들일 것 같지 않다. 경제학자 누리엘 루비니Nouriel Roubini는, 아주 효율적인 방법을 동원하더라도 온실가스 배출을 줄이는 비용이 매년 세계 경제 규모의 2~6퍼센트의 비용(2조 달러에서 6조 달러)에 달할 것이라는 윌리엄 노드하우스 계산을 예로 들면서, 경제적 손실이 너무 커 온실가스 감축을 통해 기후위기를 피하는 것이 불가능하다고 미리 단정 짓는다.[220] 경제성장을 포기할 수 없는 기존 주류경제학자들에게 기후위기를 피할 방법 또한 도저히 없어 보인다.

15

'화폐적 성장'이 아닌 '물질적 성장'의 한계

무한성장론을 정당화시켜주는 '경제성장 패러다임'이나 '경제성장 헤게모니'를 문제 삼을 때 한 가지 생각해야 할 것이 있다. '화폐적 성장'과 '물질적 성장'을 구분해야 한다는 것이다. 무슨 말일까? 국민계정에서 통상적으로 계산한 GDP는 한 해 동안 한 국가지역에서 생산된 부가가치를 시장가격으로 합산한 것이다. 여기에서는 노동이나 다양한 자본설비는 물론이고 에너지와 자연자원까지 각각의 고유한 질적 차이는 보지 않고 오직 시장에서 평가된 가격만 가지고 합산하고 비교한다. 자연에서 얻은 (엔트로피가 낮은) 원료와 에너지는 생산 과정에서 인공자본 설비와 전혀 다른 역할을 하는데도 불구하고, 모두 화폐단위로 환산하여 가격표를 붙이면 그저 가격이 높고 낮은 양적 차이만 남게 된다.

그런데 생태경제학에서 '무한성장의 불가능성'을 말할 때는 대체로 화폐적인 가치로 표현되는 경제 규모가 무한성장할 수 없다는 뜻이 아니라는 사실에 주의해야 한다. 무한팽창이 불가능한 것은 경제 과정으로 들어가고 나오는 '처리량' 즉 물리적인 자원과 에너지 흐름이고 이는 중량 등으로 표현될 수 있는 물리적 단위로 그 유한성이 평가된다. 다시 말해서 그것이 화폐가치로 어떻게 평가되는지에 관계없이 경제 과정에 투입할 수 있는 물리량과 경제 과정을 거친 후 배출할 수 있는 물리량은 무한히 팽창할 수 없고 지구 생태계가 감당할 수 있는 범위 안에서 제한되어 있다는 것이다. 때문에 생태경제학은 경제의 '화폐적 성장'에 주목하기보다는 '물질적 성장'의 관점에서 접근한다.

그러면 '물질적 성장'의 관점에서 볼 때, 언젠가는 한계에 직면할 것이라는 단순한 추측이 아니라, 2020년대 지금 이 순간 확실히 경제성장이 한계에 직면했다고 증명할 수 있고 측정할 수 있을까? 혹시 새로운 기술혁신으로 희소한 자원들의 대체재를 찾아내거나, 획기적으로 효율적인 기술을 적용해서 물질적 투입을 더 이상 증가시키지 않고도 화폐적 성장을 성공적으로 이끌고 있지는 않은가? 수많은 유능한 보수주의 주류 경제학자들이 지금껏 강력히 그렇게 주장하지 않았나?

많이 알려져 있지는 않지만 사실 생태경제학의 도움을 받아 지난 20~30년 동안 경제 과정을 화폐가 아니라 물리량의 단위로 추적한 많은 노력과 조사연구 성과들이 쌓여왔다. 그 결과는 어떨까? 대체로 일치하는 결론은, 과도하게 경제성장을 추구한 결과 현재 지구 생태계가 상당한 압박을 받아 위험한 지경에 이르렀다는 단순하고 확실한 사실이다. 즉 놀라운 기술혁신에 힘입은 경제성장에도 불구하고 물리량으로 측정한 에너지와 물질 사용이 눈에 띄게 줄어든 흔적은 글로벌 차원에서 없었다. 이를 증명하는 사례는 차고 넘친다.

가장 잘 알려진 지표가 '생태발자국ecological footprint'이다. 생태발자국이란, 지구 생태계가 재생할 수 있는 능력의 한계 안에서 인간 경제활동이 이뤄져야 지속 가능한 경제가 될 수 있다는 생태경제학자들의 아이디어를 토대로 1996년에 윌리엄 리스William E. Rees와 마티스 웨커네이걸Mathis Wackernagel이 개발한 측정지표다. 이 지표에 따를 때 전 세계는 현재 매년 7월에 이르면 이미 지구의 생태 허용량을 모두 소진하는 것으로 계산되고 있으므로, 1년 동안 인류가 사용하는 자원을 감당하려면 지구가 1.7개가 필요하게 된다. 한국만 따로 떼어놓고 보면 상황은 더 심하다. 한국인들의 생태발자국은 4월이면 국토가 감당할 용량을 넘어서기 시작하므로, 한국인처럼 세계 인구가 살아간다면 지구가 3개나 필요하게 된다. 한국은 1960년대 이래 꾸준히 1인당 생태 허용량(0.6 글로벌헥타르)[221]을 훨씬 초과하여 지금 1인당 생태발자국은 6.3글로벌헥타르에 이른다(그림 19 참조).[222]

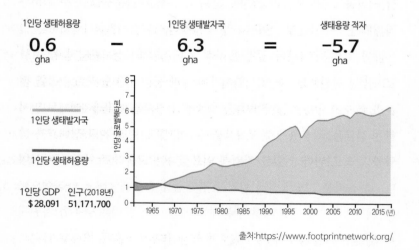

출처:https://www.footprintnetwork.org/

그림 19 한국의 생태발자국과 생태허용량의 변화 추이(2018년 기준)

둘째로, 최종소비 관점에서 원료 추출량 증가 추이를 알 수 있는 지표의 하나인 글로벌 '물질발자국material footprint' 지표도 있다. 이를 보면 지난 50년 동안 거의 완벽히 경제성장률에 비례해서 물질발자국도 증가했음이 확인된다. 리디야 추첵Lidija Čuček이나 토머스 위드만Thomas Wiedmann 등의 조사연구 결과를 보면, 지난 수십 년 동안 경제성장률과 물질발자국이 거의 비슷한 속도로 증가해왔고, 탄소 배출은 그보다는 조금 완만한 속도로 증가했다(그림 20 참조).[223] 유엔환경계획에서 발간하는 '글로벌 물질 흐름과 자원 생산성Global Material Flows and Resource Productivity'이라는 보고서에서도 똑같은 사실이 확인된다. 보고서에 따르면 주요 광물 등의 추출이 지난 50년 동안 계속 증가해왔다. 물질발자국이 늘어난 가장 큰 요인은 소비 증가와 1인당 GDP 증가 때문이고 이것이 인구 증가보다

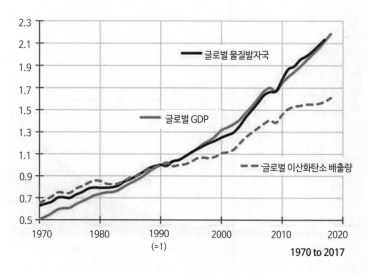

출처: Wiedmann, Thomas·Lenzen, Manfred. 2020

그림 20 글로벌 GDP와 물질발자국, 탄소 배출량의 역사적 추이

훨씬 중요했다. 그동안 눈부신 기술혁신과 정보통신산업으로의 대대적 전환에도 불구하고, 기대와 달리 '탈물질적 성장'이 일어나고 있다는 증거는 글로벌 차원에서 거의 발견되지 않는다는 사실이 명확히 확인되는 것이다.[224]

셋째로, 인간이 만들어내는 인공물질이 자연 생태계가 만들어내는 물질량을 이미 초과했다는 증거가 있다. 다시 말해서 경제 규모가 계속 팽창함에 따라서 콘크리트, 벽돌, 아스팔트, 금속 등 인류가 경제 과정에서 생산하는 인공물 스톡, 즉 '인공 매스anthropogenic mass'라고도 부르는 물질 총중량이 20년마다 2배씩 늘어났다. 1900년 시작할 때만 해도 자연 생태계가 만들어내는 온갖 종류의 바이오매스(나무, 관목, 여타 식물들, 동물들 등)와 비교해서 인공물 스톡이 고작 3퍼센트 정도에 불과했다. 하지

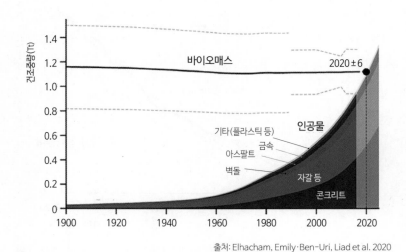

출처: Elhacham, Emily·Ben-Uri, Liad et al. 2020

그림 21 인공물이 자연물을 초과하여 생산되기 시작

만 2020년 기준으로 인공 매스 중량이 바이오매스 중량을 초과해서 1.1조 톤에 달했다. 실로 어마어마한 규모인데 자연이 만들어낸 것보다 인공물이 더 많아지고 있다는 뜻이다(그림 21 참조).[225]

유사한 개념인 '글로벌 물질스톡global material stocks'을 추적한 생태학자 프리돌린 크라우스만Fridolin Krausmann에 따르면, 1900년부터 2010년까지 110년 동안 인간이 가공한 글로벌 물질스톡은 무려 23배나 늘어났다. 그동안 재활용 기술과 방법이 개선되었음에도 재생원료는 여전히 새로 유입되는 물질스톡의 12퍼센트 정도에 불과했다. 그와 동료들은 이런 수준으로 자원을 사용하면 앞으로 기후위기를 막지 못할 것이라고도 경고했다.[226]

넷째로, 에너지 쪽을 살펴보면 1950년대 거대한 가속이 시작된 이후 1차 에너지 전체 소비량이 폭발적으로 늘어나고 있다. 새로운 에너지가 개발될 때마다 과거 에너지를 대체하는 것이 아니라 기존 에너지를 그대로 쓰면서 새로운 에너지가 그 위에 추가되는 방식으로 에너지 공급이 늘어나고 있기 때문에 더 가속화되고 있는 것이다. 심지어 풍력과 태양광이라는 재생에너지가 최근 들어서 많이 공급되었지만, 이들 에너지조차 글로벌 차원에서 보면 기존 에너지를 대체하기는커녕 기존 에너지에 추가되고 있는 양상이 만들어지고 있다. 이 대목은 생태경제학자들이 기후위기 실패의 중대한 원인으로 비판하고 있는 대목이기도 하다(그림 22 참조).[227]

마지막으로, 인간 경제활동의 가속화로 인해 생물들의 다양성과 개체수가 얼마나 위협받고 있는지 확인해보자. 세계 척추동물 종의 추세를

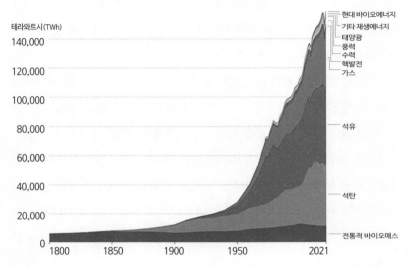

테라와트시(TWh)

140,000

120,000

100,000

80,000

60,000

40,000

20,000

0

1800   1850   1900   1950   2021

현대 바이오에너지
기타 재생에너지
태양광
풍력
수력
핵발전
가스

석유

석탄

전통적 바이오매스

출처 : Our World in Data (바츨라프 스밀(2017), BP의 세계 에너지 통계자료)

그림 22 글로벌 1차 에너지 소비량 추이

기반으로 생물다양성의 상태를 나타내는 지구생명지수Living Planet Index 측정에 따르면, 1970년에서 2018년 사이에 모니터링 된 야생동물 개체군의 상대적 풍부함 정도가 69퍼센트 감소했다.[228] 이처럼 지금까지 다양하게 물리량으로 측정된 생태발자국, 물질발자국, 생산된 인공물과 자연물의 비교, 그리고 1차 에너지 소비량과 생물다양성 등이 한결같이 말해주는 것은, 물질과 에너지의 사용량이 지난 70년 동안 온갖 효율화와 비물질화, 정보화를 가능케 해주는 혁신에도 불구하고 역사상 가장 높은 수준에 도달했다는 것이다.

그렇다면 이와 같은 물질 사용량 팽창이 지구의 한계에 미친 영향은 뭘까? 인간의 경제활동이 지구 한계에 접근했거나 또는 그 한계를 넘었는지를 가장 체계적으로 연구한 이는 스톡홀름 회복력센터 설립자이자 포츠담연구소 기후영향연구 책임자인 요한 록스트룀Johan Rockström이다. 그는 이미 2009년에 9가지 지구 한계선planetary boundaries을 정의하고 인류가 이 한계에 도달했는지 여부를 측정하는 방법을 연구했다. 그는 자신의 연구와 최신의 데이터에 근거해서 다음과 같은 결론을 내리고 있다. "우리는 9가지 중 4가지의 한계선을 이미 벗어났다. 기후, 생물다양성, 토지 그리고 영양소의 한계선이 이에 해당한다. 심각한 경고로 받아들여야 한다. 생명체들이 계속 멸종되고 영양소가 과도하게 사용된다면 불확실성과 두려움으로 가득 찬 변화가 더 빨리 시작될 수 있다. 이 2가지만으로도 우리는 빨간 경고등 앞에 있는 셈이다. 여기에 더해 기후와 토양 시스템도 위험지대에 매우 근접해 있다. 소리 없는 경고음이 세계 곳곳에서 미친 듯이 울리고 있다."[229]

심지어 2022년 9월에는 더 낙담할 만한 새로운 연구결과가 공개되었다. 데이비드 암스트롱 맥케이David Armstrong McKay 등 과학자들이 더 정밀하게 최신 연구를 종합한 결과다.[230] 이들은 잠재적 티핑포인트 목록을 기존 9가지에서 16가지로 세부화했다.[231] 그 가운데 ①그린란드 빙상 붕괴, ②남극 서부 빙상 붕괴, ③광범위한 영구동토층 해빙, ④(캐나다와 그린란드 사이의) 래브라도해의 대류 붕괴, ⑤열대 산호초 소멸 등 5가지는 산업혁명 이전 대비 1.1°C 상승한 오늘날 이미 회복 불가능한 티핑포인트를 통과했을 가능성이 있다고 평가했다.

요약하면, 1950년대 이후 각 국가들이 경제성장을 핵심 과제로 정한 이후, 국가마다 지구 생태계와 경제 사이에 작용하는 물질대사가 폭발적으로 늘어났다. 그 결과 이제 지구의 한계를 생각하지 않고 과거 방식의 물질적 성장을 더는 계속할 수 없으며, 우리 삶의 터전인 지구 위에서 인간이 더 이상 살기 어려운 지경까지 이르렀다는 과학적 증거들이 이렇게 계속 쌓이고 있다. 한마디로 '꽉 찬 세상'이 이미 도래했다는 것을 다양한 측정지표들이 증명해주고 있는 것이다. 하지만 물질적 측면이 아니라 화폐적 성장이라는 관점에서 보면, 그저 매년 복리로 경제의 화폐가치가 계속 높아지는 것만을 볼 수 있을 뿐이다. 화폐적 성장은 아무리 팽창해도 전산상의 숫자만 늘리면 되기 때문에 도대체 물리적 한계가 존재하지 않으며 지구의 한계를 위협하고 있다는 느낌도 전혀 가질 수가 없다. 그 때문인지 많은 경제학자들이 여전히 화폐순환만 쳐다보면서 물리적 처리량이 위험수위에 도달했다는 명백한 증거들과 사실을 외면하고 있는 것이다.

경제성장 패러다임을 금과옥조로 여기고 매년 '화폐성장률'에 집착하는 보수주의 주류경제학의 기후위기 진단과 처방이 모두 잘못되었다는 것은 현실의 기후위기 악화가 그대로 보여주고 있다. 기술혁신으로 물질적 한계를 돌파하겠다며 내놓은 탄소 포집 기술이나, 지구 성층권에 아황산 에어로졸을 뿌려 태양빛을 차단하겠다는 지구공학 기술에 이르기까지 믿을 만한 기술적 해법은 여전히 오리무중이다. 반면 기후위기 대처를 위해 남은 시간은 점점 줄어들고 있다.

주류경제학이 만능의 해법으로 의지하는 시장의 가격 메커니즘도 기후위기를 해결하기는커녕 현실적으로 무력하기만 하다. 탄소집약적 상품에 높은 가격을 매겨서 시장 참여자들로 하여금 탄소집약적인 산업에서 발을 빼고 재생에너지나 청정산업으로 이동하게 할 수 있다는 주장은 여전히 현실화되지 않고 있기 때문이다. 최근 주류경제학자 윌리엄 노드하우스는 지구 온도 추가 상승을 2°C 이하로 억제하려면 가까운 시일 안에 탄소 배출 톤당 탄소세를 200달러로 올려야 한다고 주장하고 있지만, 현재 실질적인 글로벌 탄소 가격은 환산해보면 고작 2달러에 불과하니 어쩌면 당연할 수도 있다.[232] 또한 완전 경쟁 시장이 현실에 존재하지 않는 상황에서, 탄소집약적 거대 기업들이 정부의 탄소 가격정책을 무력화하는 것은 물론 오히려 화석연료산업에 보조금을 주는 정책이 지속되고 있는 냉정한 현실을 우리는 목격하고 있다.

16

성장신화의 주역,
화석자본주의의 운명

　여름 홍수나 가뭄, 태풍 피해를 입으면 맨홀이나 하수도 시설을 더 튼튼하게 만들자거나 침수가 잦은 반지하 주거를 개선하자는 제안들이 쏟아진다. 마치 지진에 대비해 더 단단한 내진설계를 하자는 것처럼 말이다. 하지만 기후위기와 지진은 같은 종류의 재난이 아니다. 지진은 아직도 인류가 통제할 수 없으며 상당히 불규칙하게 발생하고 있는데, 그렇다고 시간이 갈수록 지진 강도나 빈도가 더 커질 것이라는 증거는 없다. 때문에 과거 경험을 기초로 지진에 적응하는 대비책을 세우는 것이 최선이다.

　하지만 기후위기로 인한 극단적인 기후 현상(물 폭탄과 홍수, 가뭄, 태풍, 열파나 열돔현상 등)은 원인을 알고 있고 어떤 대책을 세워야 할지도 알고 있다. 동시에 늦지 않게 필요한 대책을 세우지 않으면 시간이 갈수록 재난의 강도가 점점 더 커지고 빈도도 더 자주 발생할 것이 확실하다. 2021년 발표된 IPCC 6차 보고서(제1실무그룹 보고서)에 따를 때, 만약 지구 온도 추가 상승이 1.5°C를 넘어가게 되면 50년마다 한 번 일어났던 극한 고온은 8.6배나 많아지고, 10년마다 한 번씩 발생했던 극한 폭우는 1.5배나 자주 일어날 것이다. 지금 우리가 겪는 기상 이변의 정도는 얼마 후 아주 가벼운 일상이 될지도 모를 일이다. 2°C, 또는 4°C(극한 고온은 40배, 극한 강우는 2.7배)를 넘으면 그 충격은 대책을 세우는 것이 무색할 만큼 말할 수 없이 커진다.[233] 지구 가열화Global Heating를 그대로 방치한 채 '기후 재난대책'을 세우는 것이 얼마나 허무한지를 잘 말해준다. 불행하게도 현재 정책을 바꾸지 않으면 2100년쯤이면 3.2°C까지 올라갈 것으로 IPCC는 전망하고 있다.

기후위기는 왜 갈수록 더 심화되는가? 기후위기의 원인인 온실가스가 대기 중에서 잠시 머물다가 사라지는 것이 아니라 '누적'되기 때문이다. 마치 배수구가 막힌 욕조의 수도꼭지에서 수돗물이 나오는 만큼 물이 더 채워지지만 줄어들지는 않는 것처럼 지구의 대기에 온실가스가 쌓이고 있다. 여기서 '유량flow'과 '저량stock'을 구분하는 것이 유용하다. 매년 경제가 성장을 하고 그로 인해 발생하는 온실가스는 매년 추가되는 유량이다. 반면 대기 중에 이미 누적된 온실가스는 저량이다.

당장 경제 규모를 늘리지 않고 '제로성장'을 시작한다고 해도 이전 연도에 온실가스를 배출한 만큼은 계속 배출할 테니 글로벌 온실가스 1년 배출량인 500억 톤이 기존의 누적량에 어김없이 보태진다. 당장 제로성장을 해도 발생하는 500억 톤의 온실가스를 지금도 어쩌지 못하는데 매년 3퍼센트 수준의 복리적 경제성장을 앞으로 계속 기대하면서 동시에 탄소 배출 순제로를 달성하겠다는 약속은 아무리 기술혁신 낙관론에 빠졌다 하더라도 많이 어리석어 보이지 않는가?

그런데 우리 경제 시스템의 어떤 구조가 매년 수백억 톤의 온실가스를 불가피하게 대기중에 배출하도록 만드는 걸까? 인류 역사상 전무후무한 근대문명이 바로 탄소 위에 세워진 문명, 화석연료 문명이기 때문이다. 전 세계에서 인류가 발생시키는 온실가스의 약 68퍼센트는 에너지를 얻기 위한 과정에서 배출된다. 그리고 에너지의 82퍼센트는 석탄, 석유, 가스로부터 얻는다. 한국은 한층 심한데, 2021년 기준으로 온실가스의 86.9퍼센트가 에너지 획득 과정에서 배출되고 그 에너지의 81퍼센트는 화석연료로부터 얻는다. 이렇게 보면 의심할 여지없이 온실가스 배출로 인한 기후위기가 사실상 화석연료를 대량으로 사용한 탓이라고 할 수 있다. 현대 화석연료 문명이 숨만 쉬더라도 엄청난 온실가스가 배출된다는 얘기이니 만약 그 규모를 더 키우면 배출량이 걷잡을 수 없이 늘어날 것은 뻔하다.

제러미 리프킨은 "우리가 먼 조상을 석기시대, 청동기시대, 철기시대 사람으로 규정하듯, 아주 먼 미래세대는 우리를 '탄소시대 사람'으로 볼 것"이라고 적절히 표현하고 있다.[234] 그러니 만약 기후위기를 막고 싶으면 해답은 딱 하나다. 화석연료 위에 세워진 문명을 버리는 것이다. 특히 화석연료 의존이 가장 심한 전력생산에서 7~8년 안에 화석연료를 완전히 없애야 한다.[235] 그게 바로 재생에너지 100퍼센트로 전력생산을 하자는 제안이다. 그리고 10~15년 안에 화석연료에 의존하는 자동차 문명에서도 탈출해야 한다. 나머지 산업공정이나 빌딩의 난방과 조리 등에 사용하는 화석연료까지 포함해서 길어도 30년 안에 인류는 화석연료 문명과 완전히 결별해야 한다.

그런데 화석연료 문명과 30년 안에 작별하는 것은 미션 임파서블에 가까울 정도로 정말 도전적인 과제다. 2019년 기준으로 1차 에너지 소비 가운데 화석연료 비중이 여전히 80퍼센트에 가까운데 이는 30년 전인 1990년에 비해 크게 달라지지 않았다(그림 23 참조). 석탄 대신 천연가스를 조금 더 많이 쓰는 정도의 변화가 있었을 뿐이다. 그런데 어째서 이산화탄소 배출의 주범인 화석연료에서 좀처럼 벗어나지 못하는 걸까? 왜 그런지는 그 문명이 어떻게 발생했는지를 보면 알 수 있다. 화석연료 문명의 시작을 알린 산업혁명은 과학지식과 증기기관이라는 기술, 그리고 자본주의라는 경제제도가 만들어냈다고 알려졌지만 이는 상당 부분 오해다. 산업혁명의 진정한 주역은 석탄이라는 화석에너지였다. 막대한 석탄광물을 보유했고 이미 17세기부터 석탄에서 열에너지를 얻는 것을 실용화했던 영국이, 석탄이라는 고밀도 에너지를 증기기관에 대량으로

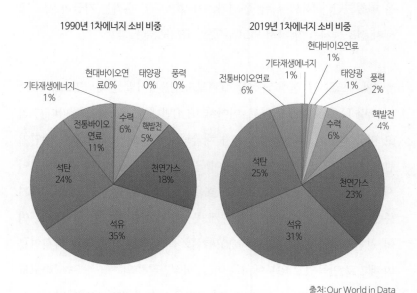

출처: Our World in Data

그림 23 1990년에 비해 2019년 화석연료 비중은 거의 달라지지 않음

활용함으로써 진정한 산업혁명이 시작된 것이다. 열역학 법칙에 따르면 막대한 외부 에너지 투입 없이 자본이나 기술, 인간 노동력만으로 거대한 생산물을 매년 더 많이 쏟아낼 수는 없기 때문이다. 경제는 생산이고 생산은 일이다. 일은 투입된 에너지만큼 수행된다. 그런데 산업혁명 이후 에너지는 점점 더 절대적으로 석탄(그리고 석유와 가스)이라는 화석연료에 의존해온 것이다.[236]

"에너지가 없으면 아무것도 할 수 없다. 에너지는 단순한 상품이 아니라 모든 활동의 전제조건"이라면서 에너지 전문가 리처드 하인버그Rich-ard Heinberg는 이렇게 분명히 선언한다. "지난 200년간 전 세계적으로 대규모 경제성장이 이루어진 비결은 값싸고 풍부한 에너지원인 화석연료의 발견이다. 물론 노동분업, 기술혁신, 교역 증대 등 다른 요인도 영향을 미쳤지만, 석유와 석탄, 천연가스가 없었다면 우리는 지금까지도 18세기 선조들처럼 땅 파서 먹고 살았을지도 모른다."[237]

구체적으로 그 진행 과정을 살펴보자. 18세기말 산업혁명으로 석탄의 대량 활용 시대가 열렸고, 이어서 1850년대에 러시아와 캐나다 그리고 미국에서 거의 동시에 석유가 채굴되어 사용되기 시작한다. 내연기관 자동차가 발명되고 전기 사용이 급격히 확대되었던 2차 산업혁명이 시작되자 석탄보다 더 밀도 높고 효율적인 석유문명이 열렸다. 20세기 중반이 되면 중동을 포함한 전 세계 곳곳에서 석유가 대량 채굴되고, 이어 천연가스까지 활용되면서 20세기를 석탄-석유-가스라는 화석연료의 세기로 만들었고 일부에서는 이를 '화석자본주의Fossil Capitalism'라고도 불렀다.[238] 경제사학자 슈멜쩌는 이 과정을 다음과 같이 요약한다. "화석연료를 끊임없이 늘려서 생산 과정에 투입한 결과, 우리의 생활방식과 전쟁 방식, 식품생산 방식, 민족국가 구성 방식, 지정학, 젠더 역할 분담, 유행하는 '탄소문화'에 이르기까지 현대 사회의 거의 모든 영역을 전환시켰다."[239]

이 사실을 이미 100여 년 전에 노벨 화학상 수상자 프레더릭 소디는 아주 분명히 이렇게 말했다. 기관사와 신호수, 관리자, 자본가, 주주, 노동자들의 모든 노력을 더해도 "기차에 동력을 공급할 수 없다는 사실에는 변함이 없다. 진짜 기관사는 (태양에너지가 만들어낸) 석탄"이라고 말이다. 그런데 "우리가 마치 유산을 물려받아 펑펑 써대는 행복한 상속자인양" 넘칠 만큼 많고 값싼 석탄, 석유, 가스라는 화석에너지를 이용하게 되자, 그토록 현대 경제에서 중요한 화석에너지가 마치 물과 공기처럼 당연히 주어진 것으로 취급된다. 필요하면 무한정 값싸게 공급받을 수 있는 것으로 간주되었다는 것이다.[240] 생태학자 찰스 홀Charles Hall은, "경제학의 사회 모델에서 에너지가 생략되고 유한한 자원에 대한 언급 역시 생략되고 말았다"고 탄식했는데 그 배경이 여기에 있다.[241] 그뿐만 아니라 우리의 후손들 역시 화석에너지의 결정적인 역할을 빼먹은 산업혁명의 역사를 지식으로 배우고 있는 중이다.

경제성장도 마찬가지다. 슘펠쩌의 단언대로 "우리가 알고 있는 자본주의의 끊임없는 성장은 화석자본주의에 기초해 있다." 경제성장 신화의 진짜 숨은 실체는 화석자본주의라는 것이다. 눈부신 경제성장의 세기라고 할 20세기는 그 이전 천 년 동안 사용한 에너지의 10배를 쓴 것으로 추정된다. 이는 그 이전 만 년 동안 인류 전체가 사용한 에너지보다 더 많은 것이다. 화석연료를 경제에 대량 투입할 수 없었다면 인류역사상 최초로 매년 2~3퍼센트씩 성장하는 20세기는 불가능했고, 지금까지도 무한성장이 가능할 것이라는 믿음을 유지할 수 없었다는 것이다. 당연히 일본, 한국, 중국에서 경험했던 10퍼센트 고성장도 화석연료가 없었다면 꿈도 꾸지 못했을 것이다. 이처럼 성장신화의 뒤에는 화석자본주의가 있다.

특히 연간 경제성장률을 국가 목표로 삼기 시작한 1950년대부터 중동의 석유가 대량으로 채굴되어 경제에 투입되면서 급격한 변화가 일어났다는 점에 주목할 필요가 있다. 미국의 기후학자 윌 스테픈Will Steffen은 2004년에 발표한 유명한 보고서 "지구적 변화와 지구 시스템:압박받는 행성Global Change and the Earth System: A Planet Under Pressure"에서, 1950년대부터 '거대한 가속'이라는 새로운 현상이 등장했음을 알렸다.[242] 이에 따르면 "산업혁명이 점진적 속도를 내서 전 세계로 확산된 다음 지구의 변화가 연속적으로 증가한 것이 아니었다. 자료에 따르면, 인간 활동 및 환경 변화의 속도는 점진적이기보다는 오히려 20세기 중반 이후 극적으로 증가했다." 스테픈 연구팀이 검토한 "거의 모든 인간 활동 및 지구 시스템 양상에서 1950년 무렵부터 놀랄 만한 변곡점이 나타났으며, 1950년 이후의 변화율은 훨씬 더 급격해지고 어떤 경우에는 거의 기하급수적이었다."[243]

1950년대에 지구에서 굴러가는 자동차는 4천만 대뿐이었지만 2020년이 되면 거의 40배가 늘어난 15억 대였다(한국에만 2,500만 대가 굴러다닌다). 7억 명뿐이던 도시 인구는 55억 명으로 늘어났다. 플라스틱 사용량은 1백만 톤에서 5억 톤에 육박할 정도로 늘어났다. 비료는 4백만 톤에서 2억 톤에 가깝게 늘어났다(그림 24 참조).[244] 처음으로 '경제성장'이 국가의 제1정책 목표가 되고 화석연료가 대량 사용된 시점에서 하필 '거대한 가속'이 시작되었다는 사실이 단순한 우연의 일치였을까?

거대한 가속이 시작되면서 지구 시스템이 스스로 변화하는 정도보다 인류가 지구 생태계를 변화시키는 폭이 더 커지고, 이 흔적이 심지어 지질학적 지층에까지 뚜렷이 남기 시작한다. 그러자 21세기에 접어들어 네덜란드 대기화학자 파울 크루첸을 비롯한 일군의 학자들은 새로운 지질학적 분기점, 즉 인류세Anthropocene가 시작되었다고 주장하기에 이른다. 평균 온도 변화가 1°C 미만에 머물 정도로 매우 안정된 기후와 이를 배경으로 농경시대를 열었던 지난 1만 년 동안의 홀로세Holocene가 끝났다는 의미다. 인류세의 시작점을 두고 5백 년 전 유럽인들이 아메리카 대륙을 지배하기 시작한 시점, 산업혁명이 시작된 18세기 말 시점 등 여러 제안이 있었지만, 1950년대 거대한 가속 시기부터 잡아야 한다는 의견이 우세하다. 일부에서는 인류가 문제가 아니라 자본의 무한축적 욕

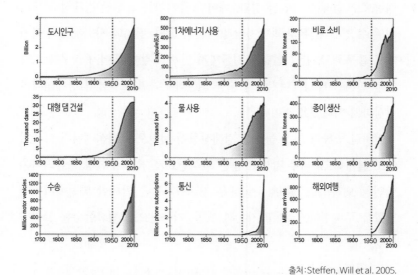

그림 24 거대한 가속을 보여주는 사회경제적 추이 변화

망이 지구 생태계를 바꾸는 핵심 동인이라면서 '자본세Capitalocene'로 하자는 의견도 있지만, 이는 사실 생태파괴가 자본주의뿐만 아니라 20세기 사회주의도 크게 다르지 않았다는 점을 무시한 제안일 수 있다.

특이하게도 스웨덴 탈성장 연구자 예카테리나 체르트콥스카야Ekaterina Chertkovskaya는 '성장세Growthocene'라는 개념을 도입하자고 제안한다. 그 이유는 '더 많은 생산이 더 좋은 것more production is necessarily good'이라는 신념에 기초한 생산주의productivism*가 무한성장론을 떠받치는 가치관인데, 이는 자본주의와 사회주의를 막론하고 나타나고 있고, 심지어 개혁과 보수를 막론하고 나타나고 있어, 무한성장론을 극복하지 않으면 인류에 의한 지구 생태계 위협이 결코 끝나지 않을 것이기 때문이다.[245]

요약해보자. 인류가 약 200여 년 동안(특히 최근 70년 동안) 화석에너지를 대량으로 경제에 투입한 결과, 해마다 증가하는 눈부신 경제성장을 이뤄낼 수 있었다. 온갖 과학지식과 기술적 발명, 정치와 사회제도의 혁신에도 불구하고, 만약 인류가 지금까지 안개와 같이 흩어져 지구에 도달하는 실시간 태양에너지에만 줄곧 의존해왔다면 오늘날의 경제성장은 상상하기 어려웠을 것이다.

이처럼 인류가 거둔 놀라운 경제성장이 전적으로 화석에너지 덕택임에도 불구하고, 너무 값싸고 많은 화석연료가 거의 무한정 공급되어온 탓인지 오직 '희소성'에 주목해온 경제학자들은 막대한 화석에너지의 역할을 무시했다. 그리고 자본과 노동, 기술만으로 생산함수를 고려하

---

* 생산주의라는 개념은 성장주의(growthism)와도 유사한데, 더 많이 생산하고 더 많이 소비하면 할수록 좋은 것이라는 믿음을 가지고 있는 경향을 말한다. 끊임없이 물질적으로 더 많이 생산하는 것이 진보라고 하는 믿음은 지구 한계 안에서의 경제를 인식하지 못한 결과라고 생태경제학은 비판한다.

면서 무한 경제성장을 아무 의심 없이 낙관해왔다. 심지어 미래의 경제는 점점 더 탈물질화dematerialization할 것이므로 화석에너지나 자연자원의 한계가 미래 성장에 큰 방해가 되지 않을 것이라고 낙관하기도 한다. 이에 대해 제러미 리프킨은 "경제학자들은 비할 데 없는 물질적 부를 창출한 효율성과 생산성의 가파른 상승이, 옛날 지질시대의 소산인 화석연료의 발굴과 변환이 없었다면 상상조차 못했을 것이라는 사실을 아직도 제대로 이해하지 못하고 있다"고 비판한다.[246]

바츨라프 스밀도 이렇게 확인해준다. "경제학자들은 물리적인 생산과정을 위해 요구되는 에너지의 중요성에 대한 시스템적 인식을 못하고 있을 뿐 아니라, 그들은 경제에서 에너지 비용 비중이 무시할 만큼 작기 때문에 에너지는 아무래도 좋다고 가정한다. 그래서 경제적 산출이 오직 노동과 자본만으로 생산될 수 있는 것처럼 생각하거나, 또는 에너지도 (자연에서만 추출될 수 있을 뿐이라고 생각하지 않고) 노동과 자본에 의해 생산될 수 있는 인공자본의 한 형태인 것처럼 생각한다."[247] 하지만 값싸다고 생각하고 대량으로 사용하여 현대문명의 이익을 누린 대가는 컸다. 인류의 생존 기반인 안정된 온도와 자연의 순환을 무너뜨리게 된 것이다. 어쩌면 해법은 정해져 있다. 자본주의에서 벗어나는 것은 몰라도 화석자본주의에서는 확실히 탈출해야 한다. 거대한 가속의 시기를 전격 반전시켜 '거대한 감속'을 시작해야 한다.

17

제로성장 시대는
이미 와 있다

　인류가 농업을 시작한 지 1만 년이 넘었지만, 그 대부분의 시간 동안은 현대적인 감각에서 지금과 같은 경제성장 비슷한 개념도 없었다. 그런데 15세기 이후 유럽인들이 자신들의 거주 공간을 압도하는 영토를 가진 아메리카와 인도 등을 식민화하고, 18세기 말에는 석탄을 연료로 하는 증기기관을 개발하는 데 성공한다. 그러자 과거와 비교도 되지 않는 자연자원과 에너지를 손에 넣게 되었고 이제 사정은 완전히 달라진다. 이 시기에 경제의 핵심 플레이어로 부상한 자본주의 기업들은 자유로운 이윤 추구 본성을 제약 없이 펼칠 기회를 얻게 되었고 본격적으로 경제 팽창을 시작한다. 이때부터 사회로부터 독립된 영역으로서 '경제'라는 개념도 생겨났고, 시간이 지나면서 사회와 삶의 더 많은 영역이 시장 공간으로 편입되어 상품화된다.

　한편 매년 생산이 확대될 정도로 경제성장 추세가 빨라지자 사람들은 경제 규모의 팽창을 사회진보와 동일시하기 시작한다. "시간에 따라 순차적으로 인간 사회가 '발전development'하고 '진보progress'한다는 아이디어"가 만들어지게 되었던 것이다.[248] 경제성장 = 발전 = 진보라는 등식이 성립되었다는 말이다. 1950년대에 이르자 석탄, 석유, 가스 등 모든 종류의 화석에너지가 전 세계에 걸쳐 사용되는 '거대한 가속'의 시대가 열렸고, '연간 실질 경제성장률'을 높여 무한 경제성장을 지속하는 것이 정부의 제1목표가 되었다.

무한 경제성장 논리는 어느 사이 사회에 완전히 뿌리내려 이제 현재 경제 시스템과 제도를 유지시켜줄 수 있는 자본주의의 '동적 안정화 장치dynamic stabilization'로서 확고하게 기능하게 된다.[249] 예를 들어 경제성장은 사회적으로 대규모 실업을 예방해주는 동시에, 분배를 요구하는 노동자들의 투쟁을 약화시켜 계급 갈등을 완충해주는 치료제로 기능하게 되었다. 다시 말해서 성장은 당장의 사회 갈등을 진정시키고 미래 성장에 대한 약속을 해줌으로써 불평등을 수용할 만한 것으로 만들었다. 또한 높은 경제성장으로 더 많은 상품과 서비스의 대량 공급이 가능해지자, 더 많은 상품 소비를 삶의 질 향상으로 인식하는 '제국적인 생활양식imperial mode of living'이 일반 시민들의 꿈과 희망이 되었다.[250] 이제 성장은 자연스럽고 필요한 것이며 심지어 좋은 것이라는 인식이 보수와 진보 모두에서 마찰 없이 수용되었다.

물론 무한히 커지는 경제 규모를 아무런 제약 없이 화폐적으로 표현할 수는 있지만, 실제 경제 과정에서는 생산되는 상품의 거대한 축적을 동반했고 그만큼 인간 경제는 지구 생태계로부터 막대한 물질대사량의 팽창을 요구하게 되었다. 그 결과 물질적 과정으로서의 경제성장은 사회의 계급 갈등을 지연시키는 대가로 땅과 자원, 에너지 사용량을 갈수록 늘려서 기후위기와 생물다양성 감소, 해양산성화 등 각종 생태계 교란을 일으켰다. 그리고 마지막에는 경제성장마저 심각하게 위협하게 될 것이었다.[251] 이에 대해 슈멜쩌는 "현대 사회는 자신들의 제도를 안정화시켜주는 경제성장에 일관되게 의존"해 왔고 경제의 무한한 "성장은 자본주의 현대성을 지탱하는 강력한 안정화 메커니즘이다. 하지만 동시에 지구에 사는 인간 삶의 생태적 기초를 불안정하게 만들기도 한다"고 요약했다.[252]

화석에너지가 뒷받침하는 무한성장은 현대 정치와 문화 제도 또한 떠받치고 있다. 컬럼비아 대학 역사학자 티머시 미첼Timothy Mitchell은 현대 대의제 시스템을 '탄소 민주주의carbon democracy'라고 표현한 바가 있다.[253] 인도 역사가 디페시 차크라바티Dipesh Chakrabarty는 "현대 자유의 저택은 끊임없이 팽창하는 화석연료 이용 위에서 세워졌다. 우리 자유의 대부분은 지금까지 에너지 집약적이었다"고 표현하기도 했다.[254]

현대 사회가 누리는 사회복지도 성장하는 경제를 전제로 한다. 연금, 건강보험, 실업보험, 공공교육 같은 사회보장제도나 대학, 도로와 철도 같은 공공 인프라 등 현대 사회의 공적 시스템들 역시 구조적으로 확장하는 경제에 의존하고 있기 때문이다. 인구가 줄면서 전체 경제 규모의 축소가 예상되자 연금의 지속가능성이 문제시된 것은 이를 입증하는 하나의 사례. 이렇듯 지금까지 몇 세대에 걸쳐 화석에너지가 뒷받침하는 무한 경제성장을 토대로 경제 안정화와 사회의 갈등 완화도 가능했고 현대 대의제 민주주의와 복지국가도 세워진 것이다. 따라서 경제성장 패러다임을 흔드는 것은 당연하게도 현대 사회 전체를 뒤흔드는 위협으로 느껴지게 된다.

그런데 진정한 문제는 따로 있다. 사람들이 경제성장에 대해 어떤 관념을 고착시켰든지 간에 실제 현실은 이미 달라지기 시작했다는 사실이다. 최근 수십 년 동안 경제성장 동력이 역사적으로 계속 약해지고 있고, 미래의 전망도 더 약해지는 방향으로 움직이고 있기 때문이다. 우리가 원하든 원하지 않든 경제성장 엔진은 식어가고 있다. 역사적으로 농경사회가 시작된 이후 인류가 경영해온 경제는 거의 대부분 0퍼센트 성장을 했다. 할아버지 세대의 경제나 아버지 세대의 경제나 본인 시대의 경제나 다를 것이 없었다는 것이다. 심지어 산업혁명이 시작된 시기조차도 연평균 경제성장률은 0.6퍼센트에 불과했다. 하지만 20세기 초반으로 와서는 2.2퍼센트로 비약하기 시작한다. 그리고 거대한 가속이 시작되었던 1950년대 이후부터는 무려 3.7퍼센트(1950~2010년)라는 경이적인 성장률을 기록하게 된 것이다.

하지만 기적은 그리 오래가지는 못했다. 1970년대 이후로 접어들자 선진국을 중심으로 성장률이 서서히 가라앉기 시작했다(그림 25 참조). 여기에는 20세기 초만 해도 에너지 수익률ᴱᴿᴼᴱᴵ이[255] 100배에 이르렀던 석유가 최근 20까지 떨어졌던 것도 영향을 주었을 것이다.[256] 1960년대 무려 4.7퍼센트 평균 성장률을 기록했던 미국은 현재 1~2퍼센트 내외를 오가는 낮은 성장률에 만족해야 한다. 일본의 성장률 감속은 극적이다. 1960년대에 기록했던 10퍼센트 수준의 성장률은 21세기에 와서는 20년째 0~1퍼센트 사이로 사실상 제로성장에 접근하고 있기 때문이다. 유럽에서도 1인당 국민소득 성장률이 1950년대에는 5퍼센트였지만 2000년대 들어와서 1퍼센트 수준으로 감소했다.

나중에 경제성장에 뛰어들었던 한국과 중국도 예외가 아니다. 한국의 경제성장률은 1970년대 10.5퍼센트 → 1980년대 8.9퍼센트 → 1990년대 7.3퍼센트 → 2000년대 4.9퍼센트, 그리고 2010년대 3.3퍼센트

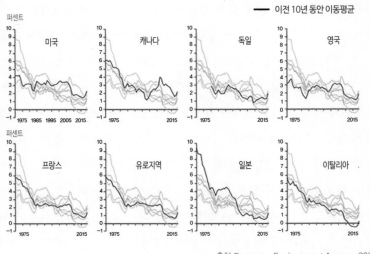

출처:European Environment Agency, 2021

그림 25 주요 선진국들의 경제성장률 하락 추이

로 일관되게 낮아지고 있다. 현재 상황을 보건데 2020년대는 2퍼센트 대를 넘기 어려울 것이다. 한국의 뒤를 이어 중국의 성장률은 2000년 대 10.4퍼센트로 정점을 이루다가 2010년대에 7.7퍼센트를 기록했으며 지금은 그보다 한참 낮은 수준으로 내려가고 있다(그림 26 참조). 이렇듯 먼저 성장률 고점을 찍은 미국과 유럽, 일본은 물론 이를 뒤따라간 한국, 중국 등 대부분의 나라들에서 성장률은 지속적으로 하락하고 있고 일본 등 몇 나라는 아예 제로성장에 수렴하고 있는 실정이다. 슈멜쩌는 "점점 더 많은 경제학자들이 지난 세기와 같은 높은 성장률을 재현하는 것은 불가능하다고 생각하고 있다"고 진단한다. 심지어 기후위기에 제대로 대처하지 못할 경우 경제에 미치는 부정적인 충격 때문에 경제성장은 갈수록 어려움에 봉착할 가능성도 높다. 다보스포럼 보고서는

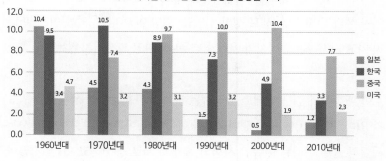

주요 국가들의 70년 동안 연평균 성장률 추이

출처:통계청 국제 데이터

그림 26 미국, 일본, 한국, 중국의 성장률이 순차적으로 하락

지구 평균 온도 상승이 파리협약 기준을 넘어서 2.0~2.6°C로 진입할 경우 2050년까지 경제 손실이 GDP의 평균 10퍼센트에 달할 것이라고 주장하고 있다.[257] 경제성장이 기후위기를 심화시키고 기후위기가 다시 경제를 억누르는 악순환이 만들어질 것이라는 얘기다. 아무도 예기치 못했던 코로나19 재앙이 2020년 세계 경제성장률을 -3.3퍼센트까지 추락시켰던 경험에 비추어볼 때, 미래에 극단적인 기후재난이 경제성장률을 수시로 붕괴시킬 개연성은 충분히 예상할 수 있다.

물론 여전히 많은 국제기구나 정부들은 글로벌 경제가 앞으로도 매년 2~3퍼센트 정도씩 성장할 것으로 가정하는 경우가 많다. 예를 들어 OECD는 세계성장률이 연평균 2.5퍼센트 성장할 것으로 전망했는데, 그러면 대략 28년마다 한 번씩 경제 규모가 두 배가 된다.[258] 그리고 이번 세기 말인 2100년이 되면 경제 규모는 현재의 8배 가깝게 불어날 것이다. 이런 전망은 경제의 생물리학적 한계를 무시하는 발상이다. 지난 70년 동안 거대한 가속으로 폭발한 물질과 에너지의 양을 감안할 때, 앞으로 다시 8배가 불어난 경제 규모를 지구가 정말로 감당할 수 있을까? 그래서 이번 세기 내내 2.5퍼센트 성장 전망을 '희망'이 아니라 '악몽'이자 '판타지'라고 지적하는 슈멜쩌의 얘기가 터무니없다고 느껴지지 않는다.[259]

이 대목에서 최근 난제로 등장하는 하나의 사회문제를 생각해볼 필요가 있다. 최근 10년 사이에 미국이나 한국에서 이른바 '부모보다 못사는 세대의 출현'이라는 이슈가 사회의 중대 문제로 등장하고 있다. 지금까지 기성세대들에게는 '적어도 부모세대보다 낮게 사는 것은 상식'이었다. 왜? 늘 높은 수준으로 경제가 성장하고 있었으므로.

'부모보다 못사는 세대의 출현'이라는 최근의 청년 문제는, 제로성장으로 향하는 길에서 발생하는 사회적 충격을 미리 앞서서 보여주고 있는지 모른다. "산업혁명 이후 세상이 그 이전과 다른 핵심적인 특징 가운데 하나는 사람들의 생활 형편이 필연적으로 또 거침없이 계속해서 점점 더 좋아질 것이라는 '믿음'"이 사람들의 의식을 지배하게 되었다는 것이다.[260] 즉 근대 이후에 형성된, 경제성장은 멈추지 말아야 한다는 신화는 지난해보다 올해 나의 물질적 생활이 좀 나아졌다는 느낌, 부모들보다 내 삶이 좀 더 개선되었다는 경험과 기대를 만들어왔던 것이다. 그런데 최근 들어 절반 이상의 젊은 세대들이 부모보다 못한 삶을 살거나 또는 그럴 것이라고 예상하고 있는데, 이런 통계야말로 청년세대들부터 성장신화가 실질적으로 무너지고 있는 징조다. 이 관점에서 보면 청년이나 세대에 관한 미래 불안 문제는 단지 일자리 대책 등으로 해결될 성질의 것이 아니다. 다시 성장률을 극적으로 끌어올리거나 아니면, 성장이 없는 상황에서도 다른 방식으로 미래 희망을 찾아내야 하는 것이다. 그런데 성장률을 끌어올리는 것은 더 이상 가능한 선택이 아니게 되었다.

18

경제성장의 마지막 의지처,
기술혁신

앞에서 선진국들을 중심으로 이미 제로성장에 접근하고 있는 것은 아닌가 하는 질문을 던졌다. 하지만 기존 보수주의 주류경제학자들이나 일부 기술 기업가들은 여전히 무한성장에 집착하면서 믿는 구석이 있다. 기술혁신이다. 놀랍고도 혁신적인 기술들이 새롭게 출현하여 경제성장을 계속하면서도 지구 생태계를 위협하지 않도록 만들어줄 것이라는 기술 낙관주의 신화는 정말 강력하다. 대표적으로 필리프 아기옹 Philippe Aghion 등 프랑스 경제학자들의 2020년 저작 《창조적 파괴의 힘》은 성장의 한계를 주장하는 로마클럽 보고서나 탈성장 논리를 간단히 비판하면서 이렇게 주장한다.

"오직 혁신만이 가능성의 한계 자체를 더 넓게 확장시킬 수 있다. 오직 혁신만이 자연자원을 점점 덜 사용해도 되게끔 해줄 수 있고, 또 이산화탄소를 덜 배출하게끔 해줄 수 있기 때문에 종국에는 우리 삶의 질을 지속적으로 향상시키는 역할을 할 수 있다." 그러면서 그들은 "탄소

세 과세, 친환경 혁신을 위한 정부 보조, 개발도상국으로의 친환경 기술 이전," 그리고 탄소국경세 등과 같은 잘 알려진 정책 수단을 통해 기업들의 방향 전환을 유도하면 경제성장과 지구 생태계를 동시에 지켜낼 수 있다고 확신하는 것이다.[261]

이렇게 잘 풀어갈 수 있다면 지난 30년 동안 도대체 왜 기후대응 정책이 그토록 처절하게 실패했는지, 그리고 지금 이 순간 갈수록 빈발하는 극한 기후를 막아줄 탄소 배출 감축은 (유엔이 요구한 대로 매년 7퍼센트 이상씩 획기적으로 줄이는 것은 고사하고) 왜 매년 실패하고 있는지 정말 궁금해진다. 기후위기뿐 아니라 생물다양성 소실 등 이미 지구 한계선을 넘어간 위험들은 왜 점점 더 악화되고 있는지도 알 길이 없어진다.

바츨라프 스밀은 "활발한 경제성장이 이전과 달리 아주 적은 양의 에너지와 물질을 통해 진행될 수 있다고 믿는 것은 심각한 착각"이라면서 다음과 같이 통렬하게 비판하고 있다. "경제학자들은 노동 투입, 자본, 교육, 향상된 자원의 배분, 규모의 경제, 지식의 성장과 같은 경제성장의 원인이 되는 요인들의 목록을 만들어 왔다. 여기에 에너지와 환경은 어디에 있는가? 에너지는 거의 찾아볼 수 없다. 환경은 종종 등장하긴 해도 스쳐 지나갈 뿐이다." 이어서 그는 "지구에서 일어나는 모든 것에 대한 에너지적이고 물질적인 제약에 관해 알고 있는 한 사람의 과학자로서, 필자는 이런 무지뿐 아니라 에너지와 환경이 점점 무시될 수 있다는 주장들에 대해, 그리고 현재 유행하고 있는 에너지와 미래 경제성장의 분리 및 미래 경제의 비물질화에 대한 논의에서 표현된 개념들에 대해 경악을 금치 못하겠다"고 한탄한다.

그는 "우리가 에너지와 물질의 중심적인 역할과 인간 복지의 측면에서 수많은 환경 제약의 중요성을 인식하지 않는 한, 그리고 이런 불가피한 제약을 장기적인 경제발전과 조화시키기 위해 근본적으로 다른 접근 방식을 생각해내지 않는 한, 앞으로 경제와 환경의 성공적인 전환은 찾아볼 수 없을 것"이라고 경고하고 있다.[262]

물론 기술혁신을 통해 더 적은 자원으로 더 나은 효과를 내는 자원생산성 향상은 가능하며 지금도 이뤄지고 있다. 하지만 거듭되는 자원생산성 향상에도 불구하고, 적어도 현재까지는 '생태발자국'이나 '물질발자국' 등으로 측정되는 자원 소모량은 줄지 않고 계속 늘어나고 있는 중이다. 대기 중에 쌓이는 탄소 배출량 역시 계속 늘고 있으며 바다에 버려지는 플라스틱 양도 마찬가지다. 1차 에너지 총사용량도 글로벌 차원에서 계속해서 늘어나고 있는 중이다.

자원생산성 향상을 뛰어넘어 경제가 팽창하고 있기 때문이다. CO_2 배출량 사례를 보자. 한국은 1991년부터 2019년까지 28년 동안 GDP 달러당 CO_2 배출이 약 19퍼센트 정도 감소했다. 분명히 기술혁신에 힘입어 화폐가격으로 표시된 단위생산당 CO_2 배출량이 줄어든 것이고 효율이 높아진 것이다. 하지만 같은 기간 한국의 1인당 GDP는 240퍼센트 가깝게 늘어났다. 당연하게도 CO_2 배출총량은 크게 늘었다. 미국이나 독일도 경제 생산 단위당 CO_2 배출량이 우리보다 더 크게 줄어든 것은 사실이지만 각각 자국의 성장 규모에는 전혀 미치지 못했다(그림 27 참조). CO_2 배출뿐 아니라 다른 자원 사용량도 마찬가지다.

이처럼 '성장에도 불구하고' 기술혁신으로 자원 사용이나 탄소 배출량을 획기적으로 줄이지는 못한 것이다. 보수주의 주류경제학자들과 빌게이츠로 대표되는 실리콘밸리 기술 기업가들이 반복해온 주장, 즉 창조적 파괴 과정을 통해 끝없는 혁신과 끝없는 경제성장을 동시에 기대하면서 지금까지 살던 대로 살더라도 기후위기를 막을 수 있다는 주장

그림 27 한국과 주요 나라의 GDP 단위당 탄소 배출 감소 추이

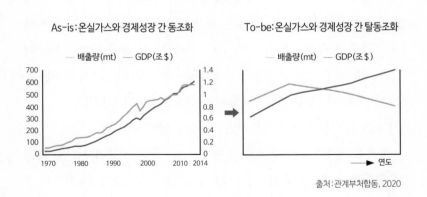

그림 28 문재인 정부의 탈동조화 전략

은, 사실 기후위기 대처 30년의 대실패라는 역사적 현실에 의해 이미 부정되었다. 이들은 기후과학이 말해주는 사실들은 애써 외면하면서 생산의 효율을 높여주는 일부 공학기술에 대해서는 매우 과장된 신뢰를 보내는 식으로 과학기술에 대한 자의적이고 선택적인 편향을 보이고 있다.

어쨌든 자원이나 폐기물(온실가스 배출)을 줄이면서도 경제성장이 함께 갈 수 있다는 '녹색성장' 정책은 우리나라를 포함하여 대부분 국가들의 공식 정책이며, 심지어 유엔의 지속가능 발전목표의 기초이기도 하다(그림 28 참조). 이들 모두 자원생산성 향상과 에너지 효율화 속도가 경제성장 속도보다 더 빠른 '절대적 탈동조화'* 전략이 실현 가능하다고 굳게 믿고 있는 것이다. 그러면 절대적 탈동조화에 대한 막연한 믿음에 기댈 것이 아니라 구체적인 증거를 확인해보자. 경제 과정에 소요되는 다양한 자원 처리량이나 폐기물 가운데 기후위기의 원인인 이산화탄소 배출과 경제성장 사이의 관계를 보여주는 데이터는 그 동안 많이 조사되었다.

그 중에서 네덜란드 기술사회학자 클라우스 후바첵Klaus Hubacek 등의 2021년 논문을 기초로 사실관계를 확인해보자.[263] 그는 주로 '소비 기반'으로 탈동조화를 계산하고 있다. '생산 기반'으로 탄소 배출을 측정하면 타국에서 소비될 제품을 생산하는 중국 같은 경우 불리하고, 해외에서 탄소집약적 소비품을 수입해서 쓰는 선진국들에게 유리하다. 글로벌 무역거래에 포함된 온실가스는 전체의 1/4 정도 되는 막대한 규모다. 따라서 소비 기반으로 계산하여 선진국들에서 탄소집약적 생산시설 등을 다른 나라로 아웃소싱한 것까지 고려할 필요가 있다.

---

* '절대적 탈동조화(absolute decoupling)'는 경제성장에도 불구하고 온실가스 배출이 반대 방향으로 움직여서 마이너스를 기록하는 경우를 말하고, '상대적 탈동조화(relative decoupling)'은 경제성장과 함께 온실가스 배출도 증가하지만 경제성장 속도보다는 완만하게 증가하는 경우를 말한다.

논문이 조사 대상 116개국 가운데 비교적 최근인 2015~2018년 4년 동안 소비 기반으로 탈동조화 정도를 분석하여 나온 결과는 다음과 같다. 경제성장에도 불구하고 탄소 배출이 줄어드는 절대적 탈동조화를 보인 나라는 23개국이었고 이들의 탄소 배출량은 전체의 16퍼센트였다 (반면 생산 기반으로 한 절대적 탈동조화는 32개국으로 훨씬 많았다). 한편 경제성장률에 비해 탄소 배출 증가 속도가 느린 상대적 탈동조화를 보인 나라는 67개국, 그리고 탈동조화 없이 경제성장과 탄소 배출이 비례하는 나라는 19개국이었다.[264]

탈동조화는 주로 선진국에서 일어났는데, 유럽에서는 재생에너지 확대, 미국에서는 석탄화력발전을 가스발전으로 전환한 것이 중요한 요인이었고 에너지 효율화 기술도 도움이 되었을 것으로 추정했다. 동시에 이들 선진국들이 조사 기간 동안 매우 낮은 경제성장률 수준에 머물러 있었던 탓도 있었다. 하지만 논문은 절대적 탈동조화를 이룬 국가들 역시 탈동조화 규모가 지구 온도의 추가 상승 제한 목표인 1.5°C를 달성하는 데는 턱없이 미흡하다고 평가하고 있으며, 심지어 그마저도 일시적이어서 다시 반전되기도 한다고 분석했다. 논문은 마지막에 이렇게 결론을 요약하고 있다.

"몇 나라들에서 절대적 탈동조화를 달성했다고 하더라도 그들 역시 대기 중에 계속 탄소 배출을 추가하고 있으며, 따라서 녹색성장과 성장 패러다임의 한계를 보여주고 있다. 설사 모든 나라들이 탈동조화를 한다고 해도 위험한 기후변화를 피하기에는 불충분하다. 따라서 탈동조화는 경제와 사회의 완전한 탈탄소화를 향한 하나의 단계이자 지표로만 사용해야 한다."[265]

사실 위 논문은 그나마 탈동조화에 대해서 우호적인 평가를 하고 있는 편이다. 유럽환경국European Environmental Bureau이 2019년 발표한 보고서 "탈동조화에 대한 폭로Decoupling Debunked"는 훨씬 냉정하다. 이 보고서에 따르면 절대적 탈동조화가 일어나는 경우에도 단기간이었거나 특정 자원에 국한되거나 아니면 특정 지역에 한정되거나 또는 매우 소소한 비율로만 진행되었다는 것이다.[266] 이 정도면 순전히 '탈동조화' 전략에 의존하는 기후위기 대책이 여전히 얼마나 근거가 부족한지 확인할 수 있을 것이다. 잠깐, 한국은 어떤가? 지난 30년 동안 한국의 1인당 GDP는 무려 238퍼센트 증가했고 탄소 배출은 소비 기반으로 볼 때 82퍼센트 증가했으니 상당히 미흡한 수준으로 상대적 탈동조화를 이루었을 뿐 절대적 탈동조화는 근처에도 못 갔다. 따라서 2030년까지 탄소 배출을 2010년의 절반 수준으로 떨어뜨려야 할 한국 입장에서 지금까지 실현해본 적도 없는 절대적 탈동조화를 입에 올릴 때는 아니다.[267]

이 대목에서 아예 발상을 획기적으로 전환할 필요도 있다. 탈동조화 논의를 하면서 지금까지는 경제성장을 부동의 상수로 놓았다. 즉, 경제성장을 포기할 수 없는 고정된 정책으로 못 박아 놓고 "경제성장에도 불구하고 에너지와 자원 사용을 줄일 수 있는가?", "경제성장에도 불구하고 온실가스 배출을 줄일 수 있는가?" 하는 식으로 질문해왔다.

이제 질문을 바꿔야 한다. 경제성장을 상수로 놓아선 안 된다. 온실가스 감축이 목표가 되어야 한다. 온실가스를 획기적으로 줄이면서도 경제가 돌아가게 할 수 있는 방법을 찾아야 한다. 온실가스를 획기적으로 줄여나가면서도 경제성장을 할 수 있는가? 온실가스를 줄이면서도 고용 불안정을 일으키지 않게 할 방법은 뭘까? 이렇게 탈동조화의 기준점을 경제성장이 아니라 온실가스 감소, 또는 삶의 질로 바꿔야 할 시기가 되었다. 만약에 기술혁신으로 의미 있는 탈동조화를 실현할 수 있다고 믿는 사람이 있다면, 온실가스 감축에도 불구하고 경제성장을 자신할 수 있을 테니 절대로 반대할 수 없을 것이다.

기술혁신과 기후, 기술혁신과 지구 생태계에 대해서 고민해야 할 이슈가 아직 몇 가지 남았다. 차례로 검토해보자. 첫째로 지구 생태계에 미치는 혁신기술의 불확실성에 유의해야 한다. 대체로 새로운 기술은 새로운 불확실성을 불러일으키는 경우가 많기 때문이다. 불확실성은 흔히 '나비효과'라고 알려진, 생태계의 어떤 부분에 외부 자극을 가했을 때 예기치 못한 연쇄반응과 증폭 효과가 발생하는 것이다. 이는 지구와 같은 복잡계에서 매우 흔한 일이다. 특히 전에 없던 과학기술 방법이 잘못 사용될 경우 예기치 못한 새로운 문제를 발생시킬 수 있다는 것은 이제 상식이다.

예를 들어, 핵발전으로 에너지 문제를 해결한 줄 알았는데, 방사성 폐기물이라는 새로운 문제에 직면했다. 유전공학과 유전자 조작 식품GMO으로 식량난을 해결한 줄 알았는데, 여기에도 예기치 않은 수많은 위험들이 숨어 있었다. 기후위기를 해결하겠다고 쏟아내는 각종 탄소 포집·저장 기술이나 '지구공학geoengineering' 기법들도 마찬가지다. 최근에는 심지어 지구를 벗어나 우주 식민지 개척까지 거론된다. 아마존 설립자 제프 베이조스 같은 인물은 일찍이 지구 생태계 한계에 갇히는 것을 거부하고 "장차 우리는 인구를 억제하고 1인당 에너지 사용량을 억제해야 하는 정체의 문명을 선택할 것인가, 아니면 우주로 진출하여 문제를 해결할 것인가의 기로"에 있다면서 거대 우주 식민지를 건설하겠다고 강변하는 실정이다.[268] 최근 한국에서도 달 탐사에 대한 기대가 높아지면서, 달 표면에 존재하는 자원인 헬륨-3을 채취해서 핵융합 발전에 이용할 가능성이 높아졌다고 매체에서 홍보하고 있다. 하지만 핵융합 원자로가 아직 있지도 않은 상황에서 헬륨-3을 이용한 핵융합 에너지의 효과적인 활용이 가능할 것인지, 채굴한 헬륨-3을 달에서 지구로 운송하는 비용은 또 조금이라도 경제성이 있을 것인지에 대한 설명은 아예 없었다.[269]

티머시 미첼은 기술을 도입할 때 발생할 수 있는 위험성에 대해서 이렇게 경고한다. "기술의 변화는 전통적인 과학관이 제시하듯 불확실성을 제거해주는 것이 아니라 불확실성을 더 키운다. 이러한 현상은 탄소배출권 거래시장 구축, 유전자 변형 농작물 재배, 인간 유전자의 분리와 특허, 3세대 가압경수로 건설, 표준화된 시험으로서의 학교 교육 재편, 의료 연구를 위한 배아 줄기세포 배양 등 갖가지 기술혁신 분야에서 발생한다."[270] 경제학자 슈마허 역시, "문제의 범위가 명확하게 한정된 경우 과학이 개별적인 문제들을 해결"해주는 것은 의심할 여지가 없지만, 과학기술이 하나의 문제를 해결하면 다른 새로운 문제들이 무더기로 생겨나고 "문제를 해결하는 속도보다 더 빠른 속도로 새로운 문제들이 생겨나는" 상황에 주의해야 한다고 경고한다.[271]

둘째로, 지구 생태계에 기술혁신을 적용할 때 고려해야 하는 이슈가 있는데 '제본스 역설Jevons paradox', 또는 '반등효과rebound effect'로 알려진 문제다. 영국 경제학자 윌리엄 제본스는 1865년에 발표한 '석탄 문제The Coal Question'에서, 기술혁신의 결과가 소비에 미치는 영향에 대한 기존 상식에 의문을 던진다. 당시 영국의 석탄 매장량이 급격히 줄어들면서 고갈 우려가 높아졌는데, 일부에서 석탄을 더 효율적으로 이용할 수 있는 혁신기술을 도입하면 소비량을 줄일 수 있지 않을까 기대했다. 하지만 제본스는 여기에 반론을 제기했던 것이다.

제본스는 석탄 효율을 향상시킨 기술혁신이 사회적 기대와 달리 오히려 더 많은 석탄 소비로 귀결되고 석탄 고갈을 재촉할 것이라고 주장했다. 왜냐하면 기술혁신에 의한 효율성 향상으로 석탄 단위 사용당 비용이 하락할 것이고 비용 하락은 수요 증가를 촉발할 것이기 때문이다. 따라서 기술혁신이 자동적으로 자원 총소비량을 줄이고 온실가스를 줄일 수 있다는 생각은 현실에서 들어맞지 않을 수 있다. 기존 화석연료 사용을 줄이려는 강력한 국가 개입 없이는, 에너지 총수요관리 정책과 시민들의 라이프스타일의 전환 없이는, 기술혁신으로 효율을 높이고 심지어 혁신적인 태양광과 풍력시설이 확대된다고 해도 자원 소비량과 온실가스 배출량을 줄이지 못할 수 있다는 것이다. 이처럼 제본스 효과는 총량 규제 없는 기술혁신만으로 자원 사용량이나 탄소 배출량을 줄이지 못할 것임을 알려준다. 물론 기술혁신 없이 총량 규제와 소비 억제만 요구해서 내핍을 강요하는 방식도 시민들의 저항에 직면할 것이므로 역시 탄소 배출량을 줄이는 방안으로 활용될 수 없겠지만.

셋째로, 기술혁신은 노동생산성 향상에 적용될 수도 있지만 자원생산성을 향상시킬 수도 있다는 점에 주목할 필요가 있다. 물론 화석연료 기득권이나 기존 기술 기업들은 여전히 자원생산성 향상에 활용될 기술보다 당장 노동 비용을 줄이는 기술에 더 많은 관심을 기울이고 있다. 또한 자원생산성에 관심을 기울이는 경우에도, 화석연료를 적극적으로 대체하는 재생에너지 기술보다는, 화석연료를 그대로 사용하면서 배출된 이산화탄소를 흡수하거나(탄소 포집 기술), 아니면 배출된 탄소조차 그대로 두고 성층권에 아황산가스를 투입하여 햇빛을 일시 차단하는 방식으로 온난화를 좀 누그러뜨리자는 식의 기술(지구공학)에 더 관심을 기울이고 있는 상황이다.

그런데 기존 주류경제학의 기술지상주의 해법을 비판하는 데 열중한 나머지 아예 기술을 무시하거나 외면하는 태도를 보이는 것도 매우 위험하다. 지구 생태계 안에서 80억 인구의 안전한 삶을 담보해주기 위해 기술은 절대적으로 중요한 필요 요소이기 때문이다. 특히 기후위기를 막고 탈탄소 경제사회로 전환하기 위해서는 화석연료를 대체할 감당 가능한 수준의 에너지 기술혁신이 필수적이다.

현재 이 분야는 태양광과 풍력발전, 그리고 배터리 기술이 핵심을 이룬다. 태양전지 기술을 보자. 아직은 실리콘 태양전지solar cell 기술이 대세이고 중국 기업들의 시장 점유율이 압도적으로 높다. 하지만 새로운 소재의 개척이나 연구개발은 물론 향후 시장도 크게 열려 있다. 최근 이중접합 태양전지 같은 기술로 성능과 효율을 크게 개선하려는 시도가 이어지고 있고 실리콘 소재의 한계에서 벗어나려는 노력도 치열하다. 하이브리드 물질로 이뤄진 페로브스카이트Perovskite 박막형 태양전지가 상용화되면 빌딩의 벽면, 유리창 등 종래는 어려웠던 장소에도 설치가 가능할 수 있다. 심지어 '우주 태양광'을 통한 무선송신 엔지니어링의 혁신이나 유기 태양광 발전Organic PV, 양자점Quantum dot 태양전지 같은 소재의 혁신을 포함해서 언젠가는 오늘날의 태양광 패널과 전혀 다른 모습의 혁명적인 기술이 등장할 수도 있는 분야다. 한 전문가는 "어떤 화살이 과녁을 명중시킬지 알 수 없으니, 가능한 많은 기술 화살을 화살집에 담아 준비해야 옳은 선택"이라며 더 다양한 기술 분야의 혁신적인 연구개발을 주문하기도 한다.[272]

풍력발전 기술도 미래 전망이 넓게 열려있다. 한국은 해상 풍력의 주요 부품인 블레이드, 증속기, 발전기, 제어기 등 핵심 기술에서는 조금 뒤처지지만, 이미 세계적인 수준에 이른 조선과 해양산업 분야 설계, 제작, 시공 역량을 가지고 있다. 특히 터빈의 대형화와 부유식 풍력발전 기술 향상으로 앞으로 해상 풍력의 발전 가능성은 계속 커지고 있다. 배터리의 경우 한국은 현재 주류를 차지하고 있는 리튬이온 배터리 시장에서 점유율이 상당하기는 하다. 하지만 리튬이온 배터리를 넘어서 이미 전고체나 리튬황, 리튬금속 등 신소재 기반의 차세대 기술개발이 시작되고 있다. 더 나아가 아예 방식이 다른 '초전도 자기에너지 저장장치'까지 미래 산업의 여지는 매우 넓다.

그런데 지금까지는 주로 자원과 에너지의 가격을 터무니없이 낮게 평가한 탓에, 주로 노동생산성 향상 쪽으로 기술혁신을 집중시키고 그 결과 일자리가 줄어드는 문제를 발생시켰다. 심지어 노동생산성 향상에 집중된 기술혁신은 에너지와 자원의 총사용량을 늘릴 개연성도 있다. 예를 들어 보자. 인력을 줄이기 위해 무인기기나 로봇 같은 자동화기기를 도입하면 노동생산성은 높아지지만 에너지 소비량이나 자원 투입은 늘어날 것이기 때문이다.

대표적인 것이 자율주행 자동차다. 자율주행 자동차는 운전자를 없애는 획기적인 노동생산성 향상 기술일 수는 있지만 에너지 소비라는 관점에서 보면 좋은 대안이 아니다. 전기차가 자율주행 자동차로 업그레이드되면 에너지를 20퍼센트 이상 더 사용할 수 있기 때문이다.[273] 노동량을 줄이는 방향이 아니라 에너지와 자원량을 줄이는 쪽으로 기술혁신이 일어나도록 정부가 조세체계나 공공정책 신호를 통해 기업들의 투자를 유도해야 한다.

요약해보자. 다른 모든 경제 시스템을 그대로 둔 채 순전히 기술혁신만으로 자원 사용이나 온실가스를 획기적으로 줄이면서도 무한 경제성장을 할 수 있다고 보증할 수는 없다. 이것이 생태경제학의 결론이기도 하고 실제 역사적 경험이 알려주는 사실이기도 하다. 기후과학과 기술공학도 모두 이러한 사실을 뒷받침해주고 있다. 하지만 기술혁신 없이 인류가 화석연료 문명에서 벗어나는 것 역시 불가능하다. 따라서 21세기까지 이룬 기술혁신의 모든 성과를 집약하여 혁신적인 에너지 생산 방식을 구축함으로써 가능한 빠른 시간 안에 화석연료를 완전히 대체할 수 있어야 한다. 동시에 아무리 획기적인 기술이 뒷받침해준다 해도 유한한 지구에서 더 이상의 물질적 팽창을 지속하는 것은 불가능하다는 점도 명확히 인식하고, '경제성장 패러다임'에서 벗어나 에너지와 자원 처리량을 최소화할 새로운 경제제도 전망을 모색해야 한다.

4장

기후가 아닌
성장 시스템을 바꾸는
생태경제학

19

성장주의 시대 이후의 대안,
'웰빙경제'[274]

매년 경제성장률을 높이는 것이 인류 역사상 최초로 모든 나라의 제1목표로 떠올랐던 1950~60년대에는, 비록 유럽과 북미, 일본 등 선진국에 제한되기는 했지만 '높은 경제성장과 낮은 불평등'이 함께 찾아왔다. 부자와 가난한 이들의 차이가 크게 줄어들었다고 해서 이 시기를 '대압착great compression' 시대라고도 불렀다. 경제성장이라는 밀물이 모든 배를 들어 올린 것이다. 경제성장이 지구 생태계를 본격적으로 파괴하기 시작했을지는 몰라도 사회적으로는 긍정적인 역할을 했다고 말할 수도 있다. 하지만 1980년대 신자유주의 시대가 되면서 상황은 달라졌다. 경제성장률도 만족스럽지 않아졌고 불평등 심화는 눈에 띄게 두드러지기 시작했다. 경제성장이라는 밀물이 밀려오면 이제 부자들의 요트만 들어 올릴 뿐, 서민이 탄 나룻배들은 여전히 팽개쳐져 있다고 노벨 경제학상 수상자 조지프 스티글리츠는 달라진 상황을 짚어냈다.[275] 여기에 더해 기후변화라는 전대미문의 위험이 인류의 생존을 위협하기 시작했지만 성장정책에 밀려 실질적 조치들은 계속 미뤄졌다. 21세기에 들어오자 경제성장은 자신의 가치를 그나마 입증해주던 고용안정 역할조차 의심받게 되었다. '고용 없는 성장'의 시대가 된 것이다. 이렇게 '경제성장 제일주의'는 이미 21세기 초입부터 사실상 현실적 정당성을 잃어가고 있었던 것이다.

이제 '단순한 성장정책'만으로는 우리 사회가 안고 있는 다양한 경제적, 사회적 과제들을 해결할 수 있을 것이라고 아무도 믿지 않게 되었다. 그래서 등장한 것이 '그냥 성장'이 아니라 갖가지 수식어가 딸린 변형된 버전의 성장정책이다. 녹색성장green growth, 포용성장inclusive growth, 지속 가능한 성장sustainable growth, 스마트성장smart growth, 광의의 성장broad-based growth, 클린성장clean growth, 공유성장shared growth, 회복력 있는 성장resilient growth, 서민 친화 성장pro-poor growth, 기후 친화 성장climate-friendly growth 등 종류만 해도 수없이 많다. 경제성장을 추구하면 자동으로 사회 불평등도 완화되고 고용도 안정화되며 기후위기 대책도 나올 것이라는 기대가 영원히 사라졌음을 스스로 인정한 결과, 이제 '성장은 그 자체로 좋은 것'이 아니라 '성장은 단서를 붙여 좋게 만들어야 하는 것'으로 바뀌었다. 한국 정부도 다르지 않다. 문재인 정부 시절부터 '포용적 혁신 성장'과 같은 단서 붙은 성장이 공식 용어로 확립되면서 성장률 숫자만 높으면 좋은 것이라는 관념은 영원히 사라졌다.

하지만 성장론 앞에 단서를 붙인다고 해서 정책이 크게 달라지진 않았다. 실제 정책 집행에 들어가면 앞에 붙은 단서는 제쳐두고 일단 '성장 먼저'가 관철되었기 때문이다. 여전히 주어는 '성장'이었고 여기에 붙은 갖가지 형용사들은 성장을 꾸며주는 수식어에 불과했다. 이런 상황이 반복되자 포용성장이라고 하든 녹색성장이라고 하든 아니면 그냥 몇 퍼센트 성장이라고 하든 시민들에게는 똑같이 받아들여졌다. 단순한 양적 성장이나 단서 붙은 성장이나 시민들의 삶과 행복에 차별적인 영향을 미치지 않았다는 것은 객관적인 지표에서도 확인할 수 있다. 행복과 경제성장을 연구해온 원로 경제학자 리처드 이스털린이 미국의 지난 "70년 동안 실질소득이 3배나 증가했는데도 행복 수준의 장기적인 추세는 변동이 없거나 심지어 하락세"였다고 증언했던 것처럼, 각종 수식어가 붙은 성장정책으로의 전환이 이 추세를 바꾸지는 못했다.[276]

성장과 삶의 질이 따로 움직인다는 것을 보여주는 지표로서 특히 생태경제학자들이 개발한 '참진보지수Genuine Progress Indicator; GPI'는 화폐단위로 표현되어 있어 경제성장을 측정하는 지표인 GDP와 직접적 비교가 쉬울 뿐 아니라 경제성장 추이와 확연한 차이를 보여주고 있으므로 여기서 확인해볼 가치가 있다.[277] 먼저 참진보지수에 대해 간단히 알아본 다음에 실제 경제성장에 따라 그 결과가 어떻게 달라졌는지 확인해보자.* 참진보지수는 기존 GDP의 주요 구성 부분이기도 한 '개인 소비지출 총액'(그리고 여기에 자본 투자와 국제무역 수지 증가를 더한 값)을 기준선으로 삼고 있는데 이 때문에 GDP와 비교하기가 수월하다.

다만 참진보지수는 삶의 질과 지구 생태에 중요한 영향을 미치는 요소 총 26가지(경제 7개, 환경 9개, 사회 10개)를 별도로 계산해서 위의 기준선에 더하거나 뺀다.[278] 예를 들어 '경제부문'에서는 개인 소비지출 총액을 그대로 사용하지 않고 불평등지수로 조정한 값을 사용한다. 만약 불평등이 크면 숫자는 줄어든다. 웰빙에 도움이 되지 않는 방어적 개인 지출

---

* 참진보지수는 허먼 데일리와 클리포드 콥(Clifford Cobb) 등이 1989년 개발한 지속가능경제후생지표(Index of Sustainable Economic Welfare: ISEW) 아이디어를 토대로 1990년대 중반에 만들어진 유력한 대안지표의 하나다.

도 마이너스해준다. 반면 가사노동이나 자원봉사 같이 시장에서 거래되지는 않지만 웰빙에 기여하는 서비스를 플러스해준다. '사회부문'에서는 가족 해체나 범죄 비용 등 사회적 자본을 줄이는 행위에 대해서는 마이너스해준다. 한편 '환경부문'에서는 수질오염이나 대기오염, 소음 등 환경 악화 비용을 마이너스한다. 이를 간단히 압축하여 케네스 백스터드Kenneth J. Bagstad는 다음과 같이 표시하기도 한다.[279]

참진보지수 GPI = Cadj + G + W − D − S − E − N

Cadj:소득분배를 고려해 가중치를 둔 개인 소비지출

G:자본스톡과 국제무역 수지 증가

W:웰빙에 기여하는 비시장 서비스(예: 가사노동, 자원봉사)

D:웰빙에 도움이 되지 않는 방어적 개인 지출(예: 폐기물 처리 비용, 공기 청정기 지출처럼 개인적으로 공해 처리에 지출된 비용)

S:사회적 자본에 부정적인 영향을 미치는 활동(예: 범죄 피해나 예방 비용)

E:환경파괴 비용(예: 습지가 제공했던 담수나 야생서식지 제공 서비스 손실)

N:자연자본 고갈(예: 비재생에너지 고갈을 재생에너지로 대체하는 비용)

이제 GDP와 GPI가 논리적으로 어떻게 달라지는지 생각해보자. 경제 성장 지표인 GDP는 민간 소비에 민간 투자, 정부 소비, 그리고 순수출을 화폐적으로 합산한다. 그런데 GPI는 시민들의 웰빙과 지구 생태계에 도움이 되는 요인을 더하고 해로운 영향을 주는 요인을 빼는 방식으로 GDP를 수정한다. 개인이 더 많은 소비를 하면 GDP와 GPI가 모두 올라가지만, 웰빙에 도움이 되지 않는 소비는 그렇지 않을 수도 있다. 사회의 불평등이 증가한다고 GDP가 꼭 영향을 받는 것은 아니지만 GPI

계산에서는 확실히 마이너스 요인이다. 수질오염이나 대기오염이 생겨서 정화 비용을 투입하면 GDP에서는 (기이하게도) 플러스가 되지만 GPI에서는 (당연하게도) 마이너스한다. 생태경제학자들은 GPI가 완전하다고 할 수는 없지만 처음부터 웰빙을 측정하는 지표가 아니었던 GDP보다는 훨씬 더 시민들의 웰빙을 잘 측정할 수 있게 해준다고 강조한다(물론 기존 보수주의 경제학자들은 반대로 GPI가 주관성이 개입될 소지가 많다고 비판한다).

그러면 GDP와 GPI를 실제 측정한 결과는 어떻게 나왔는지 살펴보자. 1990년대 말 GPI 지수가 개발된 이후 전 세계의 수많은 나라들에 대해 GDP와 GPI를 비교 측정해왔다.[280] 그 가운데 1950~2003년까지 17개국을 대상으로 GDP, GPI는 물론이고 HDI(유엔 인간개발지수), 생태발자국, 생물학적 수용력, 지니계수, 삶의 만족도 점수를 비교한 연구가 있는데, 그 결과는 상당히 일관되었다.[281] 결과가 어땠길래? 1950년 이후 GDP는 3배 이상 증가했지만 참진보지수인 GPI는 1975년 이후부터 실질적으로 감소했다(그림 29 참조). 생태발자국도 1970년대에 지구 생태계의 수

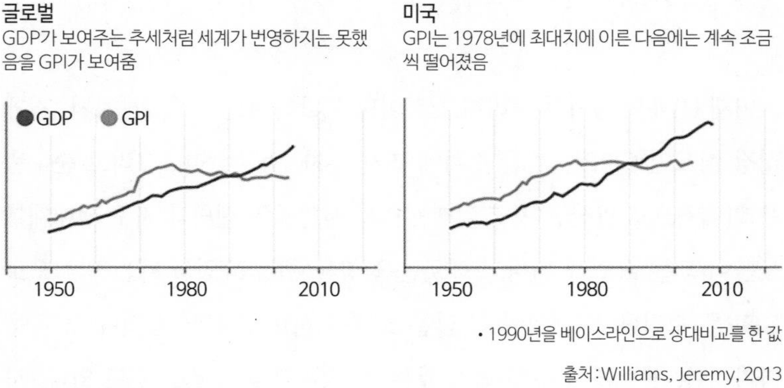
글로벌
GDP가 보여주는 추세처럼 세계가 번영하지는 못했음을 GPI가 보여줌
GDP
GPI
1950
1980
2010
미국
GPI는 1978년에 최대치에 이른 다음에는 계속 조금씩 떨어졌음
1950
1980
2010
• 1990년을 베이스라인으로 상대비교를 한 값
출처: Williams, Jeremy, 2013

그림 29 세계적 차원과 미국에서 GDP와 GPI의 분리

용능력을 벗어났다고 수치가 나왔다. 삶의 만족도 역시 조사 대상 국가 전부에서 1975년 이후 의미 있는 증가가 없었다.

요약하면, 1970년대 이후에도 GDP는 (비록 속도가 느려졌지만) 쉬지 않고 꾸준히 증가했던 것과 대조적으로 시민들의 웰빙은 1970년대 후반 이후 개선되지 않았다. 이는 글로벌 차원이나 최고 경제대국인 미국에서나 모두 동일하게 나타난 현상이다. 한국은 어떨까? 한국은 워낙 빠른 속도로 산업화를 이루었던 탓에 GDP와 GPI가 다른 나라들처럼 확연하게 갈라지는 것 같지는 않다. 말레이시아의 학자들이 한국과 말레이시아의 1980~2014년까지 데이터를 분석한 결과, 미국처럼 GDP와 GPI가 완전히 분리되지는 않았고 다만 GDP보다 GPI가 증가하는 속도는 확실히 완만했다.[282] 이렇게 객관지표로도 경제성장이 행복을 보장해주지도, 불평등을 줄여주지도, 그리고 전체적인 웰빙을 개선시켜주지도 않는다는 것이 확인된 셈이다.

유럽의 젊은 철학자 뤼트허르 브레흐만Rutger Bregman은 "각 시대는 그 시대에 맞는, 그 시대를 잘 대표하는 고유한 숫자와 지표가 있다(Every era needs its own figures)"고 말했다.[283] 매우 적절한 지적이 아닐 수 없다. 인류가 약 1만여 년 전 농사를 짓기 시작한 후 산업화가 시작되던 200여 년 전까지만 해도 경제에서 가장 중요한 숫자는 농사지을 땅 면적과 곡물 수확량이었지 GDP 같은 화폐량이 아니었다. 비교적 최근에 발명된 GDP 지표는 2차 대전 시기에 다른 모든 요소들을 생략하고 전쟁 물자를 대량 공급할 목적이 컸던 것이지 시민들의 삶의 질과 행복을 측정하기 위한 것도 아니었다. GDP는 태생부터 전쟁 시대의 산물이었던 것이다. 그런 GDP가 1950~60년대 아주 잠깐 동안 고도성장과 낮은 불평등을 동시에 만족시키면서 마치 모든 것의 해법인 양 착시를 일으켰고 그 여진이 지금까지 계속되고 있을 뿐이다.

이렇게 '성장 국가의 시대'는 현실에서 점점 더 빛을 잃어가고 있다. 2008년 OECD조차 다음과 같이 보고서에 기록할 정도였다. "경제성장은 진보의 동의어였다. 성장하는 GDP는 틀림없이 삶이 더 나아지고 있다는 것을 의미했다. 하지만 이제는 문제가 그렇게 단순하지 않다고 세상이 인정하기 시작했다. 많은 나라들에서 높은 수준의 경제성장에도 불구하고, 사람들이 50년 전보다 삶이 더 나아지고 행복해지고 있다고 만족스럽게 생각하지는 않게 되었다."[284]

이제야말로 웰빙 지표로서 신뢰를 잃은 GDP와 웰빙을 담보해주지 못하는 경제성장 지상주의에서 벗어나야 할 때가 왔다. 생태경제학은 "성장주의냐 포스트성장주의냐?"라는 질문 앞에서 무엇보다 포스트성장주의 편에 서 있었고 이것을 일차적인 정체성으로 갖는다. 생태경제학이 '포스트성장주의'에 서겠다는 것은 유한한 지구 생태계가 감당 가능한 에너지와 물질 처리량을 준수하는 경제 시스템을 구축하겠다는 것이다. 이런 관점에서 만들어진 생태경제학의 대안은 현재 아주 다양한 방식으로 제안되고 있는데, 가장 오래된 '정상상태 경제', 최근에 실용적으로 주목을 받는 '도넛 경제', 거시경제의 정책적 고려가 깊게 들어간 '성장 없는 경제(또는 포스트성장 경제)', 경제 비전은 물론 사상과 문화 비전까지를 포괄한 '탈성장'을 아우른다. 또한 성장주의 쪽으로 기울어진 '녹색성장 경제'와 포스트자본주의 쪽으로 기울어진 '생태사회주의'가 그 주위에 위치한다(그림 30 참조). 뒤에 이어지는 각 절에서 대안들을 하나씩 살펴보면서 이들이 어떻게 생태경제학의 기본원리들을 구현하면서 성장의존주의에서 벗어나려고 하는지 확인해볼 것이다.

본격적으로 생태경제학 대안들을 하나씩 살펴보기 전에, 다양한 생태경제학자들이 각자의 차이를 뒤로 하고 함께 모여 성장의존주의를 넘어서자는 목소리를 냈던 한 모임을 먼저 소개해보겠다. 2018년 9월 브뤼셀에서 성장의존주의 이후의 비전을 모색하는 매우 의미 있는 모임이 하나 있었다. 노동조합, NGO, 5개의 정치그룹 출신들로 구성된 유럽의회 의원들이 공동으로 모임을 조직했는데 과학자, 정치인, 정책 입안자 등 다양한 이들이 '포스트성장Post-Growth 시대의 경제' 가능성을 모색하는 자리였다. 이 자리에 모인 238명의 학자들은 경제성장을 넘어서 인간과 생태적 웰빙이 우선되는, 성장 이후 시대를 위한 계획을 세우자고

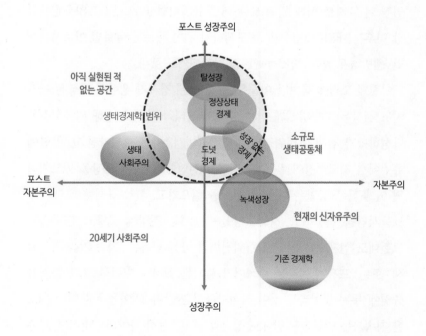

그림 30 생태경제학의 다양한 대안들의 상대적 위치

유럽연합과 회원국들에게 요구했다. 팀 잭슨, 케이트 레이워스, 요르고스 칼리스, 제이슨 히켈, 후안 마르티네스 알리에르, 잉게 뢰프케, 마우로 보나이우티, 마티아스 슈멜쩌 등 유럽 대부분의 생태경제학자와 탈성장론자들이 모두 모였다.[285]

유럽에서 이런 모임과 주장이 가능했던 것은 프랑스에서는 '데크르와상스décroissance(탈성장)'라는 이름으로, 독일에서는 '포스트바크스툼Postwachstum(포스트성장)'이라는 이름으로, 그리고 영어권에서는 '정상상태 경제', '도넛 경제', '성장 없는 번영' 등 다양한 이름으로 불리며 포스트성장 시대를 요구하는 움직임들이 점차 활발해진 배경 때문이다. 생태경제학 역사에서도 짧게 다뤘듯이 2008년부터 격년으로 탈성장 회의가 점점 더 열기를 띄게 된 주요 무대도 유럽이었다. 또한 2018년에는 성장 이후 시대의 '웰빙경제'를 모색하기 위한 새로운 글로벌 이니셔티브인 '웰빙경제 얼라이언스WE-ALL'가 창립되기도 했다.[286]

이렇게 모임에 참여한 이들은, 현재 세계 경제가 생산성 향상은 느려지고 시장은 포화상태에 이른 데다가 생태적 악화로 인해 경제성장을 달성하기가 점점 어려워졌다고 지적하면서, 이런 추세라면 10년 안에 유럽에서 제로성장이 올 수도 있다고 전망했다. 다시 성장을 일으키려면 이제 남은 방법은 더 많은 부채를 일으키고, 환경 규제를 폐기하며, 노동시간을 연장하고, 사회보장을 축소하는 것밖에 없다고 진단했다. 그런데도 현재 유럽연합 집행위원회의 공식 전략은 '지속 가능한', '녹색' 또는 '포용적'이라는 수식어가 붙기는 했지만 여전히 '경제성장'을 중심에 두는 것이라는 것이 참석자들의 판단이다. 이들은 유엔의 새로운 지속가능 발전목표 안에도 성장과 지속가능성 사이의 근본적인 모순이 내재되어 있다고도 지적했다.

모임에 참여한 이들은 오늘날 유럽 국가들에서 사회 문제를 해결하는 데 필요한 것은 더 많은 성장이 아니라, 이미 보유하고 있는 소득과 부의 공정한 분배라고 강조했다. 이들은 경제성장 없이도 삶의 질을 개선하고 생활세계를 복원하며 불평등을 줄이고 의미 있는 일자리를 제공해줄 수 있을 것이라고 전망했다. 이를 위한 구체적인 정책 사례로서 이들은 자원 사용을 제한하고, 불평등 심화를 막기 위해 누진과세를 하며, 점진적으로 노동시간을 단축할 것 등을 제안했다. 자원 사용을 억제하기 위해 탄소세를 도입하고 수익을 배당 전환하거나 사회 프로그램 기금으로 쓰자는 제안도 덧붙였다. 또한 기본소득과 최고소득 제한을 모두 도입하면 불평등을 줄일 수 있으며, 돌봄노동을 재분배하고 민주주의를 약화시키는 권력 불균형도 줄여야 한다고 강조했다. 이들은 또한 노동자를 대량 해고하고 소수 특권층의 이윤을 늘리는 쪽으로 기술혁신이 활용될 것이 아니라 노동시간 단축과 삶의 질 향상을 위해 활용되어야 한다고 주장했다.

이들은 미래 '포스트성장' 시대의 가능성을 탐색하기 위해 유럽연합과 회원국들에게 다음의 4가지 사항을 요구했다는데, 이는 우리도 검토할 만한 가치가 있는 제안이라고 생각한다.

첫째, 포스트성장 시대의 미래를 위한 특별위원회를 유럽 의회 안에 구성하자. 위원회는 성장의 미래를 적극적으로 논의하고 포스트성장 시대의 미래를 위한 정책적 대안을 강구하며, 지금까지 가장 중요한 목표로 추구해온 경제성장 정책을 재고해야 한다.

둘째, 유럽과 회원국들의 거시경제적 틀 안으로 대안적 지표들을 통합시키자. 인간의 웰빙과 자원 사용, 불평등, 그리고 양질의 일자리 제공에 대해 경제정책이 미치는 영향을 평가해야 한다. 이들 지표는 정책적 의사결정에서 GDP보다 더 높은 우선순위를 가져야 한다.

셋째, 정부 적자와 국가 부채를 제한하기 위한 일련의 규칙인 기존의 유럽 안정 및 성장협약SGP*을 '웰빙협약'으로 전환하자. 회원국 시민의 기본적 필요를 충족하도록 보장하고 지속 가능한 수준의 자원 사용과 폐기물 배출 감소를 담은 새로운 '웰빙협약'이 만들어져야 한다.

넷째, 유럽 회원국들은 경제 전환economic transition 부처를 신설하자. 인간과 생태의 웰빙에 직접 초점을 맞춘 새로운 경제는, 경제성장에 구조적으로 의존하는 기존 경제보다 훨씬 더 나은 미래를 제공해줄 수 있어야 한다.

브뤼셀에 모인 생태경제학자들이 '성장 의존 경제'의 대안으로서 사용한 '웰빙경제' 용어는 엄밀한 학문적 개념이라기보다는 다양한 생태경제학적 대안을 포괄하는 일종의 시민 캠페인 슬로건처럼 들린다. 때문에 비전과 전략, 정책 수단들이 많이 절충적이고 모호하게 남아있다. 하지만 기존 성장의존주의에 대한 단순 비판을 넘어 차별화된 비전과 전략, 경제 방향을 제시하려는 시도는 충분히 참고해볼 필요가 있다. 예를 들어 2018년 조직된 웰빙경제 얼라이언스는 비록 초보적 수준이지만 〈웰빙경제 정책 안내서Wellbeing Economy Policy Design Guide〉를 온라인에 공개하고 다양한 실천 방안들을 예시하고 있다. 이들은 웰빙경제를 "인간과 지구의 웰빙에 봉사하는 것을 최우선 목적으로 설계함으로써 사회정

---

* 유럽 안정 및 성장협약(Stability and Growth Pact)은 유럽연합의 27개 회원국 전체가 경제통화동맹(EMU)의 안정성을 촉진하고 유지할 목적으로 만들어진 협약이다. 이를 위해 회원국들에게 강력한 재정규율을 요구하는데, 각 회원국들은 GDP의 3퍼센트 이내로 연간 정부 적자를 관리하고 GDP의 60퍼센트 한도 안에서 국가 부채를 유지해야 한다는 것이다. 이 조치는 2010년대 유럽 재정위기에서 드러난 것처럼, 경제침체 위험에 맞서 회원국 정부의 재정지출 능력을 제한함으로써 경기침체를 심화시킨다는 비판을 받아왔다. 또한 기후대응을 위한 과감한 녹색투자의 장애요인이 되고 있다.

의와 건강한 지구를 실현할 수 있도록 하는 경제"라고 정의하고 있다.[287] 세계자연기금WWF 또한 2020년 세계를 덮친 코로나19로 인해 인간 건강과 지구 건강 사이의 불가피한 상호 영향을 새삼 깨닫게 되었다면서, 앞으로는 사람과 환경에 미치는 영향을 충분히 고려하여 경제정책이 수립되어야 한다는 취지를 담아 웰빙경제 방안을 발표하기도 했다. 이들에게 웰빙경제란 "GDP처럼 협소하게 정의된 지표를 따라 경제성장을 추구하기보다는 건강, 자연, 교육, 공동체 등 진정으로 중요한 것들에 주목하고 가치를 부여하는 것"이라고 정의되고 있다. 또한 이들이 발간한 〈유럽 웰빙경제를 향하여Towards an EU WellBeing Economy〉에서는 여러 사례와 정책 제안들도 담아내고 있어 참조할 만하다. 여기에는 뉴질랜드 정부가 웰빙예산제를 실시하는 사례나, 네덜란드 수도 암스테르담이 도넛 경제 모델을 채택하고 실제 웰빙경제를 실현하기 위해 노력하고 있는 사례들도 소개된다. 모두 진지하게 검토해볼 때가 되었다.[288] 그러면 이제부터 웰빙경제라는 큰 테두리 안에 담겨있는 구체적인 대안들에 대해 하나씩 검토해보기로 하자.

20

오래된 대안
'정상상태 경제'*

  온갖 수식어를 붙여가면서까지 수명을 연장해온 경제성장 패러다임의 집요한 생존본능이 지금까지도 강력한 상황인데, 아직 기후위기가 코앞에 오기도 한참 전인 1970년대에, 무한성장을 하지 않고도 지구 생태계 한계 안에서 안전하게 살아갈 경제 양식을 고민하고 설계해온 경제학자가 있었다면 쉽게 믿을 수 있을까? 보수주의 주류경제학이 지닌 생태학적 허점을 들춰내고 비판하기는 상대적으로 쉽다. 하지만 대안을 개념화하고 비전을 제시하며 그 실현 경로를 설계하는 것은 정말 어렵지 않을까? 동료 경제학자들 거의 대부분의 비판과 무시를 감수하는 것은 물론, 학교나 정부도 달가워하지 않고 재정 지원까지 더 어려워질 것이 빤한데도 말이다.

---

* 'steady-state economy'를 '정상상태 경제'라고 번역하면 '비정상상태 경제'와 대비되는 '정상적으로 작동하는 경제'라는 뉘앙스로 받아들이기 쉬울 것이라는 지적이 있었다. 뒤에 상세한 정의를 덧붙일 것이지만, 여기서 '정상상태'의 의미는 지구 생태계의 수용능력 범위에서 '자본스톡 규모 또는 처리량을 일정하게' 유지하는 경제라고 이해하면 좋겠다.

1970년대부터 지금까지 무려 50년이 넘게 성장의존형 경제를 일관되고 집요하게 비판하면서도, 초창기부터 자신만의 뚜렷한 대안 모델을 제안하고 이를 업그레이드해온 특별한 생태경제학자가 바로 허먼 데일리다. 50여 년의 역사를 가진 그의 대안은 19세기 고전경제학자 존 스튜어트 밀이 던진 화두로 이름을 붙인 '정상상태 경제steady-state economy'다.

필자의 판단으로 그의 정상상태 경제는, 오른쪽으로는 지속가능발전론부터 왼쪽으로 탈성장론에 이르기까지, 성장의존형 경제에 문제제기를 해온 거의 모든 비판담론과 대안담론에 영향을 미친 거대한 뿌리 역할을 했다고 생각한다.[289] 앞서 소개한 생태경제 이론의 꽤 많은 부분도 그의 정상상태 경제가 기여한 것임은 말할 것도 없다. 당연히 현대 생태경제학의 상당한 영역이 그의 정상상태 경제학과 연결되어 있으며 1972년 로마클럽의 의뢰로 작성된 그 유명한 《성장의 한계》에도 그의 정상상태 경제론이 인용될 정도다(불행하게도 2022년 말 현재까지 우리나라에는 1996년 저서 《성장을 넘어서》 정도만 소개되어 그의 생각 중 아주 일부만을 접할 수 있을 뿐이다. 국내 저서도 김일방의 《환경사상의 흐름》에서 부분적으로 정상상태 경제가 소개된 것이 전부다. 이후 더 많은 저작이 소개되었으면 좋겠다)[290]

우선 허먼 데일리의 대안을 들여다보기에 앞서, 성장의존형 경제에 대한 그의 문제의식이 어떻게 드러나는지 간단히 살펴보자. 그는 '비어 있는 세상'이 끝나고 '꽉 찬 세상'이 왔다는 판단 아래 꽉 찬 세상을 위한 경제학을 고민의 출발점으로 삼았다. 꽉 찬 세상이 되면 경제성장의 이익보다 생태적 손실 비용이 훨씬 더 커지는, 그의 고유한 표현에 따르면 '비경제적 성장' 국면에 들어가게 된다고 그는 확신했다.[291] 손실 비용이 이익을 넘어가기 전에 성장은 멈춰야 했다. 그렇지 않은 무한성장은 허먼 데일리에게 물리적으로 불가능할 뿐만 아니라 경제적으로도 결코 바람직하지 않은 것이다. 이런 기조 아래 그는 기존 주류경제학의 성장의 존주의자들과 논쟁했다. 피터 빅터는 허먼 데일리의 경제성장 패러다임 비판을 다음과 같이 일목요연하게 정리해주고 있다.[292]

성장주의자: 성장이 바람직하고 가능하다는 근거들을 우리는 거의 언제나 찾아낼 수 있다.

허먼 데일리: 경제 규모를 전체적으로 성장시키지 않더라도 특정 경제 분야의 자원 재할당을 통해 어떤 부분은 성장시키고 대신 다른 부분을 축소시키는 것을 반대하지 않는다. 또는 비물질적인 것(정의, 평화, 지식, 지혜, 사랑 등)은 영원히 성장할 수 있다.

성장주의자: GDP는 화폐가치로 평가되므로 물질적 한계의 대상이 아니다.

허먼 데일리: GDP는 명확히 물질적 차원을 갖는 상품과 서비스의 가치를 측정하므로 완전히 화폐적인 것만은 아니다. 예를 들어 실질 GDP는 '1달러의 석유'처럼 달러 그 자체가 아니라 달러로 가치를 매긴 상품과 서비스다.

성장주의자: 지금까지는 전체적인 경제 규모 확대, 즉 성장이 많은 이익을 주었다.

허먼 데일리: 과거에는 성장의 이익이 비용을 초과했는지 모르나 지금부터는 반대일 수도 있다. 그러면 성장의 결과 축적하게 될 것은 '웰스wealth'가 아니라 '일스illth'일지도 모른다.

성장주의자: 언젠가 성장의 비용이 이익을 초과할지 모르나 지금은 아니다.

허먼 데일리: GDP와 참진보지수를 비교해보면 1980년대부터 이미 성장의 비용이 이익을 초과하고 있다.

성장주의자:시장 거래가 늘어나서 성장한다는 것은 사람들의 웰빙에 개
　　선이 있다는 것이다. 개인들이 웰빙에 불리하면 시장 거래를 안 할
　　것이기 때문이다.

허먼 데일리:시장 거래가 늘어나면 개선되는 것뿐 아니라 공해 배출처럼
　　나빠지는 것들도 있다.

성장주의자:자연자원이 희소하더라도 자연자원을 인공자본으로 대체해
　　계속 성장할 수 있을 것이다.

허먼 데일리:자연자원과 인공자본은 보완관계이지 대체관계가 아니다.
　　식재료 없이 음식 레시피와 오븐만으로 음식을 만들 수는 없다.

성장주의자:지식이 궁극의 자원이고, 따라서 지식 성장은 무한하므로 지
　　식이 한계 없는 성장의 연료가 될 수 있다.

허먼 데일리:물질적 자원을 지식으로 대체하는 것에 대해 완전히 지지하
　　며, 자연자원을 비싸게 만들고(자연자원에 소비세 부과), 지식을 싸게 만
　　들기 위한(과도한 지적 재산권 제한) 개혁에도 적극 동의한다. 하지만 지
　　식은 자동적으로 성장하지 않는다. 오히려 자연 상태에서 지식은 고
　　갈될 수 있다. 많은 지식을 가진 세대가 사라지고 지식이 없는 새로
　　운 세대가 계속 등장한다. 이들이 끊임없는 '배움'이라는 투자를 통
　　해 기존 지식을 배우고 여기에 새로운 것을 보태야 지식이 성장한다.
　　또한 기존 지식들은 새로운 지식에 의해 논파당하거나 무용해질 수
　　도 있다. 한편 지식을 저장하는 것은 책이든 하드디스크든 플래시 메
　　모리든 물리적인 단위다. 세상의 모든 물리적인 단위는 부패하며 퇴
　　화되어 망가진다.

성장주의자:성장 없는 경제를 하자고 하면 실업 문제를 일으킨다고 비난
　　받을 것이다.

허먼 데일리: 한때 완전고용을 달성하는 수단으로 성장이 정당화되었지만 지금은 성장이 그 자체로 목적이 되었다. 성장을 위해 자동화를 하거나 해외 외주를 주고 있고 그 결과 실업률이 높아진다. 완전고용은 성장으로 달성될 수도 있지만, 성장 대신에 여가를 늘리는 노동시간 단축으로 달성될 수도 있다.

성장주의자: 우리는 글로벌 경제 시대에 살고 있기 때문에 글로벌 성장 경쟁에서 벗어날 수 없다.

허먼 데일리: 글로벌화는 불가피한 것이 아니라 우리가 과거에 정책적으로 선택한 것이고 지금도 선택할 수 있다. 자유로운 자본 이동이나 글로벌 통합은 원래 브레튼우즈 체제에 있었던 것도 아니다.

성장주의자: 우주 개발이 지구의 유한성으로부터 우리를 자유롭게 해주고 성장을 향한 무한 자원 획득의 길을 열어줄 것이다.

허먼 데일리: 우주의 거리나 시간 개념 등을 감안할 때 우주를 식민화하여 경제성장에 기여하도록 한다는 꿈은 버려야 한다. 여전히 자연스럽고 관대한 터전인 지구 위에서 우리가 인구와 생산을 제한할 수 없다면, 도대체 뭘 근거로 싸늘한 바위와 차가운 공기로 덮인 우주 식민지의 빡빡하고 냉혹한 여건에서 우리가 외계인으로서 살아갈 수 있다고 생각하는가?

성장주의자: 경제성장이 없다면 모든 진보는 끝장날 것이다.

허먼 데일리: 이미 이익보다 비용이 더 커진 '비경제적인 성장'을 끝내는 것이 진짜 진보를 마침내 이룰 기회를 갖는 길이다. 지구의 수용 한계를 넘어서는 양적인 성장을 그만두고 질적인 발전을 하는 것이 진정한 진보다.

위의 대화들은 여전히 성장 패러다임 안에 갇혀있는 사람들이면 누구나 한 번쯤 생각해볼 만한 내용이다. 어쨌든 허먼 데일리의 정상상태 경제가 이런 비판 위에서 만들어진 대안이라는 사실을 다시 한 번 확인해두자. 사실 허먼 데일리도 초창기에는 다른 사람들처럼 "경제성장이야말로 다양한 문제에 대한 주된 해결책"이라고 믿는 통상적인 경제학자로 시작한다. 하지만 보수주의 주류경제학과 근본부터 다른 '정상상태 경제'라는 새로운 생태경제학을 확립하게 된 4가지 계기가 있었다.[293]

우선 존 스튜어트 밀과 같은 고전파 경제학[294]에서 받은 영향이다. 그의 학부 시절 첫 수강과목은 경제학 원론이 아니라 경제사였는데 이때 19세기 고전파 경제학자들인 애덤 스미스, 데이비드 리카도, 존 스튜어트 밀을 공부한 것이 자신의 행운이었다고 회고했다.[295] 고전파 경제학자들은 대체로 '좋든 싫든 관계없이 장래는 정상상태 경제를 향해 간다'고 믿고 있었다. 그 중에서도 특히 밀은 "정상경제는 필요할 뿐 아니라 바람직하다"고까지 생각했는데 허먼 데일리가 여기에 자극받았다는 것이다. 밀은 "나는 후손들을 위해 진정으로 바라건대, 후손들은 그들이 어쩔 수 없이 받아들이기 훨씬 이전에 정상상태 경제에 만족하게 될 것"이라면서 다음과 같이 말했다.

"인간 본성을 위한 최선의 상태는 아무도 가난하지 않고 그래서 누구든지 더 많이 가져 부유해지고 싶지 않으며, 또 다른 사람들이 앞질러가려고 노력하기 때문에 자신이 뒤로 밀려나는 것을 두려워할 이유도 없는 상태다. … 자본과 인구의 정지 상태라고 해서 인간적 향상이 정지된 상태stationary state를 의미하지 않는다는 것은 거의 말할 필요도 없다. 모든 종류의 정신문화나 도덕적, 사회적 진보를 위한 공간은 그 어느 때보다

넓고 삶의 기술을 향상시킬 여지는 더 많을 것이다"[296]

19세기 중엽을 살았던 밀의 독특한 관점은 이후 신고전파의 등장으로 곧 잊혔고 허먼 데일리가 자신의 새로운 경제 이론을 구축하기 위해 다시 불러들일 때까지 공론장에서 제대로 논의되지 않았다. 허먼 데일리는 100년 전 경제학자의 선구적인 통찰을 다시 부활시켜 자신의 이론적 출발로 삼았던 것이다.

둘째로, 1962년에 출판된 레이첼 카슨의 《침묵의 봄》이 그에게도 예외 없이 큰 영향을 끼쳤고 경제 이론에 반영되었다. 그리고 셋째는, 그의 지도교수인 조르제스쿠-로겐의 영향이다. "우주적으로 관철되는 엔트로피 법칙은 경제가 달성하고 유지할 수 있는 규모를 제약하게 된다"고 하는 로겐의 사고방식과 만나 큰 영향을 받았다고 허먼 데일리는 고백한다. 넷째로, 허먼 데일리는 1967년부터 2년간 브라질에서 경제학을 가르쳤는데, 그곳에서 가뭄, 물 부족, 무서운 인구 폭발을 직접 목격한 것이 그의 이론 전환에 큰 영향을 주었다고 한다. 이상 4가지 요인이 그로 하여금 인간 사회와 경제는 유한한 지구의 부분집합이므로 언젠가는 무한성장이 중단되어야 한다고 판단하는 계기가 되었다는 것이다.[297]

이처럼 허먼 데일리는 1960년대 경제학자의 길을 걷기 시작한 거의 초창기부터 기존 보수주의 주류경제학과는 출발을 달리하는 생태경제학의 길로 접어들게 된다. 그리고 1970년에 뉴욕타임스에 기고한 컬럼 "카나리아는 침묵했다the canary has fallen silent"에서 정상상태 경제 논리를 일반 독자들에게 처음으로 펼쳐 보인다.[298] 이 칼럼에서 그는 먼 훗날이 아니라 지금 당장 경제 과정으로 투입하는 물질적 처리량을 최소화해야 한다고 주장하면서, 그러자면 당장 생산도 최소화해야 한다고 강조한다. 그리고 이제 경제의 중심이 규모 확대가 아니라 분배로 옮겨가야 한다면서 다음과 같이 덧붙인다.

"(경제의-인용자) '파이'를 일정하게 유지함으로써 우리는 자연자원에 대한 수요를 줄여나가야 한다. 그러나 일정한 '파이'를 공유함에 있어서 우리의 도덕적 자원은 훨씬 많이 사용해야 한다." 이때부터 허먼 데일리에게 "물질적으로 정상상태 경제는 도덕적으로 성장하는 경제"였다. 이 칼럼까지 허먼 데일리는 밀이 사용했던 영어 표현 'stationary state'를 사용했는데, 그 사전적 의미가 너무 '정적static'이라는 비판을 듣고 같은 의미의 다른 용어인 'steady-state'로 바꾸게 된다. 하지만 나중에 이 용어가 신고전파 경제학에서 '일정한 비율의 성장'을 의미하기도 한다는 사실을 깨닫고 원래 밀의 개념을 사용했어야 했다고 후회했다고 한다.[299]

어쨌든 당시 이 칼럼을 읽었던 《성장의 한계》의 저자 데니스 매도즈는 허먼 데일리와 만나 서로 의견을 나누었고, 대화의 결과가 어떤 식으로든 1972년에 발표된 《성장의 한계》에 반영되었을 것으로 추정된다. 책 내용 안에 허먼 데일리와 함께 존 스튜어트 밀의 정상상태 경제가 인용되고 있는 것이 그 증거다.[300] 허먼 데일리는 이후 1973년에 에세이 모음집으로 출간한 《정상상태 경제를 향하여Towards a Steady-State Economy》와 온전히 정상상태 경제를 다룬 1976년의 《정상상태 경제학Steady-State Economics》을 통해 자신의 논지를 완성해나간다. 그리고 2022년 10월 그가 사망할 때까지 그의 정상상태 경제학은 계속 업그레이드 되어왔다.

이제 구체적으로 정상상태 경제학의 세부 내용을 짚어볼 차례다. '정상상태 경제'란 지금과 다른 어떤 상황에 놓여있는 경제란 말인가? 정상상태 경제에서 어떻게 지구 한계를 넘지 않으면서도 사람들의 웰빙을 보장해줄 수 있을까? 우선 정상상태 경제의 정의부터 확인하자. 1976년 《정상상태 경제학》에서는 이렇게 요약한다.

정상상태 경제란 "낮은 비율의 처리량throughput으로도 꽤 바람직하고도 충분한 정도로 인구와 인공물artefacts을 일정 수준의 저량stocks으로 유지하는 경제다. 다시 말해서 생산의 첫 단계(환경에서 낮은 엔트로피 물질의 추출)에서부터 마지막 단계(높은 엔트로피 폐기물을 외부 환경으로 배출)에 이르기까지, 최저 수준의 적당한 물질과 에너지 흐름flow만을 이용해야 한다는 것이다. 정상상태 경제는 물리적physical 개념임을 잊지 말아야 한다. 만약 어떤 것이 비물리적이라면, 그때는 아마도 영원히 성장할 수 있을 것이다.[301]

한편, 생태경제학 교과서로 쓴 책 《생태경제학》의 2011년 두 번째 판에서 허먼 데일리는 조금 더 명료하게 서술한다.

"정상상태 경제의 주요 아이디어는, 오랫동안 좋은 삶을 누리기에 충분한 정도로 부와 인구의 규모를 일정하게 유지하는 것이다. 이 규모를 유지하는 데 필요한 물질적 처리량은 높기보다는 낮아야 하고, 항상 생태 시스템의 재생과 흡수용량 범위 안에 있어야 한다. 이 시스템은 따라서 지속 가능하고 오랜 기간 이어질 수 있다. 정상상태에서 진보의 경로는 더 커지는 것to get bigger이 아니라 더 좋아지는 것to get better이다. 이 개념은 고전경제학에 들어있었지만 신고전파 경제학에 와서 대체로 폐기되었다."[302]

한마디로 '정상상태 경제'는 자연에서 얻는 물질과 에너지, 그리고 자연으로 버리는 폐기물을 자연이 재생하고 흡수할 수준으로 최소화하는 경제다. 이를 위해 인구와 부를 더 늘리지 않고 자연이 감당 가능한 일정한 수준으로 유지하자는 것이다. 즉, 정상상태 경제는 물리적 측면에서 더는 성장하지 않는 경제다. 그래서 '정상상태定常狀態 경제'인 것이다.

물론 어떤 영역은 투자가 줄어들고 다른 영역은 신규 투자가 늘어나는 등 개별적 산업 영역들에서는 성장과 축소가 계속 다이내믹하게 일어날 수 있다. 또한 물리적 처리량은 최소한으로 유지하지만 비물리적 처리량은 그럴 필요가 없다는 것도 허먼 데일리가 강조하는 대목이다. 그리고 정상상태 경제에서는 이제 경제의 물질적 '파이'가 더는 늘지 않으므로 성장 대신 분배가 특별히 중요해진다. 사회적으로 용인될 수준까지 '최소소득과 최고소득'을 제한하는 제도를 만들자고 정상상태 경제학이 강력히 주장하는 이유가 여기에 있다.

어쨌든 '정상상태 경제'의 정의를 보면, 성장을 멈춰서 더 이상 커지면 안 되는 '최적 수준의 경제 규모' 유지라는 개념이 가장 중요하게 떠오른다. 사실 허먼 데일리는 반복해서, 왜 기존 경제학의 거의 모든 곳에는 최적 개념이라는 것이 있는데, 유일하게 성장에만 최적 지점이 없이 무한히 성장하면 할수록 좋은 것으로 간주되는지 의문을 제기한다.[303] 그래서 정상상태는 '최적 규모optimal scale'라는 경제 목표를 도입해야 한다고 주장한다.

여기에 대한 그의 은유가 바로 배가 선적할 수 있는 최대 화물의 양을 제한하는 '플림솔 라인plimsoll line' 또는 화물 적재 한계선load line, 배가 잠기는 한계선water line이라는 개념이다. 19세기 중엽 새뮤얼 플림솔Samuel Plimsoll이라는 사람의 이름을 딴 것인데, 그는 화물이 과도하게 적재되어 거친 바다에서 배가 전복되지 않도록 선박 허리에 가시적인 선을 그어 놓았다(그림 31 참조).[304] 마치 그 이상의 화물을 실으면 선박이 위험해지는

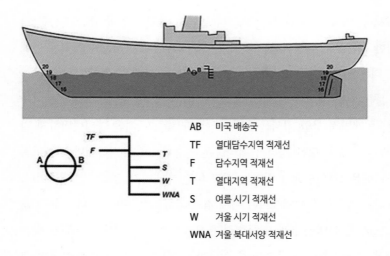

AB	미국 배송국
TF	열대담수지역 적재선
F	담수지역 적재선
T	열대지역 적재선
S	여름 시기 적재선
W	겨울 시기 적재선
WNA	겨울 북대서양 적재선

그림 31 선박의 최대 화물 적재 규모를 알려주는 플림솔 라인

한계선이 있는 것처럼, 지구 생태계를 위협하지 않는 한계 안에서 경제가 정상상태를 유지하는 '경제적 플림솔 라인'이 바로 허먼 데일리가 제안한 경제의 최적 규모다.

그런데 선박의 플림솔 라인이야 중량을 계산해서 선박 외부에 표시해 두면 되지만, 경제적 플림솔 라인을 넘었는지는 무엇으로 측정할 수 있을까? 인간이 경제활동으로 생산해낸 총 인공자본, 또는 부wealth의 총규모stocks를 '화폐 단위'가 아니라 '물리적 단위'로 산출해서 더 늘어나지 않도록 통제하면 될 것이다. 문제는 이를 쉽게 무게로 집계할 수도 있지만 그리하면 기존 인공자본의 질적인 개선이나 구성 부분 교체 등을 제대로 반영하기 어렵다는 난점이 있다. 그래서 허먼 데일리는 인공자본 저량stocks보다는 유량flow, 즉 물리적 처리량을 통제하자고 제안한다. 처리량은 인간 경제와 지구 생태계 사이의 물질대사를 매개하면서 연간 단위로 경제 과정에 투입되는 유량이기 때문이다. 그러면 매년 경제에 투

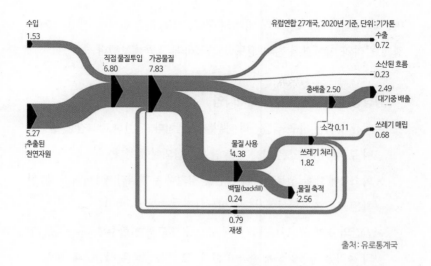

그림 32 EU에서 작성한 2020년 물질흐름 생키 다이어그램

입되는 유량(매년 투입되는 물질과 에너지량)의 한계를 정하고 그 증가를 모니터하여 경제적 플림솔 라인을 넘어가고 있는지 확인할 수 있지 않을까?

이런 차원에서 이미 생태경제학자들이 지수를 개발했고 실제로 유럽통계국 등에서는 매년 '물질흐름계정material flow account'을 작성하고 있다. 이 계정에서는 국내에서 추출하거나 수입된 물질 총량이 대기와 흙 속으로 배출된 배기가스, 흩어진 것들, 물질적 축적물들, 그리고 수출한 물질 총량과 같다(그림 32 참조).[305] 이처럼 정상상태 경제 접근법에 따라 경제적 플림솔 라인을 넘는지를 실제로 모니터링할 방법까지 생긴 것이다.

이제 정상상태 경제 안의 경제 작동 메커니즘을 엿볼 수 있는 경제 원리들을 간략히 알아볼 차례다. 이 내용은 그의 생태경제학 교과서에 책한 권 분량으로 자세히 기록되어 있으니 여기에서는 정상상태 경제의 비전과 패러다임, 정상상태 경제의 구조, 그리고 정상상태 경제의 거시 경제 원리와 미시경제 원리 정도만 간략하게 요약해보겠다.[306]

정상상태 경제의 비전과 패러다임

- 인간 경제는 지구 생물권의 하위 시스템이다. 유한하고 복잡한 생물권이 부여하는 제약은 경제 이론 안에 포함되어야 한다.

- 희소성에 대한 생물리학적 근원을 정의하는 열역학 제1법칙과 제2법칙은 모든 경제활동에서 적용받는다.

- 인간의 경제 규모가 지구 전체 규모에 접근하면 할수록 더욱 더 지구의 물리적 행동양식에 따라야 한다. 그 행동양식은 정상상태 경제, 즉 질적인 발전은 허용하지만 총량적으로 양적인 성장은 허용할 수 없는 시스템이다.

- 보수주의 주류경제학에서는, 만족을 모르고 완전히 계산적이며 오로지 자기 이해관계만 따지는 원자적 개인인 호모 이코노미쿠스Homo economicus로서 인간을 가정한다. 여기서는 소비가 웰빙의 주요한 근원이 된다. 더 많은 생산-더 많은 소비가 지속되지 않으면 사람들의 웰빙은 증가하지 않는다. 하지만 정상상태 경제는 시장을 넘어 사회적 맥락에서 좀 더 넓게 '공동체 안의 개인person-in-community'으로 인간을 정의한다. 공동체 안의 개인은 상품 소유와 소비를 통한 만족 추구뿐 아니라 공동체를 이루는 관계의 방식에도 관심을 갖는 개인이다. 개인들이 공동체 안에서 어떻게 관계를 맺는가는 상품을 얼마나 소유하는가만큼이나 웰빙에 영향을 준다.[307]

정상상태 경제의 목표

- 경제의 목표는 규모^{scale} – 분배^{distribution} – 배분^{allocation}이라는 세 개의 위계적 순서로 구성된다. '지속 가능한' 규모, '정의로운' 분배, 그리고 '효율적'인 배분이 경제가 추구해야 할 세 가지 목표다. 이 세 가지는 규모 → 분배 → 배분의 순서로 결정되며 그 반대는 아니다.[308]

정상상태 경제의 주요 거시경제 원리

- (인구에 1인당 자원 사용량을 곱해서 산출하는) 경제 규모가 해당 지역의 생태적 수용용량 범위 안에 있도록 연간 자원처리흐름 총량이 제한되어야 한다.
- 성장^{growth}은 양적이고 발전^{development}은 질적이다. 정상상태 경제에서는 성장은 없고 발전은 있다.
- 경제 규모 증가의 한계비용이 한계이익에 근접했다고 판단되는 시점에 이르렀을 때가 최적의 경제 규모다. 이를 넘어가는 성장은 비경제적^{uneconomic}이다.
- 세대 내, 세대간 정의로운 분배는 무지의 장막에 기초한 롤스의 원칙에 따라 판단되어야 한다. 정의로운 분배는 소득과 재산의 최소와 최대 한계설정을 포함해야 한다.
- (목재나 물고기를 채취하는 등) 재생자원의 추출 속도는, 자연이 그것을 재생하는 속도(나무가 다시 그만큼 성장하고 물고기가 성장하는 속도) 이하로 제한해야 지속 가능한 생산을 유지할 수 있다.
- 적어도 정책적 목표 숫자만큼 이를 실현할 도구가 있어야 한다는 얀 틴베르헌 원칙을 지켜야 한다. 지구 생태계 수용능력 범위 안으로의 경제 규모 제한, 정의로운 분배, 그리고 효율적인 자원 배분이라는 세

가지 정책목표들은 시장의 가격기제라는 하나의 도구만으로 달성되지 않는다. 별도의 독립적인 정책 수단들이 있어야 한다.[309]

- ①기존 자본스톡을 유지보수하는 데 들어갈 물질과 에너지 처리흐름의 가치를 기록하는 계정, ②전체 인적, 물적 자본스톡에 의해 매년 산출되는 서비스 가치를 기록하는 계정, ③자본스톡 그 자체의 계정 등 세 가지 별도의 계정이 관리되어야 한다.

- 자연자본의 소비를 소득으로 간주하는 것을 중지해야 한다. 소득이란 인공자본처럼 매년 같은 양을 생산하고 소비할 수 있는 역량을 유지할 수 있는 것이어야 한다. 그런데 지금은 자연자본을 소모해버리는 식으로 남용하면서 이를 소득으로 간주하고 있다.[310]

- '생태적 조세개혁'을 해야 한다. 과세 대상을 노동과 소득으로부터 에너지와 자원처리량 쪽으로 옮기는 것이 좋다. "현재의 조세체계는 매우 뒤틀려 있다. 거의 모든 나라들이 높은 실업률에 직면해 있으면서도, 노동과 소득에 과세함으로써 정확히 우리가 더 많이 필요로 하는 것들이 활성화되는 것을 막고 있으니 말이다. 현재 기업에 보내는 신호는 노동을 줄이고 가능한 많은 자본과 자원처리량으로 노동을 대체하라는 것이다. 그보다는 자원을 절약하는 것이 훨씬 낫다. 자원 사용과 결부된 고갈과 오염이 초래하는 높은 외부비용 때문이다. 동시에 더 많은 노동을 이용하는 것이 좋다. 실업을 줄이면 높은 사회적 편익을 얻기 때문이다."[311]

정상상태 경제의 주요 미시경제와 금융 원리

- 생산은 물질과 에너지의 흐름을 처리하는 펀드(노동과 자본)에 의해 수행된다.

- 펀드들(자본과 노동)은 서로 보완되거나 대체될 수 있다. 플로들(물질들과 에너지)도 서로 보완되거나 대체될 수 있다. 하지만 펀드와 플로는 서로 보완될 뿐이다(이는 로젠의 아이디어를 가져온 것이다).[312]
- 효율적 생산은 더 적은 '자연자본'으로 동일한 생산을 할 수 있는 자원 생산성 향상에 있다.
- 인공자본은 지속적인 투자를 통해 일정한 최적 수준을 유지하는 데 초점을 두어야 한다.
- 자원처리량 그 자체를 증가시키는 기술보다는, 자원 단위당 추출된 가치를 극대화시켜주는 '자원생산성' 향상에 도움이 되는 기술에 투자를 해야 한다. 나아가 단기적으로는 자원생산성 향상에 투자해야 하지만 장기적으로는 '자연자본'을 더 풍부하게 만드는 데 투자해야 한다. 자연자본에 투자한다는 것은 자연이 재생능력을 갖게 될 때까지 '기다림'의 수동적 투자를 한다는 것을 의미한다. 이런 식으로 자유방임은 생태경제학에서 새로우면서도 심오한 뜻을 가질 수 있다.[313]
- (광물자원 같은) 비재생자원을 이용하는 투자는, 이를 대체할 수 있는 재생자원에 대한 동일한 투자를 조건으로 이뤄져야 한다.
- 폐기물 배출은 폐기물을 버리는 곳의 생태계가 자연 동화능력assimilative capacities으로 폐기물을 분해하고 순환시킬 수 있는 능력 수준으로 제한되어야 한다.
- 상업은행의 100퍼센트 지급준비금제도를 도입해야 한다. 화폐 창조는 정부의 고유 특권이어야 하고 금리에 영향을 주기 위함이 아니라 가격 안정화를 목표로 해야 한다.[314]

위에 열거한 정상상태 경제 원리들은 사실 좀 풀어서 설명하고 논쟁해야 할 여지들이 굉장히 많다. 그 가운데 중요한 몇 가지 주제들은 뒤에 계속 설명해나갈 것이다. 그리고 위에서 지적한 것 말고도 '자연 생태계까지 확장된 투입산출표', '참진보지수에 의한 경제적 성과의 측정' 등 더 많은 구성내용들이 있다. 한 명의 학자가 구축한 경제 이론으로는 일반적으로 상상하는 것보다 상당히 풍부한 내용들이다.

종합해보자. 허먼 데일리의 정상상태 경제학은 '꽉 찬 세상'의 경제학이라고 할 수 있으며, 유한한 지구 안의 부분집합으로서의 인간 경제에 접근하는 경제학이다. 그의 경제학이 업그레이드를 거듭하면서 적어도 생태경제학 안에서는 큰 영향을 주었지만, 아직까지 공공정책 영역이나 대중사회에서는 거의 알려져 있지 않은 것이나 다름없다. 한국에서는 더욱 더 학계나 정책 전문가 모두에게 매우 낯설 것이다. 하지만 기후위기 대처를 더는 미룰 수 없는 상황에서 그의 경제학이 이제야말로 공공정책과 공론장 영역에 나와서 진가를 발휘할 때가 아닌가 싶다.

50여 년 동안 성장의존주의와 이론적으로 싸우면서 생태경제학을 발전시킨 허먼 데일리는 이 싸움을 이렇게 표현했다. "우리는 지금 경제성장이 결코 무한히 계속될 수 없다고 하는 '물리적 불가능성'과, 성장은 끊임없이 계속되어야지 멈출 수는 없다는 '정치적 불가능성' 사이의 갈등을 목격하고 있는지 모른다." 어느 것이 이길 거 같은가? 허먼 데일리는 확신한 것 같다. 결국은 '물리적 불가능성'이 이길 거라고.[315] 왜냐고? 자연은 우리와 타협하지 않을 것이기 때문이다.

21

'정상상태 경제'에 대한
다양한 문제제기들

생태경제학의 가장 유력한 대안 모델로 무려 50년 넘게 자리를 지켜온 덕분에, '정상상태 경제'는 생태경제학 안팎에서 다양한 비판에 직면할 수밖에 없었다. 허먼 데일리는 기존 주류경제학은 물론 생태경제학 내외에서도 다양하게 제기되었던 비판에 매우 적극적으로 반응하고 논쟁을 피하지 않았다. 오히려 쟁점이 생기면 그가 먼저 논쟁을 시작했다. 여기서는 정상상태 경제에 대한 비판 가운데 몇 가지 중요한 논점만 요약해보자.

우선 허먼 데일리가 '지속가능발전'이라는 개념에 대해 어떻게 생각했고, 자신의 '정상상태 경제'에서 이 개념을 어떤 정도로 받아들였을지 확인해보자. 어쩌면 대안 모델이라기보다는 개념에 가까운 지속가능발전은 알다시피 1987년 브룬틀란트 보고서에서 출현한 용어다. 확실한 것은 브룬틀란트 보고서가 '경제성장'을 부인한 적이 없다는 사실이고

2015년 발표된 유엔 지속가능 발전목표^{SDGs} 역시 분명하게 경제성장을 17개 목표 안에 포함하고 있다.

지속가능발전 개념이 공적 담론에 등장할 무렵인 1988~1994년 사이에 허먼 데일리는 대학에서 나와 세계은행에서 일하고 있었다. 때문에 지속가능발전 개념에 대해 학문적 측면뿐 아니라 공공정책 차원에서도 많은 고민이 있었을 것이다. 하지만 지속가능'발전'이라는 용어가 사용되기 시작한 초창기부터 허먼 데일리는 지속가능'성장'이라는 개념은 거부해야 한다고 확실하게 자신의 의견을 밝힌다. 1990년 논문에서 허먼 데일리는 아주 분명하게 이렇게 말한다.

> "경제는 발전하지 않고 성장할 수도 있고, 성장하지 않고 발전할 수도 있고, 둘 다 하거나 둘 다 하지 않을 수도 있다. 인간 경제는 성장하지 않는 유한한 지구 생태계의 하위 시스템이므로 발전은 하더라도 경제성장이 장기적으로 지속 가능하지 않다는 것은 명확하다. 지속 가능한 성장이라는 용어는 잘못된 모순어로 거부되어야 한다. 지속 가능한 발전이라는 용어가 훨씬 더 적절하다."[316]

물론 '성장 없는 질적 발전'이라는 개념이 현실에서 어떻게 구현될 수 있는지를 엄밀하게 따지고 들어가면 데일리의 설명에도 토론의 여지가 더 있을 것이다. 하지만 데일리가 사용하는 '지속가능발전'에는 적어도 '성장'이 확실히 배제되어 있으며, 그런 점에서 유엔에서 사용하는 통상적인 용법과는 다르다고 할 수 있다.[*]

---

[*] 이처럼 허먼 데일리는 지속가능발전과 지속가능성장을 엄격히 구분하여 지속가능발전만을 지지하고 있지만, 탈성장론자들 상당수는 지속가능발전조차 회의적으로 바라보면서 비판하고 있다.

다음으로 정상상태 경제에 대한 보수주의 주류경제학 쪽에서의 비판 논점과 허먼 데일리의 대응을 확인해보자. 정상상태 경제를 허먼 데일리가 제안하던 시점인 1970년대는 보수주의 주류경제학에서도 환경 문제에 접근하기 시작한 시점이다. 대표적 환경경제학자인 윌리엄 노드하우스가 당시에 '정상상태 경제'를 '절망의 조언counsel of dispair'이라고 부른 것을 비롯해 다양한 비판들이 있었다. 관련된 몇 가지 논점과 허먼 데일리의 반박은 다음과 같다.[317]

첫 번째로, 정상상태 경제를 '경기침체recession' 또는 '불황depression'으로 간주하는 가장 흔한 비판이 있다. 데일리는 '실패한 성장경제a failed growth economy'와 정상상태 경제를 혼돈하면 안 된다고 못 박는다. 그는 오히려 실패한 성장경제로 고통받지 않기 위해서라도 정상상태 경제가 필요하다고 강조한다. 비유에 능한 허먼 데일리는 비행기와 헬리콥터 예를 든다. 비행기(성장경제)는 앞으로 나가거나 추락하거나 할 수밖에 없지만, 헬리콥터(정상상태 경제)는 공중에서 안정된 상태로 머물면서도 잘 기능할 수 있다는 것이다.

두 번째로, 오직 경제성장만이 본질적으로 완전고용을 보장한다는 역시 흔한 비판이 있었다. 허먼 데일리는 성장을 늘리는 것이 아니라 불평등을 줄임으로써 서민의 구매력을 늘리고 그 결과 총수요를 유지하여 고용을 뒷받침하자고 했다. 이는 포스트케인지언의 지혜를 차용한 것 같다. 또한 물질과 에너지 처리량을 제한하면 노동가격에 비해서 원료와 에너지 상대가격이 올라갈 것이고, 그러면 생산 과정에서 더 많은 노동이 사용될 것이라고 추정했다. 아울러 기업이 노동생산성 향상 대신 자원생산성 향상에 초점을 두도록 만들면 고용에 긍정적인 영향을 줄 것이라고 보았다. 나아가 생태경제학에서 강조하는 고용 창출은 경제성장이 아니라 노동시간을 줄임으로써 달성될 수 있다는 주장도 잊지 않았다.

세 번째로, 정상상태 경제가 시장경제의 역할을 과소평가한다는 다양한 버전의 비판도 있었다. 사실 데일리는 생각보다 시장에 우호적이다. 생태경제학 진영 안의 클라이브 스패시나 생태사회주의자들에게 주로 공격받는 지점도 그가 시장가격 기제에 너무 관대하다는 것이었다. 허먼 데일리는 다양한 수요에 민감하게 반응하면서 생산에 필요한 자원을 효율적으로 배분하는 데 시장가격이 우수한 역할을 한다고 생각했다. 하지만 시장가격에 의한 결정(효율적 배분)과는 별개로, 생태학적 의사결정(최적의 경제 규모)과 윤리적 의사결정(정의로운 분배)이 동시에 필요하다는 점을 강조했던 것이다.[318]

'정상상태 경제'에 대한 이런 유형의 비판과 반박은 이후 시간이 지나서도 거의 달라진 것이 없었다. 허먼 데일리는 역으로 보수주의 주류경제학에 대해서 의문을 던진다. 왜 미시경제에서는 한계효용체감과 한계비용체증에 따라 최적값을 구하면서, 거시경제에서는 왜 더 이상의 성장이 '멈춰서야 할 최적의 규모'가 없느냐고. 그들에게 성장의 디폴트값은 왜 '영원한 성장'이냐고 묻는 것이다.[319] 만약 미시경제가 부분에 대한 논리이고 거시경제가 전체에 대한 논리여서 그렇다면, 거시경제는 다시 지구 생태계와 관련해서는 부분이고 이번에는 지구 생태계가 전체이므로, 이 측면에서 보면 거시경제도 더 이상 커질 수 없는 최적 규모를 갖는 것이 타당하다는 것이 허먼 데일리 주장이다. 물론 주류경제학은 허먼 데일리의 의문을 풀어주지 않았지만 말이다.

정상상태 경제에 대해 가장 난감한 비판은 뜻밖에도 허먼 데일리의 스승인 조르제스쿠-로겐에게서 나온다. 로겐은 1970년대 초반부터 정상상태 경제를 공개적으로 비판하는데, 이는 나중에 탈성장론자들이 로겐과 데일리의 차이를 강조하면서, 로겐은 탈성장론의 창시자로 받들지만 허먼 데일리는 저평가했다고 빅터가 비판하는 원인이 되었다. 아무튼 사방에서 들어오는 비판을 견뎌야 했던 허먼 데일리 입장에서는 스승의 비판이 더 힘들었을 수 있다.

로겐 비판의 핵심은 정상상태 경제가 도대체 얼마나 장기적으로 유지될 수 있는지 하는 '정상상태 경제의 수명'이었다. 경제성장은 물론이고 제로성장 상태, 심지어 마이너스 성장 상태조차 유한한 지구에서 영원히 존속할 수는 없다고 로겐은 문제를 제기하면서, 정상상태 경제 역시 단지 유한한 기간 동안만 유지될 것이라고 지적했다. 로겐이 지나치게 장기적인 시야로 접근한다고도 볼 수 있는데, 계속되는 엔트로피 증가 때문에 정상상태 경제조차 무한히 지속될 수 없다는 점은 허먼 데일리도 인정하지 않을 이유가 없었다. 그는 "엄격한 열역학적 측면에서 진정한 정상상태 경제는 불가능하다"고 하면서도, "정상상태 경제의 목표는 생태학적 구원이 아니라 기존 정책을 바꾸기 위해 다른 대안들보다 더 나은 목표와 더 나은 패러다임을 제공해주는 것"이라고 자신의 이론을 방어했다.

한편 생태발자국 측정을 고안한 마티스 웨커네이걸에 따르면, 로겐이 화석연료나 광물 등 비재생자원의 불가피한 퇴화에 몰두한 나머지 과도하게 경제 과정의 축소 쪽으로 관심을 기울인 데 비해서, 허먼 데일리는 숲이나 어장처럼 재생자원의 재생 능력에 더 주목하고 그 범위에서 인간 경제의 안정적 지속가능성 쪽에 관심을 기울였다고 평가하고 있다.[320] 웨커네이걸 말대로 둘 사이에 차이가 있다면 그 정도일 것이다. 실제로 '정상상태 경제'에 대한 로젠의 공식적인 비판에도 불구하고 그들 사이의 의견 차이가 사실 그렇게 큰 것은 아니었으며, 로젠의 지적 대부분을 데일리가 인정했다는 것이 피터 빅터의 주장이다. 더욱이 그런 비판에도 불구하고 로젠은 당시 데일리를 거의 유일하게 신뢰할 만한 제자로 생각했다고 한다.[321]

다음으로 가장 관심이 있는 질문, "도대체 정상상태 경제와 탈성장은 얼마나 같고 얼마나 다를까?" 하는 질문을 풀어보자. 먼저 허먼 데일리의 얘기를 들어보자. "아무도 마이너스 성장이 영원히 계속되어야 한다고 생각하지도 않고, 아무도 지속 불가능한 현재의 인구와 소비 규모 아래에서도 정상상태를 유지하기 위해 노력해야 한다고 말하지 않는다. 따라서 정상상태 경제와 탈성장 사이에 실질적인 충돌은 없다."[322]

그렇다. 탈성장 주장자들 아무도 영원한 경제 규모 축소를 주장하지는 않는다. 마찬가지로 인간 경제가 이미 지구 생태계 한계를 넘어간 상황임에도 지금의 상태를 유지하는 것이 정상상태 경제라고 허먼 데일리가 주장하는 것도 아니다. 따라서 순수하게 경제정책 측면에서만 보면 탈성장의 경제 비전이나 정책이 정상상태 경제와 크게 다를 것 같지는 않다. 어떤 의미에서 탈성장은 '낮은 수준의 정상상태'로 전환하는 경로를 제시한 걸로 봐도 좋지 않을까? 때문에 만약 차이가 있다면 그 핵심은 경제 비전이나 정책이 아니다.

문제는 전형적인 경제학자인 허먼 데일리가 '정책적으로' 대안만 제시할 뿐, 이를 '정치적으로' 어떻게 실현할지에 대해 분명한 방안을 갖고 있지 않다는 것이다. 그런데 탈성장 주장자들은, 단지 대안적인 정책과 제도 제시만으로는 기존 사회에 뿌리내린 성장 패러다임을 바꾸지 못한다고 생각했다. 정책과 함께 정치적이고 사회적인 행동을 통해 사회 변화를 일으키는 데 우선순위를 두어야 한다는 것이다.[323] 생태사회주의자들이 허먼 데일리를 비판하는 지점도 여기다. 이 대목은 처음부터 혁명가도 정치개혁가도 아닌 허먼 데일리의 약점일 수 있다.

탈성장을 주장하는 이들은 특히 성장의존형 경제와 결합된 사상과 문화적 측면에서 적극적인 변화를 시도해야 한다고 역설한다. 예를 들어 요르고스 칼리스는 '더 적은 것으로 더 낫게 사는 사회a Society that lives better with less'라는 지향과 열망을 중심으로 사회적 동맹을 형성할 수 있도록, 새로운 스토리와 슬로건을 제공하는 정치적 프로젝트가 바로 탈성장 운동이라고 말한다. 탈성장의 초기 창시자인 세르주 라투슈도 "탈성장은 개념이 아니라 정치적 슬로건"이라고 했다.[324] 이렇게 보면 정상상태 경제 쪽은 경제정책 전환에, 탈성장 쪽은 정치적 캠페인으로 초점을 각기 달리 두면서, 동시에 성장의존주의 사회에서 탈출하려는 공통 목표를 추구한다. 그렇다면 양자는 서로의 장점을 보완할 수 있는 자연스런 파트너로 인식해야 하지 않을까? 사실 경제정책과 경제제도 구상만 놓고 보면, 탈성장의 경제 비전은 정상상태 경제의 다양한 이론 기반에 상당히 의지한다고 말할 수 있다. 다시 말해서 탈성장 방향으로 가도록 영향을 줄 수 있는 공공정책이 뭐냐고 하는 질문을 받는다면 탈성장은 많은 경우 허먼 데일리의 정상상태 경제와 공통분모가 많은 얘기를 꺼내게 될 것이다.

한편 탈성장으로부터의 비판 덕분에 정상상태 경제에 관해서 선명해진 사실도 있다. 허먼 데일리의 정상상태 경제는 지구 한계 안에서 인간의 경제가 작동하기 위한 기본 개념과 몇 가지 정책 수단들을 보여주기는 하지만, 지구 한계를 파괴하면서 질주하고 있는 현재의 무한성장주의 경제 시스템에서 벗어나 도대체 어떤 방법과 경로를 통해 정상상태 경제로 이행할 수 있는지 설명하지 못하는 '공백'이 있다는 것이다. 성장의존적 경제에 심각한 의문을 갖는 개혁적인 정치가나 정당이 이 정책을 우연히 자발적으로 채택하는 사건이 일어나는 것 말고는 달리 길이 없다. 이 대목에서 정치와 문화 등을 강조해온 탈성장으로부터 정상상태 경제가 도움을 받을 지점이 있을 것이다.

마지막으로 정상상태 경제에 대한 마르크스주의 비판을 확인해보자. 허먼 데일리는 마르크스의 사상에 대해서 잘 알았고, 노동뿐 아니라 (자연의 핵심 구성요소인) 토지까지 착취하는 자본주의에 대한 마르크스의 비판에도 동의했다. 그는 재직 중이던 루이지애나 주립대학에서 1970년대 초반에 마르크스 경제학 과목을 가르치기도 했다. 하지만 데일리는 사회주의나 심지어 '생태사회주의'조차도 명시적으로 동의하는 행동을 보인 적이 없는 것 같다. 〈먼슬리 리뷰〉 편집자이자 생태사회주의자인 존 벨라미 포스터는 허먼 데일리의 정상상태 경제를 높게 평가하면서도 사회주의를 선택지에서 배제했던 대목을 아쉬워했다.

허먼 데일리의 지적 작업으로부터 많이 배웠다고 솔직히 인정한 벨라미 포스터는, 하지만 정상상태 경제가 자본주의 자유시장제도 맥락 안에 갇혀있다고 본 것이다. 생태사회주의자들이 비판하는 '시장생태학market ecology'이 정상상태 경제학에도 적용되는 것이다. 달리 말하면 정상상태 경제가 성장이 없는 경제이기만 하면 충분하다고 생각하고, 시장경제를 그대로 내버려 둔 채 근본적으로 평등한 사회를 향한 거대한 전환을 꿈꾸지 않았다는 것이다. 그래서 벨라미 포스터는 허먼 데일리를 '유토피아 개혁주의자'라고 불렀다.[325]

다른 사회주의자들이나 생태사회주의자들도 주로 거시적으로 "정상 상태 경제가 자본주의와 양립 가능한가?" 하는 예상 가능한 질문을 쏟아냈다.[326] 생태경제학 진영 안에서도 생태적 관점에서 시장가격 기능을 불신해왔던 클라이브 스패시 등은 "시장자본주의를 수용하면 자본축적과 성장을 수용하는 것으로 귀결된다"면서 비슷한 취지의 문제를 제기했다.[327] 여기에 대한 허먼 데일리의 답변은 무엇이었을까? 일단 허먼 데일리는 자신이 한 번도 '정상상태 자본주의steady-state capitalism'를 적극적으로 주장한 적이 없다고 전제했다.[328] 즉 정상상태 경제를 꼭 자본주의 안에 묶어둔 것은 아니며, 정상상태 경제는 자본주의와 사회주의 양쪽 모두와 어느 정도 거리가 있는 어떤 것일 수 있다는 것이다. 절충적 변명처럼 들릴 소지는 분명히 있다. 하지만 다른 편에서 보면 사회체제에 대한 궁극의 질문을 꼭 "자본주의냐 포스트자본주의(사회주의)냐"로 양분해서 귀착시킬 필요가 없다. 어떤 의미에서는 '인간 사회 안의 계급관계'보다 '인간 사회와 지구 생태계 관계'가 더 상위의 차원일 수 있다. 따라서 상위의 차원에 대한 질문인 "지구 생태계를 넘는 무한성장이냐 포스트성장이냐"에 대한 해법을 먼저 구한 다음, 그 구체적 해법 안에서 사회의 계급관계를 다양하게 풀어볼 수도 있지 않을까? 이렇게 보면 '성장을 넘어서는 것Beyond Growth'이 어쩌면 '자본주의를 넘어서는 것Beyond Capitalism'보다 더 선차적일 수도 있다. 그래서 나는 포스트성장주의=포스트자본주의로 너무 선험적으로 등치하는 것은 실천적으로 유용하지 않을 수 있다고 생각한다.

이 문제를 허먼 데일리의 문법을 따라서 좀 더 구체적으로 들어가 보자. 허먼 데일리는 무한성장을 포기하고 생태적으로 '지속 가능한 경제 규모'를 사회적으로 제한해야 한다고 주장한다. 아직 역사적으로 어떤 자본주의도 이것을 선택해본 적이 없다. 또한 허먼 데일리는 경제 규모가 제한되어 파이가 더 이상 커지지 않으면 불평등의 한계를 정하는 분배개혁이 중요해진다고 강조한다. 그런데 정의로운 분배의 큰 틀은 시장이 아니라 사회적 합의에 따라 최저소득과 최고소득의 한계를 정하는 방식이어야 한다고 주장한다. 통상적인 자본주의에서 최저임금 등 일부 유사한 제도가 있지만 허먼 데일리가 주장하는 만큼은 아직 아니다.

그렇다면 이런 경제는 과연 자본주의일까 아니면 사회주의일까? 자본주의라면 얼마나 덜 자본주의일까? 적어도 지금 현실 자본주의나 신고전파 경제학이 설명하는 이론적인 자본주의 둘 다 사회적으로 경제 규모 제한과 분배 한계를 정한 경우는 없다는 것이 데일리의 얘기다. 만약 경제 규모를 제한하고 정의로운 분배제도를 만드는 과정에서 자본주의가 아닌 어떤 것으로 경제를 변화시켜야 한다면 허먼 데일리는 그것을 배제하지는 않는 것 같다.[329] 정상상태 경제를 구성하는 과정에서 자본주의를 수정하거나 변형해야 할 필요가 생기면 받아들일 수 있다는 것이다.

문제는 다시 정치적인 차원으로 돌아간다. 이런 정도의 경제 전환이 과연 기존 제도정치나 정당 안에서 자발적으로 받아들여질 수 있을까? 탈성장 주창자들이 허먼 데일리에게 문제제기하는 핵심도 여기에 있다. 확실히 허먼 데일리는 자신이 제안하는 정책을 현재 정치사회가 수용할 수 있는지에 대한 심각한 고민까지는 자신의 영역이라고 생각하지 않은 것 같다. 그는 2022년 뉴욕타임스 인터뷰에서 "내가 뿌린 씨앗이 잘 자라느냐 하는 것은 제가 결정할 문제가 아닙니다. 내 몫은 씨앗을 심고 물을 주는 것까지입니다."라고 말했는데, 할 수 있는 것만 하겠다는 그의 신념이 반영된 것일지도 모른다.[330]

22

이미 현실에서 실험되고 있는
'도넛 경제'

정상상태 경제와 유사한 맥락을 가지고 있으면서도 현대적이고 실용적인 요소들을 종합하고 있어 최근 많은 도시와 지역들이 정책 모델로 주목하고 있는 '도넛 경제Doughnut Economy'를 살펴보자. 옥스팜 경제학자 케이트 레이워스가 제안한 도넛 경제는 대단히 직관적이어서 시민들과의 소통을 통해 빠르고 탄력적으로 응용할 수 있기 때문에 정책 실행자들이 선호하는 모델이다. 2008년 글로벌 금융위기를 거치면서 생태경제학 분야에서 제출된 꽤 과감한 대안들 중에서 강력한 설득력을 갖는 제안이라고 생각한다.

도넛 경제의 뛰어난 유연성은 레이워스가 생태경제학에 이론의 토대를 두면서도 복잡계 경제학, 페미니스트 경제학, 제도주의 경제학, 행동경제학 등 다양한 학파의 아이디어를 창조적으로 종합한 탓도 크다. 그는 "진정한 혁신은 이들이 각자 내놓은 지혜를 합쳐 냄비에 담고 한번 볶아 내는 것"이라고 과감히 자신의 의견을 밝히고 있는데 전적으로 동

의되는 대목이다.[331]

그러면 도넛 경제란 무엇일까? 복잡한 설명이 필요 없이 그가 단 하나의 도식으로 완성한 도넛 이미지가 도넛 경제에 대해서 사실상 거의 모든 것을 말해준다. 도넛 이미지에 대한 가장 단순한 설명은 이렇다. "안쪽 고리는 사회적 기초를 나타내는 것으로 그 안으로 떨어지면 기아와 문맹 같은 심각한 인간성 박탈 사태가 벌어진다. 그리고 바깥쪽 고리는 생태적인 한계를 보여주는 것으로, 그 밖으로 뛰쳐나가면 기후변화와 생물다양성 손실 등 치명적인 환경위기가 닥친다. 두 고리 사이에 도넛이 있으니, 이 공간이야말로 지구가 베푸는 한계 안에서 만인의 필요와 욕구를 충족시키는 영역이다."

한마디로 도넛 경제는 시민들로 하여금 아래로는 '복지를 위한 사회적 기초social foundation' 밑으로 떨어지지 않게 하고, 위로는 '생태적 한계 ecological ceiling'를 넘지 않게 하여, 그 사이에서 '사람들의 삶을 위한 안전하고 정의로운 영역'을 구축하자는 것이다(그림 33 참조).[332] 그 결과 "최저선에서 인간성을 박탈당하지 않는 삶을 살고, 한계선에서는 지구의 생태를 파괴하지 않는 선에서 인간 사회의 복리를 누리는 것"이라는, 복지와 생태를 아우르는 간명하고 강력한 제안이다. 도넛 안쪽의 12가지 사회적 기초는 "2015년 UN이 '지속가능 발전목표'에 구체적으로 적시한 우선적인 과제에서 도출"한 것이다. 또한 도넛 바깥쪽의 "생태적 한계는 요한 록스트룀과 윌 스테픈 등 지구 시스템 과학자 집단이 제안한 9가지 경계선"을 차용한 것이다.

도넛 경제에서 또 하나 흥미로운 대목은 레이워스가 '성장 패러다임'에 대해 비판하면서 성장에 대해서 '불가지론agnosticism' 입장에 서 있다

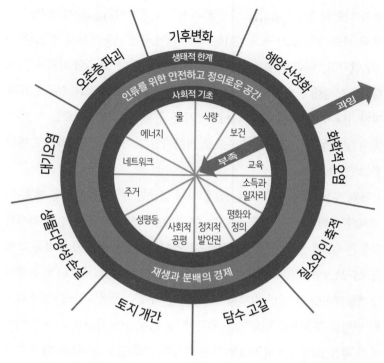

기후변화
해양산성화
오존층 파괴
생태적 한계
인류를 위한 안전하고 정의로운 공간
사회적 기초
과잉
화학적 오염
대기오염
물 식량
에너지 보건
네트워크 교육
주거 부족 소득과 일자리
성평등 평화와 정의
사회적 공평 정치적 발언권
재생과 분배의 경제
생물다양성 손실
질소와 인축적
토지 개간 담수 고갈

출처: Raworth, Kate. 2017

그림 33 코로나19 이후 많은 도시들에서 경제 회복 대안으로 각광받는 도넛 경제

는 점이다. 그의 불가지론은 "GDP가 올라가는지, 아니면 그대로 멈춰 있는지와 관계없이 인류의 번영을 추구하는 경제를 설계하자는 의미" 다.[333] 이렇게 보면 네덜란드 생태경제학자 판덴베르흐가 주장하는, 성장에 무관심하자는 취지의 '어-그로스a-growth'와 크게 보아 맥을 같이 한다고 볼 수 있다.[334]

당연하지만 도넛 경제의 불가지론 역시 '성장의존형 경제'에서 벗어나야 한다는 대전제를 받아들이고 있다는 점에서 다른 생태경제학과 어깨를 나란히 한다. 레이워스는 "불가지론을 주장하기 위해서는 우리 경제와 사회가 오로지 성장이라는 조건 하에서만 작동하도록 만든 재정적, 정치적, 사회적 구조를 모두 뒤엎어야만 한다"고 강조하기 때문이다. 지구 생태계와 물질대사를 하는 자원 처리량을 일정한 수준으로 유지하거나 감소하는 것을 목표로 경제를 운용하면, 결과적으로 이 과정에서 경제성장이 일정한 수준으로 평탄화될 것이라고 레이워스도 예상한 것 같다.

특히 도넛경제가 전망하는 실제 미래 경로를 보면 '정상상태 경제' 이미지와 거의 같다는 것을 확인할 수 있다. "역사에 이름을 떨친 경제학자들은 GDP 성장의 장기 경로를 그려보라는 제안에 어떤 그림을 그렸을까? 오늘날의 주류경제학자라면 지수 곡선의 끝을 모호하게 공중에 남겨놓겠지만, 위대한 경제학자들이라면 아마도 곡선의 끝을 이어 서서히 평평한 고원으로 만들었을 확률이 높다. 시간이 갈수록 경제가 이런저런 제한 요인에 부닥친다는 것을 이들은 알고 있었기 때문이다."[335]

즉, S자 곡선처럼 어느 수준에 도달하면 평평한 상태를 유지하는 경로를 전망했다는 점에서 대체로 허먼 데일리의 정상상태 경제와 유사한 궤도에 있다고 판단된다. 그런데도 굳이 그가 불가지론이라고 이름 붙인 이유는 뭘까? 레이워스는 만약 경제를 무한히 복리적인 성장에 그대로 내맡기지 않고 "우리가 원하는 경제, 즉 재생적이고 분배적인 경제"로 방향을 재설정했을 때, 실제 경제성장에 어떤 변화가 생길지 예상해보자고 한다. 그는 "고소득 국가에서 가계, 시장, 커먼즈, 국가가 어우러져 재생적이고 분배적인 경제가 생겨난다고 할 때 GDP가 올라갈 것인지 내려갈 것인지는 확실치 않다"는 것이다. 다시 말해서 "불확실한 변화들을 모두 조합하면 경제 내에서 화폐로 매매되는 제품과 서비스의 총 가치가 어떻게 달라질지, 이는 전혀 분명하지가 않기" 때문이라는 것이 그의 불가지론 주장 이유다.

그런데 앞서 지적했던 대로 도넛 경제의 최대 장점은 성장에 대한 불가지론적 태도가 아니라, 현실 정책에서 바로 구현할 수 있는 실용적이면서도 그 안에 철학적 내용을 담은 7가지 제안이다. 그는 이렇게 간명하게 압축한다. ①GDP에서 도넛으로 목표를 바꿔라, ②'자기 완결적인 시장에서 사회와 자연에 묻어든 경제로' 큰 그림을 그려라, ③'합리적 경제인에서 사회 적응형 인간으로' 인간 본성을 피어나게 하라, ④'기계적 균형에서 동학적 복잡성으로' 시스템의 지혜를 배워라, ⑤'부자로 만들어주는 성장신화에서' 벗어나 분배를 설계하라, ⑥'저절로 깨끗해진다는 성장만능주의에서' 벗어나 재생을 설계하라, ⑦'유일한 지상명령에서 성장불가지론으로' 성장 맹신을 버려라. 성장의존주의를 전면적으로 비판하면서 그 동안 생태경제학에서 논의되어 온 주제들을 정책적 관점에서 훌륭하게 재배열하고 있다. 이런 차원에서 보면 그의 저서 《도넛 경제학》은 정책 담당자들이 참고하기 위한 최상의 교과서다.[336]

또한 케이트 레이워스는 처음부터 도넛 모델을 국민경제를 변화시킬 정책 모델에 국한하지 않고, 도시 모델이나 지역 모델, 심지어 기업의 경영 모델이 될 수도 있고 개인 삶의 모델로 활용할 수 있도록 기획한 것 같다. 그는 자신의 저서에서 이렇게 질문을 던진다.

"한 사람 한 사람이 도넛에 맞도록 삶을 바꿔나간다면? 그래서 쇼핑을 하고, 식사를 하고, 여행을 하고, 생활비를 벌고, 은행에 가고, 투표를 하고, 자원봉사 활동을 하는 동안 도넛의 사회적 경계와 지구적 경계를 고려해 최대한 올바른 방향으로 바꿀 수 있다면? 기업 하나하나가 모두 이 도넛을 중심에 놓고 경영 전략을 짠다면? 그래서 항상 우리 기업의 핵심 사업이 인류를 안전하고 정의로운 공간으로 이끄는 도넛 브랜드라고 할 수 있는가를 중심으로 과제를 설정한다면?"

도넛 경제 모델의 이런 장점 탓인지 특히 2020년 4월 암스테르담이 코로나19 재난에서 회복하기 위한 전략으로 채택하면서 더욱 유명해졌다. 암스테르담은 87만 명 시민의 삶이 도넛 안으로 들어오게 함으로써 모두가 좋은 질의 삶에 접근하게 하면서도, 견뎌낼 수 있는 것 이상의 압력을 지구가 받지 않도록 하겠다는 계획을 세웠다.[337] 또한 2021년 주간지 〈타임〉이 도넛 모델을 특집으로 게재한 것에 따르면, 이후 암스테르담뿐 아니라 덴마크의 코펜하겐, 캐나다의 나나이모, 그리고 벨기에의 브뤼셀 같은 도시나, 뉴질랜드, 브리티시콜롬비아, 미국 포틀랜드 등 다수 지역에서 이 모델을 검토하고 있는 것으로 알려졌다.[338]

다만 이 모델을 실제 실행에 옮기는 과정에서 도넛의 안쪽(사회적 기초)을 지키기 위한 공공투자와 자원 배분이, 도넛의 바깥쪽(생태적 한계)을 지키기 위한 것과 경합이 일어날 수 있지 않을까 하는 의문은 제기된다. 당장 어떤 지방정부나 도시가 정해진 예산을 가지고 환경지출과 복지지출을 나눠서 할당해야 한다면 과연 어떤 원칙으로 나누는 것이 좋을까? 이는 사회적 정의와 환경적 정의라는 두 과제를 정책적으로 조율하는 이슈이기도 한데, 레이워스의 대답은 다소 원칙적이다. 그는 "인간의 번영은 지구의 번영에 의존"하는 식으로 "두 경계선은 서로 연결되기 때문에 단일한 복합사회-생태계로 이해해야 하며, 더 큰 전체 안에서 문제를 해결해야 한다"면서 다음과 같은 사례를 든다.

즉, 만약 어떤 지역에서 숲을 베어버리면 생물다양성 손실, 담수 순환

악화, 기후 악화로 이어질 테고 다시 남아있는 산림조차 황폐화되는 생태파괴의 악순환에 빠질 수 있다. 그런데 이는 사회에도 영향을 미쳐 산림과 담수 공급이 부족해진 지역 공동체들은 질병과 식량 감소로 더 취약해지고 아동은 학교를 그만두는 사태가 벌어질 수 있다는 것이다. 물론 타당한 지적이지만 이는 장기 사이클로 작동하는 메커니즘이지 1년이나 2~3년 사이에 발생하는 순환은 아니다. 때문에 이 대목에 대한 보다 구체적인 실험과 검토가 필요하다.

다행히 레이워스는 2019년 '행동에 집중하고 항상 실험을 통해 학습'하겠다는 뉘앙스를 가득 담은 '도넛 경제학 실행 랩Doughnut Economics Action Lab; DEAL'을 조직해서 도넛 모델 아이디어를 구체적인 공동체 실천으로 전환하고 시스템 변화까지 이루려는 노력을 하고 있다. 이 실행 랩은 '새로운 경제 내러티브'를 만들어내고, 정부나 기업 등을 상대로 전략적 제안을 내며, 지역 커뮤니티 등과 함께 교육하고 실험하면서 정책 수단을 개발하겠다고 공언하고 있다. 이 정도로 실천적인 생태경제학은 매우 드문 경우이다.[339]

23

'성장 없는 경제'의 생존 가능성, 생태거시경제학의 생각

이번에는 과연 경제성장과 이별하고도 우리가 경제적으로 문제없이 살 수 있을지 따져보자. 그러자면 거시경제학적으로 '더 이상 성장이 없어도 작동 가능한 경제 모델'이 있는지, 이를 위한 경제제도나 국가 경제정책은 무엇인지, 이 모델로 전환하기 위한 전환 경로는 어떻게 가능할지 살펴봐야 한다. 이 작업은 새로운 '생태거시경제학' 틀과 체계, 방법을 필요로 한다. 하지만 팀 잭슨의 말대로 "기존 거시경제학은 생태와 관련해서는 문맹의 학문"이나 다름없고 생태경제학도 "허먼 데일리의 정상상태 경제가 생태거시경제학을 위한 중요한 개념과 기초"를 만들어줬지만 턱 없이 부족하다고 인정한다.[340] 기후위기와 생태위기 대처를 위해서 앞으로 가장 많은 학문적 탐구와 정책 설계가 되어야 할 영역 가운데 하나가 생태거시경제학이 되어야 하는 이유가 여기에 있다. 일단 이런 한계를 인정하고 문제에 접근해보자.

우선 확인해야 할 대목이 있다. 의도적으로 성장 없는 경제(1퍼센트 이하 수준의 낮은 성장, 제로성장, 또는 마이너스 성장 포함)로 진입하는 경우와, 성장을 추구하다가 실패해서 경기침체나 불황에 빠지는 경우(허먼 데일리 표현대로 '실패한 성장경제')는 완전히 다르다는 점이다. 지금까지는 현실에서 주로 원치 않게 성장률이 떨어지거나 경기침체에 직면했다. 그 결과 대규모 실업이나 금융 불안과 같은 온갖 나쁜 사회적 충격이 연쇄적으로 닥치고 사람들의 삶은 힘들어졌다. 그러다 보니 '무슨 일이 있어도 성장growth-at-any-cost'에 매달려 온 것이다.

그런데 상황이 달라졌다. 눈앞에 거대한 장애물, 특히 기후위기라는 장애물을 만난 것이다. 기후위기에 대처하려면 전체 온실가스 배출의 60퍼센트 이상 책임이 있는 화석연료 사용을 포기해야 한다. 지구 생태계의 공급원source과 흡수원sinks 한계를 넘어서는 물리적 생산 규모 팽창도 안 된다. 그러면 어떻게 해야 하는가? 예를 들어 보자. 보통 자동차를 몰다가 장애물을 만나면 어떻게 할까? 제때에 브레이크를 밟아서 안전하게 멈추거나 아니면 그대로 장애물을 들이받아 사고를 내거나. 그 유명한 《성장의 한계》 30주년 기념 재발행판(2004년)에 이런 비유가 들어 있다.

"지속 가능한 사회와 오늘날 경제침체에 빠진 사회의 차이를 비교한다면, 일부러 브레이크를 밟아서 자동차를 멈추는 것과 자동차가 사고로 벽에 부딪쳐서 멈추는 것으로 비유할 수 있다. 현재의 경제 상황이 어느 순간 갑자기 한계를 초과한다면 모든 사람과 기업들은 곧바로 예상치 않은 상태에서 재교육을 받고 재배치되거나 재조정되어야 한다. 지속 가능한 사회로의 신중한 이전은 모든 사람과 기업들이 새로운 경제체계 속에서 제자리를 찾을 수 있도록 충분히 천천히, 그리고 충분한 사전조정을 거쳐 진행될 것이다"[341]

그런데 기후위기, 생태위기라는 거대한 장애물에 직면해서 브레이크를 밟는 방법이 왜 하필 경제성장을 멈추는 것이란 말인가? 물론 성장을 멈추는 것 자체가 기후위기 대응의 직접 목표는 아니다. 생태거시경제학의 목표는 제로성장이나 마이너스 성장 그 자체가 아니라, 생태적 재생능력과 흡수능력 안으로 물질과 에너지 사용을 줄여서 지구의 순환시스템과 경제를 모두 안정화시키자는 것이다. 문제는 현재 경제구조에서 에너지와 자원 사용을 크게 줄이면 거의 필연적으로 경제 규모의 축소, 즉 경제성장률이 제로 수준이나 심지어 감소로 빠질 개연성이 높다는 것이다. 현재 경제 시스템이 대규모의 에너지와 자원에 의존하고 있기 때문이다. 물론 이 과정은 현재의 경제 시스템에서 단순히 인위적으로 총 규모를 축소하는 데 그치는 것이 아니다. 자원과 물질 투입을 줄이면서도 작동 가능한 경제가 되도록 노동 투입은 늘리고 자원 효율화를 달성하며 탈탄소 산업 전환을 위한 녹색투자를 하는 과정이기도 하다. 심지어 전환 초기 단계에서는 대대적인 신규 전환 투자로 인해 어쩌면 일시적으로 플러스 성장 효과가 만들어질 수도 있다.[342]

어쨌든 기후위기를 근본적으로 막는 과정에서 제로성장, 심지어 일정한 마이너스 성장을 하면서도, 정말로 일자리 감소를 막고 불평등을 감소시키며 정부 재정에도 무리를 주지 않고 국민경제를 안정화시켜 나갈 전환 모델과 경제 모델, 거시경제 전략, 정책 수단들이 존재할 수 있는 걸까? 어려운 질문이다. 케이트 레이워스는, 인류가 지난 200년 동안 경제성장이라는 고공비행을 한 이래 "한 번도 하강을 통제해본 적이 없다"는 사실을 환기하며 다음과 같이 그 어려움을 토로한다. 경제라는 비행기는 "무조건 3퍼센트 정도의 성장률로 영원히 날도록 자동비행이 설정되었고 아무도 이를 바꾸지 못하게끔 잠금장치까지 걸어둔 것이었다. 그리고 그 이후로 오늘날까지 쉬지 않고 그런 비행을 시도해왔다."고 말이다.[343]

이 대목에서 작동 가능한 확고한 생태거시경제 모델과 함께, 그 거시경제 정책을 강력히 추진할 생태국가, 기후국가가 필요하게 된다. 팀 잭슨은 "개인의 의지와 선택에만 맡겨둔다면, 사람들이 곧 자연스럽게 지속 가능한 방식으로 행동하리라고 기대하기 힘들다"고 전제하면서 "경제 안정을 위한 기본적인 국가의 책임을, 믿을 만하고 생태적으로 튼튼한 경제를 구축하는 임무로까지 확장"해야 한다고 강조한다.[344] 즉, 국가는 국민경제 수준에서 지구 생태계의 한계를 잘 관리하면서 동시에 고용이나 인플레이션, 금융과 재정 안정성 등 거시경제에 문제가 생기지 않도록 책임을 져야 한다. 특히 전환 과정에서 심화될 수 있는 불평등에 대처하여 정의로운 전환으로 유도하고, 필수 재화 등의 안정적인 보장을 담보해야 한다.

지금처럼 에너지 전환 등 일부 산업정책을 국가가 지원하는 수준에 그치거나, 아예 사기업들의 자발적 행동을 격려하는 ESG, RE100 지원을 맴도는 방식으로는 기후위기라는 거대한 장벽을 절대로 넘을 수 없다. 기후위기는 애초에 개별 기업들이 선의를 가지고 알아서 하는 캠페인으로 해결될 일이 아니기 때문이다. 기업과 가계의 노력은 물론 특히 정부의 획기적 거시경제 정책 변화가 필수라는 말이다. 이 대목에서 생태경제학은 보수주의 주류경제학과 멀어지고 케인스주의 경제학과 만나게 된다. 기존 주류경제학은 시장의 가격기제가 기업의 투자 방향과 소비자의 구매 패턴을 바꿔줄 수 있으므로 특별한 국가의 산업정책이 필요하다고 생각하지 않는다. 하지만 케인스주의는 반대로 투자와 수요가 시장의 가격 신호에만 의존하게 내버려둘 수는 없다고 주장하고 사회적 투자와 산업정책의 필요를 역설한다. 여기에는 공공 녹색투자, 녹색 전환을 위한 연구개발 지원, 공공조달 정책, 관세정책 등을 동원할 수 있다.[345]

그러면 기후위기 대응을 위해 국가가 '의도적'으로 경제 규모를 제한하여 '성장 없는 경제'로 진입할 때, 그 경제가 과연 대규모 실업이나 금융 불안, 정부 재정위기를 초래하지 않으면서 안정적으로 작동 가능한지에 대해 어떻게 알아볼 수 있을까? 간단한 방법은, 가상적으로 경제성장률이 제로에 가까운 수준에서 멈춰있는 국민경제 모델을 만들어서, 이 경제가 시간 경과에 따라 갑자기 실업이 폭증하지는 않는지, 정부 재정에 문제가 생기지는 않는지, 금융이 불안정해지지는 않는지, 그러면서도 정말로 획기적으로 탄소 배출을 감소시킬 수 있는지 시뮬레이션해보는 것이다. 이를 통해 기후와 환경에 우호적이고 경제적으로도 견고하며 정치적으로 현실성이 있는 모델과 정책 조합을 찾아보는 것이다.[346]

사실 생태경제학의 창시자들인 볼딩, 로겐 등도 처음부터 거시적 관점을 갖기는 했으나, 생태거시경제학에 대한 체계적인 관심은 2008년 글로벌 금융위기 이후에 높아졌다고 볼 수 있다. 그렇게 짧은 역사 탓도 있는지 생태거시경제학은 주로 포스트케인지언 경제학이 구축해 놓은 거시 모델에 많이 의존하고 있다.[347] 물론 생태경제학과 포스트케인지언이 경로의존성, 미래 불확실성, 제도의 중요성, 생산요소간 대체의 제한성, 가치적 다원주의 등 상당한 관점을 공유하는 이유도 작용했을 것이다.[348]

지금까지 연구된 많은 모델과 시나리오 가운데 최근 피터 빅터와 팀 잭슨이 공동으로 수행한 시뮬레이션 결과를 살펴보기로 하자. 두 사람은 포스트성장 시대의 거시경제를 진단하기 위해 자신들이 만든 '로우그로우SFC$^{LowGrow\ SFC}$ 모델'을 피터 빅터의 조국이기도 한 캐나다에 적용해보았다.[349] 캐나다 국민계정 데이터 등을 이용해서 2017~2067년까지 50년 동안 캐나다 경제를 시뮬레이션한 것이다.

모델의 목표는 과연 지금보다 훨씬 낮은 성장 혹은 제로성장 조건 아래, 근본적 수준으로 온실가스를 줄여나가면서도 완전고용과 불평등 감소, 그리고 건전한 재정 수지 균형을 맞춰나갈 수 있느냐를 보는 것이다. 이 모델은 생태적 지속가능성을 측정하기 위해 주로 온실가스 배출에 초점을 맞추었다. 또한 경제성장의 주요 추진력은 총수요이고 총수요를 결정하는 핵심 결정 요소는 투자라는 케인지언 문제의식을 반영했다. 투자는 다시 기존의 회색투자$^{brown\ investment}$와 새로운 녹색투자^{green} ^{investment}로 구분했다.* 그리고 시나리오별로 다르게 두 영역의 투자에 변화를 주어 성장, 고용, 재정 등의 효과는 물론이고 웰빙과 환경에 미치는 영향까지 알아보고자 했다.

한편, 두 사람은 캐나다 미래 경제 50년 동안 세 가지 시나리오를 설정했는데, 첫째는 온실가스 배출이나 삶의 질을 특별히 변경하지 않고 기존에 하던 대로 경제성장을 계속하는 관행적 시나리오, 둘째는 기존 경제성장을 유지하면서 탄소세 도입과 자동차 전기화 등을 추가한 녹

---

* 피터 빅터는 녹색투자를 더 세분하여 생산적-비생산적 투자, 추가적-비추가적 투자로 구분했다. 생산적 녹색투자는 대표적으로 재생에너지 건설이 될 수 있고, 비생산적 녹색투자는 홍수 예방을 위한 제방 건설이 사례로 제시된다. 한편 추가적 투자는 기존 투자에 더해 녹색투자를 확대함으로써 총수요를 늘리는 것이고, 비추가적 투자는 회색투자를 줄이고 대신 녹색투자로 전환하여 총수요를 늘리지는 않는 투자다. Victor, Peter. 2021.

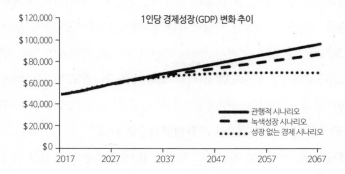

1인당 경제성장(GDP) 변화 추이

관행적 시나리오
녹색성장 시나리오
성장 없는 경제 시나리오

지속가능 번영지수(Sustainable Prosperity Index) 변화 추이

관행적 시나리오
녹색성장 시나리오
성장 없는 경제 시나리오

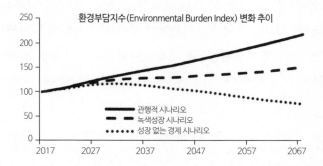

환경부담지수(Environmental Burden Index) 변화 추이

관행적 시나리오
녹색성장 시나리오
성장 없는 경제 시나리오

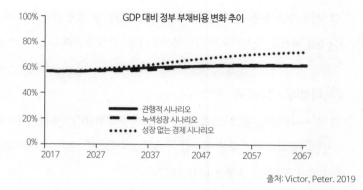

GDP 대비 정부 부채비용 변화 추이

관행적 시나리오
녹색성장 시나리오
성장 없는 경제 시나리오

출처: Victor, Peter. 2019

그림 34 캐나다 경제 50년 동안의 세 가지 예상 시나리오 추이

색 성장 시나리오, 그리고 셋째는 회색투자의 녹색투자로의 전환, 불평등 완화 정책 도입, 노동시간 단축 등 성장 없는 경제 시나리오였다. 그리고 각 시나리오별로 GDP 성장률, 온실가스 배출 변화를 측정하는 환경부담지수[EBI]와, 경제-사회-환경을 통합해 진보를 측정하는 지속가능번영지수[SPI] 등을 기본으로 고용률 변화, 정부 부채 비율 변화, 그리고 기업 수익률 변화까지 다양한 경제 변수 값을 비교 측정했다.[350] 다만 이 모델에서는 대외 무역 등 개방경제에서 고려해야 할 변수들은 고려되지 못했다.[351]

그러면 2017~2067년까지 50년 동안 캐나다 경제를 시뮬레이션한 결과는 어땠을까? 피터 빅터와 팀 잭슨은 세 가지 시나리오에 대해 대략 다음과 같은 결과를 얻었다.

'관행적인 경제성장' 시나리오
• 50년 동안 연평균 경제성장률은 1.4퍼센트 증가

- '지속가능 번영지수'는 오히려 50퍼센트 줄어서 시민 웰빙이 크게 감소
- 온실가스는 지속적으로 증가하여 기후위기 심화 초래

'녹색성장' 시나리오

* 이 시나리오는 탄소 배출 톤당 탄소세가 300달러에 이를 때까지 매년 10달러씩 탄소세를 인상하고 매년 2퍼센트씩 자동차를 전기화하여 100퍼센트까지 달성하는 시나리오

- 50년 동안 연평균 경제성장률은 1.1퍼센트 증가(주로 전통적인 회색투자가 늘지 않은 탓으로 성장률 약화)
- 지속가능 번영지수는 10퍼센트 감소하여 시민들의 웰빙이 개선되지는 못함
- 온실가스 배출은 기후위기 대응에는 훨씬 못 미치지만 2017년 대비 27퍼센트 감소(즉 환경부담지수를 개선하는 효과)

'성장 없는 경제' 시나리오

- 50년 동안 연평균 경제성장률은 0.7퍼센트 증가(특히 마지막 20년은 사실상 제로성장을 유지했는데 이는 회색투자가 크게 감소하고 노동시간이 짧아진 탓)
- 지속가능 번영지수는 35퍼센트 증가하여 시민 웰빙이 상당히 개선
- 50년 뒤인 2067년에 온실가스는 85퍼센트까지 감축(2050년에는 60퍼센트까지 감소). 이는 재생에너지로의 전환뿐 아니라 경제성장률 감소와 소비 수요 감소 탓임
- 이외에도 소득 분배 개선(지니계수 0.47 → 0.21), 노동시간 단축(연간 1,700시간에서 1,340시간)에서 성과가 나타남. 다만 고용률은 특별히 하락하지 않고 다른 시나리오들과 유사한 결과를 보임

• 재정 측면에서 국가 부채는 50퍼센트 → 70퍼센트로 다소 올랐지만 안정성을 흔들 정도는 아니었고, 가계 부채는 안정적인 수준을 유지함

요약해보자. 캐나다의 미래 경제를 50년 동안 시뮬레이션 해본 결과, 기존 성장경제나 녹색성장경제와 비교해서 성장 없는 경제 모델은, 투자 포트폴리오가 녹색투자로 대폭 전환되었고 생산성 성장은 낮아졌으며, 소비 수요도 늘지 않고 안정화되었다. 그럼에도 여전히 재정 상황은 회복력이 있었고 사회적 결과는 개선되었으며, 지구에 주는 환경 부담은 획기적으로 감소했다.[352]

한편 2018년에 '유로그린모델EUROGREEN Model'이라는 매우 유사한 시뮬레이션 연구가 있었다. 역시 포스트케인지언 이론에 기반한 이 모델은 프랑스를 사례로 2014~2050년까지 온실가스 80퍼센트 감축 달성을 목표로 잡았고, 기술혁신, 기본소득(월 60만 원 정도), 일자리보장(매년 최대 30만 명), 노동시간 단축(주 30시간), 재생에너지 확대(2050년까지 75%), 탄소세와 탄소국경조정 등 6가지 변수를 설정했다. 그리고 피터 빅터의 모델과는 다소 다르게 3개의 시나리오, 즉 '녹색성장 시나리오', '사회적 형평성 시나리오', 그리고 '탈성장 시나리오'로 설정했다.[353] 이 시나리오의 결과 역시 앞의 피터 빅터의 결론과 상당히 유사했는데, 세 가지 중에서 탈성장 시나리오가 온실가스를 가장 획기적으로 줄이면서 실업률도 평균 수준을 유지했고, 경제성장률은 -0.3퍼센트 정도를 유지했으며 재정 적자가 조금 높아졌지만 심각한 것은 아니었다.

이렇게 의외로 '잘 기획된 거시경제 정책에 따라 제로성장에 수렴하는 경우'에는, 고용이나 금융, 재정 등을 안정화하면서도 탄소 배출을

획기적으로 줄여서 기후위기에 대처할 수 있다는 결과를 얻었다는 것이다. 이 대목에서 생태사회주의자들이 문제시해왔던 의문에 실마리를 제공할 단서가 있는지 확인해보자. 즉 제로에 가까운 성장률에도 불구하고 무한 수익을 추구하는 자본주의 기업들과, 무한축적에 의존하는 자본주의 시스템이 여전히 문제없이 작동할 수 있었나? 다시 말해서 성장 없는 경제는 자본주의에서도 선택 가능한 옵션이었나?

왜 이런 질문이 나올 수 있을까? 자본주의 시장경제에서는 경쟁에 살아남기 위해 끝없이 더 많은 이윤을 추구하는 것이 기업의 지상명령이다. 그 때문에 기업들은 더 많은 투자와 자본 축적 압력을 시장으로부터 끊임없이 받게 되며 그 결과가 무한 경제성장이다. 특히 현대 부채 기반 금융 시스템에서 경제성장이 없다면 복리로 늘어나는 이자 지급 요청이 어떻게 가능할까? 그러니 경제성장이 멈추면 이윤 추구도, 자본 축적도 멈춰야 하고 이자도 0으로 수렴되어야 하며 그러면 더 이상 자본주의가 아니지 않을까?

하지만 피터 빅터와 팀 잭슨은 성장 없는 경제의 시뮬레이션 결과를 볼 때 성장 기반 경제에서 정상상태 경제로 상대적으로 질서 있는 전환이 가능하다는 것을 보여주었다고 판단한다. 우선 '성장 없는 경제' 모델에서 기업 이윤 변화는 5.7퍼센트에서 50년 뒤 4.6퍼센트로 비교적 완만하게 하락하는 것으로 나타났다. 또한 자본과 노동 사이의 소득분배율 역시 성장 없는 경제에서 상당히 완만하게 자본 소득 쪽 비중이 줄어드는 정도에 그쳤다.

두 사람에 따르면, 이미 자본주의에서도 다양한 소유 형태들이 병존하므로, 이윤 극대화가 아닌 목적으로 움직이는 기업들이 더 지배적인 형태가 된다면 성장 없는 경제도 가능하다고 판단한다. 또한 제로성장에 접근하더라도 은행 이윤이 경제로 재순환되고 정부가 금융 안정에서 가이드 역할을 맡을 준비가 되었다면 플러스 금리 대출 시스템은 작동할 수 있다고 주장한다. 이렇게 기업 이윤율이나 국민소득에서 자본 소득이 차지하는 비중의 변화 추이를 살펴볼 때, '성장 없는 경제'가 자본주의 경제에서 불가능하다고 말할 수는 없다는 것이다. 다만 지금처럼 자본권력이 정점에 오른 상황은 아닐 것이다. 그들은 그런 뜻에서 '덜 자본주의적less capitalistic'인 경제가 되지 않을까 전망했다. 팀 잭슨은 2009년 저서 《성장 없는 번영》에서 이미 유사한 취지의 언급을 한 바가 있다.[354]

하지만 이들의 낙관적 기대와 달리, 기후위기 대응을 위해 기업들이 무거운 산업 전환 비용을 감당하고 하락한 이윤을 수용할 것인지, 그리고 이자 수익에 목매는 금융자본들이 수익률 하락 추세를 계속 용인할 것인지, 더 나아가 수익률에 연연하지 않는 새로운 유형의 기업들의 증가를 수반하는 더 다양한 소유 형태로의 진화가 얼마나 활발하게 일어날지는 상당한 정도로 '이해관계자들 사이의 힘의 균형'에 따라 달라질 수 있다. 당연히 단지 시뮬레이션만 보고 판단할 일은 아니라는 것이다. 더욱이 지금은 자본의 독점화와 경제권력의 득세가 그 어느 때보다 심하고 노동조합이나 시민사회 공동체는 어느 때보다 취약한 때가 아닌가?

한편 탈성장론자 제이슨 히켈은, 성장 없는 경제가 굳이 자본주의라는 한계에 갇힐 필요는 없다고 다른 의견을 내놓는다.[355] 그는 피터 빅터나 팀 잭슨의 결론과는 다르게, 성장주의가 자본주의에 고유한 '무한축적 논리'에 기초한다고 확신하고 있기 때문에 성장주의 굴레로부터 빠져나오는 것, 즉 탈성장은 결국 '포스트자본주의'라는 방향을 가져야 한다는 것이다. 이는 뒤에서 생태사회주의를 살펴보면서 다시 검토해볼 것이다.

24

2020년대는 '탈성장의 시대'가
될 수 있을까?

　이론적으로는 '성장을 외면한 경제'가 작동 가능하다고 했지만, 과연 실제 현실에서 '경제성장 정책을 우선순위에서 빼버리고' 국가정책을 세우거나 사회를 운영해갈 수 있을까? 그런 일이 정말 손톱만큼이라도 가능할까? 아이러니하게도 현실에서 이 가능성을 보여준 사건을 우리는 이미 경험했다. 2020년 코로나19 팬데믹 이후에 일어났던 사회적 충격과 그 대응에서 말이다. 코로나19를 "인류와 환경의 관계가 무너지면서 그 역풍으로 나타난 첫 번째 위기"라고 표현했던 경제사학자 애덤 투즈^{Adam} ^{Tooze}는 《셧다운》이라는 저서에서 당시 상황을 이렇게 표현했다.

　"2020년 상반기와 같이 전 세계 국가의 약 95퍼센트에서 1인당 GDP가 동시에 감소한 사건은 현대 자본주의 역사에서 단 한 번도 없던 일이었다. 30억 명이 넘는 성인이 일시에 해고를 당하거나 재택근무를 하기 위해 고군분투했다. 16억 명에 달하는 젊은이들의 교육이 중단되었다. 유례가 없을 정도로 무너진 가정생활과는 별개로, 세계은행은 인적 자본의 상실로 인한 평생 수입 손실이 10조 달러에 달할 것으로 추정했다."[356]

실제로 2020년 한해 경제성장률을 보면 중국이 2.2퍼센트로 겨우 플러스 성장을 한 것을 제외하면, 미국 -3.5퍼센트, 영국 -9.8퍼센트, 프랑스 -8.1퍼센트, 독일 -4.9퍼센트 등 주요 선진국들이 모조리 마이너스 성장을 기록했다. 한국도 -0.9퍼센트로 역시 경제 규모가 축소되었다. 세계의 모든 나라들이 코로나19라는 치명적인 유행병 확산 앞에서 경제성장률을 끌어올리는 것을 포기하고 시민의 생명을 우선에 둘 수밖에 없었기 때문이다. 이를 위해 생산과 소비를 대폭 축소시킬 락다운과 사회적 거리두기를 신속하게 결단했다. 경제 규모 축소로 인한 매출 감소와 소득 감소, 실업에 대응해서 정부는 대규모 국가 재정을 동원했다. 어떤 면에서 보면 모든 정부들이 스스로 '탈성장'을 결단한 것이다.

그 결과 세계적으로 2020년 온실가스 배출은 2019년에 비해 4.7퍼센트가 줄어들었다. 주로 화석연료 사용을 줄인 결과다. 한국은 조금 더 줄어서 -6.4퍼센트였다(물론 2021년에는 곧바로 반등해서 증가했지만 말이다).[357] 지금 직면한 기후위기는 코로나19와 많은 점에서 유사하다. 물론 점점 더 강하고 대규모적이며 자주 우리 삶 앞으로 돌진할 개연성이 높다. 코로나19처럼 기후위기가 예고 없이 갑자기 들이닥쳐 성장 엔진을 멈추게 만들지, 아니면 인류가 예방적 차원에서 성장에 브레이크를 걸고 기후위기를 완화시켜나갈지 선택해야 할 순간이 어느덧 발 앞에 온 것 같다.

'탈성장degrowth'이라는 용어는 직관적으로 굉장히 강렬한 인상을 준다. 성장의존형 경제를 정면으로 공격하는 이미지가 있으며, "지구 환경을 위해 경제 규모를 줄이고 소비도 줄여서 살아가자는 주장"으로 인식된다. 그만큼 소비를 절제하는 삶을 요구하는 얘기로 들리고, 힘든 삶을 살라고 강요하는 것으로 들리기 쉽다. 하지만 탈성장론 주창자들은 이를 반박하면서, 우리를 기다리고 있는 재앙을 피하기 위해 탈성장을 하는 것이지, 재앙을 자초하기 위해 탈성장을 하자고 주장하는 것이 아니라고 강조한다. 탈성장이 위기를 불러오는 것이 아니라 무한 경제성장이 위기를 초래하는 것이라고 말이다. 라투슈는 탈성장이 "과잉소비로 비만의 위협에 노출된 시대에 삶의 질을 개선하기 위해 자발적으로 검소한 생활을 선택하는 치료법"이라면, 경기침체는 "기아로 죽게 될 가능성이 있는 강요된 다이어트"라고 비유했다.[358]

그런데 탈성장으로 전달하려는 메시지의 강도가 모두 같은 것은 아니다. 다양한 목소리들이 있기 때문이다. 탈성장과 연관된 주요 인물 연대기만 봐도 앙드레 고르츠, 세르주 라투슈, 자코모 달리사, 요르고스 칼리스부터 최근의 제이슨 히켈, 마티아스 슈멜쩌에 이르기까지, 주로 대륙 유럽 선진국들 중심으로 활동해온 이들이 주축을 이루지만 이들 내부의 스펙트럼은 제법 다양하다.

또한 탈성장은 그저 대안적 경제정책이기보다는 사회문화적 캠페인이자 정치적 운동이라는 특성까지 모두 포함하고 있다. 대부분 생태경제학자들이 기본적으로 탈성장의 내용을 상당 부분 공유하고 있음에도 탈성장이 풍기는 복합적 이미지 때문에 탈성장 용어를 피하기도 한다. 여기서는 일단 "적극적 선전 캠페인이자 다양한 의견들과 개념들, 공동체들을 포괄하는 '우산 개념umbrella term'"으로 탈성장을 매우 넓게 규정하고 있는 마티아스 슈멜쩌의 논지에 따라서 탈성장의 다양한 갈래부터 확인해보자.[359]

첫째는 '제도 지향적 흐름'이 있다. 성장주의에서 벗어나 '번영prosperity' 이라는 새로운 개념을 향한 거시경제적 전환을 이룰 광범위한 정책을 주장하는 이들을 여기에 넣을 수 있다. 이렇게 보면 허먼 데일리나 팀 잭슨, 케이트 레이워스처럼 스스로 탈성장론자라고 말하지 않는 이들을 포함하여 대부분 생태경제학자들이 포함될 것 같다. 이들은 생태적 조세개혁이나 재분배개혁, 대안적 경제지표 개발 등 생태적이고 정의로운 방향의 개혁정책을 제안하고, 기존에 선거로 선출된 정부들이 이를 수용하도록 압박한다. 암스테르담이 도넛 경제 모델을 공식적으로 채택하도록 한 사례가 이 범주에 속한 이들의 실천 방식을 보여준다.

둘째는 '충분성sufficiency 지향적 흐름'이 있다. 성장주의에 대한 생태적이고 문화적인 비평, 그리고 산업주의에 대한 비평에 기초를 두고 있다. 지역화되고 탈상품화된 경제를 통해서 자원 소비를 과감히 줄이자고 주장하며, 소비주도형 자본주의 시장경제 밖에서 지금 당장 실천하자고 한다. '자발적 단순성voluntary simplicity', '적을수록 풍요로움less is more', '검소한 풍요로움frugal abundance', '느린 경제slow economy' 등의 슬로건이 이들을 상징한다. 이들의 주장은 '전환마을transition town'이나 '에코빌리지eco-villages' 등으로 구현되고 있다고 말할 수 있다. 라투슈의 '8R' 제안[360]도 여기에 속할 수 있는데, 다만 소비를 감소시키는 개인적 행동들에 기반해서 어떻게 사회구조의 변화까지를 도모할 것인지에 대한 고려가 적다는 약점이 있다는 것이 슈멜쩌의 판단이다.

셋째는 '공유운동commoning'을 중심으로 한 대안경제 흐름이다. 이들은 지금 여기서 유토피아를 실현해보자는 나우토피아nowtopia의 지향이 강하다. 공동체 기반 농업, 공유운동, 연대적이고 협동조합적인 커뮤니티 경제, 동료간Peer-to-Peer 생산, 플랫폼 협동조합 등을 구체적 실천 방안들로 예시한다. 특히 이들은 시장과 국가를 넘어 커먼즈 기반의 대안을 강조하는데, 전체 사회를 조직하는 중심으로서 커먼즈 이니셔티브를 가지고 대안경제를 구축하는 것이 탈성장 경제의 뿌리가 되어야 한다고 주장한다.

넷째로, '페미니스트 흐름'이 있다. 페미니스트 탈성장 흐름은 상당히 무시되어왔다고 슈멜쩌는 지적하지만 사실 에코페미니즘의 전통은 나름 탄탄하다. 특히 사회와 삶의 기초를 이루고 있는 재생산과 돌봄이 경제와 경제적 사고의 중심이 되어야 한다고 주장한다. 생산과 재생산의 분리를 극복하기 위해 과감한 노동시간 단축과 젠더간 돌봄노동의 공정한 분배, 즉 '돌봄혁명care revolution'을 해야 한다고 주장한다.

다섯 번째로, '포스트자본주의적 흐름'이 있다. 이 경향은 '성장 없는 사회주의socialism without growth', 즉 생태사회주의적 접근법이라고 볼 수 있는데 슈멜쩌는 이들까지 탈성장으로 포괄했다. 본질적으로 1970년대 이후 등장했던 '적록동맹'의 부활이라고 볼 수 있다는 것이 슈멜쩌의 생각이며, 이들은 분배와 소유권 등에서 경제구조의 변화가 필요하다고 주장한다. 이들은 구조 변화를 위한 직접행동으로서 시민불복종 운동이나 핵심 거점에 대한 점거운동을 선호하지만 이는 꼭 생태사회주의자들에 국한되지는 않는다.

이렇게 5가지로 분류한 흐름을 보면, 사실 성장의존주의 비판을 내걸고 변화를 추구하는 거의 모든 현대 사회운동을 망라하게 되는데, 좋게 해석해서 다양한 사회운동의 거의 모든 곳에 탈성장 운동 요소가 포함되어 있다고 평가할 수도 있겠다. 이처럼 넓게 잡아서 5가지 갈래로 발전해온 탈성장을 종합해보면 어떻게 정의를 내릴 수 있을까?

학문적으로 탈성장을 가장 중심적으로 주도해온 '리서치와 탈성장

research and degrowth' 그룹의 정의를 빌려와 보자.[361] 이들에 따르면, 90년 대식 절충주의적 생태운동의 틀을 벗고 다시 급진적인 방향전환을 위한 키워드로 '탈성장décroissance'을 내세웠던 2000년대 초반이 탈성장의 본격적 기원이다. 처음에는 프랑스와 스페인을 중심으로 활동을 시작하다가 2008년 파리에서 열린 제1차 탈성장 회의에서 처음으로 영어 표현의 '탈성장degrowth'이 등장했으며, 이것이 학계를 넘어 시민사회 차원으로 탈성장의 시작을 알리는 계기가 되었다고 한다.[362] 이렇게 만들어진 탈성장 개념을 이들은 다음과 같이 정의한다.[363]

"지속 가능한 탈성장sustainable degrowth은 생산과 소비를 줄이는 것이며, 이를 통해 사람들의 웰빙을 증진하고 지구의 생태적 조건과 형평성을 향상시키는 것이다. 탈성장은 생태적 수단들을 통해서 개방적이면서도 지역적인 경제로, 그리고 새로운 형태의 민주적 제도를 통해 더욱 평등하게 자원이 분배되는 사회에서 살아가는 미래를 요구한다. 그러한 사회는 더 이상 '성장 아니면 죽음'이 될 필요가 없다. 물질적 축적은 이제 사람들의 문화적 상상에서 중요한 지위를 차지하지 않을 것이다."

"효율성 우선 원칙은 충분성에 초점을 두는 것으로 대체될 것이고, 기술 자체를 위한 기술이 아니라 우리가 활기차고 검소하게 살아갈 수 있도록 해주는 새로운 사회적, 기술적 조치에 혁신의 초점을 맞출 것이다. 탈성장은 GDP 중심성에 도전할 뿐 아니라, 생산과 소비가 더 낮은 수준에서 지속 가능하고, 인간의 협동과 생태계를 위해 더 많은 여지를 남겨두도록 경제 규모를 줄이는 그런 전환 프레임워크를 제안하는 것이다."

위의 정의는 대체로 자코모 달리사나 요르고스 칼리스 등이 개별적으로 말했던 탈성장 정의들을 거의 통합하는 것으로 봐도 무방할 것이다. 제이슨 히켈도 비슷한 내용으로 탈성장을 정의한다.

> "탈성장은 GDP를 줄이는 것에 관한 이야기가 아니다. 경제 과정에서 물질과 에너지 처리량을 줄여 생명세계와 균형을 이루도록 되돌리는 것, 그러면서 소득과 자원을 더 공정하게 배분하고, 사람들을 불필요한 노동에서 해방시키며, 사람들이 번영하는 데 필요한 공공재에 투자하는 것에 관한 이야기다. 이는 보다 생태적인 문명으로 향하는 첫걸음이다. 물론 이렇게 하면 GDP가 천천히 성장하거나, 또는 성장을 멈추거나, 어쩌면 하락할 수도 있다. 만약 그렇더라도 괜찮다. 중요한 것은 GDP가 아니기 때문이다."[364]

슈멜쩌는 생태정의와 사회정의로 나눠서 탈성장 개념을 설명하고 있다. 즉, '생태정의' 차원에서 탈성장은 사회의 물질대사량을 줄이고 그 결과 생산과 소비를 줄여서 생태적으로 지속 가능하게 만드는 것이다. '사회정의' 차원에서는 줄어든 생산과 소비 여건에서도 좋은 삶을 살기 위한 방안을 모색하는 것, 그리고 이를 위해 제도와 인프라를 재설계하는 것이 탈성장이다.[365]

이 대목에서 한 가지만 확인해 두자. 기존의 생태경제학적 논의들은 주로 인간의 경제가 지구의 한계와 충돌하게 되었으므로 '원치 않더라도 어쩔 수 없이' 무한성장을 포기해야 한다고 강조해왔다. 성장 의존에서 벗어나는 것이 자발적인 선택이기보다는 '불가피한 선택'처럼 강조했다는 뜻이다. 물론 허먼 데일리는 더 높은 윤리적 목표를 이루는 수단

으로 경제를 재정의해야 한다면서 다른 뉘앙스를 보이기는 했지만 일반적이라고 볼 수는 없다.[366]

하지만 탈성장은 물질적 확대가 과연 더 좋은 삶을 보장해주는지에 대한 다각도의 문제제기를 통해서 무한성장 포기가 '적극적이고 자발적인 선택'임을 강조하고 있다. 아마도 그들에게 '충분성'이라는 개념은 그래서 특별히 중요하게 받아들여지는 것 같다. 그들이 "코끼리를 날씬하게 만드는 것이 아니라 코끼리를 달팽이로 바꾸는 것"이 탈성장이라고 은유하는 이유도 아마 여기에 있을 것이다. 또한 슈멜쩌가 "탈성장은 '사적 충분성private sufficiency'과 '공적 풍요로움public abundance'에 관한 것"이라고 강조한 것 또한 동일한 취지와 맥락일 것이다.[367]

앞서 여러 번 확인했던 것처럼, 탈성장의 경제학적 토대는 대체로 생태경제학의 맥락에서 크게 벗어나지 않는다.[368] 탈성장에서 차별화되는 지점은 상당 부분은 경제가 아니라 정치문화적 프로젝트와 관련된 영역이다. 그러면 생태위기와 기후위기에 대처하기 위한 탈성장의 정치적 프로젝트는 어떻게 나타날까? 탈성장 주창자들은 멀게는 그람시, 가깝게는 에릭 올린 라이트Erik Olin Wright 등 정치전략가와 정치학자들에게서 지혜를 빌려[369] 탈성장을 실현하는 세 가지 경로를 동시에 추진해야 한다고 주장한다. 간단히 살펴보자.[370]

첫 번째로, 현재 제도의 틈새에서 아래로부터 '나우토피아'를 실현하는 방안이다. 탈성장이 추구하는 충분성 있는 좋은 삶을 당장 시민들에게 보여주기 위해 기존 제도의 틈새에서 자치적인 공간을 만들고 실험을 하자는 것이다. 이는 우리 기준으로 보면 지역 차원에서 공동체들이 단독으로 또는 공공의 지원을 받아 수행하는 다양한 에너지 자립 마을

이나 협동조합 운동, 순환경제 실험, 사회주택 등을 모두 포괄해볼 수 있을 것이다. 유럽의 전환마을, 에코빌리지, 탈성장 여름학교나 기후학교 등 사례도 있다.

두 번째로, 기존 정치구도 안에서 제도와 정책을 바꾸는 '개혁'이다. 지금까지 허먼 데일리를 포함해서 주로 영어권 생태경제학자들은 자신들이 제안하는 정책들을 기존 정치나 정당들이 수용해서 법과 규범, 인프라와 제도를 점진적으로 바꾸기를 희망했을 수도 있다. 노동시간 단축, 더욱 파격적인 분배정책, 보편적 기본서비스, 생태적 조세개혁, 최고임금제 도입 등 정책 제안들은 이를 위해 준비된 것들이기도 하다. 그린뉴딜 정책 제안도 여기에 속한다고 할 수 있다. 흔한 오해와 달리 그린뉴딜은 녹색성장론자들만의 주장이 아니다. 탈성장론 역시 '성장 없는 그린뉴딜'을 요구해왔다.[371]

세 번째는, 성장 패러다임에 의지하는 기득권에 대항하기 위해 시민의 힘을 조직해서 '대항 헤게모니counter-hegemony'를 형성하는 것이다. 이는 전형적인 사회변혁 운동과 많이 유사하다고 할 수도 있다. 이 관점에 따르면 현재 글로벌 경제를 지배하는 성장 패러다임은 단순히 정책기술적으로 좋은 정책을 선택한 결과가 아니다. 성장 패러다임이 지배함으로써 이익을 보는 화석연료 기업 등 기득권 엘리트의 정치적 지배력을 반영한 것이다.

따라서 성장 패러다임을 무너뜨리고 탈성장을 확산시키는 것은 정치적으로 헤게모니를 교체하는 과정이다. 이를 위해 탈성장의 슬로건 아래 시민들을 조직하고 시민불복종 운동을 포함해서 다양한 직접행동을 통해 '대항적 헤게모니'를 형성해야 한다는 것이다. 기후위기는 갈수록 심각해지는데 기존 정치세력의 대응이 변함없이 지지부진한 데 실망하고 분노한 사람들이 점점 늘어나면서, 이제 조너선 포릿^{Jonathon Porritt} 같은 환경운동 원로들이나 그동안 정책 제안 활동으로 자신의 역할을 제한했던 팀 잭슨 같은 이들조차 최근 시민불복종 운동을 부쩍 강조하는 추세다.[372]

세 가지 전략의 동시 수행은 사실 과거에 올린 라이트가 전형적으로 제안한 방식이기도 하고, 통상적인 사회운동의 양상이기도 하니 특별히 탈성장 운동에 고유한 것은 아니다. 다만 최근 한국 사회에서 기후운동을 둘러싸고 마치 셋 가운데 하나를 선택해야 하는 것처럼 간주되는 양상도 좀 있는 것 같다. 하지만 기후 이슈는 장기간의 시간 지평, 글로벌 차원의 공동 책임, 긴급성과 불확실성이 복잡하게 얽혀 있는 등 과거 사회정책이나 사회운동과는 달리 어느 한 가지 전략으로 돌파하기 어려운 정치사회적 특징을 가지고 있다.[373] 따라서 제도 틈새에서의 독립적 실험, 거시적인 생태개혁 정책 제안, 대항 헤게모니 강화를 위한 시민운동을 모두 놓치지 말고 다차원적으로 추진해야 한다.

이 대목에서 두 가지 점을 짚고 넘어가자. 탈성장은 선진국과 개발도상국을 막론한 글로벌 경제 전략이자 사회 비전이 될 수 있는가? 논쟁은 있지만 대체로 당장 탈성장의 주요 대상은 선진국이다.[374] 이들에 따르면 일부 선진국에서 이미 제로성장에 근접해가고 있으므로 탈성장론이 제안한 방향에 따라 이들 경제를 재조직화할 절호의 기회가 왔다고 본다. 그래야 의도치 않은 제로성장으로 인해서 (부분적으로 성장 의존이 낳은 폐해인) 실업률, 불평등, 부채가 증가할 위험에서 벗어날 수 있다는 것이다. 즉, 선진국들에서 '제로성장'으로 치닫는 것에 대한 처방은 '다시 성장'이 아니라 '잘 기획된 탈성장'이라는 것이다. 생태를 파괴하더라도, 불평등이 더 심해지더라도 일단 성장률부터 다시 끌어올려놓고 보자는 성장률 지상주의는 더 이상 답이 될 수 없다. 한국 경제도 마찬가지다.

또 하나는 마치 탈성장이 모든 종류의 생산과 소비를 줄이자고 하는 것인지 의문을 가질 수 있다. 하지만 탈성장은 불필요하고 낭비적이며 과시적인 생산과 소비주의 문화의 지배를 비판하는 것이다. 사실 GDP 성장이야말로 필수적인 것과 사치재를 가리지 않고 모두 증가시키자고 한다. 탈성장은 경제에 필수적인 것들은 추가 투자하고 규모를 키우자고 하지만, 과도하거나 필수적이지 않은 부분은 과감히 규모를 줄이자고 말한다.

진정한 탈성장으로 가자면 태양광과 풍력 타워의 대규모 신설, 대중교통 전기차 전환, 그린 리모델링 등 생태적이고 사회적으로 필요한 부분의 개선을 위한 투자를 해야 하고 이에 따라 단기적으로 물질과 에너지 처리량이 상당히 늘어날 수도 있다. 하지만 반대로 필수적이지 않은 다른 부분에서의 처리량을 대폭 줄여서 국민경제 전체에서 생태적 한계를 준수하자는 것이다. 물론 여기서 '필요한 부분'에는 자원절약적 일자리도 포함된다. 이것의 순결과가 플러스 성장이냐 아니냐는 부차적일 수 있다.

이제 한국 사회에서 기후위기에 직면하여 앞으로 탈성장 운동이 얼마나 공감을 받을지 전망해보자. 특히 2010년대에 상당한 관심과 호응을 불러일으켰던 '기본소득 운동'을 뛰어넘을 만큼 새로운 대안적 운동으로 '탈성장 운동'이 부상할 수도 있지 않을까? 확실히 '기본소득 운동'과 '탈성장 운동'은 닮은 점이 있다. 무엇보다 둘 다 기존의 보수 담론은 물론 진보 담론 안에서조차 처음에는 환영받지 못하던 지독히 변방적인 주장이자 캠페인이었다는 점이다. 그런데 기본소득은 일거에 지방

정부 정책으로 제한적으로나마 수용되었고, 대선의 캠페인이 되기도 했다. 벤처기업가들 중에 기본소득 옹호자들도 꽤 된다. 보수 정치인인 오세훈 서울시장조차 기본소득의 사촌뻘쯤 되는 역소득세(오세훈표 안심소득)를 실험적으로 도입하기도 했다. 탈성장 운동이라고 이와 유사한 경로를 따르지 말라는 법이 있을까?

물론 상당히 다른 점도 있다. 기본소득이 부상했던 것은 IT기술과 인공지능이 일자리를 없앨 것이라는 두려움을 배경으로 하고 있었다. 또한 기본소득은 원칙적으로 공유부^{wealth of commons}에 기초한 소득의 직접적 재분배다. 하지만 여기서 공유부를 생략해 버리면 모든 국민들에게 일정한 소득을 정기적으로 제공해주고 나머지는 기존 시장 메커니즘에 맡기는 식이라서 생각보다 혁명적이지 않아 보인다. 그래서 실리콘밸리 기업가들도 옹호했을지 모른다.

하지만 탈성장은 기후위기가 인간 삶의 조건 자체를 위협하고 있다는 더 무거운 두려움을 배경으로 하고 있다. 따라서 굉장한 공감대를 가질 잠재력은 충분하다. 다만 탈성장은 현재 자본주의의 근본 전제인 '무한성장'을 정면으로 걸고넘어지고 있어서, 기본소득처럼 기업가를 포함한 광범한 지지는 고사하고 정치권에 정책 의제로 진입하는 것 자체가 쉽지 않은 상황이다. 물론 앞으로 점점 더 저성장을 벗어나기 어렵다는 점을 더 많은 시민들이 체감할 수밖에 없을 것이고, 그에 따라 무한성장에 대한 회의론이 커지기는 할 것이다.

다른 점이 또 있다. 기본소득은 철학적 기반의 심오함과 무관하게 현실적으로는 현금을 1/N로 지급하는 매우 단순한 겉모습을 가지고 있다. 때문에 당장 실험적으로라도 소득을 지급함으로써 체감하는 효과를 가져다줄 수 있다. 코로나19 확산시 재난지원금을 지급했던 것이 대표적 사례다. 하지만 탈성장은 초기에는 사상운동 측면이 강해 당장 체감 효과를 주기는 어렵고 다만 사람들의 상상력과 미래 열망을 불러일으키는 정도다.

이처럼 탈성장 운동은 몇 가지 강점에도 불구하고 기본소득처럼 짧은 시간 안에 대중적 공감대를 넘어 정치적 관심까지 받기는 쉽지 않은 장벽이 꽤 있어서 앞으로 얼마나 정치적으로 크게 관심을 받을지 예측하기는 어렵다. 하지만 현재의 추세대로라면 지구 온도의 추가 상승이 1.5°C를 넘어 2.5°C 또는 3°C 이상으로 질주하는 것이 확실한 지금, 성장의존주의를 정면에서 거부하는 사회적 압력과 여론의 조직은 어렵고 쉬운 저울질 여부를 떠나 불가피하게 부상하지 않을까?

25

생태사회주의자들의
탈자본주의 기획과 한계

생태경제학과는 다소 결을 달리하지만 상당한 교집합을 가지고 있기도 한 생태사회주의를 간단히 짚어보자. 생태사회주의는 기존의 마르크스주의자, 혹은 사회주의자들이 환경운동 부상에 영향을 받아 생태학과 사회주의의 종합을 시도한 것이다. 이들은 기존 소비에트식 사회주의가 자본주의와 마찬가지로 환경파괴를 방치한 '생산주의적 사회주의productivist socialism', 또는 생산력지상주의라고 거부한다. 대신 자본주의 체제에서 노동에 대한 착취만큼이나 토지에 대한 착취에 주목했던 마르크스의 통찰을 발전시켜나간다. 한편 제임스 오코너James O'Connor는 일찍이 마르크스주의에 생태학을 통합하기 위해 '자본주의의 두 번째 모순'을 제안하기도 했다. 즉, 생산력과 생산관계의 모순이라는 기존 모순에 더해서, '자본주의 생산양식과 생산조건(사회조건과 생태계 조건) 사이의 모순'이라는 새로운 환경 모순을 규정함으로써 환경 이슈를 자신들의 논리체계 안으로 통합한 것이다.[375] 또한 자본주의에서 생산과 소비의 공간적

분리가 생태적 순환을 단절시킨다는 점을 포착하여 '물질대사 균열'이라는 개념을 도입하기도 한다.[376]

다시 말해서 생태사회주의는 탈자본주의를 통해 노동에 대한 착취뿐 아니라 지구 생태계에 대한 파괴를 동시에 해결하자면서 기존 사회주의의 목표와 경로를 재정의했다. 생산수단 소유관계를 바꿀 뿐 아니라 무한성장에 의존해온 물질 소비주의적 삶의 양식도 바꾸자는 것이다. 이런 접근법에서 보면 자원을 '누가 소유하는가'뿐 아니라, 자원이 '어떻게 관리되는가'도 중요한 과제가 된다. 당연하게도 생태사회주의는 자본주의를 그대로 두고 지속가능성을 모색하는 '녹색자본주의green capitalism' 또는 '클린 자본주의clean capitalism'는 성립할 수 없다고 단언한다.

그러면 생태사회주의와 생태경제학은 어떤 점에서 공통점이 있고 또 차이점이 있을까? 생태경제학은 '유한한 지구에서 무한성장이 불가능하다'고 보면서 녹색성장까지를 포함한 성장의존주의에 대해 선을 긋는다. 생태사회주의 역시 더 많은 성장을 추구했던 20세기 사회주의를 '생산주의적 사회주의'라고 비판하면서 무한성장을 거부한다는 점에서 생태경제학과 같은 길을 걷는다. 여기까지는 일치한다. 하지만 생태경제학은 성장주의를 넘기 위해서 반드시 자본주의로부터 탈출이 필요하다고 명시적으로 전제하지는 않는다. 반면 생태사회주의는 "경제성장기계인 자본주의를 그대로 두고서 성장주의에서 벗어날 수는 없다"고 강력히 주장한다(그림 35 참조). 그들은 이렇게 선언한다. "한 사람이 지구 생태계의 안전과 자본주의 수익 추구라는 두 주인을 섬길 수는 없다. 하나는 포기해야 한다." 다시 말해 생태사회주의는 '녹색성장'만 불가능한 것이 아니라 '녹색자본주의' 역시 불가능하다고 본다는 점에서 일반적인 생

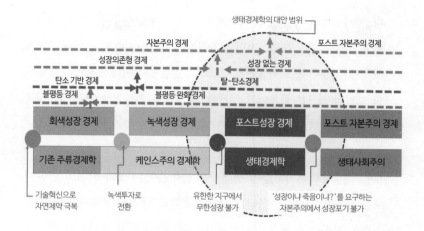

그림 35 생태경제와 생태사회주의의 상대적 위치

태경제학과 분리된다. 생태사회주의는 기존의 생태경제학이 자본주의 시장경제에 의존해서 기후위기나 환경파괴에 대처하려 한다면서 이를 '시장생태학market ecology'이라고 비판한다.[377]

이처럼 탈성장과 탈자본주의를 하나의 과정으로 추구한다는 점에서 생태사회주의는 생태경제학과 구별되지만, 실제 생태사회주의가 주장하는 구체적인 내용과 정책을 보면, 사실 생태경제학에서 주장하는 내용과 그렇게 많이 다르다고 볼 수도 없다. 다만 생태사회주의는 사적 이윤추구 기업과 시장의 가격 메커니즘에 대한 불신이 평균적인 생태경제학들보다 훨씬 강하다. 예를 들어 벨렘 선언문에서 나온 생태사회주의 경제 비전 일부를 들여다보면 다음과 같다.

"생산주의를 거부하고 양적인 것에서 질적인 경제 범주로 전환한다는 것은 자연, 생산 목적, 그리고 경제활동 일반에 대해 다시 생각해보도록 한다. 가사일이나 아이 돌봄, 아이와 성인교육, 예술 등 본질적으로 창조적이고 비상품적인, 재생산적인 인간활동이 생태사회주의 경제에서 핵심 가치가 될 것이다. 화학물질로 오염되지 않는 음식이나 재생에너지에 대한 보편적 접근은 물론이고 깨끗한 공기와 물, 기름진 토양은 생태사회주의에 의해 보호되는 기본적인 인간적, 자연적 권리가 될 것이다."[378]

한편 기존 사회주의자들이 생태학을 끌어들이는 것과 반대의 방향에서 오는 움직임도 있다. 원래는 생태경제학과 탈성장을 주장하던 일부가 스스로 자신들의 생각을 포스트자본주의까지 밀고 나가면서 생태사회주의에 접근하려는 경향이 그것이다. 제이슨 히켈의 경우 아직 생태사회주의를 명확히 주장하지는 않지만 탈성장을 넘어 포스트자본주의가 필요하다고 강력히 주장한다.[379] 이런 조류들이 얽히면서 최근 '생태사회주의 탈성장ecosocialist degrowth' 흐름까지 만들어지기 시작했다.[380] 이들은 자본주의는 절대 성장을 포기할 수 없으므로 성장 없는 자본주의는 존재할 수 없다는 점을 공유하고 있다.

그런데 생태사회주의 주장은 몇 가지 고민해볼 대목이 있다. 우선 다소 극단적인 가정을 하여 자본주의의 무한축적 본성을 그대로 둔 채 성장 패러다임에서 벗어날 수 없고 생태파괴도 막을 수 없다고 전제한다면, 자본주의적 노동 착취를 그대로 두고서 불평등을 해결할 수 없다는 주장처럼 실천적인 어려움에 다시 직면할 수 있다. 하지만 역사가 알려주는 것처럼 자본주의라는 범주 안에서도 분배 수준과 방식을 둘러싼 스펙트럼은 꽤 다양했다. 사회적 재분배 정책 등을 통해 불평등을 완화한 북유럽 사회민주주의 국가부터 최근 극심한 불평등에 신음하는 미국식 신자유주의에 이르기까지 말이다. 그렇다면 성장의존형 경제를 벗어나기 위한 방안들 역시 다양한 스펙트럼으로 시도될 수 있는 것은 아닌 가?[381] 더욱이 현대 경제에서 드러나고 있는 생태파괴 양상들을 모두 자본의 속성으로 환원하는 것이 과연 맞는가? 그래서 현대 경제에서 자본만 걷어내면 자연스럽게 인간이 지구 생태계 한계 안에서 경제활동을 하게 되리라 기대할 수 있을까? 이미 지구 생태계를 조금씩 무너뜨린 것은 농경사회가 태동하던 시절부터였으므로, 자본주의와 별개로 인간이 비인간 자연과 더불어 살아야 하는 법을 터득하는 별도의 과정을 통과해야 하는 것은 아닌가?

물론 "생태위기를 자본주의 비판과 결합하는 입장을 과격한 것으로 몰아 공론장에서 밀어내려" 한다면 이는 바람직한 태도가 아니다.[382] 하지만 자본주의를 벗어나지 못하면 성장주의에서도 벗어나지 못하며 따라서 기후위기를 해결할 수 없다고 못 박는다면, 기후위기 해결이라는 시간을 다투는 긴급한 글로벌 이슈 해결을 위한 전제가 글로벌 자본주의 붕괴이어야 한다는 주장으로 가버릴 수도 있다. 포스트성장과 포스트자본주의를 동시에 해결하려 하다가 아무것도 해결하지 못하는 국면이 만들어질 수도 있는 것이다. 더욱이 자본주의를 대체하면서도 동시에 20세기 국가사회주의와도 이별한 '탈자본주의 생산체제'가 무엇인가 하는 질문에 대한 해법이 아직 불분명하다는 딜레마도 있다. 자본주의라는 생산체제를 무너뜨린 폐허 위에서 어떤 물질적 삶의 방식을 구성해야 할지가 여전히 모호하다는 것이다.

이 대목에서 기후운동에서 논의되어온 '체제 전환'이 무엇일지 한 번쯤 생각해볼 필요가 있다.[383] 근본적인 차원에서 보면 기후위기, 생태위기와 연결된 체제 전환은 '화석연료 문명에서 벗어나 탈탄소 경제사회로의 전환', '성장 패러다임에서 벗어나 탈성장사회로의 전환', 그리고 '자본주의 임금노동 관계에서 벗어나 탈자본주의로의 전환'까지를 포괄할 수 있다. 그리고 이들 전환은 토마 피케티가 강조했던 전통적인 '불평등 체제'로부터의 탈출까지 연계되어 있다(그림 35 참조).[384] 각각의 과제 하나씩만 떼어봐도 불가능에 가까울 정도로 어렵다는 느낌을 받을 수 있을 뿐만 아니라 어떤 것이 더 상위적 범주인지에 대해서조차 선험적으로 예단할 수 없으며 많은 논쟁이 필요하다.

사실 인간의 물질생활은 자연 제약이나 기술 제약, 생활습관 등과 깊게 연결되어 있기에 하룻밤 자고 일어나면 자본주의가 포스트자본주의로 바뀌는 극적인 불연속성은 없을 것이다. 자본주의는 "이윤을 목적으로 하는 사기업이 중심이 되어 시장을 위해 생산하고 시장을 통해 소비하는 경제"라고 일반용어로 간단히 정의할 수 있다. 그런데 현실을 돌아보면 자본주의 안에 사적 소유와 시장경제만 있는 것도 아니었고 거꾸로 사회주의라고 해서 국유기업과 계획경제만 있던 것도 아니었다. 따라서 구체적으로 경제성장 헤게모니를 넘어서는 현실 개혁 과정에서 우리는 기존보다 훨씬 '덜 자본주의(혹은 덜 사회주의)'적인 생산과 소유체계의 개혁을 목격할 수도 있다. 물론 수익 추구를 제1목적으로 하는 사기업들이 과연 성장 없는 경제를 순순히 받아들일 것인지에 대한 비판적인 경계의 시선을 유지하는 것은 중요하다. 성장의존주의에 대해 경각심을 잃지 않게 해주고 어설픈 타협에 빠지지 않도록 긴장을 유지시켜줄 테니 말이다. 또한 포스트자본주의를 아예 불가능한 것으로 예단하여 더 극적이고 역동적인 변화를 꿈꾸지 않거나 미리 배제할 필요도 없을 것이다. 자본주의 체제조차 인간이 만든 역사적 구성물에 불과하고 영원불멸해야 할 어떤 철칙 같은 것은 전혀 없기 때문이다.

그런데 최근 차세대 생태사회주의자들이 두 가지 흥미로운 이슈를 제기했으므로 여기서 검토해보자. 하나는 탈자본주의적이면서 탈국가사회주의적인 생산 시스템 대안을 적극 제기한 것이고, 다른 하나는 긴급한 기후위기 해결을 위해 어떻게 빠른 속도로 탈성장과 탈자본주의로 동시에 이행할지에 대한 새로운 방안을 제안한 것이다. 무한축적을 본성으로 하는 자본주의 생산체제를 대체할 '새로운 생산 시스템'을 제안하고 있는 1987년생 일본 소장 마르크스주의자 사이토 고헤이의 주장을 먼저 살펴보자. 그는 포스트성장을 넘어 포스트자본주의까지 밀고 나갈 탈자본주의적 생산체제를 어떤 식으로 구상하고 있는 걸까?

일단 고헤이는 "환경위기에 맞서 경제성장을 억제하려면 우리 손으로 자본주의를 멈추고 탈성장형 포스트자본주의를 향해 대전환을 하는 수밖에 없다"고 확실하게 전제한다. 이어서 그는 중세 봉건제가 근대 자본주의 경제 시스템으로 교체되는 과정에서 붕괴되어 버렸던 두 가지 시스템을 새롭게 복원하자고 제안한다. 하나는 이른바 울타리치기enclosure라는 방식으로 무너진 커먼즈commons였고, 다른 하나는 중세 농촌과 도시의 사회 하부구조였던 공동체들communities이다. 자본주의 시스템은 이두 가지를 중세인들에게서 박탈함으로써 꼼짝없이 그들이 노동력을 팔기 위해 공장으로 발길을 옮길 수밖에 없도록 했다는 것이 고헤이의 분석이다.[385] 아니 마르크스주의자들 대부분의 통상적인 진단이다.

사실 자본주의 시스템의 가장 대척점에 섰던 20세기 사회주의는, 자본주의 시스템을 대체하기 위해 이미 무너진 커먼즈나 공동체 복원은 고려하지 않았다. 고헤이가 보기에 과거 사회주의자들은 자본주의의 중심 플레이어인 기업의 주인을 사적 개인이나 주주에서 국가로 바꾸기만 하면 생산력을 해방하고 분배도 평등화하여 풍요를 누릴 것으로 기대했다는 것이다. 하지만 20세기 사회주의 시스템은 여전히 '무한성장'이라는 본성을 버리지 못한 채, 자본주의와 똑같이 환경파괴를 자행했을 뿐 아니라 자본주의와의 성장 경쟁에서 패배하자 곧바로 무너졌다.

그래서 21세기에는 과거 '자연이라는 커먼즈'를 복원하여 공동체에게 되돌려주는 것은 물론, 여기에 더하여 지식, 그리고 에너지와 인터넷 등으로 커먼즈의 포괄 범위를 넓히고 이를 공동체가 운영하도록 하는 새로운 시스템을 만들자는 것이다. 이것이 고헤이 버전의 생태사회주의 대안이자 포스트성장-포스트자본주의의 생산 시스템이다. 공동체가 운영하는 새로운 커먼즈 모델은 "시민전력회사와 에너지협동조합이 설립되어 재생에너지를 보급하는" 방식의 생산 시스템으로 구현될 수 있다고 사례로 제시한다.

사적 소유냐 국가 소유냐 하는 전통적인 구분을 넘어 커먼즈를 대안으로 제시한 고헤이의 대안은 나름 참신한 것이다. 하지만 커먼즈는 고헤이뿐 아니라 거의 모든 생태경제학자들이 대안의 하나로 주장하고 있기도 하며, 현실 자본주의 안에서도 비록 소규모이지만 커먼즈가 이미 존재한다. 문제는 커먼즈가 대안적 생산 시스템의 한 구성요소가 아니라 어떻게 지배적인 생산방식으로 진화할 수 있는지 하는 것이다. 적어도 현대 경제의 필수 산업들이 커먼즈 방식으로 어떻게 작동할 수 있는지에 대한 고헤이의 해법은 분명치 않다.

커먼즈 중심의 생산 시스템이 어떻게 가능한지에 대한 의문을 제외하더라도 또 하나의 이슈가 있다. 거대하고 복잡한 현재의 자본주의 생산 시스템에서 '공동체가 운영하는 새로운 커먼즈 시스템'으로의 전환은 직관적으로도 꽤 많은 시간이 소요되는 점진적 과정일 것으로 보이기 때문이다. 분권적이면서 상향식의 방식이 늘 그렇듯이 이 경우도 예외

일 수가 없다. 하지만 지금까지 시간을 허비한 탓에 10년 안에 결정적으로 탄소 배출을 줄여야 할 만큼 기후위기는 '비상사태'다. 기후재난 충격이 너무 광범위하고 남은 시간 여유가 매우 부족한 상황에서 대규모의 신속한 전환을 과연 어떻게 할 것인가? 이른바 '전시 수준'의 사회적 동원을 해야 할 상황에서 고헤이의 모델은 무력하기만 하다. 전시 수준의 속도감을 가지고 어떻게 커먼즈 중심의 새로운 생산체제를 만들 수 있는지에 대한 고민이 부족하다는 것이다.

고헤이와 달리 속도 문제에 초점을 두고 나름의 해법을 제시한 사람이 스웨덴의 1977년생 생태학적 마르크스주의자 안드레아스 말름이다. 그에 따르면 기후위기는 '비상사태 아래에서의 비상행동'이 필요한 중대 과제이므로 국가가 중심이 되어서 '비상조치' 방식으로 풀 수밖에 없다. 매년 "8퍼센트 (온실가스) 감축을 달성하려면 포괄적이면서도 치밀한 계획이 필요하다. 모두가 이것을 알고 있지만, 정작 말하는 이는 거의 없다. 당연히 우리는 자발적 수요 중단이나 여행 중단에 의존할 수는 없을 것"이라고 말름은 역설한다.[386]

그는 '국가'만이 유일하게 '전시공산주의' 수준의 추진력과 동원력을 발휘함으로서 이 모든 비상행동을 가능하게 할 것이라고 강조하고 이것이 바로 '코로나19 비상조치' 경험이 알려준 것이라고 말한다. 물론 국가를 전복함으로써가 아니라 민주적 압력으로 국가가 비상행동에 나서도록 만들자는 것이다. 이 모델은 사회민주주의 국가의 점진적 방법이나 무정부주의자들의 느슨한 공동체적 해법을 모두 거부하고 '전시공산주의' 수준의 국가적 조치에 기대를 건다.

도대체 어떻게 전시공산주의적 국가 조치가 가능할까? 말름은 그 답을 코로나19 시기에 모든 나라가 취한 비상행동에서 찾는다. "기후를 구하기 위해 세계 자본주의가 단 하룻밤 사이에 일시 중지되어야 한다고 주장한 사람은 없었다. 탄소 배출량이 30일 만에 1/4수준으로 감축되어야 한다고 주장한 사람도 없었다. 연간 5~10퍼센트 감축 요구는 이치를 모르는 극단주의라고 매몰차게 거부되었다. 인류가 자가격리 상태에 들어가야 한다고 주장한 사람도 없었다." 하지만 코로나19가 확산되자 절대 불가능할 것이라고 간주되던 이런 주장들이 매우 신속하게 현실화되지 않았냐는 것이 말름의 얘기다.

시간 제한을 다투는 기후위기 해결을 위해 말하자면 단숨에 브레이크를 걸어야 한다는 점을 말름은 다시 한 번 주지시켰다. 더욱이 생태사회주의자들은 성장만이 아니라 자본주의에도 브레이크를 걸려고 한다. 그래서 100년 전 러시아 혁명가 레닌이 도입했던 '전시공산주의'를 부활시키려고 한다. 사실 2019년에 그린뉴딜 정책이 본격적으로 등장한 것도 1930년대 루스벨트의 뉴딜을 소환하면서 신속하고 전면적으로 경제사회를 전환하자는 맥락이었다. 그러니 탈자본주의를 과제로 하지 않았던 그린뉴딜보다 더 파격적인 전시공산주의를 제안한 것은 탈자본주의까지 과제에 포함해야 했던 말름 입장에서 당연할 수도 있다.

그런데 그린뉴딜조차도 우여곡절을 겪으면서 왜곡되는 마당에 어떻게 전시공산주의가 가능할까? 그는 코로나19 시기에 주저 없이 비상행동을 선택했던 사례를 들었지만, 역으로 각 국가들의 코로나19 비상행동 경험이 말름 주장의 불가능성을 입증하는지 모른다. 돌이켜 보면 2020년 상반기 국가들의 조치는 획기적이었으나, 정부의 과감한 재정지출 등도 한두 번으로 끝나고 말았고 시간이 지나면서 락다운과 사회적 거리두기에 대한 시민들의 반발도 커졌다. 더 중요한 점은 "코로나

19 이전과 이후가 확연히 달라질 것"이라는 일반의 예상과 달리 실제로는 아무런 변화도 생기지 않았던 것이다.

코로나19로 드러났던 사회제도의 결함을 고치려는 시도 없이 그저 일회용 처방을 대규모적으로 실행하고 끝났다고 평가한 경제사학자 애덤 투즈는 당시 상황을 이렇게 요약했다. "혁신적인 요소에도 불구하고 2020년 재정 개입의 근본 논리가 보수적이었다는 사실은 분명했다. 막대한 재정지출에 찬성표를 던진 정치인들 가운데 사회 변화를 위한 연간 계획을 짠 이는 사실상 아무도 없었다." 그리고 투즈는 이렇게 결론짓는다. "수많은 돈이 현금으로 간단하게 전달되었다. 이것은 바로 복지제도 없는 복지였다."[387] 그래서 탈성장 정책 연구자 김현우는 말름의 전시공산주의가 다분히 낭만적이라고 비판하고 있는데 이는 수긍할 만하다.[388] 어쨌든 고헤이가 제안한 커먼즈 기반 대안 생산 시스템이나, 말름의 전시공산주의 해법은 기존 생태사회주의의 약점들을 해소하기 위한 나름대로 의미 있는 시도였다. 하지만 해법이 되기 위해서는 여전히 남은 숙제가 너무 많다.

26

한국 경제의
포스트성장 전략

1945년 2차 대전 종전으로 일제 식민지에서 겨우 벗어났던 후진국 한국은 한국전쟁을 겪고 나서 1960~1980년대 30년 동안 연평균 10퍼센트 수준의 초고속 성장을 지속하는 성과를 거두고 드디어 1994년에 1인당 국민소득 1만 달러를 달성하고 1995년에 OECD 가입국이 되었다. 그 후에도 고속성장은 이어져 2006년 2만 달러, 2017년 3만 달러를 넘게 되었다. 2021년 7월에는 유엔 무역개발회의UNCTAD가 한국이 개발도상국에서 선진국으로 지위가 변경되었음을 공표했다. 이러한 지위 변경은 1964년 기구가 만들어진 뒤 역사상 처음 있는 일이었다.[389] 2021년 기준으로 세계 경제 규모 10위, 세계 무역 규모 8위의 경제력을 갖게 된 것이다. 물론 세계 에너지 소비량 7위[390]와 세계 탄소 배출량 순위 10위[391]를 기록하여 경제 규모보다 더 높거나 비슷한 순위에 올랐고, 누적 탄소 배출량 순위는 17위를 기록했다.

그런데 명실상부한 선진국 지위를 얻은 한국 경제도 1960년대 이후

60년 넘게 고수해온 성장 패러다임의 헤게모니에서 벗어나 '성장 없는 경제'로 방향을 전환하는 것이 가능할까? 그래서 기후 후진국의 멍에에서 벗어나 기후 선진국의 지위도 얻을 수 있을까? 이 질문은 향후 한국 사회의 미래를 결정하는 가장 중요한 이슈라고 생각한다. 한국 경제의 미래도, 기후위기의 미래도, 그리고 시민들 삶의 방식의 미래도 모두 이 질문과 관련될 것이기 때문이다.

물론 생각보다 결코 쉽지 않은 문제들이 있다. 우선 현재 기성세대들에게 '성장신화'는 어쩌면 1950년 한국전쟁 이후 가장 큰 영향력을 발휘했던 '반공신화' 이상으로 강력하게 살아있는 사상적 유령일지 모른다. 생각해보자. 한국은 전 세계 200개가 넘는 국가들 가운데 2차 대전 이후 식민지 후진국에서 선진국으로 전환된 단 1개의 나라일 만큼 정말 급속한 경제 규모 팽창을 이뤘다. 경제 개발이 본격화된 1960년 경제 규모를 1이라고 가정하고 실질성장률 결과에 따라 복리로 계산해보자. 한국의 경제 규모는 1970년에 이르면 2.5배, 1980년에 7배, 1990년에 15배, 2000년에 31배, 2010년에 49배, 그리고 2021년에 약 68배의 크기로 팽창한 것이다(그림 36 참조).

당연하지 않겠는가? 매년 7퍼센트씩 성장을 하면 경제 규모는 10년마다 두 배씩 커진다. 그런데 1960년대에는 연평균 9.5퍼센트 성장, 1970년대에는 무려 10.5퍼센트 성장, 그리고 80~90년대에도 각각 8.9퍼센트와 7.3퍼센트씩 매년 성장했다. 상당 기간 이 정도의 고속성장을 이룬 나라는 세계에서 일본, 한국, 대만, 중국 등 아시아 일부 국가 이외에는 없다. 이처럼 높은 지수적인 성장 덕분에 2000년쯤 되어 순식간에 30배 더 커진 경제 규모를 이룬 것이고, 다시 21세기 20년 만에 2배

*1960년을 1로 가정

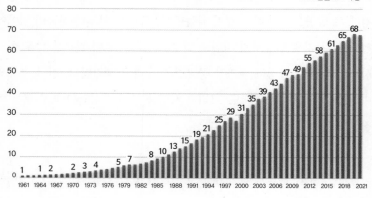

출처: 한국은행

그림 36 한국 경제 규모 팽창 추이 한국의 경제 규모는 지난 60여 년 동안 약 68배로 커졌다

이상 커지면서 68배까지 확장된 것이다. 다른 OECD 선진국 대부분이 1980년대로 접어들면서 2~3퍼센트 내외의 저성장 궤도로 들어갔던 것과는 다르다는 말이다. 유래 없는 초고속 성장의 피크를 지나온 지 불과 얼마 되지 않았기에 아직 기성세대들의 성장 중독은 보수와 진보를 막론하고 강력하다.[392]

경험적 체감뿐 아니라 사고와 상상력 역시 그 범위에 갇혀있을 개연성이 높다. 〈녹색평론〉을 이끌어 오셨던 고 김종철 선생이나 일부 생태주의 활동에 헌신한 분들을 제외한다면, 한국에서 물질적 소비의 끊임없는 팽창을 배제하고 삶의 가치를 모색하려는 이야기들과 제안들, 더 나아가 생태경제학에 기초한 정책 제안들은 접하기가 절대 쉽지 않다. 당연히 생태경제적 문제의식에 대해 아직 시민적 공감대도 약하고 특히 정치 영역에서는 문맹적 수준이다.

하지만 이토록 견고한 성장의존형 패턴을 그대로 내버려 둔 채로 기후위기를 막을 수 있을까? 앞서 생태경제학이 설명하고 논증했던 수많은 논리와 증거를 볼 때 불가능하다. 지금까지의 한국 경제성장 패턴과 기후위기 대응을 위해 필요한 조치들이 서로 정면충돌한다는 말이다. 선택을 해야 할 순간이 왔다. 정부 수립 이후 대한민국을 있게 해준 바로 그 성장 패러다임을 내려놓을 것인지 결정해야 한다. 정치인들이나 관료들은 탄소집약적 한국 산업구조상 급격한 성장에 브레이크를 걸고 탈탄소화를 이루기 어렵다고 항변한다. 하지만 나날이 강도와 빈도가 높아지는 기후위기 충격은 견딜 수 있다는 얘기인가?

앞서 설명한 것처럼 보수주의 주류경제학과 이들 논리에 의존하는 기업들, 정치권은 여전히 "경제성장을 지속하면서도 기술혁신의 도움을 받아 탄소 배출량을 줄여나가는 절대적 탈동조화"에 기대를 걸고 있다. 하지만 탈동조화를 실제로 구현한 유럽 선진국들의 사례를 볼 때, 절대적 탈동조화를 이룬다 해도 기후위기를 해결하기에는 불안정하고 부족하다고 이미 확인했다. 그런데 선진국 한국은 절대적 탈동조화는 고사하고 아직 감축해야 하는 목표에 턱없이 부족하고 느린 수준의 상대적 탈동조화에 머물러 있다.

예를 들어 인구요인을 통제하기 위해 1인당으로 계산할 때, 지난 30년(1990~2019) 사이에 GDP는 238퍼센트 정도 증가했다. 하지만 이산화탄소 배출량은 생산 기준으로 줄어들기는 고사하고 117퍼센트, 소비 기준으로도 82퍼센트 늘었다. 2010년대 이후 상대적 탈동조화 수준이 높아지면서 배출량 추이가 어느 정도 평탄화되고는 있지만 여전히 증가 추이는 견고하다(그림 37 참조).[393] 같은 기간 다른 OECD 국가들의 탄소 배출량 증감 추이를 비교해보자. 네덜란드가 -38퍼센트, 독일과 영국이

독일에서 생산기반과 소비기반 탄소배출 탈동조화 추이   한국에서 생산기반과 소비기반 탄소배출 탈동조화 추이

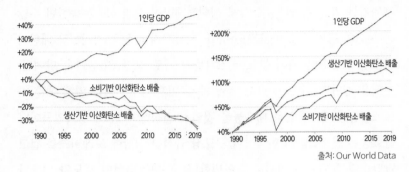

출처: Our World Data

그림 37 독일과 한국에서의 탈동조화 추이 비교

-34퍼센트, 스웨덴 -32퍼센트, 프랑스 -25퍼센트, 스페인 -14퍼센트, 미국도 -14퍼센트였으며 멕시코는 -7퍼센트였다. 심지어 일본도 -4퍼센트로 줄었다. 항상 우리하고 비교되는 튀르키예는 줄지 않고 증가했지만 +21퍼센트였으며 세계 평균으로는 +11퍼센트 늘어났다. 우리보다 많이 늘어난 나라는 OECD 국가 중에 칠레 정도가 전부다(물론 중국은 예상대로 235퍼센트라는 큰 폭의 증가를 보였다).

다시 한 번 분명히 강조하면, 네덜란드나 독일, 영국처럼 수입품까지 계산해서 소비 기반으로 상당한 수준의 탈동조화를 이룬 나라들조차도, 기후위기를 막기 위한 탄소 배출 감축 목표에는 어림없는 수준의 탈동조화밖에 못했다는 사실이다. 사실 지금까지 단 한나라도 의미 있는 수준의 탈동조화를 이루며 탄소 배출 감축에 성공한 나라는 없다. 그런데 절대적 탈동조화는 고사하고 상대적 탈동조화조차 매우 미흡한 수준에 불과하여 경제성장과 탄소 배출이 계속 동반하여 상승하는 한국에서, 무슨 재주로 앞으로 10년, 그리고 연속해서 그 다음 20년 안에 드라마

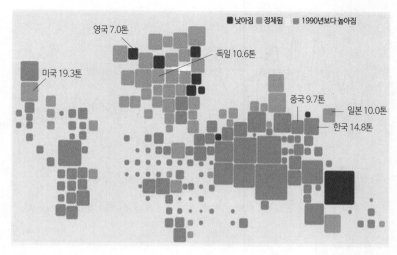

그림 38 1인당 탄소 배출량 국가 비교(2018년 기준)

틱한 절대적 탈동조화에 성공하고 2050년 탄소 순배출 제로에 도달할 수 있겠는가?

하나 더 확인할 것이 있다. 한국인 한 사람마다 매년 평균 약 14톤이 넘는 탄소를 배출하고 있다는 사실이다. 주요 산유국들을 제외하면 우리나라가 미국과 캐나다 다음으로 많다(그림 38 참조). 물론 압도적으로 탄소 집약적인 산업구조 특성이 크게 반영되었다고는 하지만, 우리가 순전히 기술혁신으로만 탄소 배출을 감축하기가 쉽지 않다는 걸 암시해준다.

어떻게 할 것인가? 최근에 반전되고 있는 한국 사회의 이면을 봐야 한다. 분명 한국은 가장 급격하게 경제성장을 이뤄서 선진국 반열에 올랐다. 그 결과 세계에서 유일하게 후진국에서 선진국으로 도약한 나라가

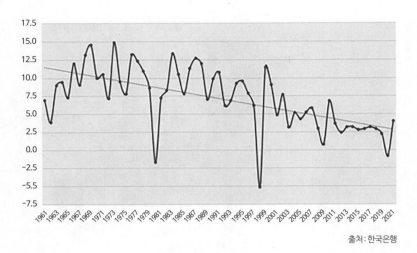

출처: 한국은행

그림 39 계속해서 낮아지고 있는 한국 경제 성장률 추이

되었고 짧은 기간 기성세대들은 성장주의 신화를 뼛속 깊이 새기게 되었다. 하지만 동시에 한국은 최근 일본 다음으로 가장 빠르게 고도성장 추세가 체계적으로 하락하고 있는 국가이기도 하다. 2010년대만 놓고 보면 한국 경제 평균 성장률은 3.3퍼센트에 불과하다(그림 39 참조). 2020년대에는 2퍼센트를 넘기기 어려울지 모르고, 그 이후에는 0~2퍼센트 내외를 오갈 개연성이 높다. 앞으로는 경제성장 전략을 고수한다고 해도 다른 선진국들처럼 점점 더 제로성장에 수렴할 것이라는 얘기다. 현재의 추세 자체가 '성장 없는 경제'로 원치 않게 흘러가고 있다는 뜻이기도 하다.

이미 현재의 청년세대들에게 '고성장'의 기억은 아예 없다. 21세기에 태어나 5퍼센트 아래의 저성장 시대만을 경험한 새로운 세대들이 지금 성인의 대열로 속속 진입하고 있으며 그들은 '소확행' 이상을 꿈꾸기가 쉽지 않게 되었다. 경제성장이 계속되어야 한다는 신화가 사람들의 삶에 깊게 남긴 흔적은, 부모들보다 내 삶이 좀 더 개선되고 있다는 느낌, 지난해보다 올해가 더 나아졌고 내년에는 또 더 내 생활이 개선될 것이라는 확신 안에서 힘을 발휘한다.

그런데 이미 이런 믿음이 심각하게 훼손되고 있는 것이다. 낮은 성장률에 불평등 심화까지 겹치면서 사회 아래쪽 계층의 삶이 상대적으로 후퇴하고 있기 때문이다. 최근 주요 선진국들에서 절반 이상의 젊은 세대들이 부모보다 못한 삶을 살거나 또는 그럴 것이라고 전망하고 있다. 한국도 크게 다르지 않다. 이른바 세대적으로 '삶의 퇴화degradation'가 시작된 것이다. 이렇게 성장신화는 미래세대로 오면서 사실상 흐릿해지고 있는지 모른다.

사실 어떤 면에서 한국 사회는 이미 성장과 팽창은 고사하고 심각하게 축소되고 있는 중이다. 이는 예상보다 약 10년 정도 빠르게 현실화된 인구 감소에서 단적으로 드러난다. 한국의 주민등록인구는 2019년을 정점으로 2020년에 처음으로 약 2만 명이 줄어들기 시작했고, 2021년 19만 명, 그리고 2022년 20만 명이 줄어들었다. 2022년 출생률이 0.78명 미만으로 전무후무하게 낮은 수치라는 것을 감안할 때 인구 감소는 예상보다 빠른 속도로 진행될지 모른다. 이런 조건에서 무리하게 인위적으로 성장률을 끌어올리려고 집착하게 되면, 부채를 일으켜서 소비를 늘게 하거나 자산 거품을 유발하게 되며, 기후나 생태위기 심화를 무릅쓰고 회색투자를 확대하게 된다. 지난 10여 년 동안 역대 정부들의 무리한 경기 부양 정책을 통해서 이미 익숙하게 보았던 사례들이다.

다시 말해서 경제는 이미 사실상 제로성장의 방향으로 수렴하고 있는데, 성장의존주의에 집착해서 무리하게 성장을 회복하려고 시도할 경우

성장이 오히려 시민들의 삶과 복지를 희생시키는, 허먼 데일리 표현대로 '비경제적 성장' 상태 그리고 이반 일리치가 지적한 '역생산적' 상태로 들어가게 될 것이다. 인위적인 성장으로 소수 기업은 높은 수익률을 달성할 수 있을지 몰라도 다수 시민들의 삶은 오히려 악화일로에 빠지고, 미래세대는 점점 더 소확행마저도 기대하기 어렵게 될 수 있다.

관성을 버리고 방향을 바꾸는 '정치적 결단'이 필요하다. 성장 잠재력이 약화되고 있다고 우려하면서 그 처방을 '다시 성장'으로가 아니라, '잘 기획된 탈성장'으로 완전히 방향을 바꾸는 '발상의 전환'을 정치적으로 진지하게 숙고하고 공론장에서 충분한 토론을 시작해야 한다. 기후위기 악화를 감수하더라도, 생태계를 파괴하더라도, 불평등이 더 심해지더라도 일단 성장률부터 다시 끌어올리고 보자는 성장지상주의를 계속 고집해야만 하는지 아니면 더 이상 그럴 필요가 없는지 사회적 합의를 다시 모아야 한다. '성장 없는 경제'를 운영할 정책이 있느냐는 질문에 앞서 과연 '정치적 의지political will'는 있는지 먼저 질문을 던져야 한다.

성장 패러다임에 도전하기 가장 어려운 처지에 있으면서 동시에 도전이 가장 절박한 위치에 있는 한국이 이를 어떻게 돌파하는지는 앞으로 글로벌 차원에서도 정말 중요한 관심 대상이 될 것이다. 이 도전에 성공할 때 기후위기 후진국에서 기후위기 대처 모범 국가로 인정받을 것이고 그때에 비로소 모든 면에서 선진국이 되지 않을까?

코로나19 시기에 시민의 생명을 지키기 위해 정부가 앞장서서 마이너스 성장을 선택했다. 그런 선택을 한 정부를 당시 압도적으로 많은 시민이 지지했다. 지난 2008년 금융위기, 2012년 유럽의 위기, 그리고 2020년 코로나19 위기의 순간에 정책 결정자들 사이에서 회자된 이야기가 하나 있다. "필요하다면 무엇이라도Whatever it takes"라는 발언은 2012년 유럽연합이 위기의 정점에 몰렸을 때 유럽 중앙은행 총재 마리오 드라기Mario Draghi 입에서 나와서 유명세를 탔다. 드라기가 이런 결기를 보인 덕에 유럽 부채위기는 그나마 진정 국면으로 들어갔다. 2008년 글로벌 금융위기가 터졌을 때, 미국 중앙은행인 연방준비제도이사회FRB 의장 벤 버냉키Ben Bernanke가 비슷한 발언을 하기도 했다.

2020년 3월 코로나19 팬데믹 선언으로 세계가 충격에 빠졌을 때에도 그랬다. 미국 중앙은행은 금리를 파격적으로 낮추고, 양적 완화를 하고, 금융시장을 지원하고, 다른 국가들과 통화스왑 라인을 확대하는 등 가능한 모든 레퍼토리를 동원했다. 그것도 즉시, 미국을 넘어 유럽 중앙은행은 물론 신흥국 중앙은행까지 망설임 없이 위기의 순간에 '필요한 것은 무엇이든' 실행했다.[394]

은행 파산과 경제 시스템 붕괴를 막기 위해서 상상 가능한 모든 이례적인 조치를 다 동원하겠다는 발상이 적용되어야 할 곳은 이제 기후위기 대응이 아닐까? IPCC의 '1.5°C 특별보고서' 작성에 공동으로 참여했던 영국 리즈대학 기후센터 소장 피어스 포스터Piers Forster 는 기후위기 대처를 위한 행동을 동일한 맥락에서 이렇게 강조했다. "할 수 있는 모든 것을 즉시 해야 한다We have to do everything, and we have to do it immediately."[395] 기후위기에 대처할 수 있는 모든 것들을 제대로 하기 위해 생태경제학의 통찰력과 그동안 개발된 정책 수단들이 매우 중요하게 활용될 수 있다. 말하자면 이미 지적 수단은 있는 것이다. 다만 사용하지 않고 있을 뿐이다.

이제 한국의 정책 공간, 정치 공간에서 생태경제학의 아이디어와 정책들을 진지하게 참조해서 경제개혁 방안을 모색할 필요가 있다. 그렇지 않으면 시시각각으로 심각해지는 기후위기와 기존 경제체제의 충돌을 점점 더 피하기 어려울 것이다. 기후위기의 티핑포인트를 지날 2020년대가 점점 흘러가고 있고 기후 상황은 매년 달라지고 있다. 과연 2024년 국회의원 선거, 늦어도 2027년 대통령 선거에서는 기후가 아니라 경제를 바꾸는 정치적 기획들이 실천될 수 있을까? 노벨 경제학상을 수상했던 경제학자 부부 배너지와 뒤플로는 자신들의 책에서 케인스를 떠오르게 하는 이런 글을 남겼다.

"사상ideas은 강력하다. 사상은 변화를 추동한다. 좋은 경제학만으로 우리를 구할 수는 없겠지만, 좋은 경제학이 없다면 우리는 어제의 치명적인 실수를 반드시 반복하게 될 것이다. 무지, 직관, 이데올로기, 관성이 결합해서 그럴듯해 보이고 많은 것을 약속해주는 듯하지만, 결국에는 우리를 배신하게 될 답을 내놓게 될 것이다."[396]

5장

정의로운 분배개혁에

도전하는

생태경제학

27

지속 가능한 규모, 정의로운 분배,
효율적인 배분*

생태경제학의 1차적 관심은 인간 경제와 지구 생태계 사이의 관계다. 어떻게 유한한 지구 생태계 안에서 안전한 경제활동을 할 수 있을지에 대한 해답을 구하는 것이 목표다. 따라서 얼핏 생각하기에 생태경제학은 분배나 시장 메커니즘에 대해 별도의 차별적인 관점을 가지고 있지 않을 것이라고 예단하기 쉽다. 실제로는 그렇지 않다. 왜 그런지 생각해보자. 생태경제학은 지구 생태계의 수용능력 범위에서 경제 규모를 일정하게 유지해야 한다고 주장한다. 기후위기 심화에서 확인할 수 있는 것처럼 이미 인간 경제는 그 한계를 넘어갔으므로 이제라도 물질적인 경제 규모를 키우는 것을 그만 두어야 한다.

그런데 일단 경제 규모에 제한을 두게 되면 곧바로 분배 문제가 심각

---

* 생산의 경제적 효율성에는 두 가지가 있는데, 먼저 최소 자원으로 최대 생산을 가능하도록 자원 이용을 하는 기술적 효율성(technical efficiency)이 있다. 그러나 기술적 효율성을 달성하더라도 아무도 사용하지 않으면 쓸모가 없게 된다. 따라서 소비자들의 선호에 최대한 일치하도록 생산을 위한 자원을 배분하는 것을 배분적 효율성(allocative efficiency) 또는 효율적 배분(efficient allocation)이라고 한다.

한 사회적 쟁점으로 부상할 수 있다. 경제 파이가 더 이상 커지지 않는 상황에서 물질적 삶을 개선하려면 정해진 파이를 다시 나누는 길밖에 없기 때문이다. 이는 당장 사회 안에 잠재된 계급 갈등을 회피하지 않고 정면으로 응시해야 한다는 것을 의미한다. 때문에 만약 경제 규모를 제한해야 한다는 원칙을 시민들과 정치권에 설득시켰다고 하더라도 분배 문제에 대해 제대로 된 해법을 내놓지 않으면 생태경제학은 최종적으로 사회적 공감을 얻는 데 성공하지 못할 것이다.

나아가 생태경제학이 경제성장에 제한을 둘 뿐 아니라 (뒤에 살펴보겠지만) 시장에 의존하지 않는 별도의 분배 해법을 가지고 있다면, 도대체 시장의 기능을 어떻게 달리 정의할 것인지, 또한 자연자원의 희소성과 관련된 '가격'의 역할은 아예 무시하겠다는 것인지에 대한 답변도 있어야 한다. 아울러 보수주의 주류경제학에서 기후위기의 만능해법으로 생각하는 탄소가격제도를 어떻게 달리 받아들이는지, 환경을 고려한 금융자본의 전략적 투자ESG 효과에 대한 생태경제학의 견해는 무엇인지도 알아볼 필요가 있다.

경제성장과 분배, 그리고 시장 메커니즘의 역할과 상호관계에 대해 생태경제학 관점에서 상당히 통찰력 있는 관점을 펼친 이는 허먼 데일리다. 그의 1992년 논문 "배분, 분배, 그리고 규모: 효율적이고 정의로우며 지속 가능한 경제학을 향하여"는 이 주제에 대해 가장 압축적인 견해를 제공해준다.[397] 그러면 허먼 데일리가 주장하는 "지속 가능한 경제의 최적 규모optimal scale → 정의로운 분배just distribution → 그리고 시장에서의 효율적 자원 배분efficient allocation"의 상호관계와 내용에 대해서 자세히 들여다보자.

기존 주류경제학은 자원의 효율적 배분은 물론 소득의 분배나 경제성장(규모)까지 시장의 가격 메커니즘으로 해결할 수 있다고 간주한다. 이들에 따르면 상품시장에서는 가격에 반응하는 수요와 공급에 따라 소비자들이 원하는 상품을 원하는 만큼 생산할 수 있도록 시장이 자원할당을 가장 효율적으로 해준다. 또한 노동시장에서는, 마찰 없이 효율적으로 노동 수요와 공급이 만나는 지점에서 가격(임금)이 결정된다는 가정 아래, 그 결과로 노동과 자본에게 분배되는 소득 몫도 노동자의 한계생산성을 반영해서 가장 정의롭게 결정될 것이라고 예상한다. 따라서 정부가 직접 재분배에 개입할 필요는 없게 된다. 보수주의 경제학자 로버트 루카스Robert Lucas는 2003년 전미경제학회 회장 취임연설에서 다음과 같이 정부의 분배 개입을 비난한 것으로 유명하다.[398]

"건전한 경제학의 해로운 성향 중에서 가장 매혹적이고, 내가 보기에는 가장 유독한 성향은 분배 문제에 초점을 두는 태도에 있다. 오늘날까지 300년 동안 산업혁명이 걸어온 도정에서 수억 명의 복지가 크게 향상되었다. 하지만 그 가운데 사실상 어느 것도 부자에게서 빈자로 자원을 직접 재분배해서 이루어진 것은 없다."

한편 보수주의 주류경제학은 생산 과정에서 투입되는 에너지나 자연자원 역시 희소성 여부에 따라 원자재 시장에서 적절한 상대 가격이 매겨져서, 고갈 위험이 높아진 자원은 가격이 오르고 수요가 줄어드는 식으로 조정될 것이라고 믿는다. 예를 들어 생산 과정에서 공해나 탄소 배출 발생 등의 사회적 문제가 생기면, 정부가 비용을 계산해서 탄소세를 부과한다. 그러면 기업은 이를 생산비에 반영하게 되고 그 기업이 생산하는 제품과 서비스 가격은 올라가게 될 것이며 그에 따라 수요와 공급이 재조정될 것이다. 이런 식으로 시장은 자원 배분, 소득 분배, 생태계 보호 모두를 아우르는 1석 3조 기능을 하는 셈이다.

하지만 허먼 데일리는 시장 중심의 주류경제학 해법에 정면으로 도전한다. 우선 그는 각 정책 목표마다 적어도 하나 이상의 적절한 정책 수단이 별도로 필요하다고 주장했던, 네덜란드 출신 노벨 경제학상 수상자 얀 틴베르헌Jan Tinbergen의 원칙을 가져온다. 즉 최적의 경제 규모, 정의로운 소득 분배, 그리고 효율적인 자원 배분의 결정은 모두 각각 다른 정책 수단들에 의해 뒷받침되어야 한다는 것이다. 세 마리 새(규모, 분배, 배분)는 나란히 날지 않으므로(서로 다르게 작동하므로) 돌 하나(시장의 상대 가격)로 한꺼번에 세 마리를 모두 잡을 수는 없다는 것이다.[399] 다시 말해서 일석삼조는 없다. 오직 자원분배의 효율성만 생각했던 주류경제학, 소득분배를 강조하면서도 경제성장을 받아들였던 케인스주의 경제학과 달리, 경제 규모(경제성장)를 효율성과 분배 문제에서 독립시켜 최적의 경제 규모를 찾고자 한 것이 생태경제학이다.

그러면 세 가지 목표를 실현하는 세 가지 돌을 하나씩 살펴보기로 하자. 우선 경제 '규모scale' 문제는 지구 생태계로부터 낮은 엔트로피의 에너지와 원료를 받아 경제에 투입하고 다시 높은 엔트로피 폐기물을 자연으로 되돌리는 에너지와 물질 흐름, 즉 '처리량'의 물리적 규모에 한계를 정하는 것이다. 그 한계는 상대 가격으로 표시된 화폐단위가 아니라 '절대적 물리단위'로 표시된 처리량의 한계에 따라 경제 규모가 결정된다. 다시 말해서 최적의 경제 규모는 (지구 생태 시스템이 얼마나 지속 가능한 기초 위에서 재생할 수 있고 또 얼마나 흡수할 수 있는지를 측정하는) 지구의 '수용능력

carrying capacity'에 따라 상대적으로 결정되는 것이지 시장의 상대 가격에 따라 결정되지 않는다는 것이다.

다음으로 정의로운 '분배distribution'는 어떤가? 분배는 생산된 최종 재화와 서비스를 사람들에게 어떻게 상대적으로 나눌 것인지, 얼마나 많이 당신과 나, 다른 사람 그리고 (너무 자주 무시되지만) 미래세대에게 줄 것인지를 결정하는 문제다. 허먼 데일리의 주장에 따를 때 정의로운 분배는, 불평등 정도를 사회적으로 수용할 만한 범위 안으로 제한하는 것이어야 하고, 적어도 시장이 아니라 사회적 의사결정으로 소득의 최소 수준과 최대 수준을 정해야 한다. 이를 위한 구체적인 정책 수단으로서 공적 이전, 조세, 복지지출 등 기존 복지국가 해법과 크게 다르지 않은 수단들을 예시하지만 통상적인 기존 복지국가의 기준보다 더 과감하다.

이 대목에서 한 가지 확인할 것이 있다. '미래세대를 위해 환경을 파괴하지 말자'는 주장은 환경운동 안에서도 흔히 듣는 얘기다. 그런데 엄밀히 보면 이 주장은 적정 규모(환경파괴 안하기)의 문제를 분배의 틀(미래세대와 현세대의 자원 사용) 안으로 넣어버리는 방식일 수 있어 주의해야 한다. 허먼 데일리는 경제 규모가 '미래의 관점'이 아니라 '현재의 관점'에서 지구 생태 한계에 비해 너무 커지고 있기 때문에 제한하는 것이라고 지적한다. 물론 기존 주류경제학은 미래세대와 현세대의 분배를 해결한다면서 미래를 할인해서 계산하는 방식을 쉽게 남용함으로써 문제를 더 키운다.[400] 허먼 데일리는 미래의 할인율을 어떻게 정하는가 하는 것 자체가 미래세대와 현세대의 분배에 대한 의사결정을 현세대가 일방적으로 내리는 것이라고 강하게 비판한다. 한편 조르제스쿠-로겐에 따르면 미래세대가 현재 시장에 존재하지 않기 때문에 현재의 시장 메커니즘은 미래세대들의 이해관계를 반영하지 못하는 '생태적 시장실패ecological market failure'가 발생하는데, 그로 인해 현재세대가 미래세대의 이익을 임의로 침해하는 현상을 '미래에 대한 현재의 독재ᵃ dictatorship of the present over the future'라고 부르기도 했다.

세 번째로, 자원의 효율적인 '배분allocation'은 어떻게 정해지나? 배분 문제는 시장에 공급되는 수많은 상품들의 생산에 각각 얼마나 생산요소들을 사용할 것인지를 결정하는 자원 흐름의 할당 이슈다. 경합적이고 배제적인 성격을 가진 사적 재화나 서비스들은 대체로 개인들의 다양한 선호에 부합하도록 시장가격 신호를 최대한 활용할 수 있으며 가격 신호에 반응하는 수요와 공급에 따라 효율적으로 정하면 된다는 것이 허먼 데일리 생각이다. 말하자면 개인들 선호가 자동차 1천 대, 스마트폰 200만 대라면 이를 생산하는 데 가장 적절한 방식으로 자원 배분이 이뤄지면 되는데, 완전 경쟁 시장에서라는 단서가 붙기는 하지만 상대 가격 신호에 따라 반응하는 수요와 공급이 대체로 이를 결정해줄 것이라는 얘기다.[401]

이런 식으로 세 가지 정책 목표는 각기 다른 정책 수단으로 달성해야 한다는 것, 세 마리 새는 세 개의 돌로 잡아야 한다는 것이 허먼 데일리가 주장하는 핵심이다. 허먼 데일리는 매우 확고한 어조로 이렇게 결론을 짓는다. "지속 가능한 규모와 정의로운 분배 모두 사회적이고 정치적으로 결정되어야 하며 그 결과를 시장에 제약 조건으로 부과해야 한다. 그럴 때 시장은 적절한 자원 배분을 위한 가격을 결정할 수 있다. 반대로 지속 가능한 규모와 정의로운 분배가 시장에 의해서 도출될 수는 없다."[402]

그런데 여기서 기존 주류경제학에서 '경제 규모' 문제를 완전히 다른 맥락에서 사용하고 있다는 한 가지 사실을 짚고 넘어가야 한다. 기존 주류경제학은 천연자원과 폐기물 공간이 경제 시스템의 크기에 비해 여전히 상대적으로 무한하다고 간주하는 경향이 있다. 따라서 그들에게 경제가 너무 크게 되는 경우란 절대로 없다. 물론 주류경제학도 경제가 너무 과잉 팽창(과열)되었다고 인정하는 경우가 종종 있다. 하지만 그 경우에도 지구의 한계에 비해서 너무 과잉 팽창했기 때문이 아니라, '소비에 비해서 상대적으로' 투자가 너무 많고 빠르게 성장했다는 뜻이다. 주택 구매자들 규모에 비해 주택이 과잉 공급되는 현상과 같은 사례 말이다. 따라서 보수주의 주류경제학에서 경제 규모가 크다고 할 때에는 소비 규모에 비해 상대적으로 너무 많이 생산되고 있다는 것을 의미한다.

이처럼 기존 주류경제학에서는 최적의 생산 규모가 단지 "소비에 비해서 상대적으로" 결정되지만, 이와 달리 생태경제학자들이 말하는 최

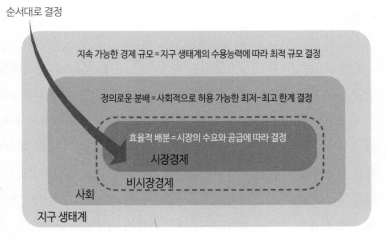

출처: Daly, Herman. 1992를 토대로 필자가 구성

그림 40 경제에서 규모와 분배, 배분이 결정되는 방식과 순서

적의 생산 규모는 주로 "지구 생태계의 수용능력에 비해서 상대적으로" 결정되어야 한다. 생태계가 끊임없이 경제에 공급해주고 있는 에너지와 물질이라는 처리량의 규모는 시장 소비자의 지불 의사가 아니라 지구가 지속 가능하게 공급해줄 수 있는 역량에 따라 결정된다는 뜻이다.

지금까지 경제 규모와 소득 분배, 그리고 자원 배분이라는 세 가지 정책 목표는 성격이 서로 다르므로 각각 별개의 정책 수단을 동원해서 해결해야 한다고 했다. 허먼 데일리는 여기에 그치지 않고 세 가지 정책 목표를 결정하는 순서까지 고려해야 한다고 강조한다. 적정한 경제 규모를 먼저 결정하고, 그 다음에 정의롭게 분배를 결정해야 하며, 마지막으로 시장에서의 효율성을 말할 수 있다는 것이 허먼 데일리의 생각이다(그림 40 참조). 그는 만약 '배출권 거래제도'가 이상적으로 시행된다면 규모와 분배, 그리고 배분의 순서로 정책이 결정될 것이라면서 그 사례를 다음과 같이 설명한다.[403]

첫째, 지구 생태계가 감당 가능한 경제 규모가 제일 먼저 결정되어야 한다. 만약 배출권 거래제도를 설계하려 한다면 무엇보다 먼저 지구 생태계의 수용능력 추산을 기초로 최대배출량 결정부터 해야 한다. 지구가 감당 가능한 총배출량 결정이 가장 먼저라는 얘기다. 여기서 감당 가능한 경제 규모나 탄소 배출 규모는 대체로 민주적 의사결정에 의해 국가가 결정하는 것으로 간주한다.

최적의 경제 규모가 결정되면 그 다음에 고려해야 할 것은 경제 산출물에 대한 분배다. 분배는 윤리적으로 정의롭게 이뤄져야 한다. 만약 배출권 거래제도에서라면 시민들(과 기업들)에게 각각 동등하게 배출권을 분배해주는 방법이 전형적이다. 아니면 배출권을 공공이 소유하고 있다가 경매로 개인들에게 판매할 수도 있겠다. 이처럼 적어도 초기 분배는 시장가격에 의해 결정되는 것이 아니라 정의로운 분배를 반영하는 사회적 결정에 따라야 한다. 최적 규모와 정의로운 분배가 결정된 뒤에야 비로소 개인들끼리 초기에 분배받은 배출권을 총량 범위 안에서 시장가격으로 거래함으로써 가장 효율적으로 배출권이 필요한 이들에게 재배분되는 것을 생각해볼 수 있다.

여기서 하나 중요하게 살펴볼 것은, 보수주의 주류경제학이 효율적인 자원 배분뿐 아니라 소득 분배나 경제 규모 결정 모두 시장의 가격 메커니즘으로 결정할 수 있다고 주장하는 배경에는 그들 나름의 인간관이 있다는 사실이다. 늘 최상의 정보를 가지고 자신의 이익만을 위해서 행동하고 다른 어떤 사람들도 고려하지 않는 이기적 인간, 말하자면 호모 이코노미쿠스가 주류경제학이 가정하는 시장 참여자다. 이기적 개인들이 시장의 가격 신호에 반응해서 거래를 하면 사회 전체적인 자원 배분이 가장 효율적으로 이뤄질 뿐만 아니라 각자가 생산에 기여한 만큼 공정한 소득 몫도 분배될 것이며, 지구 생태계와 경제의 관계도 안정적으로 유지될 수 있다는 논리다.

그런데 만약 실제 인간이 이렇게 이기적 인간이 아니라면 얘기가 어떻게 달라질까? 이 대목에서 허먼 데일리는 고립된 개인이 아니라 관계적 인간으로 접근하는데, 개인들은 현실에서 가난한 이들, 미래세대, 그리고 다른 생물종들의 관계들을 포함하고 있기 때문이다. 따라서 주류경제학이 가정하는 '합리적 개인' 또는 '이기적 개인'이 아니라 '공동체 안의 개인person-in-community'이라는 생태경제학적 개인을 별도로 정의한다.

물론 우리는 늘 개별적인 인간으로 살아가지만 우리의 개별적인 정체성 자체가 사실은 사회적 관계의 질에 의해서 결정된다는 것이다. 예를 들어 가난한 사람들에 속한 개인의 정체성이 부유한 사람들에 속한 개인들의 개별적 정체성과 같을 수가 없다. 어느 지역에 사는지, 누구와 함께 사는지에 따라서도 그 사람의 특성은 달라질 수 있다는 것이다. 이런 식으로 우리는 소비 선호가 다른 개인들일 뿐 아니라 빈곤한 사람들, 미래세대나 심지어 다른 생물종들과도 상호 연결되어 있다.[404] 그러면 다른 사람들과 소득을 나누는 분배 문제나, 다른 생물종들과 공존을 위해 인간 경제 규모의 팽창에 한계를 두는 문제 등이 다른 방식으로 제기된다.

즉, 분배 문제를 결정할 때에는 시장에서의 개인들의 지불 의사에 따라서(즉 수요와 공급에 따라서)가 아니라 우리의 사회적 관계의 질에 대한 윤리적 판단을 수반해야 한다는 것이다. 사실 시장가격 자체가 기존의 지배적인 분배 상태를 반영하므로, 서로 다른 분배는 서로 다른 산출을 만들어내게 되며, 심지어 부정의한 분배 상태를 포함해서 어떤 분배 상태에서도 효율성은 달성될 수 있기 때문에 시장의 효율성이 분배의 정의로움까지 보장해주지는 않는 것이다.[405] 특히 시장의 가격은 지불능력이 있는 부자들과 현 세대의 선호도가 우선적으로 반영되어 있다는 측면에서도 문제가 있다. 따라서 '공동체 안의 개인'이라는 인간관을 가지고 있을 때에만 경제의 기본 정책 목표인 지속 가능한 경제 규모, 정의로운 소득 분배, 그리고 효율적인 자원 배분 목표를 제대로 달성하게 될 것이라는 허먼 데일리의 주장은 충분히 숙고해봐야 한다.

28

생태경제학의
정의로운 분배 전략

경제 '파이'를 더 이상 키우지 않고 정의롭게 분배하는 주제로 옮겨가 보자. 생태경제학의 최대 난제는 분배 문제다. 왜 자연과 경제를 고민하는 생태경제학에게 사람들 사이의 생산물 분배가 최대 난제가 될 수 있을까? 간단하다. 진보와 보수를 막론하고 기존의 경제학 대부분은 분배 문제를 '회피'하는 일종의 도피처가 있었다. 경제성장이라는 도피처 말이다. 라투슈는 "경제성장의 존재 때문에 서구 국가는 분배와 정의의 기본적인 문제에 맞서지 않고 지금까지 혁명 없이 버텨왔다"고 적절히 지적하고 있다.[406] 그런데 생태경제학은 시작부터 스스로 그 도피처를 꽉 막아놓고 분배를 얘기하자고 한다. 물리적 파이를 더는 키우지 말자고 선언한 것이다. 그러면 더 이상 물질적으로 무한팽창하지 못하는 파이를 어떻게 공정하게 분배해서 사회구성원 모두를 만족시킬 것인지로 관심이 이동할 수밖에 없다. 그래서 가장 과감한 생태경제학자는 가장 과감한 분배주의자이어야 할지 모른다. 문제를 반대로 접근해도 마찬가지다. 현재의 불평등한 사회 시스템을 그대로 둔 채 지구 생태의 수용능력 안으로 경제 규모를 제한하자고 하면, 더는 재산과 수익을 늘리기 힘들어진 부유층은 적극적으로 반대할 것은 말할 것도 없고 물질적 필요조차 제대로 충족되지 않은 서민들 역시 찬성할 리가 없다. 생태정의가 사회정의와 함께 갈 수밖에 없는 이유다.

그런데 지금까지 기후운동이나 생태운동은 이전처럼 과소비하면 안 된다고 경고만 했지, 한정된 자원으로 어떻게 파격적으로 분배를 개선하여 모두의 필요를 충족시키면서 살 수 있는지는 말을 아꼈다. 유복하게 살던 이들은 조금 더 검소하게 살고, 어렵게 겨우 생계를 이어가던 이들도 환경을 생각해서 참으며 살라는 말로 오해하기 쉽다. 이제 분배 이슈에도 적극적으로 개입하여 사회정의와 환경정의를 통합한 해법을 찾아야 한다.

기존에 빈곤이나 불평등을 치유하는 편법으로 '더 많은 성장'을 편리하게 선택한 이유가 있었다. 재분배는 언제나 정치적으로 기득권의 강한 반발을 불러일으키기 때문이다. 증세정책이 인기 없는 이유도 같다. 그래서 지금까지는 정치권이 분배로 지루한 싸움을 하기보다는 손쉽게 성장을 계속 최고 우선순위로 놓는 데 합의한다. 이를 통해 당장은 고용 문제를 해결하고, 가까운 미래에는 "모든 배가 성장이라는 밀물에 들어 올려지듯" 더 나은 물질적 삶을 기대한다. 그런데 최근의 현실에서 성장이라는 '불평등 치유 수단'이 점점 더 효력을 잃어가고 있음에 주목할 필요가 있다. 성장을 해도 '고용 없는 성장'이 되면서 성장이 고용을 제대로 보장해주지 않는 경향이 확대되고 있는 것이다(그림 41 참조). 기업가들이 고용을 줄이는 수단으로 기술혁신을 이용하거나, 아니면 글로벌 자본 이동 추세에 편승해 해외에 아웃소싱하는 것이 일반화되면서 발생한 현상이다. 노사관계 제도가 기업에 우호적으로 변화하자 노동과 자본 사이 힘의 균

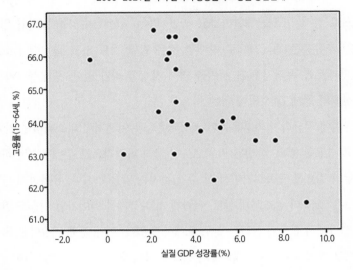

2000~2021년 사이 한국의 성장률과 고용률 상관관계

그림 41　성장과 고용의 비례관계가 보이지 않는다

형이 무너지면서 노동자의 협상력이 약화된 점도 물론 무시할 수 없다.

아울러 최근 선진국은 물론 세계적으로도 저성장 국면이 장기화되어 가고 있는 점도 성장이 불평등 치유 수단이 되지 못하는 이유다. 그러다 보니 갈수록 건전하지 못한 방식으로 성장 수단을 찾게 된다. 경기를 회복시키겠다고 무리한 토건사업을 하거나, 부채를 일으키거나, 또는 화석연료 사용을 오히려 부추기는 정책을 도입하는 사례가 여기에 해당한다. 과도한 금융산업 팽창을 배경으로 빚 얻어 소비를 조장하는 성장정책은 21세기에 나타난 불건전한 성장의 대표적 사례다. 2020년 코로나 19로 성장률이 그마저 급감하자, 한국에서는 내연 자동차 판매를 촉진할 목적으로 자동차 개별소비세 인하정책을 상당 기간 실시했다. 화석연료 사용을 늘려 성장을 해보자는 편법이었다.

이런 식으로 고용 없는 성장 또는 불건전한 부채 주도 성장 등 인위적 성장으로 불평등 해결 회피 → 불평등으로 서민들의 구매력 약화 → 유효수요 감소로 기업 매출 감소, 투자와 고용 축소 → 성장률 감소 → 불건전한 방식의 인위적 성장 추구가 반복되고 있는 것이다. 한마디로 인위적 경제성장과 불평등이 서로 악순환하고 있는 것이다. 이렇게 성장을 멈추자고 말하기 전부터 기존 경제에서 성장과 불평등 관계는 이미 고장 나고 있었다.

그러면 생태경제학은 성장에 구애받지 않는 대안경제를 제안하면서 어떻게 분배를 해야 시민들 삶의 질도 보장하고 불평등도 줄일 수 있다고 보는 걸까? 이에 대한 생태경제학자들의 정책 해법은 하나로 수렴되지는 않는다. 상당히 다양한 정책 메뉴들을 제시하고 있는데 몇 가지만 사례로 들어보자. 우선 허먼 데일리는 앞서 살펴본 대로, 분배를 시장 메커니즘으로 결정하는 것에 반대하면서 사회적 의사결정 방식으로 소득과 부의 최저 한계와 최고 한계를 정하자고 제안한다. "만약 규모가 제한되어 있다면 분배 문제를 시장이 아니라 사회가 직접 다뤄서 최저임금과 최고임금이라는 수단을 통해 공정성에 대해 합당한 표준을 세우자"는 것이다. 그는 최저와 최고소득 격차가 12배 정도 허용되는 불평등 수준이라면 보상과 인센티브에 따른 격차로서 그 정당성을 부여받을 수 있다고 보았다.[407] 이미 최저임금제도는 우리나라를 비롯해서 많은 나라에서 도입되었다. 하지만 최고임금제도는 샘 피지개티Sam Pizzigati 등의 주장을 자세하게 실은 서적도 출간되고 스위스에서 국민투표를 한 적도 있지만 세계적으로 아직 제도로 정착한 사례는 없다.[408] 한국에서

는 정의당에서 최고임금제를 공약으로 내놓은 바 있다.[409]

한편 생태경제학자 케이트 레이워스는 자신의 책《도넛 경제학》의 '분배를 설계하라'는 부분에서 비교적 자세히 자신의 분배정책을 제안한다. 그는 2차 분배 쪽보다는 '다차원적으로 소유권'을 문제 삼는 방식으로 1차 분배 쪽을 건드린다는 점에서 좀 더 근원적으로 접근한다. 그는 "첫째, 기업은 누가 소유하는가? 둘째, 토지는 누가 소유하는가? 셋째, 기술은 누가 소유하는가? 넷째, 지식은 누가 소유하는가? 다섯째, 화폐를 창출하는 권력은 누가 소유하는가?"라는 질문을 차례로 던지면서 대체로 '커먼즈' 확장으로 결론을 모아간다. 반면 요르고스 칼리스 등 탈성장론자들은 2차 분배 영역에서 보편적 서비스를 더 확실히 제공하자거나 아예 기본소득을 도입하자는 데 방점을 찍는다. 또한 탈성장론자 제이슨 히켈은 현대화폐이론MMT[410] 진영에서 개발한 '일자리 보장제'를 수용한다.[411] 사실 분배의 영역에 들어오면 생태경제학은 이미 많은 고민과 학문적 축적을 해온 포스트케인지언, 제도주의, 마르크스주의, 페미니스트 경제학 등과 협업하여 앞으로 더 혁신적이고 안정적인 대안을 만들어야 한다고 생각한다.

그런데 생태경제학이 제시하는 분배정책들 중에서 공통적으로 빠진 부분도 있다. 예를 들어 공공의 이니셔티브 아래 탄소집약적 산업에서 탈탄소 산업으로 전환하는 과정에서 일련의 소유권 재편과 일자리 창출을 통해 분배의 개선을 기대할 수도 있다. 이 과정에서 투입되는 국가 재정지출 방향이 분배에 큰 영향을 줄 것이기 때문이다. 또한 분배는 결국 이해관계자들 사이의 권력관계에 의해 방향이 결정될 것인데, 노동조합과 시민사회의 역량을 키워 기업권력, 경제권력과의 힘의 불균형을 어떻게 역전시킬 수 있는지에 대한 고려도 부족하다. 아직 생태경제학이 생태정의와 사회정의를 교차시켜 입체적으로 이해하는 데까지 나아가지 못하고 있음을 보여주는 대목이다.

그러다 보니 오히려 불평등과 생태위기의 연관은 프랑스 경제학자 뤼카 샹셀Lucas Chancel이나 토마 피케티Thomas Piketty 같은 전통적인 불평등 경제학자들이 불평등 연구를 확대하는 과정에서 분석한 성과들에 주목하게 된다. 이들은 최근 개별 국가 내부에서 소득과 자산 불평등에 따라 탄소 배출 불평등이 어떻게 나타나는지를 집중적으로 연구해왔고, 최근에는 세계 불평등 보고서에 공식적으로 탄소 배출 불평등을 포함시키고 있다. 이들의 결론은 경제적 불평등이 상당 부분 탄소 배출의 불평등을 결정한다는 것이다.[412]

이들의 연구 결과를 좀 더 살펴보자. 피케티와 샹셀이 모두 속해있는 '세계 불평등 랩Global Inequality Lab'에서 발간한 자료에 따르면, 한국에서 소득 상위 1퍼센트와 하위 50퍼센트 사이의 소득 격차는 약 48배쯤 되었고, 탄소 배출 격차는 약 27배쯤 벌어졌다. 소득 불평등과 탄소 배출 불평등이 거의 같이 간다는 것을 보여준다.[413] 영국의 원로 녹색정치가 조너선 포릿이 "사회정의와 기후정의는 동전의 양면이다. 지금까지도 늘 그래왔고 앞으로도 그럴 것"이라고 단언한 이유가 여기에 있다.[414]

샹셀과 피케티는 한 발 더 나아가 탄소 배출 불평등을 줄이는 방식으로 탄소 배출 감축 목표를 설정할 수도 있다고 주장한다. 예를 들어 한국인 1인당 한 해에 평균 14.7톤 탄소를 배출하므로 2030년까지 국가 전체로 탄소 배출을 절반 감축한다고 하면 국민 1인당 평균 약 7.4톤까지 감축하면 될 것이다. 그런데 이미 현재 한국인 절반의 연간 탄소 배출량은 6.6톤에 불과해 2030년 목표보다도 적다. 논리적으로는 더 줄일 필요가 없다는 뜻이다. 반면 상위 1퍼센트는 180톤을 배출하므로 무

만약 모든 국민들이 2030년에 똑같이 연간 7.4톤만 배출한다면?

출처: Chancel, Lucas·Piketty, Thomas et al. 2021. 필자가 그림을 구성

그림 42 한국인 탄소 배출 불평등과 2030년까지 평등한 수준으로 배출할 경우

려 95.8퍼센트에 해당하는 172.7 톤을 감축해야 하고 상위 10퍼센트
는 86.2퍼센트를 줄인 47.2톤을 감축해야 한다. 중위 40퍼센트 중산층
들은 대체로 절반 정도 줄이면 된다(그림 42 참조).[415] 엄밀하게 말하면 이
런 방식에 따라 국가적으로 탄소 배출을 감축해야 국민들이 불만 없이
참여할 수 있을 것이 아닌가? 많이 배출하는 사람들은 많이 줄이고 적
게 배출하는 사람들은 적게 줄여서 모두 비슷한 수준으로 탄소 배출을
하자는 것이다. 어쨌든 지금까지는 불평등 경제학자들이 소득 불평등과
탄소 불평등을 연계하는 방식으로 사회정의와 생태정의를 통합하는 방
안을 구체화해왔다면, 이제부터는 반대로 생태경제학 쪽에서 사회정의
로 지평을 확대해나가는 노력이 요구된다.

한편 생태경제학과는 별개로, 주로 실천적인 차원에서 '정의로운 전
환'이라는 이름 아래 탈탄소 사회로의 전환 과정에서 사회정의를 문제

삼았던 잘 알려진 흐름도 있다. 지금까지는 석탄화력발전 조기 폐쇄에 따른 노동자들의 생활과 일자리 보장 같은 비교적 제한된 영역에서 정의로운 '노동' 전환이 다루어져왔다. 하지만 이제는 생태경제학이 자신들의 고유한 분배경제학적 원리를 토대로 경제적 불평등과 생태적 불평등의 교차 지점을 구체적으로 분석할 필요가 있다. 이를 기반으로 사회정의와 기후(생태)정의를 연계한 탈탄소 전환 전략, 전환 이후 '성장 없는 사회'에서의 정의로운 분배 계획까지를 포괄하는 '광의의 전환 전략'을 짜야 한다. 이를 위해 특히 기후위기 해결 과정에서 다음과 같은 주제들을 집중적으로 파고들 필요가 있다.

첫째, 현재까지 온실가스 배출과 그로 인해 발생한 기후재난에 대한 책임에 비례해서 탈탄소 전환 비용을 부담하는 원칙을 세워야 한다. 기후위기가 '인류'가 일으킨 것이라면서 1/N로 책임을 분담하자거나, 책임이 크지 않은데도 재난 피해를 이미 많이 입고 있는 서민들에게 전환 비용을 추가로 감당하라고 하는 것은 정의롭지 못하다. 글로벌 차원은 물론 개별 국가 내부 차원에서도, 많은 배출을 한 소득 상위층이 더 많이 전환 비용을 지불하고 기후재난 피해까지 부담하는 것은 시혜가 아니라 일종의 책임이다. 이것은 전통적인 정의로운 전환이 주목해온 지점이며 당연히 앞으로도 계속 포괄해야 할 영역이다.

둘째, 기후대응과 탈탄소 경제사회로 전환하는 모든 주요한 의사결정에 노동자와 시민들이 적극 참여하도록 보장해야 한다. 사실 전환 과정에서 피해를 입는 노동자나 주민에게 물질적 보상을 하는 것보다 훨씬 중요한 정의로운 전환 원칙은 의사결정 참여이다. 직장이나 지역에서 노동자와 주민의 의사를 묻지 않고 일방적으로 전환을 강행할 경우, 대체로 노동자나 주민의 의사에 역행하여 기업주와 지역 기득권 이익만 관철될 가능성이 높기 때문이다. 지역에서 주민의 이해관계와 의사를 묻지 않고 일방적으로 태양광과 풍력 타워를 설치하려다가 곳곳에서 심각한 주민 갈등에 직면하는 사례가 대표적이다. 따라서 이해당사자의 적극적 '참여'는 정의로운 전환이 새롭게 확장해야 할 일차적인 영역이다.

셋째, 탄소 배출을 획기적으로 줄이기 위해 물리적으로 경제 '파이'를 키우지 않겠다고 하면 적극적인 분배정책을 과거보다 훨씬 더 강화해야 한다. 생태를 파괴하는 무리한 성장으로 불평등을 회피하려는 전략은 이제 기후위기 시대에 통할 수 없다. '파이'를 키우지 않고도 소득 격차를 줄이기 위해 강력한 사회적 합의를 모아야 하며, 이를 뒷받침하기 위해 노동조합의 협상력을 올려주는 정책을 도입하는 등 사회적 힘의 불균형을 교정해야 한다.

유감스럽게도 현재까지 생태경제학은 기후정의와 사회적 정의를 교차시키고 기후 문제를 사회적 의사결정으로 끌어들이는 과제에 대해 연구된 내용이 많지 않다. 생태경제학자 조슈아 팔리 등도 이 점이 보완되어야 한다면서 기후 의제를 '민주적 숙의 과정'으로 가져오자고 제안하기도 하지만 아직은 매우 일반론에 머무르고 있다.[416] 허먼 데일리도 분배를 사회적으로 결정하자고 간단히 언급하는 데 그치고 있지만, 실제 이 과정은 상당한 갈등과 이해관계의 충돌, 배후의 권력관계 작용 등 복잡한 과정이 수반될 것이므로 생태경제학이 이 부분에 충분한 관심을 더 기울이고 효과적인 정책 수단을 개발해야 한다.

넷째, 탈탄소 산업 전환으로 새롭게 만들어지는 녹색경제 영역은 공공투자가 이니셔티브를 갖고 사기업뿐 아니라 지역 공동체를 참여시키는 노력을 해야 한다. 그래야 기존 회색경제 영역처럼 사적 기업권력이 과도하게 지배하는 '사적' 녹색경제로의 경로를 피할 수 있고 불평등을 완화하는 데 도움을 줄 수 있다. 이런 방식으로 정의로운 전환의 의미는 크게 확대되어야 한다. 1970년대 이래 사업장 단위에서 얘기된 정의로운 노동 전환과는 차원이 달라졌다.

위와 유사한 취지에서 나오미 클라인Naomi Klein은 정의로운 전환 원칙을 5가지로 압축하여 예시했다. 그에 따르면 ①재생에너지 분산성 특징에 맞게 다양한 소유 형태로 전환하는 '에너지 민주주의energy democracy' 원칙, ②전환 과정에서 피해를 입을 수 있는 현장 지역 주민들과 공동체들을 최우선으로 고려하는 '최전선 공동체 우선front line first' 원칙, ③탄소집중도가 낮고 삶을 위해 필수적인 돌봄 일자리를 위해 더 많이 투자하고 생활임금을 보장해주는 '돌봄 일자리가 기후 일자리care work is climate work'라는 원칙, ④기존 탄소집약적 산업의 축소로 인한 일자리 상실과 생존 위협에 대해 확실히 책임을 지는 '한 사람의 노동자도 뒤쳐지지 않게no worker left behind' 배려하는 원칙, 그리고 ⑤전환 과정에 소요되는 막대한 재정을 오염자와 과소비자들에게 부담하도록 하는 '오염자 부담polluter pays' 원칙으로 요약된다.[417]

이처럼 불평등과 기후위기(생태위기)를 벗어나기 위한 과정은 '정의로운 사회'와 '지속 가능한 사회'를 동시에 추구하는 전략으로 되어야 한다. 한국을 기준으로 볼 때 문재인 정부의 소득 주도 성장은 불평등을 줄이기 위한 기획은 있었지만 지속 가능한 사회로의 전망은 분명치 않았다. 반면 기업들이 추구하는 ESG 전략은 (실질적인 성과는 의심스럽지만) 지속가능사회로의 지향 외에 불평등 감소 문제는 사회적 책임이라는 모호한 규정 아래 묻혀있다. 2019년부터 글로벌 차원에서 유행했던 그린뉴딜 전략이 비록 구체적인 적용 과정에서는 국가나 도시마다 편차가 심하지만 그나마 사회정의와 기후정의를 동시에 추구하려는 전략적 의지

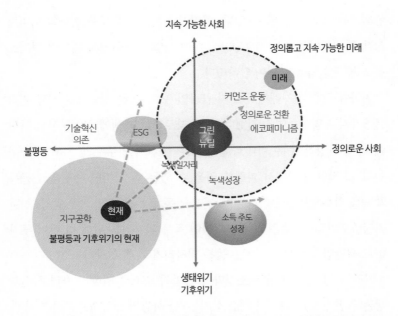

그림 43 정의로운 사회와 지속 가능한 사회를 동시에 만들기 위한 전략들의 위치

를 가지고 있었다고 평가된다. 그린뉴딜은 경제적 어려움 해소냐, 기후
위기 대처냐 하는 양자선택을 강요하지 않고 탄소 배출 감축과 노동자
와 서민들의 일자리 등을 해결하기 위한 국가 프로젝트라는 특징이 있
었기 때문이다(물론 한국의 그린뉴딜이 여기에 해당하는지는 의심스럽다).[418] 그린뉴
딜 정책이 동력을 잃어버린 지금 사회정의와 기후정의를 동시에 추구할
더 나은 전략적 모색이 매우 절실하다(그림 43 참조). 2022년 말 현재 유럽
은 '리파워 유럽계획RePowerEU Plan'[*][419]으로, 미국은 '인플레이션 감축법

---

* 유럽연합이 2030년까지 천연가스 등 러시아 화석연료로부터 독립하기 위해 2022년 5월에 제안된 계획으로
서 에너지 절약, 청정에너지 확대, 에너지 공급선 다양화를 주요 내용으로 한다. 특히 여기에는 EU의 2030년
재생에너지 목표를 기존 40%에서 45%로 상향시켰고, 그에 따라 2025년까지 태양광 발전용량을 기존의 두 배
인 320GW까지 올리고, 2030년까지는 다시 두 배에 가까운 600GW까지 올린다는 계획을 포함하고 있다.

Inflation Reduction Act[*]으로 그린뉴딜 정책의 진화를 이뤄가고 있는데 한국은 아직 다음 계획이 없는 상태다.

생태경제학이 제시하는 정의로운 분배정책 범주에 아직 남아 있는 이슈가 더 있다. 그 첫 번째는 성장 없는 경제가 흔히 경제학자들이 기대하는 만큼의 절대적 수준의 물질적 욕구를 채울 수 있느냐 하는 것이다. 바로 여기서 '물질적 소비가 얼마나 충족되어야 만족스러운지'에 대한 근원적인 질문이 제기된다. 예를 들어 전 세계 80억 인구가 현재 미국 중산층 정도의 물질적 삶으로 '평등화'하는 것을 모든 나라가 목표로 삼는다면 어떤 일이 벌어질까? 2021년 기준 미국인 1인당 GDP는 7만 달러다. 만약 전 세계 80억 인구가 이 정도 국민소득을 누리려면 세계 GDP는 대략 560조 달러 가까이 팽창해야 한다. 2021년 기준으로 세계 경제 규모가 100조 달러 정도이므로 560조 달러가 되려면 지금보다 무려 다섯 배 반 이상 팽창해야 한다. 지금도 인류의 생태발자국을 보면 지구가 1.7개나 있어야 할 만큼 감당하기 어려운데 다섯 배 반 이상 커진 인간의 경제를 지구가 어떻게 견딜 수 있을까?

좀 더 현실적으로 바츨라프 스밀은 중국의 사례를 든다. "14억 명에 가까운 사람들에게 약간의 번영을 가져다주기 위해 중국은 1990년~2015년 사이의 25년 동안 전체 에너지 소비는 4배 이상 늘렸고, 현대 사회의 기반시설을 위한 두 개의 기초 자재인 시멘트와 철의 소비는 12

---

[*] 2022년 8월16일 입법되어 2023년부터 시행되는 인플레이션 감축법(일명 IRA법)은 이름과 달리 '인플레이션 관리'보다는 '기후대응'과 '제조업 일자리 창출'에 초점이 맞춰져 있다. 핵심적으로는 재생에너지 관련 제조(약 2020억 달러 지원)와 재생에너지 전력생산(약 620억 달러 지원)에 민간투자를 유도해서 기후위기 대응도 하고, 미래 에너지 위기도 준비하며, 동시에 일자리 창출을 지원하겠다는 전략이다. IRA법으로 인해 2022~2030년까지 온실가스 배출이 약 10억 톤 정도 줄어들 것으로 UNEP는 전망하고 있다.

배로 증가했는데, 현재는 전 세계 철강 생산량의 50%, 시멘트 생산의 거의 50%를 차지하고 있다. 경제발전 수준이 중국의 일부밖에 안 되는 세계 인구의 절반이 중국과 같은 성장을 보이려면 중국이 지금 소비하는 것보다 적어도 2배 이상의 에너지와 물질적 자원을 투입하려는 노력이 필요할 것이다."[420]

일찍이 경제학자 케인스 등은 기본적인 물질적 필요는 무한히 팽창하지 않지만, 이와 달리 지위재 등에 대한 탐욕은 끝이 없기 때문에 물질적 생산을 기본적 필요에 맞출 것을 제안했다.[421] 하지만 이미 한국을 포함하여 많은 선진국들은 무한 경제성장으로 익숙해진 관성과 삶의 태도, 즉 무한한 물질적 소비의 팽창을 삶의 질 개선과 동일시하는 관성에 깊숙이 젖어 있는 상황이다. 울리히 브란트Ulrich Brand와 마르쿠스 비센Markus Wissen 이 통찰력 있게 지적한 '제국적 생활양식' 말이다.[422]

이제 '제국적 생활양식'을 버리고 기후위기를 추가로 악화시키지 않을 정도의 물질적 삶을 유지하는 '1.5°C 라이프스타일'로 전환하자는 케이트 레이워스 등의 제안이 이 대목에서 절실하다.[423] 레이워스는 모든 시민이 '1.5°C 라이프스타일'로 전환하는 과정은 개인적 실천으로는 절대 달성할 수 없다고 단언한다. 그는 정부가 부유층의 사치성 소비나 탄소집약적 소비, 또는 과시적 소비를 사회적으로 배제하는 공공정책을 도입해야 한다고 주장한다. 반대로 서민들에게는 부족한 필수 소비를 충족할 수 있도록 보편적 기본서비스를 제공해야 한다고 덧붙인다. 그 결과 개인적으로는 어느 정도 물질적 필요가 충족되면 멈추는 '사적 충분성'을 구현하고, 동시에 '공적 풍요로움' 원칙 아래 개인적인 필요를 제대로 충족하지 못하는 사회계층과 개인에 대해서 공공의 보편서비스를 확대할 수 있게 되는 것이다.

생태경제학의 분배정책이 주목하는 또 하나의 이슈는 '세대간 지구 자원 이용 가능성의 분배'다. 보수주의 주류경제학이 미래를 할인하는 방법으로 현재세대와 미래세대의 경제적 이해관계를 비교한다는 얘기는 앞서 설명했다. 그런데 이들이 도입하는 또 하나의 가정이 있다. 바로 '세대간 보이지 않는 손'이다. "우리가 각자 오직 자기 이익만 생각하고 시장경제에 참여해도 결과적으로 '보이지 않는 손'에 이끌려 모두에게 이익이 되는 결과가 나온다"는 애덤 스미스의 보이지 않는 손을 세대 사이의 이해관계로 확장한 것인데, 대표적인 경제학자가 해럴드 바넷Harold Barnett과 챈들러 모스Chandler Morse다.

이들에 따르면 세대간 보이지 않는 손은 이렇게 작동한다. "각 세대는 미래세대에 대한 의무를 굳이 생각하지 않더라도 각자 자신들의 삶을 개선하기 위해 헌신함으로써 다음 세대에게 더 생산적인 세상을 물려주게 된다."[424] 말하자면 현재세대가 굳이 미래를 생각하지 않고 오직 자신들 세대만을 생각하면서 자연자원을 최대한 사용하여 인공시설을 확장하고, 지식역량도 가능한 한 키우며 기술도 최고로 혁신하면, 미래세대는 앞선 세대보다 훨씬 더 풍부한 물적, 지적 자산들을 자연스럽게 물려받게 된다는 것이다. 그 정도면 현재세대가 미래세대에 대한 의무를 다한 것이나 다름없다는 얘기다.

그런데 여기에 중요한 단서가 있다. 과거와 같은 수준의 경제성장률, 인구 증가, 그리고 자연자원의 보존이 전제되어야 하는 것이다. 하지만 이런 단서는 사실 20세기까지만 유효했고 21세기 들어오면서 모조리 깨지고 있다. 성장률은 낮아지는데 불평등은 더 심화되고 있다. 인구는 감소세로 들어갔다. 자연자원은 온실가스로 가득한 대기나 산성화되고 플라스틱으로 오염된 바다처럼 다음 세대로 갈수록 더 퇴화된 유산을 물려받고 있다.

지난 1992~2014년까지 140개국을 조사한 결과에 따를 때, 각각의 개인들은 미래에 두 배나 많은 생산자본을 물려받게 되고 인적 자본은 13퍼센트 더 많이 물려받게 된다는 연구가 있다. 여기까지만 보면 과연 세대간 보이지 않는 손이 최근까지는 작동한 것처럼 보인다. 하지만 자연자원을 보면 얘기가 달라진다. 이 기간 동안 자연자본은 무려 40퍼센트나 더 적게 물려받는 것으로 조사되었기 때문이다(그림 44 참조).[425] 이처럼 세대간 보이지 않는 손은 더 이상 작동하지 않게 된 것이다. 더욱이 저성장 국면 속에서 인구까지 감소하게 되면 오히려 수적으로 더 적은 미래세대가 많은 기성세대를 부양해야 하는 부담까지 떠맡게 되는데 한국의 상황이 그렇다.

세대간 보이지 않는 손이 원천적으로 작동할 수 없는 다른 이유도 있

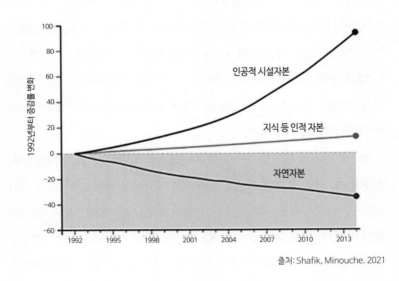

출처: Shafik, Minouche. 2021

그림 44 세대간 인공자본, 인적 자본, 자연자본의 증감 추이

다. 바로 과거에서 미래로 한쪽 방향으로만 흘러가는 열역학 제2법칙이 세대간 분배에 중요한 제약을 가하기 때문이다. 이 문제에 대해서 생태경제학 창시자 조르제스쿠-로겐은 다음과 같은 사례를 들었다.

> "캐딜락을 한 대 생산할 때마다 쟁기나 삽을 만드는 데 사용할 수 있는 낮은 엔트로피는 돌이킬 수 없을 정도로 파괴된다. 즉, 우리가 캐딜락을 한 대 생산할 때마다 미래 인류의 삶을 희생시키는 대가를 치르게 되는 것이다. 산업적 풍요를 추구하는 경제발전은 지금 여기의 우리와, 그 풍요를 누리게 될 가까운 장래의 사람들에게는 축복이 될지 모른다. 하지만 그건 전체적으로 볼 때 인류의 이익에 분명히 반하는 것이다. 만약 인류의 이익이 원래의 낮은 엔트로피를 가지고 가능한 한 오래 살아남고자 하는 것이라면 말이다."[426]

로겐이 말하고 싶은 것은, "크게 중요하지 않은 현재의 필요를 위해 당장 자원을 써버린다면, 미래의 아주 중대한 필요를 충족하는 것을 불가능하게 만들어버릴 수 있다"는 것이다. 그런데 현세대의 기본적 필요가 미래세대의 필요보다는 우선할 수 있지만, 현세대의 낭비적 사치보다는 미래세대의 기본적 필요가 우선한다.[427] 또한 설령 미래세대에게 더 많은 인공의 물질자본과 지적 자본을 물려준다 한들, 그것이 자연자원의 퇴화와 가용 에너지의 소실을 온전히 대체할 수는 없다. 결국 세대간 정의를 자동으로 조정해주던 '세대간 보이지 않은 손'은 더 이상 유효하지 않거나 아예 근원적으로 열역학 법칙에 위배되고 있었던 것이다. 그러면 남은 해법은 사회적 숙의를 통한 '보이는 손'이 아닐까? 기후위기에 대한 대처 역시 보이지 않는 손이 아니라 보이는 손으로 해결해야 할 것이다.

29

성장 없는 경제의
일자리 전략

분배에 큰 영향을 주는 중요한 또 다른 주제가 고용이다. 생태경제학은 안정적인 일자리와 소득을 어떤 정책으로 뒷받침할까? 단순히 생각해보자. 지속적인 기술혁신으로 노동생산성을 높이면서도 동시에 전체 경제의 산출 규모를 늘리지 않는다면(즉 경제성장을 하지 않는다면) 자동으로 총노동의 양은 줄어들 것이다. 그렇다면 각자의 노동시간을 줄이지 않는 한 고용도 줄어야 한다. 만약 인구가 증가하는 중이라면 고용률은 더 낮아지고 실업률은 계속 높아질 것이다. 따라서 노동생산성이 높아지는 상황에서 성장 없는 경제는 상당한 '실업의 위험'에 직면할 것이 자명하다. 생태경제학의 '성장 없는 경제'는 과연 이와 같은 실업의 위험을 어떻게 돌파하자고 할까?

물론 엄밀하게는 생태경제학이 성장을 멈추자는 것은 물리적인 처리량의 증가를 멈추거나 줄이자는 얘기이지 화폐적 성장에 관한 것은 아니다. 물리적 처리량이 상대적으로 적게 소요되는 돌봄경제 등을 증가시키면서 성장 없는 경제를 실현할 수도 있다는 얘기다. 또한 성장 없는 경제는 투자와 저축이 완전히 멈춘 경제가 아니다. 순투자는 제로지만, 회색경제부문의 투자를 대폭 축소하는 대신 재생에너지 등 녹색경제 인프라를 확충하는 대규모 신규 투자가 산업 전환 과정에서 일어나야 한다. 이때에도 탄소집약적 산업의 일자리가 줄어드는 대신 탈탄소 녹색 산업의 일자리가 만들어지게 될 것이다.

2019년 이후 기후위기 대응을 위한 그린뉴딜 정책이 제안되면서 한 동안 '녹색 일자리'가 많은 주목을 받았다.[428] 그린뉴딜은 경제성장에 대해서는 언급을 피하는 대신에 일자리를 더 많이 만들겠다고 약속했기 때문에 이는 당연한 것이다. 사실 기후위기 대응을 위한 녹색 전환 과정에서 잃어버리는 일자리보다 만들어지는 일자리가 더 많을 것이라는 주장은 근거가 있다. 매킨지 보고서에 따르더라도 미국 기준으로, 정부가 1천만 달러(약 100억 원)를 투자할 경우 화석연료 기반 경제에서는 일자리가 27개 생기는 반면, 재생에너지 분야에서는 75개, 그리고 에너지 효율화에서는 77개의 일자리가 생길 수 있다고 분석되었다(그림 45 참조). 회색산업보다 녹색산업에서 약 3배 정도 더 만들어진다는 뜻이다.[429]

현재 녹색 일자리는 유럽연합의 경우 전체 고용의 약 2퍼센트(2013년에 410만 명), 그리고 미국의 경우 약 2.6퍼센트(2011년에 340만 명) 정도의 비중을 차지하는 것으로 조사되었다.[430] 녹색성장주의 경제학자로 잘 알려진 로버트 폴린Robert Pollin은 2022년 한국 경제에서 녹색투자의 일자리 창출 효과를 분석한 보고서를 공개했는데, 에너지 효율화에 매년 14조 원, 그리고 재생에너지에 64조 원을 2022~2030년 기간 동안 투자할 경우 일자리가 얼마나 만들어질 수 있는지 계산했다. 2018년 한국은행 투입

재생에너지
(풍력, 태양광, 바이오, 지열, 수력)

에너지 효율화
(산업적 에너지 효율화,
스마트 그리드, 대중교통)

화석연료
(석유, 가스, 석탄)

27개 일자리

75개 일자리

77개 일자리

＊직간접 일자리만 포함하고 유도된 일자리 제외 / Mckinsey and Company. 2020

그림 45　정부가 천만 달러를 지출했을 때 직간접으로 생기는 일자리 수 비교

산출표를 활용해서 그가 연간 일자리로 계산한 결과, 연간 기준 약 86만 개의 일자리(정규직 비중은 약 52퍼센트, 여성의 비중은 약 43퍼센트)가 창출될 것으로 전망되었는데, 이는 전체 고용의 약 3퍼센트 정도 비중이다(표 3 참조).[431]

　녹색 일자리 가운데 에너지산업에서의 일자리는 특히 주목해볼 필요가 있다. 왜냐하면 탈탄소 전환 과정에서 석탄화력발전 등 화석연료 기반 발전산업의 급격한 폐쇄와 이로 인한 고용위기가 이미 사회적으로 중대한 이슈로 부각되고 있기 때문이다. 기존 화석연료 기반 산업에 종사해온 기계나 전기 분야 노동자들은 약간의 재교육만으로도 쉽게 고용 수요가 더 높은 재생에너지 산업으로 전환할 수 있다는 강점을 가지고 있다. 문제는 석탄화력발전을 폐쇄하는 것 이상으로 빠르고 대규모로 재생에너지에 투자를 추진하고 있는지 여부다. 또한 공공이 신규 재생에너지 투자를 주도하여 고용 전환에 대한 공적 책임성을 높일 수 있는지 여부도 이슈다. 아울러 기존 화석연료 발전의 중앙집중성에 비해 재

투자부문	직·간접 고용	직·간접 고용 + 유도 고용
에너지 효율 14조원		
1) 빌딩 에너지 효율 제고	32,480	45,360
2) 산업 효율성 제고	24,640	34,440
3) 전력망 개선	21,280	29,680
4) 대중교통 수단 확충 및 개선	33,320	46,760
5) 탄소제로 자동차 확대	19,320	27,160
6) 에너지 효율 전체 고용 효과	*131,040*	*183,400*
청정 재생에너지 64조원		
7) 태양광 전체	250,240	351,360
8) 풍력 전체	148,860	208,380
9) 저배출 바이오에너지	12,960	18,160
10) 조력	5,520	7,760
11) 소수력	7,200	10,080
12) 지열	7,600	10,640
13) 청정 재생에너지 전체 고용 효과	*432,380*	*606,380*
14) 계(6+13)	**563,420**	**789,780**
15) 2020년 기준 전체 노동인구(2,840만) 대비 비율	**2.0%**	**2.8%**

출처: Pollin, Robert·Wicks-Lim, Jeannette et al. 2022

표 3 한국에서 매년 효율화(14조 원), 재생에너지(64조 원) 투자에 따른 연간 고용창출 전망

생에너지가 가지고 있는 분산성이 일자리의 지역 편재를 변화시키게 될 수 있는 대목도 고려해야 한다.

또 하나 주의할 것이 있다. 화석연료 일자리보다 녹색 일자리 창출 능력이 크다는 데 위안을 삼고 녹색 일자리 개수를 산정하는 데 몰두하다가 놓치는 사안이 있기 때문이다. 그 녹색 일자리는 과연 안정된 일자리

이고 보수가 괜찮은 일자리인가 하는 질문이다. 여기에 대한 가장 올바른 대답은 "기존 노동시장 구조가 어떤가에 달려있다"로 요약할 수 있다. 왜일까? 현재처럼 노동시장이 철저히 분절화되고 노동 내부 격차가 갈수록 심해지는 상황에서 녹색 일자리라고 태생적으로 안정되고 괜찮은 일자리일 수는 없기 때문이다. 녹색 일자리뿐 아니라 어떤 다른 분야에서 새로 일자리가 만들어진다 하여도, 기존에 형성된 사회적 노동환경에 영향을 받지 않고 그 분야만 고립적으로 괜찮은 일자리가 될 수 있을까?

예를 들어 최첨단 혁신 분야로 자처한 플랫폼 기업이 만들어내는 일자리 역시 극히 소수의 괜찮은 일자리와 압도적으로 많은 불안정한 플랫폼 노동을 양산하는 현실을 보라. 녹색 일자리에서도 아마 이런 현상은 그대로 재연될 수 있다. 탈탄소 산업이 자동적으로 '좋은 일자리를 보장'하지는 않는다는 사실은 로버트 폴린도 분명히 인지하고 있었다. 그는 다음과 같이 지적한다.

"청정에너지 투자를 통해 만들어지는 일자리가 노동자들에게 괜찮은 보수를 제공하리라는 보장은 없다. 이 일자리들이 작업장 환경 개선이나 노조의 대표성 강화, 여성과 소수 인종을 비롯한 소수 집단에 대한 고용 차별 감소를 이뤄 내리라는 보장 역시 없다. 다만 신규 투자가 일어날 것이라는 사실 덕분에 사회 전반에 걸쳐 – 고용의 질 개선과 노조 가입률 확대, 소수 집단 일자리 증가 등을 위한 – 정치 결집을 이끌어내기가 쉬워질 것이다."[432]

폴린이 말하고자 하는 초점은 녹색 일자리가 새로 창출되는 것을 계기로 이 분야에서 고용 조건을 바꾸기 위한 정치적 노력이 따라와야 한다는 것이다. 따라서 탈탄소 산업 전환에 따른 녹색 일자리 창출을 계기로 기존의 고용구조를 노동친화적으로 개편하려는 적극적인 노력과 기획이 동시에 추진되어야 한다. 지금처럼 임시 계절 하도급으로 태양광 설치기사를 늘리는 방식은 과거의 고용 패턴과 관행이 녹색산업에도 그대로 이식되도록 방치하는 것과 다르지 않기 때문이다. 직무 내용뿐 아니라 일자리의 안정성도 녹색으로 만들려는 노력이 시작부터 필요하지 않을까?

지금까지 기존 화석연료 기반 산업과 구별되는 탈탄소 녹색산업에서의 일자리에 대해서 간단히 검토해보았다. 하지만 생태경제학은 단순히 회색산업과 녹색산업 사이의 일자리 개수를 양적으로 비교하고 녹색 일자리가 갖는 장점을 주장하는 데 그치지 않는다. 생태경제학은 '일work' 자체에 대해서 기존 경제학과 다른 접근을 요구하기 때문이다. 생태경제학 관점에서 일은 곧 '에너지'이고 이는 물리학이 바라보는 관점이기도 하다. 지구 생태계 한계 안에서의 경제활동을 최우선으로 강조하는 생태경제학은 경제활동에 투입되는 에너지와 물질 처리량의 최소화를 추구한다. 따라서 자원생산성을 특별히 강조하는데 이는 상대적으로 노동집약적인 경제를 선호한다는 뜻으로 해석할 수도 있다.

그런데 지금의 경제 양상은 정반대다. 현대 경제에서 기업들은 아무런 불만이나 저항도 표시할 수 없는 자연자원에 대해서는, 고갈이나 파괴의 비용을 제대로 지불하지도 않고 일방적으로 자신들의 수익 극대화를 위해 과도하게 싼 가격을 매겨 남용하고 있다. 반면 그나마 불만과 저항을 표현할 수 있는 노동의 경우는 온갖 자동화 기술과 인공지능 기술을 동원해 고용을 줄이는 방식을 추구하고 있다. '노동생산성 향상'이 바로 그것인데 그 결과 '고용 없는 성장'이 점점 더 심화되고 있는 것이다. 이런 방식으로 지금까지 시장은 자원생산성 향상을 외면한 채 주로 노동생산성 향상을 혁신이라고 부르며 몰두해왔다.[433]

하지만 기후위기 시대에는 '노동생산성' 향상으로 노동 비용을 줄이는 데 주력할 것이 아니라 일자리를 유지하면서 자원과 에너지의 사용을 줄이는 '자원생산성'을 향상시키는 쪽에 초점을 두어야 한다. 흔히 기술혁신이 일자리를 줄일 거라고 당연하게 생각하지만 일자리를 강제로 소멸시키는 기술 법칙 같은 것은 없다. "일자리가 사라지는 것은 로봇이 침략해와서가 아니다. 전체 임금을 삭감하려는 경영이 노동자를 기계와 대치시키고 있기 때문"이라는 경제학자 파블리나 체르네바의 지적은 적절한 것이다.[434]

생태경제학자 팀 잭슨 역시 "끈질기게 노동생산성만 추구하는 것은 정말 의미 없는 일"이라면서, "인간 노동을 대체하는 것이 더 나은 분야는 따로 있다. 바로 노동환경이 열악한 경우이다. 노동력 투입은 언제나 최소로 해야 한다는 아이디어는 일반 상식에 어긋난다"고 경고하고 있는데 옳은 말이다.[435] 잭슨은 교사 1인당 학생 수를 늘리는 노동생산성 향상이나 간호사 1인당 환자 수를 늘리는 노동생산성 향상이 우리가 정말 바라는 혁신인지를 되묻는다. 돌봄의 사례가 말해주는 것처럼 어떤 경우에는 사람의 손이 더 많이 가야 하는 일도 있기 때문이다. 반면 대체로 자원생산성에 집중하면, 노동집약적이기 쉽고 일자리가 크게 줄어들지 않거나 오히려 늘어날 개연성도 있다.

물론 지금까지도 에너지 효율등급을 표시한다든지 재활용을 늘린다든지 하는 방식으로 자원생산성 향상을 아예 도외시하지는 않았다. 하지만 자원생산성을 올리기 위한 연구개발에 집중했다기보다는 주요하게는 브랜드 이미지 관리 차원이나 마케팅적 고려 수준에서 크게 벗어나지 못한 것도 사실이다. 정부가 자원 절약을 유도하는 연구개발 지원, 공공투자, 조세정책 등을 동원해서 자원생산성 향상으로 무게 중심을 옮기도록 기업들을 유도해야 한다. 그래서 장기적으로 고용안정과 일자리 창출에 우호적인 노동시장 환경이 만들어지는 동시에 경제 과정에서 에너지와 물질 처리량을 줄이는 효과를 볼 수 있도록 해야 한다.

생태경제학이 중요시하는 또 다른 정책은 '노동시간 단축'을 통한 총 고용량 유지다. 생태경제학은 물리적인 '경제 파이'를 지구 한계 안으로 고정시키는 대신, 노동시간을 체계적으로 빠르게 줄여서 일자리를 유지하는 동시에 '여가' 시간을 충분히 확보함으로써 삶의 질을 높이자고 주장한다. 특히 2020년 코로나19 이후 재택근무 경험이 늘어나면서 '주 4일제'에 대한 관심이 크게 높아지고 있고, 일부에서는 2023년부터 주 4일제가 사회적 공론장의 주요 의제가 될 것이라고 전망하기도 했다.[436] 그래서 거의 모든 생태경제학자들의 단골 정책 메뉴에는 노동시간 줄이기가 있다. 이 맥락에서 보면 생태경제학의 최대 분배 과제는 아마도 '노동시간 분배'가 될 것 같다. 그러면 '기후를 위해 더 적게 일하자'는 생태경제학적 슬로건이 과연 시민들에게 공감을 얻을 수 있을까? 물론 쉽지 않다.

하지만 틀림없는 것은 '주 4일제'로 상징되는 노동시간 줄이기가 기존에 알려진 것처럼 '노동정책'에 국한된 것이 아니라, 노동과 기후정책을 포함하여 젠더정책까지를 관통하는 매우 특별한 위치에 있는 정책이라는 사실이다.[437] 특히 OECD 27개 국가의 환경영향을 평가한 연구에서

줄리엣 쇼어Juliet B. Schor와 동료들은 노동시간을 1/4 단축할 경우 탄소발자국을 30퍼센트 줄일 수 있다고 추정했다.[438] 주 4일제 또는 노동시간 줄이기를 노동만의 관점에서 보면 가장 중요한 과제가 아닐지 모른다. 하지만 노동과 기후위기, 젠더 문제를 관통하는 가장 중요한 공통 의제의 하나가 노동시간 줄이기라는 것은 확실하다.

이를 입증하듯 영국 신경제재단 연구원들이 펴낸 짧은 소책자 《주 4일 노동이 답이다》에서는 주 4일제가 갖는 의미를 다음과 같이 8가지로 정리하고 있다. ①우리의 건강과 웰빙을 위해, ②노동과 시간을 더 많은 노동자와 나누기 위해, ③돌봄, 양육, 요리, 세탁 등 수많은 무급노동을 공평하게 나누기 위해, ④젠더 평등을 위해, ⑤육아에 부모가 더 많은 시간을 쏟기 위해, ⑥공공서비스 공동생산에 더 많이 참여하기 위해, ⑦민주적인 의사결정 과정에 더 많이 참여하기 위해, 그리고 ⑧환경을 보호하기 위해.[439] 어쩌면 정말 '진정으로 희소한 자원'이 있다면 그것은 시간일지도 모른다.

물론 주의할 것은, 생태경제학이 강조하는 노동시간 단축이, 노동은 줄일수록 좋고 여가는 늘어날수록 좋은 것으로만 받아들여져서는 안 된다는 것이다. 기존 주류경제학의 입장에서 보면 "노동은 '비효용'이다. 노동은 여가와 편안함을 희생하는 것이며 임금은 이 희생의 보상이다. 따라서 고용주에게는 고용하지 않고 생산하는 것이 이상적이지만 피고용인에게는 노동하지 않고 소득을 올리는 것이 이상적이다."[440] 하지만 생태경제학은 여가와 노동(소득)을 서로 상충하는 것으로 보면서, 노동을 가급적이면 회피함으로써 여가를 극대화하려는 것이 아니다. 생태경제학은 우선 군수산업과 광고산업, 패스트패션 산업 등과 같이 '불필요한 생산과 노동을 없앰'으로써 물질적 처리량을 줄이고자 한다. 아울러 '불쉿잡'bullshit Jobs'으로 잘 알려진, 사회적으로 불필요할 수 있는 일자리를 줄이는 데 동의한다. 반면 "생태적으로 지속 가능한 세상에서 창조적이고 사회적이며 생산적인 일"은 더욱 장려해야 한다고 주장한다. 일부 탈성장론자들이 노동시간 단축에 집중한 나머지 여가만을 배타적으로 강조함으로써, 노동이 갖는 인간의 생산적이고 창조적인 가능성을 저평가하고 있다는 벨라미 포스터의 비판은 정당한 것이다.[441]

특히 불필요한 노동을 줄이는 것과 대조적으로 '필수적인 노동'이 대체로 생태적인 일자리라며 적극 옹호하는 이들이 바로 생태경제학자들이다. 팀 잭슨은 코로나19 경험으로 '필수 노동'에 대해서 인류가 새삼스럽게 깨우친 점을 다음과 같이 요약했다. "의료, 음식 제공, 기본적인 에너지 공급은 우리가 없앨 수 없는 직업이었다. 돌봄노동자들이 핵심적인 이들임이 밝혀졌다. 농장과 식품 공급망에서 일하는 노동자들이 중요했다. 상점 점원들과 배달노동자들이 중요했다. 폐기물 수집과 청소가 중요했고, 청소노동자들은 우리가 상상했던 것보다 훨씬 더 중요했다."[442]

아울러 생태경제학은 에코페미니즘이 지적하는 바대로 시장 밖에서 사회를 지탱하기 위해 존재하는 가사노동이나 돌봄노동을 적극적으로 존중하자고 주장할 뿐만 아니라, 대체로 이들이 저탄소 노동이면서 생명 유지에 필수적이라는 점을 강조한다. 심지어 나오미 클라인은 '돌봄일은 기후일care work is climate work'이라는 주장을 펴기도 한다.[443]

한편 팀 잭슨은 "작업은 인간의 조건에 필수요소"라고 지적한 한나 아렌트의 주장을 받아들이면서 생계를 위한 임금노동을 줄이는 대신 창조적인 일을 자유롭게 하고 사회적 참여활동을 하는 시간을 적극 늘리자고 주장한다.[444] 이를 좀 더 확대하면 지역에서의 창조적인 문화활동이나 커뮤니티 활동, 환경보호 활동 등 기존에는 '일'로 인정받지 못했던 영역들까지 일로 포괄하여 '참여소득'과 연계하는 방안까지 생각해볼 수 있다. 이처럼 생태경제학은 단지 양적으로 노동시간을 줄이고 여가 시간을 늘리는 데만 초점을 두지 않고, 일 자체의 의미가 무엇인지, 사회와 지구 생태계를 위해 불필요한 일이 무엇이고 반대로 필수 불가결한 일이 무엇인지, 또는 그동안 무시되어 왔지만 상품화되지 않은 영역에서 우리의 생명 과정을 뒷받침해주고 있는 일이 무엇인지에 대한 질문을 다시 하고 있다.

일자리에도 역사가 있다면 지난 20여 년은 글로벌 신생 분야 일자리로서 디지털 일자리의 부상을 기록할 것이다. 하지만 디지털 일자리의 역사는 노동자들에게 희망보다는 절망을 안겨 주었다. 디지털 산업 전환은 양질의 많은 일자리를 주기보다는 일자리를 없애거나 아니면 플랫폼 노동이라는 극히 불안정한 일자리를 주로 제공했기 때문이다. 앞으로 20년 일자리 역사는 거의 틀림없이 녹색산업 전환에 따른 녹색 일자리가 만들어나갈 것이다. 디지털 일자리의 불행을 반복하지 않기 위해 생태경제학의 지혜가 절실하다.

30

지구 생태계를 위한
시장가격 시스템

기존 주류경제학은 무엇을 얼마만큼 생산하고 소비할 것인지에 관한 경제적 과제가 대체로 시장의 가격 메커니즘에 의해 효율적으로 해결될 수 있다고 생각한다. 또한 전통적인 생산과 소비는 물론 분배와 복지, 환경, 기후위기도 시장의 영역을 확장해서 해결하려 한다. 민영화를 통해 사회서비스를 제공하려 한다든지, 온실가스 배출에 탄소 가격을 부과하여 배출 억제를 기대하는 등의 사례가 그것이다. 내부 의견 차이가 어느 정도 있긴 하지만 생태경제학은 일반적인 소비품이나 개인 취향에 따른 다양한 서비스를 시장에서 공급하고 소비하는 것에 반대하지 않는다. 하지만 주류경제학과 달리 생태 문제나 분배는 시장의 가격 신호에 반응하는 방식으로 해결할 수는 없다고 주장한다.

우선 지구 생태계를 지키기 위해 경제 규모의 한계를 정하는 문제가 왜 가격 신호로 해결되지 않는지 알아보자. 이 주제에 대해 허먼 데일리는 '배에 화물 싣기' 사례를 들어서 분명하게 설명한다.[445] 배에 화물을 한 곳에만 몰아 실으면 배가 쉽게 뒤집히거나 가라앉게 된다. 이를 방지하기 위해 만약 '가격 메커니즘'을 작동시킨다면 그것을 어떻게 할 수 있을까? 이미 화물이 있는 곳은 가격을 높게 설정하고 빈 공간은 가격을 낮게 설정하면 된다. 그러면 새로 화물이 적재될 때마다 가격 메커니즘은 가격이 가장 낮은 빈 공간을 찾아내서 새 화물을 적절히 분배하여 배의 균형을 잡아줄 것이다. 이게 바로 가격의 역할인데, 배 위에 골고루 (효율적으로) 화물이 적재되도록 해주는 것이다.

문제는 그 다음부터다. 가격은 계속 새로 올라오는 화물들이 배의 한쪽으로 치우치지 않도록 '효율적'으로 배분하는 역할만 할 뿐이다. 하지만 어느 시점에 이르면 아무리 효율적으로 화물을 골고루 실어도 절대 무게가 한도를 넘어서 배가 견디지 못하는 지점에 이르게 된다. 배가 견딜 수 있는 무게의 한계, 즉 플림솔 라인까지 차올랐을 때다. 그때부터 배는 화물을 아무리 잘 배분해서 실어도 가라앉을 운명이지만, 가격 메커니즘에는 추가로 들어오는 화물을 거절하는 메커니즘이 없기 때문에 여전히 계속 화물을 받아서 골고루 배분하는 데에만 집중한다. 결국 배는 매우 효율적으로 화물을 실으면서, 하지만 천천히 침몰하게 된다. 적정 규모를 제어하지 못하는 것이다. 마치 클립을 만들라고 프로그램된 인공지능 로봇이 온 세상의 모든 재료를 가차 없이 모아서 세상을 모두 클립으로 뒤덮는 우화가 생각나지 않는가?

이게 바로 시장경제에서 가격 메커니즘이 작동하는 효율적 자원 배분의 기능이기도 하고, 또 가격 메커니즘은 절대로 해결할 수 없는 경제 규모의 문제이기도 한 것이다. 생태 한계선을 넘어가면서 인류의 삶이 침몰해가는 것을 가격은 (약간 늦춰줄 수는 있지만) 인지하지도 막지도 못한다. 그래서 주류경제학과 달리 생태경제학은 경제 규모의 문제를 가격에 의지하지 않으려 하는 것이다.

물론 시장의 가격 메커니즘은 정말 강력하다. 시장에서 거래되는 수천만, 수억 가지 다종다양한 상품과 서비스의 질적 차이들은 시장에 들어서면 모두 사라지고, 대신 상품이 가진 다양한 정보들이 남김없이 가격 안에 어떤 식으로든 반영되어 있다고 간주된다. 그러면 시장에 참여한 생산자들이나 소비자들은 오직 상대적인 가격 비교만으로 판매와 구매를 결정하면 된다. 물론 보수주의 주류경제학도 상품의 실제 비용이나 질적 정보가 간혹 가격에 충분히 반영되지 못할 수 있다고 인정한다. 이른바 시장실패다. 예를 들어 지금까지 석탄은 가장 싼 원료로 취급받았다. 채굴과정과 소비 과정에서 배출하는 막대한 온실가스의 부정적 영향을 시장가격이 반영하지 않았기 때문이다. 그러다 보니 석탄화력발전으로 생산하는 전기 요금도 너무 싸게 책정되었다. 이런 걸 외부효과로 인한 시장실패라고 부른다. 이 경우 환경파괴 비용에 대해 정부가 탄소세를 부과하면 그만큼 시장가격이 올라서 조정될 수 있다고 주류경제학은 믿는다. 하지만 생태경제학은 외부효과로 인한 시장실패가 지구 생태계에 대해서는 가끔씩 일어나는 '예외'가 아니라 '일상'이 된다면서 인간 경제활동과 직간접으로 접촉하는 모든 생태요소들에 미치는 영향을 어떻게 계산할 수 있겠냐고 반문한다. 현실적으로 외부비용 계산이 힘들다는 뜻이다.

경제가 지구 생태계와 연계되어 있을 때 두드러지게 나타나는 시장실패는 또 있다. 원래 시장의 플레이어들은 시장에서 정해지는 가격을 수용하기만 해야 한다. 그래야 시장의 가격 신호가 가장 효율적으로 수요자와 공급자의 행동을 유도할 수 있다. 그런데 어떤 산업에서 독과점 등으로 인해 소수 기업들이 시장의 가격 수용자가 아니라 스스로 가격을 결정할 힘을 갖게 되면 시장 메커니즘은 무력화될 수 있다. 시장의 수요 공급에 따른 가격이 아니라 독과점 기업이 원하는 독점가격이 시장에 강제될 수 있기 때문이다. 독점으로 인한 시장실패다.

문제는 화석연료 시장이 대체로 독과점이 심한 경우라서 시장실패가 일상화되어 있다는 점이다. 이처럼 경제가 지구 생태계와 연계될 때 시장실패는 간혹 또는 예외적으로 발생하는 것이 아니라 일상적이고 반복적으로 발생할 가능성이 높다. 그렇다면 시장의 가격기제에 의존해서 생태 문제나 기후위기를 해결하려는 시도가 매우 무모해질 수 있게 된다. 그래서 생태경제학자 피터 빅터는 이렇게 확인한다. "어떤 원하는 방향으로 행동하는 데 영향을 줄 유용한 정책 수단으로서 가격을 얘기할 수는 있다. 하지만 '올바른 가격'이 계산될 수 있고 그 가격의 지시에 따라 행동하는 것이 또한 '올바른' 것이라고 주장한다면 이는 완전히 차원이 다른 얘기다. 특히 경제 규모(자연과의 관계)나 사회정의를 대상으로 할 때는 더 그렇다"[446]

그렇다면 생태경제학은 도대체 가격기제가 아닌 어떤 다른 양적 기준과 측정 방법에 따라 기후위기나 생태위기를 풀 수 있단 말인가? 다행히 우리는 기후위기와 같은 환경 문제를 해결하기 위해 오직 가격 또는 가격에 담겨있는 정보에만 의존할 필요는 없다. 이미 다양한 수단과 방법 또는 다양한 경로를 통해서 지구의 생태적 한계와 이에 맞춘 경제 규모의 적정 정보를 얻을 수 있기 때문이다. 예를 들어 생태발자국, 참진보지수, 인간개발지수는 물론이고 환경성과지수Environmental Performance Index[447], 행복지수Happy Planet Index[448] 등은 가격이 담지 못하고 있는 많은 의미 있는 정보들을 화폐단위 또는 비화폐단위로 표현하고 있고, 이들은 기후위기나 생태위기 대응에 필요한 중요한 정보들을 담고 있다.

실제로 기후위기를 인류에게 경고한 것은 화폐로 측정된 '시장가격'이 전혀 아니고 물리적 단위들로 측정한 '지구의 한계선' 같은 지표들 아니었나? 원래 가격이 없는 자연에 가격을 매기려 했던 것은, 시장에 있는 상품들과 지구 생태계의 자연물을 비교해서 서로 대체할 수 있는 지를 보기 위함이다. 예를 들어 숲 1천 평이 주는 생태서비스를 10억 원이라고 가격을 매겼다. 그런데 그 숲을 밀어서 주택을 지으면 100억 원의 시장가격이 형성된다고 하자. 이 상황에서 시장가격이 우리에게 지시하는 의미는 고민할 필요 없이 즉시 숲을 밀어버리고 주택을 지으라는 것이다. 그것이 사람들의 복지에 10배나 더 유리하다는 것이 '시장가격의 결정'인 것이다.

그런데 이런 식으로 자연물과 인공물을 양적인 가격 비교로 서로 대체하는 것이 맞는가? 자연물은 한 번 파괴하면 막대한 에너지를 투입하거나 일정한 시간을 기다려주지 않는 한 원래대로 되돌아오지 않는다. 생물다양성처럼 티핑포인트를 지나 한 번 소실되어 버리면 아무리 많은 에너지를 투입해도 원래대로 복원할 수 없는 것도 있다. 기후위기는 더욱 그러하다. 일단 티핑포인트를 지나면 되돌아갈 수 없게 된다.

또한 노동과 자본, 에너지와 물질을 같은 차원으로 놓고 가격을 비교한다는 것은 무한히 서로 대체할 수 있다는 발상을 깔고 있음을 뜻한다. 무수한 지구 생태계 요소들을 '자연자본'이라고 부르면서 빌딩이나 기계장비 인프라 등의 '인공자본'과 같은 수준에서 취급하고 상대 가격 차이에 따라 언제든 인공자본으로 교체 가능한 것으로 인식한다는 말이다. 하지만 이미 생태경제학자들은 '펀드-플로' 생산 이론을 통해, 인공자본과 자연물질이 "근본적으로는 보완관계이고 아주 부분적으로만 대체관계"라고 정리한 바가 있다.[449] 이렇게 보면 지구 생태계 시스템과 경제의 관계에서는 시장실패가 아니라 시장이 접근하기 어려운 한계라고 보는 편이 낫지 않을까? 칼 폴라니의 표현대로 자연의 모든 존재들은 애초에 '팔려고 만든 상품'이 아니기 때문이다.

이제 시장의 가격 기능이 지구 생태계를 지킬 수 없음을 확인했다. 그렇다면 적어도 일반적인 소비품이나 개인 취향에 따른 다양한 서비스에 대해서는 시장가격 메커니즘이 확실히 효율적으로 작동한다는 것에는 의심의 여지가 없을까? 생태경제학자들은 시장의 효율성을 일정하게 인정하면서도 동시에 그 배후에 엄청난 자원 낭비가 일상적으로 발생한다는 점을 잊지 않고 있다. 예를 들어 케이트 레이워스는 패스트패션 산업을 사례로 지목하면서 다음과 같이 비판한다.

"패스트패션 배후에 있는 비즈니스 모델은 시민과 지구 모두에 대해 착취적이다. 아주 짧은 기간 단위로 저가 의류를 대량 구매하도록 압박함으로써, 전 세계 의류공장은 의류 노동자들을 저임금 장시간 노동으로 몰아넣고 불완전 계약은 물론 노동조합 조직까지 금지시킨다. 여기에 더해서 이들 업계가 사용하는 원료와 물, 화학약품과 에너지 사용의 파괴적 영향까지 고려해야 한다. 지금 운영 중인 모든 섬유산업에서 섬유 재료의 12퍼센트는 생산 과정에서 버려지거나 유실된다. 73퍼센트는 소비 후에 매립되거나 소각되고 단 1퍼센트 미만 정도가 새 옷을 제조하기 위해 재사용되거나 순환된다. 글로벌 패션산업은 전 세계 온실가스의 2퍼센트를 배출한다."[450]

이처럼 시장을 위한 생산 과정에서 겉으로 드러난 자원의 효율적 배분 뒤에 매우 심각한 자원 낭비가 발생할 수 있다. 뿐만 아니라 과시적 소비 등 불필요한 탄소집약적 소비 패턴, 그리고 광고업계에 의해 좌우되는 소비 등도 효율적인 자원 배분이라고 보기 어렵다. 케이트 레이워스는 이런 문제는 시장이 아니라 정부가 공공정책 수단을 통해 한계를 정해야 한다고 주장한다. 클라이브 스패시 같은 생태경제학자들은 여기서 한 발 더 나아간다. 스패시는 생태경제학이 기존 주류경제학과 다르게 차별화되는 지점이 '성장주의 패러다임' 비판에만 있지 않다면서 과도한 '시장 가격 의존'에서도 적극적으로 벗어날 필요가 있다고 강조한다.

스패시는 다량의 음식물 쓰레기 배출, 제품의 계획적 구식화, 과시적 소비 등을 사례로 들면서 경쟁시장은 악명 높게 자원을 낭비한다고 비판한다. 그는 생태경제학이 시장경제보다는 다양한 형태의 공공경제와 비시장경제, 특히 현물경제, 선물경제, 비화폐경제, 여성의 부불노동 등을 적극적으로 주목하자고 제안한다. 예를 들어 현물로 제공되는 보편 서비스로서 사회주택, 국가 보건의료, 무상교육, 공공도서관과 박물관, 무료 에너지, 물, 각종 공공 사회 인프라가 그것이다.[451]

하지만 허먼 데일리나 조슈아 팔리는 스패시의 시장 비판이 너무 과도하다며 시장가격 기능의 긍정성을 어느 정도 인정해야 한다고 반박하기도 했다. 허먼 데일리는 다음과 같이 덧붙인다. "가격 신호가 생태적이고 윤리적인 목표를 어디에 세워야 하는지를 알려주지는 못하지만, 과학적이고 도덕적인 원칙이 세워지면 가격은 그에 도달하는 유용한 지렛대의 하나가 될 수 있다. 정의롭고 지속 가능한 시스템에서 시장은 또한 개인들의 기호를 만족시키는 데 도움을 줄 수 있다."[452]

한편 약간 다른 결에서 제러미 리프킨은 현대 경제의 극단적 효율성 추구가 '회복력'이라는 중대 요인을 희생한 대가로 얻어지는 치명적 문제가 있다고 지적하기도 한다. "효율성 향상을 끊임없이 추구한다는 원칙에 따라 시장의 개별 행위자가 내리는 결정은 회복력이라는 공익을 적절히 공급하지 못하는 상황"을 만들어내고 있다는 것이다. 극단적인 글로벌 차원의 효율성 추구라는 이름 아래 반도체 등 핵심 부품 생산의 해외 외주화를 남용하다가, 코로나19 등으로 공급망 교란이 일어나자 자동차나 여타 산업에서 필수적인 반도체 공급 병목현상이 발생하여 생산이 중단되는 사태 등에서 회복력 없는 효율성 추구의 문제가 전형적으로 드러난다.[453]

마무리하기 전에 한 가지만 더 매듭을 지어보자. 지구가 견딜 수 있는 생태의 한계를 정하고 이를 지키기 위한 정책을 '가격 메커니즘'으로 결정할 수 없다고 생태경제학자들이 판단했으니 시장 메커니즘을 활용하는 '탄소가격제' 역시 도입할 필요가 없는 것인가? 그렇지는 않다. 온실가스 배출을 억제하기 위해서 오직 탄소 가격에만 의존하는 정책은 잘못된 것이지만, 이것이 탄소 가격의 보완적 역할까지 부정하는 것은 아니다. 우리가 당장 시장을 없애버리지 않는 한 시장에서도 탄소 배출을 줄이는 메커니즘이 작동할 필요는 있기 때문이다. 또한 노동이 아니라 자원에 과세해야 한다는 생태적 조세 기준으로도 탄소 가격은 필요하다.

문제는, 사회적 비용을 반영하여 탄소 가격을 올바로 설정하면 시장가격 신호가 수요와 공급에 영향을 주어 녹색혁신과 탈탄소화를 이룰 수 있다고 믿는 보수주의 주류경제학적 환상이다. 일단 탄소 가격을 통한 시장의 신호는 매우 제한적인 역할을 할 수밖에 없다는 것을 인정해야 한다. 그 제한된 역할조차도 '모든' 온실가스에 '충분한' 가격을 부과했을 때 가능한 얘기다. 알다시피 이미 세계적으로 약 80여 국가나 지방정부들이 탄소세나 탄소배출권 거래제도^{ETS} 등의 방식으로 온실가스 배출에 가격을 매기고 있다. 하지만 글로벌 전체 탄소 배출의 고작 약 20퍼센트에 대해서만 탄소 가격이 매겨지고 80퍼센트는 가격이 제로다. 가격이 매겨진 20퍼센트조차도 그나마 3/4은 탄소 배출 톤당 10달러 미만, 석유 1리터로 계산하면 약 40원 정도다. 통상적인 시장의 유가 변동 속에 파묻혀버릴 수준에 불과할 정도로 미미한 수준이다. 평상시의 유가 변동이 리터당 40원보다 훨씬 그 폭이 크기 때문이다. 현재 탄소가격제가 기후위기 완화에 거의 도움이 안 되는 것은 이 때문이다.[454] 경제학자 누리엘 루비니도 지구 온도 추가 상승을 2°C 이하로 억제하려면 탄소 배출 톤당 탄소세가 200달러에 가까워야 하는데 현재 글로벌 탄소 가격이 고작 2달러에 불과하다면서 어떻게 100배를 더 높일 수 있을지 몰라 탄식하고 있다.[455]

그러면 그나마 1990년대부터 탄소세를 부과해온 핀란드, 노르웨이, 스웨덴, 덴마크 등 북유럽 국가들이나 2005년부터 ETS 제도를 시작한 유럽, 2013년부터 ETS를 시작한 캘리포니아 주 등에서의 실제 탄소 배출 감축 효과는 어땠을까? 기후위기 해법으로 탄소가격제에 그토록 집착한 것을 생각하면 실제 탄소가격제를 적용한 결과가 어땠는지 하는 분석이 터무니없이 적다고 토론토 대학 정치학자 제시카 그린^{Jessica Green}은 비판한다. 그의 조사결과에 따르면, 탄소가격제를 실시해서 실제 줄어든 배출량은 연간 0퍼센트에서 2퍼센트 사이라고 한다. 정말 기대 이하 수준이 아닐 수 없다. 게다가 ETS는 탄소세보다 더 효과가 적은데, 가장 유명한 유럽연합의 ETS로 인한 배출 감축은 연간 0퍼센트에서 1.5퍼센트였다.[456]

그러면 우리나라는? 우리나라는 2022년 현재 아직 탄소세는 국회 문턱도 못 넘었고 엉성한 탄소배출권 거래제가 2015년부터 제한적으로 실시되고 있다. 2021년 기준으로 전체 배출량의 90퍼센트는 무상으로 기업들에게 할당해주고 고작 10퍼센트 정도만 유상으로 할당한 후 배출권 거래시장에서 거래를 하는데, 대략 배출량 톤당 20~30달러 전후를 오간다. 그러니 총 탄소 배출량으로 환산된 가격은 한국도 톤당 2~3달러 수준으로 봐야 한다. 전혀 탄소 배출 감축에 영향을 줄 수 없는 수치이고 아무런 생태학적 근거도 없는 숫자다.

왜 이렇게 되었나? 사실을 말하자면 '지구가 견딜 만큼' 탄소 가격을 설정하고 있는 것이 아니라 '기업이 견딜 만큼' 설정하고 있기 때문이 아닐까? 그 정도 가격이면 기업이 견딜 만하니까 기업은 탄소 가격으로 인해 행동을 바꿀 만한 유인이 없는 것이다. 대부분 기업들이 견딜 만한데 왜 행동을 바꾸겠나? 따라서 기업의 이윤 몫이 침해당하지 않을 만큼 탄소 가격이 정해져야 하는 것이 아니라 '지구 생태계가 위험하지 않을 만큼' 설정해야 한다.[457] 그 비용은 지금보다 훨씬 높아서 기업이 불가피하게 탄소 배출을 줄이기 위한 기술혁신에 투자를 단행하거나 아예 탄소집약적 산업에서 녹색산업으로 전환을 서두르게 해야 한다.

현재 기후 충격에 더 적극적으로 대처하기 위해 '탄소의 사회적 비용 Social Cost of Carbon, SCC'을 최대한 감안하여 화폐적 계산을 하려는 추세로 가고 있다. 하지만 효율성 기준으로 탄소 배출의 사회적 비용을 산출하는 것도 여전히 매우 자의적이어서 2019년 기준 탄소 배출 톤당 80달러~300달러로 편차가 크다. 보수적인 추정치들은 심지어 80달러를 훨씬 밑돌고, 높게 추정한 경우는 무려 14,300달러에 이른다.[458] 미래 할인율을 어떻게 산정할지도 여전히 남은 숙제다.

이에 대한 대안으로서 효율성 기준이 아니라 '안전성' 차원에서, 대기 중으로 어느 한계선까지 온실가스를 배출할 때 안전에 문제가 없는지를 가지고 설정하는 방식이 있을 수 있다는 것이 경제학자 제임스 보이스

James Boyce의 주장이다. 그는 이를 '목표 기반 탄소가격제target-based carbon prices'라고 불렀는데, 사회적 비용 추정에 따르지 않고 1.5°C 지구 온도 상승 제한 목표를 유지하도록 탄소 가격을 동적으로 운용하는 방안이다. 예를 들어 기후과학자들이 예측한 엄격한 총량 안에서 배출권 거래제를 운영하거나 실질적 배출 감소 여부에 연동시켜 탄력적으로 탄소세를 정하는 방식을 생각해보자는 것이다.[459] 그나마 이 제안을 조금 더 긍정적으로 검토해 볼 수 있을 것이다. 기후위기를 막기 위한 탄소 가격 설정은 비용 대비 효율의 관점이 아니라, 상당한 '비용'을 감수하더라도 탄소 배출을 확실히 줄일 수 있는 '효과'를 달성해야 하기 때문이다. 이런 원칙이 바로 과거에 은행가들이 은행을 구제하기 위해 '필요하다면 무엇이라도' 하겠다던 원칙 아닌가? 은행이 아니라 지구를 구하겠다는데 비용 대비 효율을 따질 것인가?

요약해보자. 현재 우리 경제는 시장경제 중심으로 작동하고 있다. 시장의 가격 메커니즘은 수억 가지 다양한 상품들의 모든 질적 차이를 뛰어넘고 심지어 시간 차이까지도 초월하여 서로의 상대 가격을 비교할 수 있게 해줄 힘이 있다. 하지만 시장 밖의 사회적 행위나 자연자원들로 무대를 옮기면 얘기가 달라진다. 탄소 배출량에 임의로 가격을 부여한다고 해서 그 가격이 정보를 정확히 반영하는 것은 아니며, 가격에 따른 거래가 사회정의나 생태 한계의 준수를 보장해주는 것은 더욱 아니다. 따라서 탄소 가격 제도만으로 온실가스 배출을 획기적으로 줄이고 기후위기를 해결하겠다는 주류경제학의 희망은 절대 실현될 수 없다. 다만 충분한⁈ 수준의 탄소 가격을 부과하면 화석연료의 사용을 일정하게 억제하면서 탈탄소화를 위한 투자와 소비에 어느 정도 기여할 수는 있을 것이다.

31

ESG와 RE100,
"시장실패를 마케팅으로 해결할 수는 없다"

앞서 시장의 일반적인 가격 메커니즘을 살펴보았으니, 이제 시장경제의 핵심 플레이어이자 사실상 온실가스 배출의 압도적 비중을 차지하고 있는 기업에 대해 얘기할 차례다. 노동자들을 대하는 기업가의 선의는 지금까지 그리 좋은 평가를 받지 못했다. 노동법 없이 기업주가 자발적 선의로 노동자의 권리를 보호해준다고 믿는 사람은 아무도 없다. 그러면 지구 생태계를 대하는 기업가의 호의는 어디까지 신뢰할 만할까? 이 질문에 대해 기존 주류경제학이 보는 관점은 간단할 수도 있다. 신자유주의 대부 격인 경제학자 밀턴 프리드먼은 1970년 뉴욕타임스에 기고하면서 "기업의 사회적 책임은 수익 늘리는 것"이지 그 외에 환경이나 노동을 따로 고려할 필요가 없다고 보았다. 노동은 생산 과정에 반영되는 임금 비용이고 환경은 외부비용이어서 가급적 두 가지 모두 최대한 줄여서 비용을 낮추는 대신 수익을 늘려야 하므로 기업이 자발적으로 비용을 치르면서 환경을 개선하길 기대하면 안 된다.

그런데 생태경제학의 경우 정돈된 기업 이론이 특별히 없는 것 같다. 그러다 보니 현실에서는 다소 극단적인 태도로 갈라진다. 한쪽에서는 '성장이냐 죽음이냐'를 두고 시장에서 경쟁하는 자본주의 사기업들이 절대로 자신의 이윤을 조금이라도 희생해서 지구 생태계를 위한 행동을 하지 않을 것이라고 확신한다. 생태사회주의는 물론이고 제이슨 히켈 같은 탈성장론자들도, 무한경쟁 속의 무한축적을 본성으로 하는 사기업들이 자발적으로 축적을 희생하며 온실가스 배출을 줄이거나 무한팽창 논리에서 벗어날 수는 없을 것이라고 강조한다. 이들은 사기업의 이윤 추구 본성을 적극 억제해야 한다고 주장하며 곧바로 '포스트자본주의'로 향한다. 반대쪽의 극단도 있다. 기후나 생태 위험을 인지한 기업들이 자발적으로 환경 친화적인 ESG^{Environmental, Social and Corporate Governance} 경영에 나서거나 RE100^{Renewable Energy 100%}을 실천하는 방식으로 기후위기 대처에 함께 나설 수 있다는 것이다(그림 46 참조). 이들은 정부 개입보다 기업의 자율 규제를 선호한다.

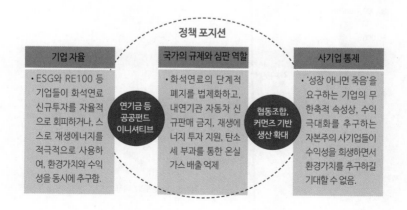

그림 46 기업이 생태적 책임을 지는 방식에 대한 유형 분류와 국가의 역할

어떤 해법이 정당한 것인지를 예단하기에 앞서 일단 온실가스 배출 기준으로 기후위기에 대한 기업 책임이 어느 정도인지 먼저 확인해보자. 한국의 경우 2020년 기준으로 주요 1,060개 온실가스 배출 기업 가운데 전력발전회사를 제외하더라도 주요 기업들의 온실가스 배출량이 약 3억 8천만 톤이므로 전체 배출량의 절반을 넘는다. 발전기업을 빼면 포스코가 7,600만 톤, 현대제철이 2,900만 톤 등 제철기업이 매우 높고 그 다음으로 삼성전자가 1,250만 톤이며 정유기업, 화학과 시멘트 기업들이 뒤를 잇는다(그림 47참조).[460]

특히 우리나라는 탄소집약적 수출 의존 경제 탓으로 생산 기준 탄소 배출량이 소비 기준 탄소 배출량보다 훨씬 많은 나라다. 산업 쪽에서 탄소를 배출하여 생산한 상품들을 모두 내국민이 소비하기보다는 적지 않은 양이 수출되어 해외에서 소비된다는 뜻이다. 상황이 이러니 가정에서 아무리 열심히 탄소 배출을 줄이려 해봐야 한계가 뻔하다. 탄소 배출

그림 47 우리나라 주요 탄소 배출 기업들의 탄소 배출량 비교

감축의 중심 책임을 기업이 담당해야 하는 것이다.

그런데 이제까지 글로벌 차원에서 기후위기 대응에 가장 심하게 저항해온 세력은 (대)기업들이다. 앞서 기후위기 대응 30년 대실패의 가장 중요한 요인이 '다보스 권력'이라고 생태경제학자들이 이름붙인, 탄소집약적 기업권력들, 특히 화석연료 산업과 군수산업이었다고 확인했었다.[461] 기후위기 대응에 기업들이 어떻게 저항해왔는지에 대해서는 경제학자가 아닌 기후과학자 마이클 만Michael Mann이 가장 집중적으로 파고들었다. 그에 따르면, 과거에 담배기업들이 담배의 건강 유해성을 부인했던 것처럼 기후에 대해서도 기업들은 보수 싱크탱크나 학계를 뒤에서 지원하면서 기후위기를 정면 부인하는 내러티브를 퍼뜨려왔다는 것이다. 그러다가 최근 기후위기가 너무 명확해지자 방향을 바꿔 기후운동가의 위선을 공격하기, 기후위기 대응을 지연시키기 등의 전략으로 초점을 이동하기 시작했는데 마이클 만은 이를 '신기후전쟁New Climate War'이라고 표현했다.[462]

그는 특히 기후위기를 개인 책임으로 돌리는 문제를 매우 강도 높게 비판했다. 그는 1960년대부터 담배회사들, 총기회사들, 음료회사들이 주로 써먹던 수법이, 흡연이나 총기사고 등을 '개인적 활동'이나 '개인 책임'으로 돌리는 캠페인이었음을 상기시킨다. 예를 들어 총기 판매 기업들은 "총기가 무슨 죄냐, 총을 쏜 인간이 죄지"라고 하면서 개인의 책임으로 돌렸는데 기후위기에도 비슷한 경향이 있다는 것이다. 최근에는 개인적 실천은 안하면서 기후위기를 주장하는 이들에게 '위선자' 딱지를 씌우기도 했는데, 심지어 전 미국 대통령 후보이자 기후운동가인 앨고어Al Gore도 그들의 공격 대상이 되었다고 한다.

하지만 마이클 만은 개인들이 각자 플라스틱 안 쓰고, 자동차나 비행기 안 타고, 고기 안 먹고 하는 식으로 개인적 희생personal sacrifice을 강요하는 기후운동에 매몰되면 위험하다고 경고한다. 담배 피는 걸 창피하게 만들어서 세계적으로 흡연이 급격히 줄었던 것이 아니라 정부의 일정한 규제가 작동해서 실제 흡연 인구가 감소했다는 것을 기억하자는 것이다. 물론 그는 라이프스타일의 변화와 같은 개인적 실천과 기업의 행동을 바꾸게 만들 제도 변화 둘 다 중요하다고 인정한다. 하지만 결정적으로 전자가 후자를 대체할 수는 없다고 강조한다. "시스템의 변화가 없는 개인적 실천은 거의 의미가 없기" 때문이다.

이처럼 생태경제학자들과 기후과학자들은 기후위기 대응 실패의 제1순위를 (기업)권력의 저항에서 찾는다. 하지만 우리나라에서는 마치 대기업들이 앞장서서 기후위기에 대처하는 것 같은 인상을 받는다. 예를 들어 애플을 포함한 국내외 디지털 플랫폼 기업들이 너도나도 환경을 고려한 ESG 경영에 나서겠다고 하고 재생에너지 100퍼센트 사용(RE100)을 자발적으로 하겠다고 할 뿐 아니라, 협력사들에게도 RE100을 요구하면서 마치 기후위기 대응을 선도하는 것처럼 행동하고 있다. 그런데 ESG 경영과 RE100은 과연 기후위기에 막대한 책임이 있는 거대기업들이 진정으로 책임을 지는 유력한 방법일 수 있을까? ESG 경영이 유행하다 보니 온갖 화려한 수식어와 복잡한 경영기법들로 요란한 출판물과 보고서들도 범람한다.

또한 과연 디지털 첨단기업들이 기후대응을 선도하는가? 심지어 시장 경쟁에서 생존하기 위해 무한 수익 추구를 해야 하는 기업들이 수익을 억제하면서까지 사회적 가치나 환경적 가치를 추구할 수 있단 말인가? 그것도 자발적으로? 이 대목에서 ESG 경영과 RE100에 대한 화려한 마케팅적 기법이나 수식어를 걷어내고 냉정하게 평가한 분석을 참고할 필요가 있다. 우선은 캐나다와 영국 중앙은행 총재를 지냈고 '기후행동과 금융을 위한 유엔 특별대사'까지 했던 마크 카니Mark Carney가 자신의 책 《초가치》에서 상당한 분량을 할애하여 ESG 경영에 대해 강조하고 있으니 그의 주장을 확인해보자.

카니는 ESG가 기업 경영 원리보다는 금융의 투자 전략에 가깝다면서 기존의 사회책임투자CSR, 임팩트 투자Impact Investing, 공유가치 창출CSV 등이 사실 모두 유사한 개념들이라고 확인한다. 그는 ESG가 환경과 사회를 고려하자는 투자자의 가치관을 기반으로 재무적 수익과 사회적 가치의 균형을 추구하는 것이라고 요약한다. 그리고 이것이 결국 "장기적으로도 주주에게 더 많은 수익을 안겨줄 것이라는 인식을 전제"한다고 주장한다.[463]

간단히 말해 ESG는 ①환경과 사회를 위한 비재무적 고려를 충분히 해달라는 선한 투자자들의 요구 → ②투자자의 요구를 대신해서 블랙록Black Rock과 같은 자산운용사들이 투자기업들에게 ESG 경영을 요구 → ③기업은 투자를 받기 위해 투자 펀드의 요구를 수용하여 ESG 경영 실천이라는 메커니즘으로 관철된다는 것이다. 그에 따르면 현재 운영 중인 ESG 자산 총액은 100조 달러가 넘으며 이와 관련해 전 세계에서 대형 자산 소유자의 1/3이 유엔 산하기구인 책임투자원칙Principles for Responsible Investment에 서명했다고 한다. 100조 달러 규모는 전 세계 한 해 GDP에 해당하는 엄청난 규모다. 한편 정책연구자 아드리엔 불러Adrienne Buller는 규모를 적게 잡아 2020년에 30조 달러, 2025년 50조 달러가 될 것으로 보았다. 그래도 엄청난 규모인 것은 마찬가지다.[464]

그런데 얼핏 봐도 문제가 느껴진다. 연기금과 같은 일부 공공 펀드조차도 거의 재무적 이익만 따지는 판에, 과연 어떤 사적 투자자들이 '재무적 이익'이 다소 줄어들더라도 '사회적 가치'를 균형 있게 추구하라고 끝까지 재촉할 수 있을 것인가? 또한 재무적 이익은 명확히 수치로 평가 가능하고 대체로 공시되지만, 비재무적 기여는 아직 제대로 평가되지도 엄격히 공시되지도 않는다.[465] 나아가 단기나 중기적 시야에서 투자자의 재무적 이익과 사회적 가치가 직접 충돌하는 상황이 벌어지면 과연 재무적 이익에서 양보를 한다는 보장을 어떻게 받을까? 결코 쉽지 않은 이슈다. 심지어 마크 카니조차도 "자신의 존재감을 드높이는 수단으로만 생각해서 오로지 투자 자금을 끌어 모으거나 고객 관련 의무에 따르는 위험을 줄이기 위한 방편"으로 ESG를 생각하는 투자 펀드가 있다는 것을 숨기지 않을 정도니 말이다.[466] 물론 ESG를 자발적으로 하겠다는 펀드나 기업에 대해 격려를 아낄 필요는 없다. 특히 우리나라의 대표 공공 펀드인 국민연금은 관련법과 규정을 개정하고 선도적으로 ESG 투자에 나섬으로써 사적 펀드들의 참여를 유도해야 한다. 하지만 자발적인 약속에 앞서 일정하게 사회적으로 합의된 탄소 배출 규칙과 제도를 기업이 지키는 것이 먼저다.

마크 카니와 달리 아드리엔 불러는 ESG에 대해 대단히 비판적이다. 특히 그는 2008년 금융위기 이후 블랙록이나 뱅가드 같은 소수 자산운용사들이 수십조 달러의 자본을 매개로 다수 기업들의 지분을 장악해 가고 있는 경향을 '자산운용사 자본주의Asset Manager Capitalism'라고 규정한다. 이들은 과거 행동주의 펀드Active Fund와 달리, 모건스탠리지수MCSI나 S&P500 같은 지수들에 편입된 지분 등을 대량으로 소유하여 전체 지수 흐름을 따라가는 패시브 펀드Passive Fund 성격을 띠고 있다. 언론에는 화석연료 투자가 아니라 녹색투자를 하겠다고 공언하지만 실제 이들의 투자 풀^{Pool}에서 녹색투자는 상대적으로 미미하다는 것이 아드리엔 불러의 지적이다.[467] 이를 보여주는 생생한 사례가 세계 최대의 자산운용회사 블랙록에서 2018~2019년 사이에 지속가능투자 최고책임자를 맡기도 했던 타리크 팬시^{Tariq Fancy}가 증언한 기업의 ESG 경영 실태다.[468] 그는 기업들의 ESG 노력이 실제로는 온실가스 감축에 거의 무시할 만한 효과밖에 거두지 못했다고 냉담하게 평가한다. 하지만 더 큰 문제는, 오직 정부만이 역량과 합법성을 갖고 기후위기에 집합적이고 체계적인 대처를 할 수 있는데, ESG가 그런 정부의 노력이 마치 필요 없는 것처럼, 기업이 자발적으로 할 수 있을 것 같은 환상을 심어주었다는것이다. 그에 따르면 "ESG를 둘러싼 유토피아적 스토리라인은 정부가 해야 할 역할을 실질적으로 잠식하게 된다. ESG 기업들의 잘못된 PR광고는 지속가능투자와 이해관계자 자본주의, 그리고 자발적 이행 등이 해결책이라고 사람들을 속이게 된다." 그래서 아까운 시간을 낭비하게 만든다는 것이다.

이런 식으로 기후위기라는 역사상 가장 큰 시장실패에 대처하는 데 실패의 당사자인 시장이 다시 해결도 할 수 있다는 환상을 만들어낸 것이 바로 ESG라는 것이 그의 종합적인 판단이다. 물론 그는 탄소 배출 감축에 시장이 역할을 할 수는 있다고 긍정적으로 인식한다. 문제는 정부가 규제와 과세, 인센티브를 적절히 배치해서 공적 여건을 조성해야 기업 ESG도 제대로 작동할 수 있다는 것이다. 그는 다음과 같이 기업과 국가의 역할을 구분한다.

"기업이 책임 있게 행동해야 하고 그럴 것이라고 믿는 사람들이, 반칙으로 엉망이 된 게임이 끝난 후, 좋은 스포츠맨십이 뭔지를 끝없이 훈계해서 다시 좋은 게임을 기대하는 것보다 나을 게 없다. 반칙이 벌어지면 통상 선수들은 심판을 찾는다. 그런데 이 경우는 기업들과 시장이 심판 역할까지 하겠다는 것이나 다름없다. 이제 사기업들은 자기들 역할만 잘하라고 하고 국가가 할 역할을 해야 한다."

그는 "시장실패를 ESG라는 마케팅으로 교정할 수는 없다"는 당연한 진실을 확인해주고 있는데, 다른 많은 연구에서도 기업이 ESG를 하겠다는 자발적인 조치는 환영하지만, 정부가 전반적인 방향, 목표, 지침, 인센티브, 규범을 제공하고 철저한 모니터링을 가동할 때 목표를 달성할 수 있다고 강조한다.[469] 주관적인 '그린위싱green wishing'만으로 문제가 해결되기는 어렵다는 것이다.

이제 좀 더 직접적으로 온실가스 배출을 줄이겠다는 RE100 약속을 살펴볼 차례다. 우선 RE100은 정확히 뭔가? 'RE100기후그룹RE100 Climate Group' 웹사이트에 따르면, "RE100이란 기업들이 태양, 풍력, 수력, 지열, 그리고 지속 가능한 바이오매스(핵발전은 제외)로부터 100퍼센트 전력을 공급받겠다고 자발적으로 약속하는 것"이다. 2014년부터 캠페인이 시작된 이래 2022년 12월 말까지 세계 각국에서 397개 기업들이 RE100을 하겠다고 '자발적으로 약속'했다.[470] 2014년 처음으로 13개 기업이 멤버로 가입한 이후 매년 40개 미만 수준에서 신규로 참여하다가 2019~2021년 사이에 각각 63, 68, 67개로 잠시 증가했고 2022년에는 다시 54개로 내려앉았다. 추정컨대 2018년 가을부터 그레타 툰베리가 선도한 기후운동이 폭발적으로 주목받는 가운데 2019~2000년 그린뉴딜 정책이 공론장에서 크게 확대된 영향이 있을 것이다.

참여 기업들 중에서 2022년까지 RE100을 달성하겠다고 약속한 기업은 전체의 23퍼센트를 조금 넘는 92개 기업으로서 적은 수는 아니지만, 실제로 이들이 약속을 제대로 이행하고 있는지는 확인하기 어렵다. 어디까지나 강제와 모니터링이 수반되지 않는 자발적인 약속과 참여이기 때문이다. 또한 이들의 참여로 온실가스 배출 감축 효과가 얼마나 있었는지도 알기는 어려운데 일반인이 상상하는 것보다는 효과가 크지 않을 수 있다. 왜냐하면 2022년까지 목표를 달성하겠다고 주장한 92개 기업 가운데 대체로 에너지 사용이 적은 금융, 정보통신, 또는 컨설팅과 같은 서비스 분야에 64퍼센트에 해당하는 59개 기업들이 몰려 있기 때문이다.

그렇다면 한국 기업들의 참여는 어떨까? 2022년 9월 삼성전자가 RE100에 참여를 선언했다고 해서 사회적으로 크게 주목을 받은 적이 있지만, 한국 기업들은 SK, 삼성, 현대차 등 재벌 계열사들이나 네이버, 한국수자원공사 등을 포함하여 글로벌 전체 가입 기업들 중 약 7퍼센트 수준인 28개 기업이 참여하고 있다. 이들 가운데 2020년 이전에 가입한 기업들은 없고 2022년에만 절반 가까운 13개 기업이 가입했는데 삼성전자와 현대자동차 등이 여기에 해당한다. 따라서 한국 기업들 가운데 2022년까지 목표를 달성한 기업들은 아예 없고, 그나마 2030년까지 달성하겠다는 기업도 미래에셋증권 등 고작 5개뿐이다. 그리고 절반 가까운 12개 기업은 거의 30년 뒤인 2050년을 RE100 목표로 설정하고 있는 형편이어서 한국의 RE100은 아직 말뿐인 약속에 불과하다.

그런데 각 기업이 자발적으로 목표를 달성하기 이전에 만약 국가적으로 재생에너지 전환 100퍼센트를 완료하면, 한국의 경우 현재 송배전을 한국전력에서 독점하므로 개별 기업의 RE100 약속과 무관하게 모두가 자동으로 RE100을 실천하게 될 것이다. 따라서 한국의 경우는 국가적인 재생에너지 100퍼센트 전환 목표가 몇 배 더 중요하기에 관심을 가져야 할 과제이고 개별 기업들의 RE100 약속은 그 다음이라고 할 수 있다. 그런데 2022년 현재 한국의 상황은 어처구니없게도 기업들이 국제적 분위기에 떠밀려 선언하고 있는 RE100 목표조차도 맞출 수 없을 정도로 국가적 재생에너지 확대 계획이 불투명한 실정이다.

또 한 가지 짚어봐야 할 것은 ESG가 되었든 RE100이 되었든 모두 기업들의 자발적 약속을 공표한 것이라는 사실이다. 당연하게도 어느 날 갑자기 경영자나 이사회의 마음이 바뀌어버리면 무용지물이 될 수 있다. 프랑스의 환경단체 리클레임 파이낸스reclaim finance는 2022년 4월 '기후 혼돈을 부채질하는 자산운용사'라는 보고서를 냈는데, 미국과 유럽에 기반을 둔 30대 자산운용사들은 12개 주요 석유·가스기업에 4,680억 달러를, 146개 석탄기업에 825억 달러(2021년 11월 기준)를 투자하고 있는 것으로 조사됐다.[471] 당연히 여기에는 블랙록(약 1,300억 달러)을 비롯해 뱅가드(약 1,300억 달러), 스테이트스트리트글로벌어드바이저(약 800억 달러), 아문디(약 200억 달러), JP모건(약 180억 달러) 등 유수의 자산운용사들이 대거 포함되어 있고 이들 모두는 '넷제로 자산운용 이니셔티브The Net Zero Asset Managers initiative'의 회원들이다(그림 48 참조).[472]

이에 대해 블룸버그는 "기후위기임에도 불구하고 펀드매니저는 화석연료 투자를 고수하고 있다"며, "세계 최대 자산운용사 중 누구도 화석연료기업에게 새로운 석유 및 가스 프로젝트 개발을 중단할 것을 확실히 요구하지 않았다"고 지적했다.[473] 이처럼 구조적으로 이행이 담보되지 않은 경영자 개인의 언사나 기업의 사업 계획은 지연되거나 실행되지 않아도, 심지어 변경이 되어도 모니터링이나 제어를 할 수가 없음을 확실히 확인하게 된다.

 "죽은 지구에 일자리는 없다There are no jobs on a dead planet." 이것은 이미 오래 전에 노동 쪽에서 기후위기와 생태위기를 강조하기 위해 나왔던 말이다. 같은 맥락으로 "죽은 지구에 비즈니스도 없다There are no businesses on a dead planet too."는 말 역시 진실일 것이다. 모험가이자 유명한 친환경 기업 파타고니아 부사장을 지냈던 릭 리지웨이Rick Ridgeway가 자주 했던 말이라고 한다. 하지만 이 경구를 제대로 경영에 구현하는 파타고니아와 같은 기업은 현실에서 만나기 쉽지 않다. 그리고 모든 기업들에게 시장 환경에 구애받지 않고 지구 생태계를 지키는 데 자발적으로 앞장서는 기업이 되라고 요구할 수도 없다. 어쩌면 사적 기업들의 무한축적 본성 때문에 자발적인 것은 고사하고 기후나 생태계 파괴를 공적인 강제력으

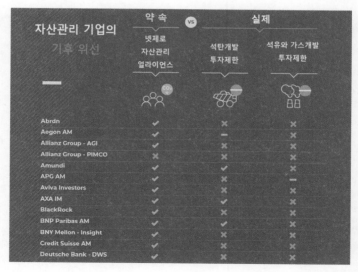

출처: Reclaim Finance. 2022

그림 48 자산운용사들의 기후 위선 사례

로 멈추게 하는 것조차 쉽지 않을 수도 있다. 하지만 최소한 시장 안의 모든 플레이어들이 지구 생태계 한계를 침범하지 못하도록 규칙을 제대로 만들고 정부가 책임지고 심판 노릇을 해야 한다. 그래야만 자발적으로 규칙을 지키는 기업들도 더 빛나게 될 것이다.

수백 년 자본주의의 역사적 경험을 통해 노동법 없이는 기업가들이 자발적으로 노동자들의 권리를 보장해주지 않는다는 사실을 배웠다. 또한 1929년 대공황과 2008년 글로벌 금융위기라는 두 번의 고통스런 경험을 통해서 금융 플레이어들의 자율 규제가 환상임을 깨우쳤다. 기후위기라는 전대미문의 인류 생존 위기 앞에서 이번에는 다를 것이라며 기업들의 자율 규제를 믿자는 주장은 순진한 발상을 넘어 매우 위험한 도박이 될 것이다.

32

금융은 어떻게 지구 생태계를
위협할 수 있는가?

　기업 일반과는 다른 특징을 지닌 금융 얘기를 좀 따로 해볼 필요가 있다. 지금까지는 기후위기와 생태위기에 대한 금융의 역할을 고려하면서 그저 투자 펀드들이 화석산업에 투자하지 말아야 한다거나, 자칫 기후재난에 취약하거나 좌초자산stranded assets이 될 투자의 손실 위험을 충분히 평가해야 한다는 정도에 그쳤다. 아니면 좀 더 전향적으로 '녹색투자은행'을 신설하거나 '녹색채권'을 적극 발행하자는 제안이 있었다. 또한 지난 2020년 국제결제은행BIS은 기후위기를 금융 시스템이 대처해야 할 새로운 위험 요인으로 간주하고 이를 '녹색백조Green Swan'[474]라고 표현했다.[475] 한발 더 나아가 녹색자산green assets과 회색자산dirty assets을 차별화하여 위험 평가나 대출 우대 등의 조치를 취해야 한다는 논의들이 '금융 시스템 녹색화를 위한 네트워크' 등에서 진행되고 있는 중이다.* 모두 필

---

* '금융 시스템 녹색화를 위한 네트워크(Network for Greening the Financial System)'은 114개 중앙은행과 금융감독기관으로 구성된 네트워크로서, 녹색금융의 확대를 가속화하고 기후변화에 대한 중앙은행의 역할에 관한 권장사항을 개발한다.

요한 얘기다. 하지만 그 이전에 생태경제와 금융 사이에 본원적으로 내재해 있는 갈등을 먼저 짚어볼 필요가 있다.

금융에 대해서는 기존의 비판적인 사회경제학도 그 '기생성'에 주목한다든지 아니면 근본적인 '불안정성'에 초점을 두는 등 고유한 논점들이 있었다. 하지만 생태경제학은 이들을 수용하면서도 다른 지점에 관심을 둔다. 생각해보자. 생태경제학에 따를 때 현실 경제는 에너지와 자원 투입 과정에서 물리 법칙인 열역학 제1법칙과 2법칙의 지배를 받는다. 지구가 무한히 물질과 에너지를 증가시켜 공급할 수 없는 한, 그리고 지구가 생산 과정에서 배출되는 폐기물을 무한히 받아줄 수 없는 한 경제의 무한성장은 불가능하다. 그런데 지금 지구의 탄소순환 시스템이 더 이상 경제활동으로 배출되는 온실가스를 감당할 수 없는 상황까지 왔다. 경제 규모 팽창이 지구의 한계에 직면한 것이다.

하지만 금융은 다르다. 화폐로 표현되는 금융은 그저 숫자일 뿐이고 열역학 법칙의 지배를 받을 필요가 없이 오직 수학적 계산에 의해 좌우된다. 지수적인 무한성장도 얼마든지 가능하다. 이미 100년 전에 화학자이자 경제학자인 프레더릭 소디가 통찰했던 지점이다.[476] 그는 이렇게 말했다. "화폐나 부채는 물리학이 아니라 수학의 법칙에 관한 주제다. 물질적 부와 다르게 부채는 시간이 지난다고 썩지도 않고 삶의 과정에서 소비되지도 않는다. 반대로 단리와 복리라는 잘 알려진 수학적 법칙에 따라 매년 상당한 퍼센트로 증가한다."[477]

실물경제는 물리학의 지배를 받아 팽창에 한계가 있지만, 화폐경제는 수학적 법칙에 따라서 무한팽창이 얼마든지 가능하다는, 화폐경제가 실물경제로부터 떨어져 과잉으로 자가발전할 가능성을 독특한 방식으로 설명한 소디의 통찰은 놀라운 것이었고, 나중에 이를 발견한 허먼 데일리가 그의 아이디어를 적극 수용한다. 사용가치를 갖는 실물 상품은 물리적인 보관이나 부패 등으로 규모 팽창에 제한을 받지만, 추상적인 교환가치만을 갖는 화폐는 그 제한을 뛰어넘는다고 인식했던 마르크스의 통찰 역시 소디의 생각과 맥락이 닿아있기도 하다.

허먼 데일리는 한 발 더 나아가 '화폐와 금융이 지배하고 있는 우리의 제도'는 은연중에 무한한 경제 팽창 논리를 확산시켰고 지수적 경제성장이라는 규범을 수용하도록 유도해왔다고 판단했다. 그런데 지금 더는 감당하기 어려운 지구 생태계의 한계가 지수적 경제성장에 제동을 걸고 있는 것이다. 그러면 과연 생태경제학은 열역학에 의해 지배되는 실물경제 성장의 한계와 무한하게 증식하려는 금융경제 요구 사이의 부조화, 생태경제와 금융경제의 본원적 갈등을 어떻게 해결하려고 할까?

현대 경제는 신용경제가 지배한다. 신용경제란 상업은행들이 신용창출이라는 이름으로 금융 부채를 일으키는 경제라고 볼 수도 있다. 이 덕분에 실물경제에 비해 금융자산이 훨씬 빠르게 팽창하고 금융은 점점 실물로부터 분리되어 스스로 자기증식한다. 하지만 상대적으로 크게 부풀어 오른 금융자산은 결국 언젠가는 실물자산을 요구하게 된다.[478] 문제는 금융자산 소유자들이 특정 시점에서 실물에 대한 청구권을 한꺼번에 요구할 때 그것을 들어줄 수 없는 상황이 현실에서 발생할 수 있다는 것이다. 그러면 숫자로만 적혀있던 금융자산은 순식간에 가치가 폭락하거나 휴지조각이 되기 십상이다. 금융위기가 시작되는 것이다.

실물경제의 팽창을 지구 생태계 한계에 단단히 묶어두려는 생태경제학은 어떻게 무한증식 욕구를 가진 금융경제를 실물경제가 뒷받침할 수 있는 범위 안에서 움직이도록 제도화하려 했을까? 허먼 데일리의 해법은, 민간은행들이 부분지급준비금^{fractional-reserve banking}만 비축해도 되는 현재의 은행 제도를 바꿔서, 100퍼센트 지급준비금제도^{Full-reserve banking,} _{100% reserve banking, narrow banking, sovereign money system}를 도입하자는 것이다. 이를 위해서 은행은 이제부터는 고객이 언제 찾을지 모르는 요구불 예금을 가지고는 대출을 할 수 없으며, 오직 정기예금 규모에 기반해서 대출을 해야 한다. 이는 1920년대 소디가 이미 제안했던 것이다.

100퍼센트 지급준비금제도는 사실상 사적 은행들이 신규로 신용창출을 하지 못하도록 막는 효과가 있다. 일반인들은 흔히 중앙은행이 지폐나 동전을 찍어내야 화폐가 발행되고 따라서 화폐는 국가만이 발행한다고 생각하지만 이는 대단한 오해다. 현대 경제에서 중앙은행이 발행하는 본원통화는 매우 적은 비중에 불과하고, 대부분은 상업은행들이 부분지급준비금제도에 의존해서 재량으로 대출을 일으킨 신용창출이 차지한다.[479] 전체 예금의 10퍼센트만 지급준비금으로 보유하고 있는 현행 제도 아래에서는 90퍼센트의 새로운 신용화폐가 아무런 노력도 없이 허공에서 창출되어 사적 은행이 대출의 형태로 시장에 공급하고 이에 대한 이자 수익을 얻는다. 하지만 100퍼센트 지급준비금제도로 바뀌면 이런 상황은 더 이상 가능하지 않게 된다.

이렇게 과격한 주장이 말이 되냐고? 사실 100퍼센트 지급준비금제도는 유명한 미국 경제학자 프랭크 나이트나 어빙 피셔의 '완전 화폐' 이론이기도 하므로 기존 주류경제학계에서도 사실은 낯설지 않다. 피셔는 이렇게 주장한다. "100퍼센트 지급준비 시스템은 급진주의와 정반대되는 제안이다. 원칙적으로 이 제안은 과도하고 감당하기 힘들 정도로 대출을 증가시키는 현행 시스템에서 예전 금세공업자의 보수적인 안전금고 시스템으로 돌아가자는 주장이다. 즉, 금세공업자가 자신에게 보관된 예치금을 부적절하게 대출해주기 시작하기 전으로 말이다. 은행에 대한 고객의 신뢰를 오용하는 이러한 영업 행태는 시간이 지남에 따라 표준적인 관행이 되었고 오늘날 예금은행업으로 발전하였 다."[480]

최근 '통화개혁을 위한 국제적 운동International Movement of Monetary Reform' 이 이를 지지하고 있으며, 국제통화기금 경제학자들도 민간 신용창출의 변동과 뱅크런을 막기 위해 완전지급준비제도를 검토할 수 있다는 보고서를 내기도 했다.[481] 실제로 현재 시행하는 나라가 있나? 아직은 없다. 다만 2018년 6월 스위스는 100퍼센트 지급준비금제도 도입을 위해 국민투표에 부친 적이 있는데 물론 투표 결과 76퍼센트가 반대해서 부결되었다. 어쨌든 허먼 데일리가 강력히 주장하는 100퍼센트 지급준비금제도는 생태경제학자 잉게 뢰프케도 지지하고 있으며, 탈성장론자 제이슨 히켈도 상업은행의 신용화폐를 없애버리는 것이 기후위기에도 좋고 불평등 해소에도 좋은 것이라고 주장한다.[482] 100퍼센트 지급준비금을 실행하면 시민들은 신용카드 대신 체크카드를 주로 사용하게 될 것이고 부채 기반의 불건전한 성장은 억제될 것이라고 허먼 데일리는 전망했다. 당연하게도 국민경제에서 금융 수익 비중은 줄어들 것이고 금융이 경기 순환을 증폭하지도 못할 것이라고 진단했다. 또한 뱅크런도 사라질 것이고 금융위기도 생기지 않을 것이라고 덧붙였다.[483]

이처럼 생태경제학은 금융이 실물로부터 과도하게 벗어나는 현상이 부분지급준비제도에서 상당 부분 기원한다고 생각하고 이를 통제해야 한다는 데 특별한 관심을 보인다. 이외에도 허먼 데일리는 글로벌 금융자본 이동이 노동의 이동이나 시설 투자 자본의 이동보다 훨씬 빠르고 자유롭게 이동하기 때문에 문제를 일으킬 수 있다면서 국제적인 자본 이동에 대한 규제를 강력히 주장하기도 하는데, 이는 기존 케인지언들의 주장과 다르지 않다. 또한 공급 측면이 아니라 수요 측면에서 사적 신용 수요를 줄이기 위한 조치들, 예를 들어 부채 금융에 우호적인 편향을 줄이고 부채를 유도하는 조세제도를 개혁하자는 제안들도 있다. 한편 케이트 레이워스는 '일반을 위한 양적 완화' 정책을 긍정적으로 제안하고 있으며, 지역기반 경제 활성화를 위해서 지역화폐*나 타임뱅크 등도 긍정적으로 검토하고 있는데 이는 많은 생태경제학자들이 공유하는 아이디어이기도 하다.[484]

요약해보자. 경제 규모를 지구 생태계가 감당 가능한 수준으로 묶어두자면 "성장을 강화하는 되먹임 회로들을 약화시키면서, 균형을 낳는 되먹임 회로들을 강화하는 방법"을 찾아내야 한다.[485] 하지만 무한팽창을 속성으로 갖는 금융은 더 많은 성장, 무한성장을 강화하는 되먹임 회로를 촉진한다. 대출에 대한 복리 이자, 투자에 대한 더 높은 수익률을 요구하는 금융은 기업들에게 끊임없는 수익을 압박할 것이고 그 결과 전체 경제를 성장과 규모 팽창으로 몰아넣을 것이기 때문이다. 생태경제학자들이 금융경제에 특별히 주목하는 이유가 여기에 있다.

---

* 국가적으로 발행되어 전국에서 유통되는 법정화폐와 달리 특정 지역의 지방정부나 지역공동체가 발행하여 해당 지역에서 활용되는 대안화폐다. 국정화폐를 대체하는 것이 아니라 보완하여 지역사회와 지역공동체 경제활성을 촉진하는 역할을 한다. 매우 오랜 역사와 다양한 유형의 지역화폐가 알려져 있는데, 최근에는 지역사랑상품권처럼 종이화폐 형태 외에 체크카드 같은 형태로 충전해서 사용하는 방식도 있다.

33

'효율성'보다
'충분성'을 지향하는 경제

이탈리아 영화감독 주세페 토르나토레Giuseppe Tornatore의 영화 '피아니스트의 전설(원제는 〈The Legend of 1900〉이다)'의 한 장면을 다시 떠올려보자. 일생을 배 안에서만 피아노를 치며 살아온 주인공은 드디어 배가 뉴욕에 정박하자 사랑하는 이를 따라 평생 처음으로 배에서 내리려고 트랩의 계단을 내려간다. 그러다 계단 중간에 멈춰 서서 눈앞에 끝없이 펼쳐진 육지의 도시를 잠시 바라보더니 다시 발길을 돌려 배 위로 올라가 버린다. 도대체 왜 그토록 바라던 육지에 내려 새로운 미래의 삶을 살아가지 않고 평생 벗어나지 못한 좁은 배 안으로 되돌아오는 결정을 했을까? 주인공은 이렇게 이유를 설명한다.

"피아노 건반은 시작과 끝이 있어. 피아노에는 88개의 건반이 있어. 모두에게 똑같이. 건반은 유한하지만 우리는 무한해. 이 건반들을 가지고 우리가 만드는 음악은 무한해. 난 이게 좋아. 내 인생은 이걸로 충분해.

그러나 날 트랩 위에 세우고 내 눈앞에 수백만 개의 건반을 펼쳐 놓는다면, 끝도 없는 수백만 수십억의 건반 말이야. 건반이 무한하다면 그 건반으로 내가 연주할 수 있는 음악은 없어. 그건 내가 앉을 자리가 아니야. 그건 신이 연주하는 피아노야."

탈성장론자 요르고스 칼리스는 자신의 짧은 책 《한계들Limits》에서 이 영화를 소개한다. 그는 지구 생태계가 우리에게 강제로 '한계'를 지우는 것처럼 받아들이지만 사실 그런 것은 없다고 단언한다. 그리고 불편하게 생각해온 언어인 '한계'를 긍정의 언어로 재해석한다.

"한계는 목적을 전제로 한다. 중력 그 자체는 한계가 아니라 그냥 팩트다. 하지만 우리가 높은 곳에서 뛰어내릴 목적을 세우면, 자살할 생각이 아닌 이상 그때부터 중력은 뛰어내릴 수 있는 높이에 한계를 지운다. 바닷물은 물고기에게는 생명을 주지만 인간에게는 죽음이라는 한계를 지운다. 한계는 주체와 주체의 의도에 있는 것이지, 우리 의도와 무관하게 자연에 존재하는 것이 아니다."[486]

다시 말해서 한계를 지우는 것은 우리 자신의 결정이지 자연이 아니라는 것이다. 무한성장을 향해 질주하는 화석연료 문명에 대해 '추가 온도 상승 1.5°C'라는 한계를 지운 것도 우리의 삶과 미래세대의 더 나은 삶을 선택하려고 목표를 세웠기 때문이라는 것이다. 칼리스는 "자연은 우리에게 한계를 부과하고 우리가 해야 할 일을 말해주는 엄격한 어머니가 아니"라고 덧붙인다.[487] 지금까지 생태경제학은 우리가 원하든 원치 않든 선택의 여지가 없이 무한성장을 포기하고 한정된 물질과 에너지의 처리량에 의존하는 경제 안에서 살아가야 한다고 설명했다. 지구라는 닫힌계 안에서 움직이는 '열린계 인간 경제'가 열역학 법칙을 위반할 수는 없기 때문이다. 물리 법칙과는 협상할 수 없으니 '수용해야' 한다는 것이다.[488]

그런데 최근 생태경제학자들과 특히 탈성장론자들은 우리가 만들어갈 새로운 생태경제, 성장 없는 경제와 어울리는 새로운 삶의 가치관과 사회적 규범을 설계하는 데 도전하고 있다. 수동적으로 지구 한계 안에서 '어쩔 수 없이' 적응해야 하는 삶이 아니라 '능동적이고 자발적으로' 선택하는 다른 삶의 이미지를 만들어내려는 것이다. '지구의 한계선 planetary boundaries'에 직면해서 어쩔 수 없이 경제구조를 재편하고 기존 방식의 삶을 포기하기 이전에, 우리 스스로 안전한 삶을 위해 자발적으로 '사회적 한계선societal boundaries'을 정하고 새로운 상상력을 동원해 새로운 삶의 방식을 만들어나가자는 것이다.

예를 들어 탈성장론자인 슈멜쩌는 '사적 충분성private sufficiency'과 '공적 풍요로움public abundance'이라는 아주 간명한 미래의 사회규범을 제안한다. 허먼 데일리도 비슷한 취지로 "충분성 논리가 효율성 논리에 선행해야 한다"고 주장한다. 과도한 소비에 집착하지 말고 기본적 필요를 채우면 충분하다는 관점으로 개인 삶의 태도를 바꾸자는 것이 사적 충분성의 원칙일 것이다. 동시에 개인들이 물질적 재화를 각각 배타적으로 과도하게 소유하지 말고 가능한 한 공유자원을 함께 이용해서 개인 필요의 부족을 보완하는 사회 시스템을 만들자는 것이 공적 풍요로움일 것이다.

오랫동안 생태거시경제학 영역을 개척해왔던 경제학자 팀 잭슨 역시 포스트성장 시대를 열기 위해서는 우리의 시야가 경제를 넘어 가치관과 사회규범으로까지 확대되어야 한다고 제안한다. 팀 잭슨은 특히 '균형'의 의미를 강조하면서 무한성장을 그만두는 것이 지구의 한계 때문에 어쩔 수 없이 선택하는 것이 아니라, 더 좋은 삶을 우리가 능동적으로 선택하기 위해서라고 주장한다. 그는 건강한 신체란 어떤 상태인가라는 매우 상식적이면서도 설득력 있는 질문을 던지고 이렇게 대답한다.

> "가장 명백한 것은 몸의 에너지 균형이다. 인간은 매일 체중을 건강히 유지하기 위해 특정 양의 칼로리가 필요하다." "필요량보다 적은 칼로리를 섭취하면 몸이 시들고 약해지고, 정기적으로 필요량보다 많이 섭취하면 체중이 늘어난다. 이런 이유로 칼로리를 계산하자는 생각이 대두했다. 건강한 삶을 유지하려는 노력에서 에너지 균형은 결정적으로 중요하다."[489]

"일단 충분히 성장하고 나면 건강한 유기체는 지속적이고 부단한 소비 증가가 아니라, 건강한 균형을 통해 외부 공격에 맞서고 자신을 유지한다"면서 팀 잭슨은 "좋은 신체 건강이란 칼로리 측면에서만 보자면 칼로리 과잉과 칼로리 부족 사이에서 이뤄지는 균형 상태"라고 말한다. 이어서 그는 "오직 부족함이 있을 경우에만 많을수록 더 좋아질 수 있다. 이미 과도함이 나타나는 경우에는 많을수록 오히려 더 나빠질 뿐"이라면서 과도한 확대와 무한팽창이 아니라 균형이 생명체들이 추구해야 할 최선이라고 결론을 내린다. 이는 일찍이 이반 일리치가 달팽이를 비유하며 지적했던 대목이기도 하다. 일리치는 이렇게 짚었다. "달팽이는 섬세한 구조의 껍질을 겹겹의 소용돌이 모양으로 키우고 나면 껍질 만들기 활동을 갑자기 중지하거나 줄여나간다. 소용돌이를 한번 더하게 되면 껍질의 크기는 16배나 증가해 버린다. 이렇게 되면 안정된 생활은 커녕 무게의 부담이 지나치게 된다. 그때부터 증가된 생산성은 모두 그 합목적성에 오는 어려움을 극복하는 일에 쓰이고 마는 결과가 나타난다.[490]

그런데 왜 우리는 무한한 물질 소비를 추구하게 되었을까? 그것은 "우리가 욕망하는 것과 우리 몸에 진짜 필요한 것을 혼동"했기 때문이다. 팀 잭슨은 이 혼동이 자본주의의 무한팽창 기제가 인간에게 과도한 공급을 압박하면서 생긴 것이라고 진단한다.[491] 당연히 너무 부족하여 필요를 충족할 수 없는 개발도상국 단계에서는 생산을 늘리려 애써야 하겠지만, 어느 순간에 이르렀을 때 과도함으로 인한 함정에도 빠지지 않도록 하는 것, 그게 아마도 생태경제학이 추구했던 '정상상태 경제'가 아닐까? 그리고 그것이 좋은 삶의 기초적인 조건 아닐까? 그렇게 인식한다면 정상상태 경제는 지구의 한계 때문에 어쩔 수 없이 견뎌야 하는 불편한 경제가 아니라, 더 나은 삶을 가능하게 만들어줄 우리의 바람직한 선택이 될 것이다.

어느 정도 필요가 충족되면 더 이상 물질적 소비의 확대를 추구하는 것이 바람직하지 않다는 견해는 사실 오랜 역사를 가지고 있다. 정상상태 경제를 150년 전에 주장했던 존 스튜어트 밀에게서 우리는 그 전통을 발견할 수 있다. 또한 20세기 가장 위대했던 경제학자 존 메이너드 케인스에게서도 같은 통찰이 다시 등장한다. 케인스는 대공황이 한창이던 1930년에 100년 뒤(그러니까 2030년쯤)를 예상한 짧은 에세이 "손자세대를 위한 경제적 가능성"을 썼다. 이 에세이에서 그는 "지금부터 1백년 후의 경제생활 수준에 대해 어떻게 예측하는 것이 합리적일까? 그 시

대를 살게 될 우리 손자손녀들의 경제생활에는 어떠한 가능성이 열리게 될까?"라는 질문을 던진다.[492]

1930년 시점에서 그는 100년 뒤인 2030년을 전망하며 경제가 대략 4~8배 수준으로 성장하리라 예상했다. 그 수준에 올라서도 사람들 사이에 남보다 더 우월해지려는 상대적인 욕구는 끝이 없겠지만, 절대적인 필요는 그렇지 않아서 충족되는 시점이 조만간 오리라고 전망했다. 그러면 사람들이 더는 무한성장을 추구하지 않을 것이라고 생각했다. 왜냐하면 4~8배로 경제 규모가 커진 "미래에는 더 이상 경제적 문제가 인류의 영구적 문제가 아니게 될 것"이기 때문이다. 그때가 되면 "우리는 그 즉시 남아돌게 되는 에너지를 모조리 비경제적 목적에 바치는 쪽을 더욱 원하게 될 것"이라고 케인스는 예상했다.

그리고 이제 "인간은 이 세상에 창조된 이래 자신이 풀어야 할 진정 영구적인 문제와 처음으로 맞닥뜨리게 될 것"인데, 그것이 바로 여가를 잘 활용하기 위한 고민이다. "절박한 경제적 걱정에서 해방된 상황을 어떻게 활용할 것인가. 과학과 복리 이자의 힘으로 얻게 된 여가를 어떻게 사용해야 지혜롭고 훌륭하고도 행복하게 살 수 있을까?" 하는 고민 말이다. 문제는 그 순간에 이르렀을 때, 그토록 오랫동안 경제적 결핍을 해결하려고 물질적 생산 확대에 몰두했던 과거의 경제 패턴과 생활 패턴이 금방 바뀌게 될 것인가 하는 데 있다. 케인스도 이 점을 걱정한다. 그는 이렇게 질문한다. "하지만 나는 두려운 생각이 든다. 이루 헤아릴 수도 없는 무수한 세대에 걸쳐서 인간에게 기질로 길들여진 습관들과 본능들을 보통사람들이 과연 다시 조정할 수 있을까?"

하지만 케인스는 낙관적으로 생각한다. "나는 확신한다. 우리가 약간만 더 경험을 쌓으면 자연으로부터 얻을 이 새로운 전리품을 오늘날 부자들이 쓰고 있는 방식과는 아주 다르게 쓸 수 있을 것이며, 부자들이 계획하는 삶과는 아주 다른 계획으로 삶을 짜나갈 수 있을 것이라고." 그리고 더욱 놀랍게도 그는 이런 전망까지 한다. "아직 꼭 해야 할 필요가 있는 남은 노동을 가급적 모든 사람들에게 분배하는 것이다. 하지만 이는 경제적 강제로서가 아니라 되레 풍요를 분배하는 것이라고 할 수 있다. 왜냐하면 분배하는 노동의 양이 3시간 정도의 교대 시간 혹은 주당 15시간 정도에 불과할 것이기 때문이다. 그리고 이 정도면 당분간 모든 문제가 해결될 것이다."

이런 식으로 생태경제학적 사고, 성장 의존 경제를 넘어선 사고는 이미 1930년대부터 최고의 경제학자 마음속에서 자라나고 있었는지 모른다. 이 사실을 오랜 동안 잊었는데, '기후'가 '위기'라는 알람을 통해서 잊은 기억을 되살리라고 우리에게 요구하는지 모른다. 더 늦기 전에.

결론

생태경제학의
경제개혁 전략과 정책

결론을 지을 차례다. 4장까지 생태경제학의 주요 대안들로서 정상상태 경제, 도넛 경제, 성장 없는 경제(또는 포스트성장 시대 경제), 탈성장, 그리고 약간 다른 결이지만 생태사회주의에 이르기까지 다양한 접근법과 각각의 핵심 원리 등을 살펴보았다. 그리고 5장을 통해 경제성장 이슈를 넘어서 분배와 고용, 그리고 시장가격의 기능과 기업의 행동, 금융 이슈까지 짚어보았다. 이 과정을 통해 무엇보다 지구 생태계와 인간 경제가 어떤 방식으로 연결되어 있고 어떻게 해야 공존이 가능한지에 대해서, 생태경제학이 기존 경제학에서 볼 수 없는 풍부한 분석과 정책들을 이미 축적했음을 알 수 있었을 것이다. 또한 유한한 지구 생태계 한계 안에서 경제를 운용하기 위해 기존의 성장정책을 어떻게 수정해야 하는지도 윤곽은 뚜렷하다. 나아가 분배정책과 시장 메커니즘에 대해서도 생태경제학은 새로운 접근을 시도하고 있으며 이는 과거와 다른 공공정책과 경제정책을 필요로 한다는 점까지 밝혀졌다.

그러면 다양한 생태경제학 접근법들에 기반해서 당장 직면한 기후위기에 대처하면서 동시에 시민들의 삶을 지키기 위한 경제개혁 전략과 정책 방안들을 어떻게 종합할 수 있는지 시도해보자. 아직 현실 국가들에서 명시적으로 생태경제 개혁을 시도한 사례는 찾기 어려우므로 기존 생태경제학자들이 이미 제시한 정책 제안들을 살펴보기로 하자. 1976년 로겐이 제안한 8대 정책, 2014년에 10대 생태경제 정책으로 종합한 허먼 데일리의 제안, 최근 요르고스 칼리스와 제이슨 히켈 등 탈성장에서 제안한 정책, 마지막으로 생태사회주의의 간단한 제안까지 차례로 확인해볼 것이다.

생태경제학의 초기 창시자인 조르제스쿠-로겐은 1976년에 발표한 논문 "에너지와 경제적 신화Energy and Economic Myth"에서 자신이 주장하는 핵심 정책 방안 8가지를 요약했다. 분배정책이나 소득정책 등은 들어있지 않은 채 주로 물질적 처리량을 줄이는 정책에 초점을 두고는 있지만, 그의 아이디어들은 이후 허먼 데일리나 최근 히켈까지 폭넓게 영향을 주고 있으므로 확인해볼 가치가 있다.[493]

1. 전쟁 자체뿐 아니라 전쟁에 사용될 수 있는 모든 무기 생산은 금지되어야 한다. 주요 군수 생산국인 선진국들은, 그들이 주장하는 것처럼 인류를 이끌어갈 지혜를 가지고 있다면 이 금지에 대해 어려움 없이 합의에 도달할 수 있을 것이다. 모든 전쟁 수단들의 생산을 중단하면 최소한 신무기에 의한 대량 살상을 근절할 수 있을 뿐만 아니라 해당 국가의 생활수준을 낮추지 않으면서도 국제 원조를 할 수 있는 막대한 생산력 여분을 확보하게 될 것이다.

2. 저개발국가들은 (사치스런 삶이 아니라) 좋은 삶에 가능한 한 빨리 도달할 수 있도록 지원받아야 한다.

3. 인류는 오직 유기농업에 의해 충족될 수 있는 수준으로 인구를 점차 줄여가야 한다.

4. 직접적인 태양에너지 사용이 일반적인 편의시설이 되거나 잘 통제된 핵융합 기술이 성취될 때까지는 모든 과도한 난방, 냉방, 과속, 과도한 조명 등을 신중히 피해야 하고 필요하다면 엄격히 규제되어야 한다.

5. 우리는 과도한 사치품에 대한 병적인 갈구로부터 자신을 치유해야 한다. 일단 그렇게 하면 제조업체들은 그 같은 상품들의 제조를 그만두지 않을 수 없게 될 것이다.

6. 우리는 페르난도 갈리아니 수도원장Abbot Fernando Galliani이 그의 저서에서 묘사한 것처럼 '인간 마음의 질병'인 유행을 없애고 제조업은 내구성에 초점을 맞추어야 한다. 충분히 기능을 잘하는 코트나 가구를 유행이 지났다고 버리는 것은 마음의 질병이라는 것이다. 심지어 매년 '새' 차를 사고 집을 리모델링한다면 이것은 바이오이코노믹 범죄bioeconomic crime라고 할 수 있다. 이미 더 내구성 있는 상품을 만들 수 있게 되었다. 그보다 더 중요한 것은 소비자들이 유행을 경멸하도록 재교육하는 것이다.

7. 여섯째와 긴밀히 연관되어 내구재 상품들을 수리가 가능하도록 설계함으로써 더 내구성을 갖도록 만들어야 한다(신발 끈 하나가 망가졌다고 신발 한 켤레를 통째로 내다 버리면 안 된다).

8. 우리는 좋은 삶을 위한 중요한 전제조건이 지성적으로 보내는 상당한 양의 여가라는 사실을 깨달을 수 있어야 한다.

한편 허먼 데일리는 2014년 정상상태 경제를 위한 10가지 정책 제안을 다음과 같이 요약하는데, 거시경제 정책 차원에서 가장 포괄적인 내용을 구성하고 있다.[494]

1. **화석연료를 중심으로 한 기본 자원에 대한 '총량 경매 시스템**Cap-Auction-Trade systems' **개발**:이 시스템이 해야 할 일은, 재생 가능 자원은 재생되는 속도보다 더 빨리 고갈되지 않도록 하고, 재생 불가능한 제품은 대체품이 개발되는 속도보다 더 빨리 고갈되지 않도록 하며, 모든 폐기물은 자연 시스템이 흡수하고 재구성할 수 있는 것보다 더 빨리 자연으로 되돌려지지 못하게 한다.

2. **조세제도 전환**:노동과 자본의 부가가치 창출에 부과하던 조세의 원천을 바꾸어서, 자연자원 처리량이나 사회적 비용을 일으키는 오염, 공중보건에 부정적 영향을 미치는 행위 등으로 과세 원천을 옮겨야 한다. 근로소득세나 자본소득세보다는 자원 소비나 환경오염 활동에 과세를 해야 한다는 것이다.

3. **불평등 한계 설정**:최저소득 보장과 최고소득 제한을 통해서 일할 동기를 유지하기에는 충분히 크지만 시장경제의 금권주의적 경향을 억누르기에 충분히 작은 소득 격차를 유지하도록 한다.

4. **은행부문 개혁**:현재의 부분지급준비금제도를 폐지하고 요구불 예금에 대한 100퍼센트 지급준비금제도로 전환한다. 이자를 낳는 부채 형태로 민간은행이 주로 창조하는 신용화폐를 없애고, 대신 재무부가 발행하는 무이자 정부 부채의 형태로 통화를 공급한다. 투자와 저축 사이에 고전적 균형을 달성하여 거품과 거품 붕괴 순환을 약화시킨다.

5. **공익을 위한 무역 관리**:자유무역과 자유로운 자본 이동에서 벗어나

균형 잡힌 규제된 국제무역으로 전환한다. 국가 경제의 상호의존은 불가피하지만 하나의 글로벌 경제로 통합될 필요는 없다. 자유무역은 각 국가가 기업 유치를 위해 임금과 세금을 낮추는 경쟁을 하도록 조장하는 등 '바닥을 향한 경쟁'으로 이어질 수 있다. 또 자유로운 자본 이동은 상품의 자유무역에 대한 기본적인 비교우위 주장을 무력화시킨다.

6. **여가시간 확대**:여가에 우호적으로 노동시간을 줄임으로써, 무한생산 욕구를 줄이는 동시에 번영의 핵심 척도로서 웰빙을 받아들이도록 한다.

7. **인구 안정화**:출생률−이민 유입률이 사망률−이민율과 균형을 이루도록 한다.

8. **국민계정 개혁**:GDP를 비용 계정과 편익 계정으로 분리하여 한계비용이 한계편익과 같아질 때 '물질 처리량 증가'를 멈출 수 있도록 한다.

9. **완전고용 회복**:처음에는 성장이 완전고용의 수단이었지만 이제는 성장 자체가 목적이 되었다. 현재는 경제성장의 명목으로 실업과 저고용, 자동화, 해외 외주화, 무역 규제 완화, 값싼 노동력 이민정책 등이 추진되고 있다. 정상상태 경제에서는 생산성 향상이 실업이 아닌 여가의 증대로 이어져야 한다.

10. **정의로운 글로벌 거버넌스 추진**:국가가 해체되고 '국경 없는 하나의 세계'가 만들어지는 것이 아니라 국가 공동체의 연합체로서의 세계 공동체를 추구해야 한다. 자유무역, 자유로운 자본 이동, 자유로운 이주에 의한 세계화는 국가 공동체를 해체한다. 이런 세계화는 개인주의적인 세계화이고 글로벌 공유지에 대한 초국가적 기업들의 봉건주의적 지배이다.

이제 탈성장 그룹의 정책 제안을 살펴보자. 요르고스 칼리스 등은 2020년 출판한 《디그로쓰》에서 다음과 같이 자신들의 주장을 압축한다.[495]

1. '성장 없는 그린뉴딜'을 한다. 탈성장 방식의 그린뉴딜은 사회경제적 개혁과 기후위기 대처를 통합하는 비전을 공유하면서도 GDP 증가에 얽매이지 않는다는 점에서 독자적 특징이 있음을 강조한다. 예를 들어 재생에너지의 과감한 확대만을 주장하는 그린뉴딜이 아니라 에너지 총소비의 감소까지 함께 고려하는 그린뉴딜을 주장한다. 또한 절대 쉬운 얘기가 아닌 "모두의 소득 증가가 아니라 모두가 더 적은 노동시간을 통해 괜찮은 임금을 받는 경제성장 없는 고용 증가"를 하자고 한다.

2. 보편적 기본서비스, 기본소득, 보편 돌봄 소득과 같은 '보편적 기본 정책'을 결합할 것을 요구한다. 당연하게도 "기본 정책들은 시장 메커니즘이 아닌 수단을 통해 국가 전체의 부를 분배함으로써, 그리고 덜 시장화되고 더 느린 경제를 향해 전진하는 이행기에 모두에게 적정 수준의 물질적 여건을 계속 보장함으로써 탈성장 변혁을 뒷받침"할 것이라고 주장한다.

3. '커먼즈 되찾기'를 주장한다. 특히 사회적 인프라, 예컨데 "수도, 에너지, 폐기물 관리, 교통, 교육, 의료, 아동 돌봄 같은 서비스들은 영리기업이 아니라, 지방자치단체나 소비자 협동조합을 통해 제공"하는 것이 더 낫지 않겠냐고 제안한다.

4. '노동시간 단축'을 제안한다. 이들은 "성장 강박증에서 해방된다면 각국이 과잉생산 문제를 해결할 한층 더 매력적인 대책을 채택할 수 있을 것"인데, 그것이 바로 "시장 생산을 위한 노동시간을 줄이는 것, 자율적인 공동체 사업을 촉진하는 것"이라고 강조한다.

5. 녹색사회와 평등사회에 기여하는 '공공금융'을 제안하는데, 이는 탄소세와 같은 '탄소 부담금carbon fee'을 재원으로 만들 수 있다고 제안한다.

한편, 탈성장론자인 제이슨 히켈은 2020년 그의 책 《적을수록 풍요롭다》에서 좀 더 구체적으로 다음과 같이 제안하기도 했다.

- **1단계**:기업들이 제품을 만들 때 사용하는 계획적 구식화(또는 의도적 수명 단축)을 금지한다. 애플의 아이폰 전략에서 전형적으로 드러나는 것처럼 몇 년 사용하면 기기가 쓸모없어질 만큼 느려지고 수리는 불가능하거나 터무니없이 비싸지며, 새로운 신제품 광고로 소비자들이 기존 기기를 쓸모없는 것으로 여기게 만드는 사례가 많다고 지적한다. 보통 2~3년 사용하고 교체하는 스마트폰은 사용 단계보다는 제조 단계에서 발생하는 오염이 전체의 80퍼센트에 이른다. 그러니까 구매한 스마트폰을 오래 쓰면 쓸수록 지구에 이롭다는 말이다.[496] 기업들의 계획적 구식화 전략은 의도적인 비효율 형태의 하나이며, 이때 비효율은 기이하게도 수익 극대화라는 측면에서 합리적이다. 그러나 인간 필요와 생태계 관점에서 보면 미친 짓이다. 제품에 대한 필수 수리보상 기간을 늘리고 '수리권'을 보장해줘야 한다.
- **2단계**:상업 광고를 대폭 줄여야 한다. 글로벌 광고시장은 2010년 4,000억 달러에서 2019년 5,600억 달러 규모로 커졌다. 특히 2019년부터 오프라인 광고시장 규모를 넘어선 온라인 광고시장이 과소비를 부추기는 것은 물론 에너지 사용 면에서도 환경에 해롭다고 게리 맥거번은 지적한다. 그는 구글이나 페이스북 등 플랫폼 기업들이 이용자에게 공짜 서비스를 대가로 온라인 광고를 남용하는 행위를 빗대어 "공

짜 경제에서는 지구가 비용을 지불한다"고 비판했다.[497] 전체 광고 지출을 줄이기 위해 할당제를 실시할 수 있다. 광고를 줄이면 시민들의 웰빙에 직접적이고 긍정적 효과를 가져다주게 될 것이다.

- **3단계**:소유권ownership을 사용권usership으로 전환시킨다. 소유권을 사용권으로 전환하는 것은 물질 처리량에 큰 영향을 주게 될 것이다. 특히 자동차에 해당하는데 일단 전기차로 전환해야 하지만 전체 자동차 대수를 드라마틱한 수준으로 줄여야 한다. 이를 위해 대중교통 이용을 획기적으로 늘리는 동시에 공적인 소유에 기반한 자동차 공유 앱플랫폼을 고려할 수 있다.

- **4단계**:음식 쓰레기를 없애야 한다. 세계에서 생산되는 모든 음식의 절반 정도인 20억 톤 정도가 매년 쓰레기로 처분된다. 음식물 쓰레기는 에너지와 토지와 물과 배출가스 측면에서 막대한 생태적 비용을 대변한다. 프랑스와 스페인은 최근 슈퍼마켓에서 음식물 쓰레기를 버리는 것을 금지하는 법안을 통과시켰다. 대신 팔리지 않은 음식물은 기부를 하면 된다.

- **5단계**:생태파괴적 산업들의 규모를 줄여나가야 한다. 토지와 배출가스 등의 문제가 많은 육가공산업의 규모를 줄이는 것을 생각해볼 수 있다. 에너지 집약적이고 장거리 공급망이 필요한 생산을 줄여야 한다. 우선은 현재 수준에서 자원과 에너지 사용의 최대 한계를 부여하고 점차로 제한을 강화해나가야 한다.

이외에도 민스키언 케인스주의자들이 주장하는 '일자리 보장제', 시급 대신 주급 또는 월급으로 계산되는 생활임금제, 공공재의 탈상품화와 공유자원의 확대, '주빌리법the Law of Jubilee'에 의한 부채 탕감, 상업은행의 신용화폐 창조 기능을 없애고 국가가 직접 경제에 투입하는 방안 등을 추가로 제안하고 있다.

끝으로 이언 앵거스, 마이클 로이, 조엘 코벨 등 생태사회주의자들이 작성하여 2009년 브라질 벨렝에서 열린 세계사회포럼에 배포했던 '벨렝 생태사회주의 선언'에서 공개한 4가지 짤막한 제안을 확인해보자.[498]

1. **에너지 시스템**:공동체의 통제 아래 전력 생산에서 탄소 기반 연료와 바이오 연료를 배제하고 클린에너지(풍력, 지열, 조류, 그리고 무엇보다 태양광)로 교체한다.
2. **운송 시스템**:개인용 트럭과 승용차 사용을 대폭 줄이고 무료의 효율적인 대중교통 수단으로 대체한다.
3. **생산과 소비, 건설 패턴**:낭비, 계획적 구식화, 경쟁과 공해에 기반한 방식을 버리고, 오직 지속 가능하고 재활용할 수 있는 제품만을 생산한다. 그리고 그린 아키텍처를 개발한다.
4. **식량 생산과 분배**:가능하면 지역의 식량주권을 지켜주고 해로운 산업 농업을 배제하며, 지속 가능한 농업 생태계를 만들고 토양의 비옥도를 적극적으로 갱신하도록 노력한다.

지금까지 대표적인 생태경제학자들이 제안한 핵심 정책들을 요약해 보았다. 얼핏 보아도 공통적으로 발견되는 정책들이 적지 않다. 그러면 이들의 의견을 참고하여 현재 기후위기 비상시국에서 기후위기 해결과 경제개혁을 동시에 달성하고, 지속 가능한 사회와 정의로운 사회를 향해 동시에 나아갈 수 있는 공공정책을 어떻게 재구성할 수 있는지, 그를 위해 어떤 경제개혁이 필요한지 압축해보자.

기후를 위한 생태경제 개혁의 첫 번째 과제는, 우리 경제가 사용하거나 배출할 수 있는 연간 에너지, 물질 총량을 제한하는 것이다. 한국을 포함해서 이미 한계선을 넘어간 선진국들은 현재 수준에서 멈추는 것이 아니라 줄여야 한다. 한국도 생태발자국 기준으로 4월이면 한 해 용량을 초과해버리므로 대폭 줄여야 한다. 위험에 처한 글로벌 공유자원인 온실가스 배출에 대한 각 국가들의 책임에 대해서는 총 누적배출량 기준으로 이미 자세하게 분석되어 있고 형평성을 고려한 계산까지 나와 있다(그림 49 참조).[499]

당장은 긴급한 기후위기에 대처하기 위해 IPCC가 요구한 1.5°C 한계선이라는 명확한 제한선이 있다. 여기에 맞추기 위해 글로벌 차원에서 매년 7퍼센트 이상씩 온실가스 배출을 줄여야 하고 한국을 포함한 선진국은 그 이상 줄여야 한다. 이 정도 수준의 대규모 감축은 단순히 기술혁신을 통한 효율화나 탄소 가격을 통한 시장의 조정 같은 기존 주류경제학이 제안하는 방법만으로는 도저히 달성할 수 없다. 시장이라는 보이지 않는 손이 아니라, 책임있는 국가의 공공정책이라는 '보이는 손'을 통해 화석연료 사용을 파격적인 속도로 줄여야 한다. 특히 전력산업과 철강산업, 시멘트·석유·화학산업 중심으로 파격적인 탈탄소화를 달성하는 것이 가장 긴급한 과제다. 그리고 온실가스 배출 감축에서 더 나아가 연간 단위로 경제에서 사용하는 '물질 처리량'을 제도적으로 조절하기 위해 이미 제안된 다양한 측정 수단과 기법들을 동원해야 한다.

산업적인 차원과 생산의 차원에서만 물질 총량을 제한하기 위한 변화와 개혁이 필요한 것은 아니다. 소비 차원에서도 대대적인 전환과 개혁이 필요하다. 여기에는 앞서 생태경제학자들이 지적한 계획적 구식화

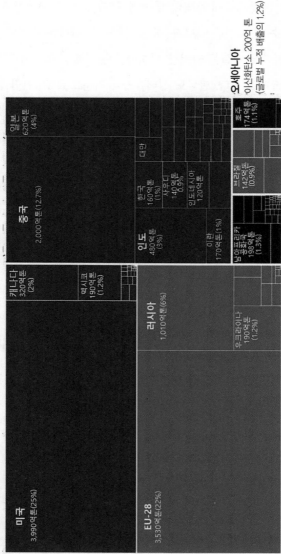

북미 지역
이산화탄소 4,570억 톤
(글로벌 누적 배출량의 29%)

아시아 지역
이산화탄소 4,570억 톤
(글로벌 누적 배출량의 29%)

오세아니아
이산화탄소 200억 톤
(글로벌 누적 배출량의 1.2%)

미국
3,990억톤(25%)

캐나다
320억톤
(2%)

멕시코
190억톤
(1.2%)

중국
2,000억톤(12.7%)

일본
620억톤
(4%)

인도
480억톤
(3%)

한국
160억톤
(1%)

사우디
140억톤
0.9%

대만

인도네시아
120억톤

이란
170억톤(1%)

EU-28
3,530억톤(22%)

러시아
1,010억톤(6%)

우크라이나
190억톤
(1.2%)

남아프리카
공화국
198억톤
(1.3%)

브라질
142억톤
(0.9%)

호주
174억톤
(1.1%)

유럽 지역
이산화탄소 5,140억 톤
(글로벌 누적 배출량의 33%)

아프리카, 남미 지역
이산화탄소 430억 톤   이산화탄소 400억 톤
(글로벌 누적 배출량의 3%) (글로벌 누적 배출량의 3%)

그림 49 누적 기준 각 국가별 탄소 배출량 비교

출처: Our World Data

금지, 자가수리권 보장, 과잉 광고 제한, 재사용과 재활용 장려 등이 모두 포함된다. 또한 최소소비 표준과 최대소비 표준을 정하고 그 사이에 좋은 삶을 가능하게 하는 안전한 소비 영역safe consumption corridor을 만들어야 한다.

이를 위해 케이트 레이워스는 '제국적 생활양식'이라 불리는 소비집약적인 라이프스타일을 버리고 '1.5℃ 라이프스타일'로 신속하게 바꾸도록 유도하는 공공정책 프레임을 제안하고 있는데 상당히 설득력이 있다.[500] 그는 기후위기 대처를 위해 식량, 주택, 개인 이동수단, 소비품, 여가와 서비스 등의 영역에서 '1.5℃ 라이프스타일'을 만들어나가야 한다고 강조한다. 하지만 이는 개인 실천 캠페인으로 달성될 수 있는 것이 아니고 시스템 변화를 일으킬 야심찬 정부의 행동이 필요하다. 과도한 소비는 '선택편집choice editing' 정책을 통해서, 그리고 기본적인 소비 충족은 보편적 기본서비스 제공을 통해서 공공정책으로 해결할 수 있다고 그는 강조한다.

우선 '1.5℃ 라이프스타일'에 맞지 않는 과도한 소비를 줄이기 위한 정부 정책으로서 '선택편집'에 대해 알아보자. 이는 시민들이 해로운 것을 선택할 필요가 없게 하고edit-out, 대신에 유익한 것들을 더 많이 선택하게edit in 만들어주는 정책들을 말한다. 정부는 '1.5℃ 라이프스타일'과 맞지 않는 해로운 선택을 배제하기 위해 규제와 과세, 인센티브 제도를 활용할 수 있다. 예를 들어, 운송과 교통 영역에서 개인 제트기나 호화 요트, 내연기관 자가용, 단거리 비행, 비행 마일리지 등을 점차로 줄이도록 제도화한다. 동시에 정부는 더 나은 선택들, 즉 최상의 철도와 공유 전기차, 자전거와 버스와 같은 '지속 가능한 선택지'를 더 넓게 열어서 모두에게 쉽게 접근할 수 있고 감당 가능한 일상적 선택이 될 수 있도록 만들어야 한다.

사실 이러한 정책들은 노동자나 소비자의 건강과 안전을 위해 이미 실행되어 왔던 것이기도 하다. 이제 지구의 건강을 위해서도 적용해보자는 것이다. 주목할 것은 소비집약적 도시와 국가들에서 일부 정책들이 이미 실행되고 있다는 사실이다. 암스테르담은 2025년부터 내연기관 보트를 금지하고 내연기관 오토바이와 자가용은 2030년부터 금지하겠다고 2019년에 선언했다. 영국 웨일즈 정부는 2021년에 모든 신규 도로 건설 프로젝트를 동결하고 대신에 대중교통에 펀딩하기로 했다. 프랑스 정부는 2시간 반 미만 여행 거리 정도의 단기 국내선 비행기 운행을 금지하고 대신 철도 여행을 장려하기로 했다.

한편 1.5°C 라이프스타일에 맞지 않는 불필요한 소비를 줄이도록 유도하는 것과 동시에 정부가 기본적인 수준의 필수 소비를 모두가 누릴 수 있도록 보편적이고 기본적인 서비스를 공적으로 공급해줘야 한다. 삶에 필수적인 의료, 교육, 주거, 영양, 디지털 접근과 교통을 모두에게 서비스하는 것이 여기에 포함된다. 이것이 바로 '사적 풍요로움과 공적 빈곤함'이라는 현재의 문제를 넘어선, 환경운동가이자 작가인 조지 몬비오George Monbiot가 주창해왔던 '사적 충분성과 공적 럭셔리함Private Sufficiency, Public Luxury'을 만족하는 세상일 것이다. 요약하면, 기존의 녹색성장이 '탈탄소 생산체계' 구축에 집중하고 기존의 탈성장은 '탈탄소 소비사회'에 방점을 찍은 것처럼 간주되었다면, 생태경제학은 생산과 소비 모두에서 경제의 규모를 제한하는 공적 전략을 추구한다는 것이다.

두 번째 개혁 과제로, 생산과 소비의 규모가 지구 생태계 한계 안에 머무르게 하기 위해서는 1950년대부터 부동의 국가 최고 목표로 정해진

'성장제일주의'에서 벗어나 '생태적으로 안전하고 사회적으로 정의로운' 웰빙경제를 핵심 국가 목표로 재설정해야 한다. 높은 수치의 플러스 GDP 성장률을 끝없이 지속시켜 물질적 생산을 복리적으로 팽창시키는 것은 유한한 지구에서 더 이상 가능하지 않고 시민들의 삶의 질 개선에도 도움이 안 된다는 것을 인정할 때가 되었다. 국가의 총자본스톡을 지구 생태계 수용능력 범위 안에서 일정하게 유지하는 가운데 회색투자의 대대적인 축소와 대규모 녹색투자를 통한 녹색산업과 녹색경제로의 재편을 이루는 과정이 수반되어야 한다. 또한 화석연료와 탄소집약적 거대 독점기업들이 산업과 생산을 지배하고 이들의 강력한 이윤 동기에 아무런 제약이 없는 한, 성장 헤게모니는 사라지기 어려울 것이므로 국가는 그 어느 때보다 강한 독점 규제를 도입해야 한다. 이때 국가의 거시경제적 관리는 화폐적 성장이 아니라, 생산과 소비 과정이 물질과 에너지 처리량의 임계점을 초과하지 않도록 보장하는 역할에 초점이 맞춰진다. 동시에 이 과정은 기존에 이미 물질적 결핍과 씨름해온 저소득 계층에게 더 큰 고통을 강요하지 않도록 강력한 재분배 정책을 동반해야 한다. 여기서 '생태적 재정정책'에 대한 방향을 새롭게 설정하는 것이 중요하다. 생태적 재정정책은, 경기변동을 완화시키고자 침체기에는 재정지출을 늘리고 과열기에는 반대로 지출을 줄이는 케인지언식의 경기역행적 재정정책과는 다르다. 생태적 재정정책은 기후위기와 생태위기라는 돌이킬 수 없는 구조적 위험 앞에서, 티핑포인트를 넘으면 그 어떤 재정지출로도 되돌릴 수 없고 비용이 실로 막대할 것이므로 예방적이고 사전적으로 위기 해결을 위해 재정자원을 동원하자는 것이다.

세 번째는 대안적 생산체제를 어떻게 구성할 것인지에 대한 것이다.

무한경쟁 속에서 무한성장을 추구하는 현재 시장경제와 기업들의 현실에서, 생산체제의 변화 없이 공공 거시정책만으로 성장 없는 경제가 가능할 것인지는 굳이 생태사회주의자들의 강한 문제제기가 아니더라도 의심할 만하기 때문이다. 그런데 거의 모든 생태경제학자들은 이 대목에서 유력한 대안의 하나로 '커먼즈'를 제시한다. 여기에는 일정한 근거도 있다. 커먼즈에 의존해서 경제생활을 영위했던 중세 커뮤니티들을 살펴보면, 커먼즈에서는 자원에 대한 무한한 착취 방식이 원천적으로 가능하지 않도록 일정한 규칙과 합의체제를 작동시켜왔고,[501] 지금도 남아있는 커먼즈에서는 그렇게 작동되고 있기 때문이다.[502]

문제는 대규모적이고 복잡한 현재 경제 내부로 과연 커먼즈가 어떤 식으로 파고들어서 작동할 수 있을지 하는 의문이다. 여기에는 아직 만족할 만한 대답이 없다. 압도적 우위에 있는 사적 경제를 변화시켜 '공공경제-커먼즈(또는 공동체 경제)-사적 경제'의 새로운 균형을 모색하는 길을 찾기가 쉽지 않기 때문이다. 다만, 녹색산업 분야에서 에너지 전환의 주류가 되고 있는 태양광과 풍력이 갖는 분산적 특성 때문에, 녹색산업 전환의 계기에서 대규모 기업의 독점적 소유와 운영 방식보다는 커먼즈적 소유와 운영으로의 전환이 가능하지 않을까 하는 기대가 있다. 또한 디지털 산업 분야도 비록 현실에서는 극도의 독점 현상이 나타나고 있지만 디지털 플랫폼들이 본원적으로 내재하는 공유적 성격을 살려서 커먼즈적 소유 방식으로 전환할 길이 없는지 고민할 여지는 남아있다. 프랑스 환경 전문기자 에르베 켐프Herve kempf는 "다르게 살고 생산하고 소비하는 수천 가지 형식들이 자본주의의 메마른 오솔길에서 솟아나고 있다"면서도, 하지만 "'자신만의 대안적 정원을 가꾸는 것'으로는 자본주의에 어떤 위협도 되지 못한다"고 지적한다. 그만큼 이윤 극대화의 원칙을 주변으로 밀어내고 경제 시스템의 한가운데에 커먼즈라는 대안적 생산체계를 확립하는 것은 가장 힘든 도전과제가 될 것이다.[503]

네 번째 개혁 과제는 경제 전체의 물질 처리량을 감소시키는 과정에서 파생될 수 있는 일자리가 줄어들 위험에 대한 대안으로서 '노동시간 줄이기'를 실질적으로 구현해나가는 과제가 있다. 이는 현재 '주 4일제'라는 단순한 캠페인으로 확산되고 있는 중이다. 한국의 20대 대선에서 '주 4일제' 이슈가 제기되었을 때 대부분은 노동조합 관점에서의 노동시간 단축 이슈로 보았다. 그러다 보니 비정규직이나 불안정 노동자들에게는 주 4일제보다 중요한 사안이 더 많은데, 주로 정규직에게만 관심이 있는 주 4일제를 중요 개혁 과제로 삼는 것이 맞는지 하는 의문이 제기되기도 했다. 하지만 기존 노동의 관점을 넘어 주 4일제를 기후위기와 젠더 관점까지 포함하여 넓게 보면 얘기가 달라질 수 있다. 이제 주 4일제를 유력한 기후위기 대책이자 무한한 경제 규모 팽창의 대안으로서 동시에 인식하며 전략적으로 재평가할 필요가 있다. 특히 노동시간 줄이기는 물질적 소비에 의한 삶의 만족이 아니라 더 충분한 '여가'에 의한 삶의 만족을 추구하자는 취지까지 얹어져 있기에 삶의 의미와 가치에 대한 다른 기준을 요구한다.[504]

다섯 번째 경제개혁 과제는 '생태적 분배개혁'이다. 생태경제학 중에는 사회적 합의에 따라 최저소득과 최고소득에 제도적으로 한계를 두어 아예 시장 소득 분배를 개선하자는 제안이 있다. 그리고 이와는 별도로 정부가 사회보장 차원에서 기본소득이나 보편서비스, 일자리 보장제 등을 제공해주는 방안들까지 다양하다. 다만 성장 없는 경제를 추구하는 생태경제학은 '파이'가 늘지 않는 상황에서 '분배' 이슈가 매우 민감해진다는 것을 인지하고 있으며 정의로운 분배를 시장가격 메커니즘이 해결해줄 수 없다는 점에서 대체로 의견이 모아진다. 문제는 원래 기본소득이나 보편서비스, 일자리 보장제 등이 생태경제학과 특별한 연계 없이 분배정책이나 복지정책으로 기존에 설계된 것이므로, 어떻게 생태경제적 요구안에 정합적으로 통합시켜 정책의 강점을 극대화시킬 것인지에 있다. 이 대목에서 이미 많은 분배정책이나 고용정책 연구와 경험을 축적하고 있는 기존의 케인지언 경제학이나 제도주의 경제학 등과 더욱 적극적인 협업이 필요하다. 또한 생태정의와 사회정의가 상승적으로 작용하면서 상호 목표 달성이 촉진될 수 있는 전략이 기획되어야 한다.

여섯 번째로 '생태적 조세개혁'을 시작해야 한다. 기존 주류경제학은 시장의 외부성을 내부화시킬 방안으로서 탄소세 등을 제안해왔지만 현재 가격 수준도 터무니없이 낮고 그나마도 지지부진하다. 하지만 생태경제학은 이를 넘어서 좀 더 포괄적인 틀에서 근로소득보다는 물질자원이나 에너지에 무거운 과세를 함으로써 생태자원의 과도한 남용을 줄여나가도록 조세체계가 전환되어야 한다고 주장해왔다. 노동이 아니라 자원에 과세하자는 생태적 조세개혁으로의 큰 방향 전환을 시도하되, 당장은 '기업이 기존 비즈니스 모델을 방어하는 데 감당 가능한 탄소세'가 아니라 '기후위기를 막기에 충분한 탄소세' 도입을 시급히 추진할 필요가 있다.

일곱 번째로 생태경제학은 기존 산업 영역 가운데 특별히 금융에 대해서 독특한 방식의 개혁을 주장한다. 생태경제학이 녹색산업을 신규로 대폭 키우기 위해 공공이 중심이 되는 녹색혁신을 위한 연구개발이나 녹색산업 인프라 등에 투자하는 것을 장려한다는 점은 기존 녹색성장 주창자들과 다르지 않다. 그러나 생태경제학은 여기서 한발 더 나간다. 원천적으로 플러스 금리를 낳는 금융의 대출 시스템이 지구 생태계 시스템과 충돌할 수 있다는 점에 주목하기 때문이다. 이 때문에 생태경제학은 부분지급준비금제도 폐지를 통해 사적 은행의 신용창출 기능을 없애자는 상당히 과감한 제안들을 포함하게 된다.[505] 금융은 본래 '규제 산업'이라는 원칙은 이미 비판적 사회경제학에서 정립되어 있으므로, 생태경제학은 금융이 실물의 한계 너머로 과도한 팽창을 하거나 무한성장을 뒤에서 자극하지 못하도록 더 확장된 대책이 필요하다. 허먼 데일리 등의 '100퍼센트 지급준비제도'는 그런 차원에서 검토할 수 있다.

이상으로 다양한 생태경제학적 갈래들이 공통적으로 제시하는 생태경제의 개혁 과제에 대해 요약해보았다. 지금까지 한국 사회에서 시도되거나 제안되어왔던 경제개혁 의제들과 일부 겹치기는 하지만 전혀 다른 내용들도 상당히 포함되어 있다는 것을 알 수 있다. 당연하다. 이제까지 경제개혁은 인간 사회 안에서의 불평등을 줄이거나 더 나은 물질적 삶을 위한 제안이었기 때문이다. 하지만 생태경제로의 개혁은 인간 사회를 둘러싼 지구 생태계와 인간 경제가 충돌하면서 발생하는 기후위기와 생태위기를 새롭게 주시하고 있기 때문이다. 그리고 이 위기가 다시 인간 사회 내부의 이슈 지형을 바꾸고 있기 때문이다. 앞으로 더 많은 이론정책적 토론을 해야 하고 실제적 적용도 고민해야 할 것 같다.

글을 마무리하면서 마지막으로 기후위기가 안고 있는 두 가지 난제

즉, '규모'와 '속도' 문제를 특별히 어떻게 고려할 것인지 짚어두고 싶다. 시장의 가격 신호에 따라 인류가 화석연료로부터 천천히 벗어나는 것을 지켜볼 여유가 없을 정도로 기후위기 전개 속도는 빠르다. 잘 알다시피 지구 온도의 추가 상승 1.5°C 제한을 실제로 지키려면 2030년까지 획기적 탄소 배출 감축이 이뤄져야 한다고 이미 2018년에 IPCC가 명확히 요청했다. 그러나 시간이 지나서 2022년 현재까지 인류는 필요한 감축을 하지 못했고, 그 결과 "탄소중립에 이를 수 있는 신뢰할 만한 경로"를 상실했다. 그나마 추가적으로 악화되는 것을 막기 위해 이제 매년 감축 목표를 세우고 매년 검증할 필요도 있다. 어떻게 할 수 있을까? 그린뉴딜이 10년 '준전시상태' 수준의 비상대책을 요구했던 것처럼 지금은 점진적이고 평상적 정책들을 한없이 지루하게 협상해서 될 일이 아니고 비상대책을 촉구하는 방식이어야 한다.

냉정히 보면 준전시상태 수준의 비상적 조치들을 취하고 이를 위해 모든 가용 자원을 동원할 수 있는 주체는 국가밖에 없다. 왜냐하면 공동체가 중심이 되어 상향식으로 해결하는 방안은 민주적이지만 상당한 시간이 필요하기 때문이다. 민주적 원칙을 훼손하지 않으면서도 국가의 이니셔티브를 최대한 활용할 방안을 모색해야 한다(그림 50 참조). 가이아 이론으로 유명한 진화생물학자 제임스 러브록James Lovelock 같은 이는 기후위기 대처의 성격이 전쟁을 치르는 것과 유사해서 민주주의보다는 일종의 선한 권위주의가 일시적으로라도 필요하지 않을까 하는 문제제기를 하기도 했다.[506] 하지만 다니엘 피오리노Daniel Fiorino는 지금까지도 기후위기 대처에 성과가 있는 국가들은 민주주의 국가가 훨씬 많았고 앞으로의 기후위기 대처 역시 권위주의가 아니라 민주주의가 훨씬 잘 할 것으로 기대하고 있다.[507] 사실 그린뉴딜은 이와 관련해서 상당히 절묘

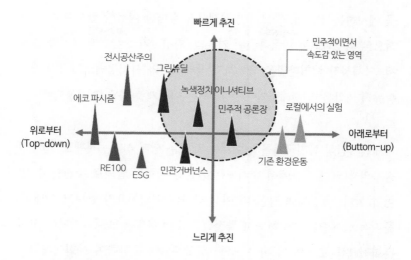

그림 50 기후위기 대처 속도의 차이와 기후대응 주체 형성 방식의 차이

한 절충이었는데, 국가가 책임지고 기획해서 녹색 공공투자를 단행하고, 석탄화력발전 등 회색산업을 체계적으로 축소하며, 전환 과정에서 시민들이 어려움을 겪지 않도록 정의로운 전환 조치들을 하자는 제안이었기 때문이다.

그런데 아쉽게도 생태경제학은 '국가'가 무엇을 어떻게 해야 하는지에 대해 아직 풍부한 답을 주지는 못하고 있다.[508] 지금까지 녹색 진영에서는 국가를 해결책이라기보다는 문제의 일부로 간주하는 경향이 강하다 보니 적극적인 녹색투자국가를 강조하는 녹색케인스주의보다 국가의 역할에 대한 고민 수준이 떨어지는 측면도 있다. 안드레아스 말름의 전시공산주의 해법도 거칠다.[509] 그나마 생태거시경제학적 관점을 가진 팀 잭슨이 "경제 안정을 위한 국가의 기본적인 책임을, 믿을 만하고 생태적으로 튼튼한 경제를 구축하는 임무로까지 확장"하는 '생태국가'에 대한 단서를 예시하는 정도다.[510] 그러면 경제성장에 대한 여전한 집착 아래 제한적으로 환경파괴에 반응해왔던 기존의 '환경국가environmental state'를 넘어서, 경제성장 패러다임을 극복하고 생태정의와 사회정의로의 전환에서 능동적 역할을 할 생태국가ecological state는 어떻게 형성될 수 있을까?[511]

케인지언식 복지국가를 넘어서는 새로운 생태국가는 첫째로, 경제성장주의를 국가 목표에서 내려놓는 결단을 사회적 합의로 추진할 수 있어야 한다. 물질적 팽창이 더 이상 국가의 제일목표가 아니고 생태적, 물리적 한계량을 준수하면서 물질적 과소비 문화를 줄여나가자는 사회문화적 전환도 이뤄야 한다. 물론 성장주의에 대항하여 사회생태적인 시민사회가 얼마나 목소리를 내는가에 따라 국가가 발휘하는 역량의 정도는 다를 것이다. 둘째로, 화석연료 문명에서 빠르게 벗어나기 위해 회색투자를 빠르게 축소하는 한편, 국가적 자원을 동원하여 녹색투자와 생태투자를 리드하는 혁신국가이어야 한다. 셋째로, 경제성장에 기반한 확대 재정에 의존했던 기존 복지국가와 달리 경제적 파이를 키우지 않으면서 '공적인 풍요로움'을 보장하기 위해 "필수 재화에 대한 기본적이고 안정적인 공급 시스템을 확보"해주는 새로운 유형의 복지국가이어야 한다. 그 과정에서 필수적으로 수반될 국가의 생태적 재정 전략을 어떻게 기획해야 할지도 숙제다.[512] 이와 같은 생태국가가 실행할 경제비전과 전략의 기초를 뒷받침하기 위해 지금의 생태경제학은 아직 가야 할 길이 멀다.

특히 기후위기로 인한 전환기인 현재 시점에서 가장 긴급한 국가의 역할은 역사상 가장 대규모의 산업정책 즉, '탈탄소 산업 전환 정책'을 기후정의와 사회정의의 원칙 아래 성공적으로 이끌어내는 것이다. 21

세기의 가장 거대한 체제 전환이 있을 수 있다면 첫째는 탈탄소 산업 전환이고 둘째는 탈성장 경제 전환이며 셋째는 탈자본주의 사회 전환일지 모른다. 그런데 탈성장과 탈자본주의 논의는 제법 되지만 의외로 우리가 직면한 탈탄소 산업 전환의 규모와 속도는 거의 무시되고 있거나 매우 과소평가되고 있다. 하지만 이번 산업 전환은 과거 섬유산업에서 중화학공업으로, 중후장대형 중화학공업에서 전자 및 디지털 산업으로의 전환들보다 훨씬 더 거대하고 충격적일 것이다. 모든 산업의 기초를 이루고 있는 에너지를 바꾸는 전환이고, 가장 기본적인 소재인 철강과 시멘트, 플라스틱 산업을 흔들 것이기 때문이다. 그것도 역사상 유래 없이 빠른 속도로 말이다.

바츨라프 스밀은 탈탄소 산업 전환을 낙관적으로 보는 이들을 강력히 비판한다. 그에 따르면 "탈-탄소화라는 새로운 전환의 속도는, 과거 나무땔감을 화석연료로 교체하던 속도보다 더 느린 속도로 진행"될 것인데, 당시하고 비교가 안 될 수준으로 에너지 사용 규모가 커졌기 때문이다. 심지어 최근 탈탄소화 속도보다 3배, 심지어 4배의 속도로 진행된다고 하더라도, 2050년까지도 화석연료는 여전히 지배적인 에너지원으로 남아 있으리라는 것이 그의 냉정하면서도 비관적인 전망이다. 그의 의견에 동의하지 않더라도 탈탄소 산업 전환이 얼마나 거대한 도전인지는 새겨들을 필요가 있다.[513]

또한 기후위기 대응을 위한 탈탄소 산업 전환은 자연스럽게 시장 논리에 따라 사양 산업이 사라지고 이윤이 더 높은 신산업이 부상하는 것과도 차원이 다르다. 오히려 기득권의 반발을 무릅쓰고 지금 당장은 수익이 좋은 화석연료산업을 인류의 미래 삶을 위해 강제로 셧다운 하는 것이다. 한 국가 산업의 근간을 흔드는 전국적이고 전 산업적인 구조 변동을 유래 없이 빠른 속도로, 시장이 아니라 국가와 사회가 '기후위기를 막아야 한다는 비경제적인' 의사결정에 따라 인위적으로 추진하는 것이다.

아마도 인류의 근대 역사상 가장 어려운 도전, 탄소문명에서 벗어나고 성장주의 패러다임을 포기하며 불평등의 굴레에서도 빠져나와야 할 도전이 미래의 생태국가 앞에 놓여 있다. 일찍이 허먼 데일리는 화석연료를 버리고, 성장을 포기하고, 불평등을 완화하는 과감한 분배개혁은 '정치적으로 불가능'할 정도로 어려운 것이라고 했다. 그러나 화석연료를 계속 더 태우고 물질적 팽창을 무한히 확대하는 가운데 사회적 불평등의 심화를 방치하는 것 역시 유한한 지구에서 '물리적으로 명백히 불가능'하다. 자연은 우리와 타협하지 않으므로 결국 정치적으로 해결하는 것 외에 달리 선택은 없다. 정치적으로 '불가능'한 것을 정치적으로 '불가피'한 것으로 만들 수 있는 유일한 희망의 원천은 과거나 지금이나 시민들의 간절한 요구와 함께하는 행동일 것이다.

감사의 글

이전에도 몇 권의 책을 냈지만, 이번만큼 조심스럽고 신중하게 원고를 거듭 검토한 것은 처음이었다. 그만큼 개인적으로 생태경제학은 도전적인 주제였고 민감한 쟁점들도 많았다. 애초에 학문적인 관심 자체보다 정책 연구자로서 이론적 기반을 다지려던 작업이 커져버린 탓도 있다. 사실 나에게 생태경제학을 공부하라고 처음으로 일러주고 기초 개념에 대해 알려주셨던 분은 정태인 박사였다. 그가 원장으로 있었던 (사)새로운 사회를 여는 연구원 시절, 당시 부원장이던 내게 앞으로 생태경제학의 관점이 필요할 것이라 하면서 당신이 먼저 공부를 시작했다. 그가 2013년에 쓴 책《협동의 경제학》맨 마지막 주제에 그 일단이 살짝 들어가 있다. 그런데 내가 이 책의 최종 원고를 마무리할 때까지 그의 건강에 치명적이었던 폐암이 기다려주지 않았고 결국 나는 그에게 원고를 보여주고 토론할 기회를 갖지 못했다. 이 책을 내면서 가장 아쉬운 대목이다. 다른 사람들에게는 몰라도 그는 늘 나에게만큼은 비판보다는 격려에 후했다. 2020년에 출간했던《기후와 불평등에 맞서는 그린 뉴딜》책도 그가 전체를 다 읽고 일일이 교정을 해주었으며 추천사까지 써주었다. 이번 원고작업이 유독 힘들었던 것은 그의 뒷받침이 없었던 탓이 클 것이다.

우연인지 같은 해 10월에 내가 이 책을 쓰면서 가장 많이 참고했던 책들과 논문들의 저자인 허먼 데일리의 안타까운 부고 소식까지 날아왔다. 이제는 그의 새로운 지혜를 읽고 내 생각을 업데이트할 기회가 닫혀버린 것 또한 너무 아쉬운 일이다. 대안적 노벨상이라 불리는 '바른 삶상Right Livelihood Award'은 그를 추모하면서, "허먼 데일리는 가장 중요한 경제 추진력인 성장 개념을 폐기하고, 대신에 자연자원 한계를 존중하는 경제 모델을 구축했다. 이러한 그의 기여를 현실에서 풀어내어 지구 위에서 지속 가능한 삶을 보장하는 것은 현재의 가장 긴급한 과제"라고 논평을 냈다(그는 1996년에 이 상을 수상했다). 나도 그의 숱한 저작과 논문들을 읽으며 같은 생각을 했다.

이밖에도 원고를 완성시키는 과정에서 정말 많은 분들의 도움을 받았다. 이 책이 어느 정도 내용과 체계를 갖추었다면 여러모로 도움을 준 분들 덕분이라고 생각한다. 이 글 작업을 하던 중에 녹색전환연구소 분들과 정기적으로 세미나를 함께 하게 된 것은 나에게 뜻밖의 행운이었다. 이상헌 소장과 이유진 부소장, 김혜미, 이상아, 장훈교, 박진미, 고이지선, 노건우, 장윤석 연구원, 그리고 세미나에 함께 참여해주셨던 박정현, 지현영, 박정연, 이재희, 이대원님과의 토론을 통해 얻은 아이디어들이 적지 않았다. 초고까지 봐주셨다. 모두에게 감사드린다.

얼마 전까지 내가 2년 넘게 몸담았던 정의정책연구소의 장석준 소장과 박항주 박사, 이동한 박사, 그리고 심상정 의원실로 자리를 옮긴 이수연 보좌관도 초고 검토를 해주셨다. 또한 원고 내용 검토 요청에 기꺼이 응하고 조언까지 덧붙여 주신 한신대 경제학과 강남훈 교수와 정건화 교수, 대기과학자 조천호 박사, 박숙현 지속가능시스템 연구소장, 김선철 에너지노동사회네트워크 정책위원, 김선교 한국과학기술기획평가원 부연구위원, 김동주 박사, 박형준 박사, 문진수 사회적금융연구원장, 그리고 엄관용 더가능연구소 연구위원께도 감사드린다. 이들의 다양한 조언과 제안에 대해 개인적으로 소화 가능한 범위에서 책에 반영했지만 실수나 오류가 있다면 온전히 나의 책임이 될 것이다.

정의당 안에서 나와 함께 기후위기 대응정책을 설계해왔고 나에게 말할 수 없이 많은 지적인 코멘트와 아이디어를 준 이헌석 에너지정의행동 정책위원에게 받은 도움도 빼놓으면 안 될 것이다. 이외에도 이름을 일일이 열거할 수는 없지만 기후정책을 고민하고 정책을 설계하는 과정에서 많은 시민사회와 정당 관계자 분들께 이야기를 듣고 배울 기회가 있었다. 감사드린다.

2022년 여름에 개인적으로 정리를 할 겸, 지인들과 공유할 생각으로 페이스북에 생태경제학 주제를 연재할 때까지만 해도 책으로 출판하겠다는 뚜렷한 목적이 있지는 않았다. 연재가 거의 끝날 무렵 착한책가게 출판사 전광철 대표께서 출판을 권하고 내용 구성과 전개 방식에 대한 아이디어를 주신 덕에 지금의 책 모양이 만들어질 수 있었다. 거듭 감사드린다.

원고 작업의 대부분은 우리 가족이 함께하는 파주 심학산 아래 개인 서재에서 이뤄졌다. 장시간 집필 작업을 너그럽게 이해해주고 격려해주었던 사랑하는 아내와 두 딸 김민재, 김연우에게 고맙다는 말을 남기지 않으면 섭섭해할 것 같다. 이토록 많은 분들의 도움을 받아 생태경제학 입문서를 겨우 완성했지만, 실제 제대로 된 공부는 지금부터라고 생각하고 있다. 더욱 조사연구에 매진하여 조금이라도 실천적으로 의미 있는 정책 생산에 기여해보겠다는 마음을 다져본다.

서론 기후 엔드게임, 이제 경제학이 답할 차례

1. 이들의 웹사이트는 https://scientistrebellion.com
2. 뉴스펭귄 2022년 8월 29일자. https://www.newspenguin.com/news/articleView. html?idxno=12252
3. https://h21.hani.co.kr/arti/society/environment/52609.html
4. 먼슬리 리뷰 2022년 4월 27일자. https://mronline.org/2022/04/27/how-the-corporate-interests-and-political-elites-watered-down-the-worlds-most-important-climate-report/
5. Bendell, Jem·Read, Rupert. 2021(《심층적응》 2022, 73쪽에서 인용).
6. '과학자반란' 사이트 https://scientistrebellion.com/ 참조.
7. Glavovic, Bruce·Smith, Timothy·White, Iain. 2021.
8. 1988년 결성된 IPCC는 1990년에 1차 보고서를 발표한 후, 최근까지 6차 보고서를 발행하여 기후변화의 최신 상황들을 계속 업데이트해왔다.
9. WMO, 2022.
10. 하와이의 마우나 로아 천문대에서 측정한 2023년 1월 기준의 수치다. https://gml.noaa.gov/ccgg/trends/
11. 영국 가디언지는 2019년 처음으로 '기후변화' 대신에 '기후위기'라는 용어를 사용하겠다고 공식적으로 선언하기도 했다. https://www.theguardian.com/environment/2019/may/17/why-the-guardian-is-changing-the-language-it-uses-about-the-environment?CMP=Share_iOSApp_Other

12. UNFCCC, 2022.

13. UNEP, 2022.

14. 2022년 9월 12일자 가디언 기사.
    https://www.theguardian.com/commentisfree/2022/sep/12/global-heating-fighting-degree-target-2030

15. '지구온난화(global warming)'라는 용어를 최초로 사용한 것은 1957년 미국의 과학자 로저 레벨(Roger Revelle)인 것으로 알려졌다. McGuire, Bill. 2022. p9.

16. Bill McGuire. 2022. p xvii.

17. Bendell, Jem·Read, Rupert, 2021(《심층적응》 2022, 108-120쪽에서 인용). 최근에는 사회붕괴 현상을 해부하는 담론이 다시 주목을 받고 있다. 파블로 세르비뉴·라파엘 스테방스. 2021.

18. Kemp, Luke·Xu, Chi et al. 2022.

19. 기후위기 대처에서 핵심은 '사전예방의 원칙'을 적용하는 것이며, "효과적인 조기경보 시스템이 되려면, 낮은 확률이지만 의심할 여지없이 큰 영향을 미치는 사건이나 급격한 변화에 내재된 위험을 최대한 빨리 확실하게 만드는 데 매우 강력하게 초점을" 맞춰야 한다는 문제의식이 커지고 있다. 이런 문제의식 아래 나온 개념이 '심층적응(deep adaptation)'이기도 하다. Bendell, Jem·Read, Rupert. 2021.

20. McAfee, Andrew. 2020(《포스트 피크》 2020, 10쪽에서 인용).

21. Keen, Steve. 2020.

22. https://www.nytimes.com/2022/08/25/business/economy/economy-climate-change.html

23. Victor, Peter. 2019. p xiii. 영어 원문은 다음과 같다. "Ideas without actions are bound to frustrate. Actions without ideas are bound to fail."

1장 기후위기 시대에 필요한 기후경제학

24. Stoddard, Isak·Anderson, Kevin et al. 2021. 원제목은 "Three Decades of Climate Mitigation: Why Haven't We Bent the Global Emissions Curve?"이다.

25. 논문은 화석연료 기득권을 '다보스 클러스터(Davos cluster)'라고 이름을 붙였는데, 매년 스위스 다보스에 모여서 다보스포럼을 여는 글로벌 경제 및 정치 권력자들이 현대의 탄소집약적 경제사회를 지배하는 권력이라고 상징한 것 같다.

26. Thunberg, Greta. 2022. p221.

27. "군대는 기후위기 대응의 사각지대인가" 녹색연합 2022년 8월 4일자 보도자료.
    https://www.newspenguin.com/news/articleView.html?idxno=12133

28. 시장의 가격 신호에 따라 수요와 공급이 최적의 균형을 이루기 위해서는, 시장에 참

여하고 있는 소비자와 공급자들이 무수히 많아서 시장에서 결정되는 가격을 각자가 받아들이는 가격 수용자가 되어야 한다는 가정이 전제된다. 만약 특정 소비자나 공급자가 시장가격에 영향을 미칠 정도의 힘을 가지고 있다면 이 가정은 무너지는데 그것이 독과점 시장에서 일반적으로 보이는 현상이다.

29. 통상적으로 탄소 배출 시나리오를 구축하기 위해 동원되는 '기후완화 모델링 (mitigation modeling)'은 대체로 보수주의 주류경제학에 기반한 다양한 유형의 '비용편익 통합평가 모델(IAMs:Cost-Benefit intergrated assessment models)'들이다. 2018년 노벨 경제학상 수상자 윌리엄 노드하우스가 개발한 DICE(Dynamic Integrated model of Climate and the Economy) 모델이 대표적이다.

30. IPCC 기후과학자들은 낮은 확률이라도 큰 영향을 미칠 수 있는 기후의 급변동에는 매우 보수적으로 대응하면서도, 입증되지 않는 기술적 해법들에는 관대하게 수용하는 태도를 보여왔다는 지적도 있다. (Bendell Jem·Read, Rupert. 2021《심층적응》 2022, 73-74쪽에서 인용). 지난 2021년 9월 세계에서 제일 큰 공기중 이산화탄소 포집장치 오르카가 아이슬란드에서 가동에 들어갔는데 예상 포집 이산화탄소량이 고작 연간 4,000톤이었다. 그레타 툰베리는 이 정도로는 전 세계가 약 3초 정도 배출하는 양밖에 안 된다고 지적하고 있다.

https://www.hani.co.kr/arti/society/environment/1011014.html

31. 2022년 4월 발표된 IPCC 6차보고서 제3실무그룹 발표에서는 기후완화를 위해 '수요관리'를 해야 한다는 내용이 부족하지만 들어가기 시작했다. 보고서는 "수요 측면의 완화 조치는 ①사회문화·행태적 변화, ②인프라 활용 방법, ③최종 소비 기술의 채택을 포괄하고 있고, 건축환경 및 인프라 설계·개선만으로도 배출량의 5~30%를 감축할 수 있다"고 강조하고 있다.

32. 에너지 전문가이자 환경학부 교수인 바츨라프 스밀(Vaclav Smil)은 현대문명이 얼마나 화석연료에 깊게 의존하는지를 강조하면서, 심지어 녹색 전환을 주장하는 이들도 너무 쉽게 화석연료 문명에서 탈출할 수 있을 것으로 착각(?)하고 있다고 비판하고 있다. Smil, Vaclav. 2022. pp214-218.

33. 현재 경제학계를 지배하는 경제학을 신고전파 경제학, 주류경제학, 또는 표준경제학 등 다양한 별칭으로 부르는데 이 책에서는 편의상 '보수주의 주류경제학'이라고 부를 것이다.

34. 서구에서는 '임금 주도 성장론(wage-led growth)'로 알려진 소득 주도 성장론은 진보적인 경제학 갈래 가운데 유력한 포스트케인지언-칼레츠키 학파에서 오래 전부터 주장해온 것이다. 관련된 논의는 스톡하머(Engelbert Stockhammer) 등이 참여해서 2013년에 출간한 《임금 주도 성장 Wage-Led Growth : An Equitable Strategy for Economic Recovery》이라는 책에 잘 집대성 되어 있다(2022년 현재 아직 번역되지 않았다). 이후 국내에서도 포스트케인지언 경제학을 소개하는 책들이 출판되었는데 존

킹(John King)의 《포스트케인지언 경제학에의 초대》와 마크 라부아(Marc Lavoie)
의 《포스트케인스학파 경제학 입문》이 대표적이다. 그런데 이와 같은 경제학 관점
을 토대로 문재인 정부가 소득 주도 성장정책을 채택하자 그 이듬해인 2018년 한국
경제학회 등이 주최하는 '경제학 공동학술대회'에서 "소득 주도 성장론은 글자 그대
로 듣도 보도 못한 '잘못된' 개념으로 간주"하고 조롱하는 해프닝이 벌어졌다. 이 내
용은 "'변방이 더 교조적' 떠올리게 한 한국 경제학자들"이라는 제목으로 한겨레신
문 2018년 2월 14일자 기사가 적절하게 지적하고 있다. https://www.hani.co.kr/
arti/economy/economy_general/832251.html

35. Nordhaus, William. 2018.

36. Daly, Herman. 2015.

37. 한국의 생태경제학자 조영탁은 이를 다음과 같이 잘 요약한다. "생태경제학은 주류경
제학의 이러한 한계가 자연 생태계를 사회경제 시스템의 하위요소, 즉 생산요소 가
운데 하나로만 파악하는 데 있다고 보고 그 정정을 시도한다. 그 정정 방식은 자연 생
태계를 사회경제 시스템의 한 요소로 보는 것이 아니라, 사회경제 시스템을 자연 생
태계의 하위 요소로 파악하는 것, 즉 경제학의 화폐-시장 원리에서 출발하여 자연 생
태계를 파악하는 것이 아니라 자연 생태계의 생태학적 원리에서 출발하여 사회경제
시스템을 파악하는 것이다." 조영탁. 2013. pp32-33.

38. Daly, Herman. 1992.

39. 브뤼노 라투르·니콜라이 슐츠. 2022. p84.

40. Farley, Joshua·Malghan, Deepak. 2016.

41. Daly, Herman. 1997. 이 주제는 생산함수를 다루면서 2장 7절에서 다시 상세히 설
명할 것이다

42. Daly, Herman. 1992.

43. 허먼 데일리는 생태경제학과 환경경제학의 차이에 대해서 말하면서, 환경경제학에는
최적의 '경제 규모'라는 개념, 경제와 지구 생태계 사이의 물질대사를 하는 '처리량'
이라는 개념, 그리고 처리량에 적용되는 '엔트로피'라는 개념이 존재하지 않는다는
점을 짚었다. Farley. Joshua·Malghan, Deepak. 2016.

44. IPCC. 2022b.

45. 영국 경제학자 마리아나 마추카토(Mariana Mazzucato)는 특히 《기업가형 국가》,
《Mission Economy》 등의 일련의 저작과 논문을 통해 국가의 혁신적 역할을 강조해
왔다.

46. 통계청. 2021. "2019년 가계생산 위성계정"

47. 생태경제학과 포스트케인지언의 학문적 협업의 사례로서 Holt, Richard·Pressman,
Steven·Spash, Clive edited. 2009를 참조.

48. Røpke, Inge. 2004. 생태경제학 태동기에 관한 설명은 뢰프케의 2004년 논문을 주

로 참고할 것이다.

49. Schumacher, Ernst. 1973. p23.

50. 세르주 라투슈. 2015.

51. Bergh, J.C.J.M. van den. 2000.

52. Røpke, Inge. 2004. 하워드 오덤은 제품이나 서비스를 만들기 위해 직간접으로 변환하는 데 소비되는 에너지의 양인 '에머지(emergy)'라는 개념을 만들어낸 것으로도 유명하다.

53. 엔트로피 개념은 2장 8, 9절에서 자세히 다룰 것이다.

54. Boulding, Kenneth. 1966. 이 주제는 뒤의 3장 12절에서 상세히 설명할 것이다.

55. Olson, Mançur·Landsberg, Hans edited. 1974(《제로성장사회》 1975, 107쪽에서 인용). 제로성장에 관한 논쟁 글을 모은 이 책에서 케네스 볼딩은 "정상상태의 그림자"라는 글을 기고한다.

56. Georgescu-Roegen, Nicolas. 1971. 이 책은 전반부에 그의 인식론적 전환에 관한 내용들을 포함하고 있어서 그런지 상당히 난해한 편이다.

57. Georgescu-Roegen, Nicolas. 1971.

58. Bonaiuti, Mauro. 2011. pp171-194.

59. Victor, Peter. 2022. pp1-23. 필자도 이 책을 통해 허먼 데일리의 생애 과정을 읽으면서 생태경제학의 역사와 핵심 개념들을 다시 정리해볼 기회를 갖게 될 정도로 유익했다.

60. Daly, Herman·Farley, Joshua. 2011. 이 책은 생태경제학의 가장 대표적인 교과서의 하나로 인정받고 있다.

61. 4장 20절에서 자세히 설명할 것이다.

62. Victor, Peter. 2022. pp203-208. 피터 빅터는 허먼 데일리에 대해 로겐이 두어 차례 비판했던 대목을 소개하면서도 로겐이 여러 곳에서 허먼 데일리에게 친근감을 표시해왔고, 데일리 자신도 나중에 로겐의 부고기사를 쓰는 등 그를 존중해왔다고 덧붙인다.

63. 1974년에 출판된 《The No-Growth Society》를 보면 당대 유력한 주류경제학자 맨서 올슨이나 앞서 말한 케네스 볼딩 등이 무한성장이 가능한지를 지상 논쟁하고 있다. Olson, Mançur·Landsberg, Hans edited. 1974.

64. Røpke, Inge. 2005. 이 시기의 주요 특징을 짚어보는 데는 이 논문과 함께 Kish, Kaitlin·Farley, Joshua(2021)와 Spash, Clive(2020)의 도움을 많이 받았다.

65. Nordhaus, William. 2016(《기후카지노》 2018, 22-23쪽에서 인용).

66. Spash, Clive. 2020.

67. Spash, Clive. 2020.

68. Kish, Kaitlin·Farley, Joshua. 2021.

69. Røpke, Inge. 2005.

70. UN, 1987.

71. Bonaiuti, Mauro. 2011. pp41-45.

72. Daly, Herman. 1990.

73. 바로 이런 모호함이 21세기 들어와서 탈성장론자들이 지속가능발전 개념을 강력히 비판하게 된 이유다. 인류경제학자이자 탈성장론자인 제이슨 히켈은, 유엔의 지속가능 발전목표(SDGs) 17개 가운데 6, 12, 13, 15번 목표들(깨끗한 물과 공중위생, 감당 가능하고 깨끗한 에너지, 책임 있는 소비와 생산, 기후행동)과, 연간 3퍼센트 정도 성장을 가정하는 8번 목표(괜찮은 일자리와 경제적 성장)이 양립 불가능한 모순을 안고 있다고 비판했던 이유도 크게 보면 이 연장선에 있다. Hickel, Jason. 2018.

74. 2장 7절 '펀드-플로' 모델을 설명할 때 다시 얘기하겠지만, 이 문제의식은 이미 1970 년대부터 생태경제학의 중요한 화두였다.

75. Røpke, Inge. 2005.

76. Devall, Bill·Sessions, George. 2007(《딥 에콜로지》 2022, 128-129쪽에서 인용).

77. 이 가운데 일부 이슈들은 WTO, OECD, 세계은행(World Bank) 등 국제기구들의 정책 설계 과정에서 논쟁이 되기도 했다고 잉게 뢰프케는 덧붙인다. Røpke, Inge. 2005.

78. Røpke, Inge. 2005.

79. 로버트 폴린 같은 녹색성장주의자들이 설계한 녹색 전환 공공투자 방안, 일자리 창출 효과 분석 등은 성장주의 관점과 무관하게 검토할 만한 가치가 있다. Pollin, Robert. 2015.

80. Olson, Mançur·Landsberg, Hans edited. 1974(《제로성장사회》 1975, 118-119쪽에서 인용). 케네스 볼딩은 경제성장이 멈추고 순투자와 순저축이 제로가 되면 분배 문제가 매우 첨예하게 드러나게 될 것이라고 전망했다.

81. King, John. 2015(《포스트케인지언 경제학에의 초대》 2021, 229쪽에서 인용).

82. Holt, Richard·Pressman, Steven·Spash, Clive edited. 2009.

83. Miss, Maria·Shiva, Vandana. 1993.

84. Löwy, Michael. 2018.

85. Angus, Ian·Kovel, Joel·Lowy, Michael. 2009.

86. Daly, Herman·Farley, Joshua. 2011. p xvii.

87. Bonaiuti, Mauro. 2011. pp45-48.

88. van den Bergh, Jeroen. 2017.

89. 리카르도 페트렐라·세르주 라투슈·엔리케 두셀. 2008. p63. 이런 해석은 논문 "생태경제학과 탈성장"에서도 나온다. 이상호. 2016.

90. Raworth, Kate. 2017(《도넛 경제학》 2018, 283쪽에서 인용).

91. 자코모 달리사 ·페데리코 데마리아 외. 2018.

92. 세르주 라투슈. 2015. p62.

93. Hickel, Jason. 2020. p292.

94. 《탈성장 개념어 사전》을 보면 경제 이론과 정책 부분에서 로겐, 허먼 데일리, 후안 마르티네스 알리에르, 피터 빅터 등 생태경제학자들의 주장을 모두 소개해주고 있다. 자코모 달리사·페데리코 데마리아 외. 2018. 최근에는 팀 잭슨과 피터 빅터 등이 아예 탈성장론자인 제이슨 히켈, 요르고스 칼리스와 공동으로 탈성장을 옹호하는 글을 기고하기도 했다. Hickel, Jason. Kallis, Giorgos. Jackson, Tim et al. 2022.

95. '꽉 찬 세상'은 3장 13절에서, 그리고 '정상상태 경제'는 4장 20절에서 다시 상세히 설명할 것이다.

96. Victor, Peter. 2022. pp77-81.

97. 세르주 라투슈. 2015. p72.

98. Kallis, Giorgos. 2019. pp103-110.

99. 위에 인용한 그린뉴딜 정의는 미국의 청소년 기후운동 단체 선라이즈 운동이 규정하고 있는 것이다. https://www.sunrisemovement.org/green-new-deal/

100. 녹색성장 버전의 그린뉴딜은 경제학자 로버트 폴린이 이미 이전부터 주장해왔고, 성장 없는 그린뉴딜은 요르고스 칼리스 등이 주장했다. Kallis, Giorgos·Paulson, Susan et al. 2020(《디그로쓰》 2021, 108-111쪽에서 인용). 김상현도 녹색성장 버전의 그린뉴딜만 있는 것은 아니라는 점을 지적한다. 김상현. 2020.

101. 제본스 효과는 3장 18절에서 자세히 설명한다.

102. Stratford, Beth. 2020.

103. Kish, Kaitlin·Farley, Joshua. 2021.

104. Spash, Clive. 2020.

2장 경제를 지구에 묶어둔 '엔트로피'라는 사슬

105. UN 총장 "기후위기, 집단행동이냐 집단자살이냐 갈림길" 한겨레신문 2022년 7월 19일자. https://www.hani.co.kr/arti/international/international_general/1051473.html

106. Smil, Vaclav. 2022. p22.

107. Suzman, James. 2020(《일의 역사》 2022, 47쪽에서 인용).

108. Smil, Vaclav. 2022. p26.

109. 1964년에 러시아의 천문학자인 니콜라이 카르다쇼프는 아예 우주의 문명을 에너지 사용량에 따라 구분하는 카르다쇼프 척도(Kardashev scale)라는 것을 만들기도 했다. 자연과학에서는 그만큼 에너지와 문명이 깊은 상관관계가 있다는 것을 인지하고 있

었던 것이다.

110. 1마력은 약 745W 정도인데, 성인 여성은 50~70W, 남성은 80~100W 정도이므로 어림잡아 1마력은 성인 인간의 7.5배에서 15배 정도 사이가 될 것이다. Smil, Vaclav. 2021(《대전환》 2022, 226-227쪽에서 인용).

111. Suzman, James. 2020(《일의 역사》 2022, 47쪽에서 인용).

112. 파블로 세르비뉴·라파엘 스테방스. 2021. P43.

113. 이브 코셰. 2012. p289.

114. 헤르만 셰어. 2012. p39.

115. 헤르만 셰어. 2012. p39.

116. 흥미진진한 소디의 얘기를 생태경제학자 허먼 데일리가 그의 1997년 책《성장을 넘어서(Beyond Growth)》 뒷부분에 꽤 분량을 할애했으므로 그를 토대로 요약했다.

117. Daly, Herman. 1997(《성장을 넘어서:지속가능한 발전의 경제학》 2016, 323쪽에서 인용).

118. Daly, Herman. 1997(《성장을 넘어서:지속가능한 발전의 경제학》 2016, 326쪽에서 인용).

119. 이 주제는 5장 32절 금융을 다룰 때 다시 설명하겠다.

120. 이브 코셰. 2012. p287.

121. 열역학 제1법칙은 에너지는 형태만 바뀔 뿐 사라지거나 생겨나지 않는다는 것이고, 엔트로피 법칙으로 더 잘 알려진 열역학 제2법칙은 낮은 엔트로피의 가용 에너지는 자연상태에서 높은 엔트로피의 비가용 에너지로 전환한다는 정도의 정의만 여기서는 확인해두자. 엔트로피 정의는 다음 절에서 훨씬 상세히 다시 설명할 것이다.

122. Victor, Peter. 2022. p72.

123. Schumacher, Ernst. 1973(《작은 것이 아름답다》 2022, 61쪽에서 인용).

124. 주류 성장 이론에서 A는 자본과 노동의 기여를 제외하고도 산출을 늘리는 데 기여하는 요인으로서 '총요소 생산성(total factor productivity)'이라고도 불리는데, 주로는 기술혁신이 여기에 해당한다. 기술혁신에 관해서는 3장 18절에서 자세히 논의할 것이다.

125. Victor, Peter. 2022. p80.

126. Georgescu-Roegen, Nicolas. 1971(《엔트로피와 경제》 2017, 346-356쪽에서 인용).

127. 로겐이 서로 구분되는 생산요소에 적용한 '펀드(fund)'와 '플로(flow)' 개념은, 통상 경제학에서 자주 사용하는 '저량(stock)'과 '유량(flow)' 개념과 다른 의미로 사용한다. 통상 저량은 자본처럼 일정한 시점에서 측정한 경제활동량의 잔고이고, 유량은 소득처럼 일정 단위기간 동안의 경제활동 변화량으로 정의된다. 하지만 '펀드-플로' 모델에서 펀드는 노동과 자본처럼 자신은 변하지 않으면서 원료의 가공에 참여하는 생산요소로서 기본적으로 저량의 성격을 지니지만, 펀드가 일정기간 동안 수행하여 만든 서비스는 유량으로 계산된다. 또한 '펀드-플로' 모델에서의 플로는, 원료나 에너지처럼 생산 과정에서 소진되어 제품이나 서비스로 전환되는 재료를 말하

는데, 단위기간 동안 투입된 양을 유량으로 계산하게 된다. 동시에 생산 과정에 투입된 플로는 생산 과정을 거쳐서 나온 제품이 재고로 쌓이면 스톡으로 계산될 수 있다. 나중에 허먼 데일리는 '펀드-플로' 모델에서 펀드를 '펀드-서비스 자원'으로, 플로를 '스톡-플로 자원'이라는 좀 더 명확한 명칭으로 바꿔서 혼돈을 줄이고 있다. Daly, Herman·Farley, Joshua. 2011. pp70-72

128. Georgescu-Roegen, Nicolas. 1971(《엔트로피와 경제》 2017, 349쪽에서 인용).

129. Victor, Peter. 2022. pp80-81.

130. 조영탁. 2013. p38.

131. 기욤 피트롱. 2018. p29.

132. Daly, Herman. 1994.

133. Jackson, Tim. 2021(《포스트 성장 시대는 이렇게 온다》 2022, 138쪽에서 인용).

134. Daly, Herman. 1997(《성장을 넘어서:지속가능한 발전의 경제학》 2016, 347-348쪽에서 인용).

135. Bonaiuti, Mauro. 2011. pp1-21.

136. Georgescu-Roegen, Nicolas. 1971(《엔트로피와 경제》 2017, 410쪽에서 인용).

137. 대표적인 사람이 프랑스의 공학자 니콜라 레오나르 사디 카르노(Nicolas Léonard Sadi Carnot)다. 그는 '카르노 기관'이라는 에너지 효율이 극히 높은 이상적인 열기관을 구상했는데, 이를 통해 영구기관이 불가능하다는 것을 증명해내기도 했다. (출처: 위키피디아)

138. Georgescu-Roegen, Nicolas.1971(《엔트로피와 경제》 2017, 209쪽에서 인용). 물론 그는 클라우지우스를 넘어 볼츠만 엔트로피 정의까지 방대하게 섭렵하고 있다.

139. Green, Brian. 2020(《엔드 오브 타임》 2021, 53-59쪽에서 인용).

140. Green, Brian. 2020(《엔드 오브 타임》 2021, 58쪽에서 인용).

141. Green, Brian. 2020(《엔드 오브 타임》 2021, 59쪽에서 인용).

142. 이 이야기는 '무한한 원숭이 정리(The infinite monkey theorem)'라고도 부르는데, "일어날 확률이 0이 아닌 모든 일련의 사건은 충분한 시간이 주어지면 거의 확실하게 결국 발생할 것"이기는 하지만, 원숭이의 은유처럼 확률이 워낙 작아 사실상 일어날 수 없다는 것이다. 1913년 프랑스 수학자 에밀 보렐(Émile Borel)이 사용한 은유로 알려졌다.

143. Georgescu-Roegen, Nicolas. 1971(《엔트로피와 경제》 2017, 441쪽에서 인용).

144. 엔트로피 모래시계는 인간의 경제활동이 태양으로부터 오는 에너지 흐름을 사용하는 경우와, 오래전에 태양에너지를 이용해 성장했던 식물 화석인 석탄, 석유, 가스 등의 저장된 에너지를 사용하는 경우를 표현했다. 저장된 화석연료는 유한하고 태양으로부터 오는 에너지는 거대하지만 안개처럼 흩어져서 지구로 오기 때문에 태양광 패널 등으로 에너지를 모아야 한다. 그리고 어느 경우든 에너지를 사용하여 경제활동

을 하게 되면 폐기물과 폐열이 생기며 그 결과 지구의 엔트로피는 증가한다.

145. Daly, Herman. 1997(《성장을 넘어서:지속가능한 발전의 경제학》 2016, 350쪽에서 인용).

146. Daly, Herman. 1997(《성장을 넘어서:지속가능한 발전의 경제학》 2016, 349쪽에서 인용).

147. Daly, Herman. 1997(《성장을 넘어서:지속가능한 발전의 경제학》 2016, 349쪽에서 인용).

148. Daly, Herman. 1997(《성장을 넘어서:지속가능한 발전의 경제학》 2016, 355쪽에서 인용).

149. Daly, Herman. 1997(《성장을 넘어서:지속가능한 발전의 경제학》 2016, 352쪽에서 인용).

150. Bonaiuti, Mauro. 2011. pp37-41.

151. Bonaiuti, Mauro. 2011. p39.
    로젠을 설명한 위키피디아. https://en.wikipedia.org/wiki/Nicholas_Georgescu-Roegen

152. 사실 볼츠만의 통계역학으로 정의한 엔트로피 이론은 분자의 운동과 같은 미시적인 상태에서 분자가 분포하는 경우의 수를 고려한 것인데, 이 영역에서는 물질의 상태 역시 분자의 운동에너지로 설명이 가능하기 때문이다.

153. Victor, Peter. 2022. p76.

154. Bonaiuti, Mauro. 2011. p40.

155. 위키피디아에 어느 정도 최근 동향까지 정리되어 있다.
    https://en.wikipedia.org/wiki/Maxwell%27s_demon

156. Prigogine, Ilya·Stengers, Isabelle. 1984(《혼돈으로부터의 질서》 2011, 31쪽에서 인용).

157. Shrödinger, Erwin. 1944(《물리학자의 관점에서 본 생명현상: 생명이란 무엇인가》 2001, 152쪽에서 인용).

158. Green, Brian. 2020(《엔드 오브 타임》 2021, 161-165쪽에서 인용).

159. Schneider, Eric·Sagan, dorian. 2006.

160. Prigogine, Ilya·Stengers, Isabelle. 1984.

161. 출처:위키피디아.

162. Green, Brian. 2020(《엔드 오브 타임》 2021, 166쪽에서 인용).

163. Green, Brian. 2020(《엔드 오브 타임》 2021, 72쪽에서 인용).

164. Jackson, Tim. 2021(《포스트 성장 시대는 이렇게 온다》 2022, 140-145쪽에서 인용).

165. Victor, Peter. 2022. p67.

166. 물리학의 에너지 또는 일은 '힘×공간(거리)'으로 표현하는데, 이와 비슷하게 경제학에서의 효용 또는 비효용은 '한계효용×상품'으로 표시할 수 있다. Victor, Peter. 2022. p67.

167. Victor, Peter. 2022. p65.

168. Daly, Herman. 1968

169. Victor, Peter. 2022. pp68-71.

170. Jackson, Tim. 2021(《포스트 성장 시대는 이렇게 온다》 2022, 112-114쪽에서 인용).

171. "고전적인 생물학과 생태학에서는 인간 생태계에 전혀 관심을 두지 않는다. 대부분의 생태학자들은 인간을 자연 생태계에서 따로 떼어내어 생각하고 그 일부로 간주하지 않는다. 이들은 때묻지 않은 그대로 보존되어 있는 원시적인 생태계를 연구한다." 이브 코셰. 2012. p170.

172. Daly, Herman. 1968.

173. Daly, Herman. 1968.

174. 피터 빅터에 의하면 자신과 레온티예프도 1970년 전후에 이런 시도를 했다고 한다. Victor, Peter. 2022. p91.

175. Daly, Herman. 1968.

176. 물론 확장적 투입-산출표를 만들려면 가격 비율을 나타내는 전통적인 투입-산출 계수 외에 전통 경제 영역(인간 영역)과 자연 생태계 영역(비인간 영역) 사이의 교환비율을 나타내는 별도의 계수가 필요하다.

177. Georgescu-Roegen, Nicolas. 1971(《엔트로피와 경제》 2017, 413쪽에서 인용).

178. Georgescu-Roegen, Nicolas. 1971(《엔트로피와 경제》 2017, 413쪽에서 인용).

179. Victor, Peter. 2022. pp47-53.

180. 정통 생태경제학자 팀 잭슨이 최근 《포스트 성장 시대는 이렇게 온다》는 저서에서 유독 문학과, 철학, 사상을 많이 다룬 이유도 여기에 있을 것이다. 탈성장론자 요르고스 칼리스도 《Limits》라는 저서에서 우리가 어떤 철학을 가지고 지구의 한계에 접근할지 매우 흥미로운 통찰들을 던져주고 있다. Jackson, Tim. 2021. Kallis, Giorgos. 2019.

181. Victor, Peter. 2022. p53.

182. 세르주 라투슈. 2010. 179쪽에서 재인용

3장 무한히 성장하는 경제의 종말

183. '우주선 지구'라는 은유는 《진보와 빈곤》이라는 저작으로 유명한 헨리 조지가 처음 사용한 걸로 알려졌다. 볼딩도 헨리 조지의 글에서 이 은유를 가져왔다고 하는데, 미국과 소련 사이에 우주 경쟁이 치열했던 1960년대에는 이미 '우주선 지구'라는 은유가 꽤 사용된 것 같다. 이를 테면 미국 대통령 선거에도 출마했던 미국 유엔대사 애들레이 스티븐슨(Adlai Ewing Stevenson)도 1965년 유엔 연설에서 "우리는 작은 우주선에 함께 승선한 탑승자들"이라는 표현을 썼다고 한다.

184. Boulding, Kenneth. 1966.

185. Boulding, Kenneth. 1966.

186. Daly, Herman. 1997(《성장을 넘어서:지속가능한 발전의 경제학》 2016, 112쪽에서 인용).

187. Boulding, Kenneth. 1966.

188. Boulding, Kenneth. 1966.

189. 정보 이론의 아버지라고 불리는 클로드 섀넌(Claude Elwood Shannon)은 1948년에 통신상에서 가치 있는 정보량을 측정하려고 시도했다. 그는 정보량을 "압축해서 '비트(bit)' 수로 표시할 수 있는 최소량"으로 정의했다. 그런데 전달되는 정보의 확실성/불확실성 정도에 따라 확률적으로 표현하다보니 그의 정보량 수식이 볼츠만이 통계역학으로 표현한 엔트로피 공식과 일치했고, 그래서 이후 섀넌의 정보량 공식을 정보 엔트로피라고 불렀다. 그런데 물리학의 열역학적 엔트로피 이론과 정보 엔트로피 이론이 실제 어떤 관계가 있는지는 아직도 논쟁 중인 것 같다. 다만 둘 다 발생할 개연성이 얼마나 '놀라운' 정도인지를 나타내고 있다는 점에서 분명 유사성을 가지고 있다. 그런데 1966년 당시 볼딩이 지금까지도 논쟁의 여지가 많은 정보 엔트로피의 개념과 정의를 완전히 이해하고 이 에세이를 썼는지는 확실치 않다. Goodman, Rob·Sony, Jimmy. 2018(《지글러, 땜장이, 놀이꾼, 디지털 세상을 설계하다》, 2020, 265~269쪽에서 인용).

190. Spash, Clive. 2013.

191. Spash, Clive. 2013.

192. Victor, Peter. 2022. p69.

193. 푸른 지구상은 아사히 글래스 재단이 탁월한 환경 관련 연구자에게 수여하는 상으로 1992년에 만들어졌다.

194. Daly, Herman. 2015.

195. Daly, Herman. 2015.

196. Daly, Herman. 2014. p131.

197. "홍수로 나라 경제 10% 침수' … 디폴트 벼랑 끝 파키스탄" 한국일보 2022년 9월 20일자.
https://www.hankookilbo.com/News/Read/A2022091910180000919?did=NA

198. Rogoff, Kenneth. 2012.

199. Schmelzer, Matthias. 2017. p1.

200. Schmelzer, Matthias. 2017. p2.

201. 특히 팀 잭슨의 《성장 없는 번영》, 피터 빅터의 《Managing Without Growth》, 슈테펜 랑게의 《Macroeconomics without Growth》는 이른바 '성장 없는 경제'가 어떻게 거시적으로 가능할 수 있는지를 집중적으로 검토하는 중요한 참고서가 될 수 있다.

202. Schmelzer, Matthias. 2017. p75.

203. 실제로 1947년 이전에 경제성장이라는 용어는 모든 경제학 저널에서 딱 한 번 나오고 말았지만, 1950년대에는 무려 178번이나 등장했다고 한다. Farley, Joshua·Malghan, Deepak. 2016.

204. Victor, Peter. 2019. p16.

205. Victor, Peter. 2019. p17.

206. Schumacher, Ernst. 1973(《작은 것이 아름답다》 2022, 60쪽에서 인용).

207. Jackson, Tim. 2021(《포스트 성장 시대는 이렇게 온다》 2022, 29쪽에서 인용). 팀 잭
슨은 케네디가 GDP를 비판했던 전후 상황을 자세히 설명해주고 있다.

208. Suzman, James. 2020(《일의역사》 2022, 416-417쪽에서 인용).

209. Farley, Joshua·Malghan, Deepak. 2016.

210. Suzman, James. 2020(《일의역사》 2022, 418-419쪽에서 인용).

211. Olson, Mançur·Landsberg, Hans edited. 1974.

212. Meadows, Dennis·Meadows, Donella et al. 2004.

213. Herrington, Gaya. 2020.

214. Victor, Peter. 2019. pp25-27.

215. Sen, Amartya·Stiglitz, Joseph E. 2011.

216. Schwab, Klaus·Vanham, Peter. 2021.

217. 마티아스 슈멜쩌도 1970년대까지는 이런 맥락으로 정리하고 있다. Schmelzer,
Matthias. 2017. pp1-12.

218. Thunberg, Greta. 2022. p302.

219. Nordhaus, William. 2018.

220. 그렇다고 그대로 적응하는 비용도 매년 3~5조 달러가 들 것으로 전망하며 이것도
어렵다고 손을 놓는다. 현재 구조에 손을 대지 않는 한 그에게는 기후위기를 피할 방
법은 없다. Roubini, Nouriel. 2022. pp230-231.

221. 글로벌헥타르(global hectare)란, 인간 활동으로 소비되는 물질량을 지구가 재생해
내기 위한 능력을 토지 면적으로 환산하여 표현한 것이다.

222. 글로벌 생태발자국 네트워크에 접속하면 자세한 국가별 정보까지 알 수 있다.
　　 https://www.footprintnetwork.org/

223. Wiedmann, Thomas·Lenzen, Manfred. 2020.

224. UNEP. 2016.

225. Elhacham, Emily·Ben-Uri, Liad et al. 2020.

226. Krausmann, Fridolin·Lauk, Christian et al. 2018.

227. 1장 1절에서 에너지 전환이 되기보다 새로운 에너지 사용이 계속 추가되어 기후위
기 대처가 실패하고 있다는 대목을 참조하라.

228. 세계자연기금·런던동물학연구소. 2022.

229. Rocström, Johan·Gaffney, Owen. 2021(《브레이킹 바운더리즈》 2001, 138쪽에서
인용). 이 책은 '브레이킹 바운더리'라는 이름으로 넷플릭스 다큐멘터리로도 올라와
있다. 9가지 한계선 중에 나머지 다섯 가지는 오존층, 해양산성화, 담수 소비, 신물
질, 대기오염 혹은 에어로졸 부하 등이다.

230. McKay, David Armstrong. Staal, Arie et al. 2022.

231. 16가지 목록은 1)그린란드 빙상 붕괴 2)남극 서부 빙상 붕괴 3)래브라도해 대류 붕괴 4)남극 동부 빙하분지 붕괴 5)아마존 열대우림 고사 6)영구동토층 북부 상실 7)대서양 대규모 해양순환 붕괴 8)북극 겨울 해빙 상실 9)남극 동부 빙상 붕괴 10)저위도 산호초 사멸 11)영구동토층 북부 돌발 해동 12)바렌츠해 해빙 돌발 상실 13)산악 빙하 상실 14)사헬과 아프리카 서부 몬순 전환(녹화) 15)북부 삼림(남부) 고사 16)북부 삼림(북부) 확장 등이다.

232. Nordhaus, William. 2021. p280.

233. IPCC. 2021.

234. Rifkin, Jeremy. 2022(《회복력시대》 2022, 72쪽에서 인용).

235. 바츨라프 스밀은 그렇게 해도 전기는 여전히 최종에너지 소비의 18퍼센트로서 상대적으로 적은 비중밖에 차지하지 않는다고 주의를 준다. Smil, Vaclav. 2022. p35.

236. Schmelzer, Matthias·Vetter, Andrea·Vansintjan, Aaaron. 2022. pp65-66.

237. Heinberg, Richard. 2011(《제로성장 시대가 온다》 2013, 142-143쪽에서 인용).

238. Malm, Andreas. 2016.

239. Schmelzer, Matthias·Vetter, Andrea·Vansintjan, Aaaron. 2022. p66.

240. Nikiforuk, Andrew. 2012(《에너지 노예, 그 반란의 시작》 2013, 187-188쪽에서 인용).

241. Schmelzer, Matthias·Vetter, Andrea·Vansintjan, Aaaron. 2022.

242. Ellis, Erle. 2018(《인류세》 2021, 94-98쪽에서 인용). '거대한 가속'이라는 용어는 이 보고서가 출간된 이후 2005년 폴라니의 '거대한 전환'을 차용하여 만들어졌다고 한다.

243. Ellis ,Erle. 2018(《인류세》 2021, 95쪽에서 인용).

244. McNeil, JR. Engelke, Peter. 2014. pp4-5.

245. https://unevenearth.org/2016/03/the-growthocene/

246. Rifkin, Jeremy. 2022(《회복력시대》 2022, 75쪽에서 인용).

247. Smil, Vaclav. 2022. p21.

248. Schmelzer, Matthias·Vetter, Andrea·Vansintjan, Aaaron. 2022. pp38-47.

249. Lange, Steffen. 2018. p23.

250. Brand, Ulrich·Wissen, Markus. 2017(《제국적 생활양식을 넘어서》 2020, 114-124쪽에서 인용).

251. 미국 자연자원위원회는 기후변화로 인한 허리케인 충격, 부동산 손실, 에너지 비용, 담수 비용 등 4가지만 고려해도 2100년까지 연간 최소 1.9조 달러의 비용이 들어갈 것으로 추산한다. 2021년 GDP(23조 달러)의 약 8퍼센트 수준이다. 1~2퍼센트 경제성장을 하느라 대량으로 온실가스 배출을 허용하는 것이 경제적으로도 손해라는 것이지만, 이마저도 기후위기 충격을 저평가 한 것이다. Roubini, Nouriel. 2022. pp229-230.

252. Schmelzer, Matthias·Vetter, Andrea·Vansintjan, Aaaron. 2022. p59.

253. Mitchell, Timothy. 2011.

254. Schmelzer, Matthias·Vetter, Andrea·Vansintjan, Aaaron. 2022. p56.

255. 우리가 에너지를 생산하고 싶다면 그를 위해 일정한 에너지를 투입해야 한다. 석유 에너지를 얻으려면 다양한 장비를 동원해서 석유를 채굴해야 하는 것처럼 말이다. 당연하게도 투입된 에너지보다 채굴해서 산출된 에너지의 크기가 커야 의미가 있다. 이를 에너지 수익률(Energy return on Energy investment; EROEI)이라고 하는데, 간단히 수식으로 '에너지수익률 = 획득한 에너지/그 에너지를 얻기 위해 투입한 에너지'로 표현할 수 있다. 과거에 채굴이 쉬웠을 때에는 100배까지 되었지만, 최근 갈수록 깊은 땅속이나 해저에서 채굴해야 해서 투입 에너지가 많이 들어가고 그 결과 현재 석유의 EROEI는 18~43 정도로 떨어졌다. 심지어 셰일가스나 샌드오일은 수익률이 훨씬 떨어진다. 이처럼 화석연료도 점점 더 쉽게 얻을 수 없게 된 것 역시 경제성장률에 영향을 줄 수 있다.

256. Nikiforuk, Andrew. 2012(《에너지 노예, 그 반란의 시작》 2013, 275쪽에서 인용).

257. Swiss Lee Institute. 2021.

258. OECD. 2018.

259. Schmelzer, Matthias·Vetter, Andrea·Vansintjan, Aaaron. 2022. p71.

260. Bootle, Roger. 2019. p35.

261. Aghion, Philippe·Antonin, Celine·Bunel, Simon. 2021(《창조적 파괴의 힘》 2022, 287쪽에서 인용).

262. Smil, Vaclav. 2021(《대전환》 2022, 486-487쪽에서 인용).

263. Hubacek, Klaus·Chen, Xiangjie et al. 2021.

264. Hubacek, Klaus·Chen, Xiangjie et al. 2021.

265. Hubacek, Klaus·Chen, Xiangjie et al. 2021.

266. 김병권. 2020a. pp197-199.

267. 관계부처합동. 2020. 이 보고서는 명시적으로 "탄소중립 사회로의 전환에도 불구하고 지속 가능한 경제성장과 삶의 질 향상이 가능한 신경제·사회구조 시스템 구축"을 하겠다고 말한다.

268. Crawford, Kate. 2021(《AI 지도책》 2022, 271-272쪽에서 인용).

269. "지구 광물 자원 발굴에서 이젠 우주 자원 개발로 전환" KBS 2022년 9월 20일자. https://news.kbs.co.kr/news/view.do?ncd=5560221&ref=A

270. Mitchell, Timothy. 2011(《탄소 민주주의》 2017, 358-359쪽에서 인용).

271. Schumacher, Ernst. 1979(《굿워크》 2011, 166-167쪽에서 인용).

272. Sivaram, Varun. 2018(《태양 길들이기》 2018, 260-277쪽에서 인용).

273. 또한 전문가들은 자율주행 자동차가 사용하는 딥러닝 기술이 확대되면 데이터센터

당 최소 1개 화력발전 규모의 전력이 추가로 생산되어야 한다고 주장한다. 인공지능 1대가 학습하면서 소모하는 전기량은 전기자동차 생명주기 동안 소모하는 전체 에너지의 5배가 많다. 김병권 2020a. p80.

4장 기후가 아닌 성장 시스템을 바꾸는 생태경제학

274. 흔히 우리나라에서는 웰빙을 '고소득층의 소비문화' 쯤으로 편협하게 이해하는 분위기도 있는데, 여기서 말하는 웰빙은 '삶의 질'을 말하는 것으로 객관화된 물질적 삶의 질과 함께 정서와 정신적인 삶의 질, 더 나아가 사회관계에서의 삶의 질과 환경적 웰빙까지를 포함할 수 있다. 따라서 느슨한 의미로 정의한 웰빙경제는 양적인 물질적 생산과 소비보다는 삶의 질 개선을 중심에 두는 경제라고 말할 수 있을 것이다.

275. https://www.project-syndicate.org/commentary/the-perils-of-2012-2012-01

276. Easterlin, Nancy and Easterlin, Richard. 2021(《지적 행복론》 2022, 45쪽에서 인용).

277. 생태경제학자 팀 잭슨은 GDP와 비교할 수 있는 대안지표들을 4가지로 분류했는데, (1) 유엔 지속가능발전 17개 목표(SDGs)나 뉴질랜드 4대 웰빙지표들처럼, 1개의 통합지표가 아니라 '복수의 지표들'을 사용하는 경우, (2) 유엔의 인간개발지수(HDI)처럼 화폐적으로 표현되지 않았지만 '하나의 통합적 지수'를 만드는 경우, (3) 참진보지수(GPI)처럼 화폐단위로 표현된 '통합적 화폐단위 지수', (4) 서베이로 알아보는 '주관적인 웰빙지수'가 그것이다. Victor, Peter 2022. pp129-135.

278. https://en.wikipedia.org/wiki/Genuine_progress_indicator

279. Bagstad, Kenneth·Shammin, Rumi. 2012.

280. 학계뿐 아니라 ILO 같은 기구에서도 측정이 시도되었다. Berik, Günseli. 2018.

281. 아이다 쿠비셰프스키(Ida Kubiszewski)와 로버트 코스탄자 등이 2013년에 발표한 논문이 그것이다. Kubiszewski,Ida·Costanza,Robert. 2013.

282. Hashim, Mastura·Sifat, Imtiaz Mohammad·Mohamad, Azhar. 2018.

283. Bregman, Rutger. 2016(《리얼리스트를 위한 유토피아 플랜》 2017, 116쪽에서 인용).

284. Schmelzer, Matthias·Vetter, Andrea·Vansintjan, Aaaron. 2022. p45.

285. 영국 가디언지 2018년 9월 16일자에서 자세히 보도하고 있다.
https://www.theguardian.com/politics/2018/sep/16/the-eu-needs-a-stability-and-wellbeing-pact-not-more-growth

286. 웰빙경제 얼라이언스 웹사이트를 참조하라. https://weall.org/

287. WeALL. 2018.

288. WWF. 2020.

289. 오닐은 허먼 데일리의 아이디어가 이후 탈성장, 도넛 경제, 웰빙경제를 비롯해 포스트성장 연구의 기초가 되었다고 지적한다. O'Neill, Daniel. 2023.

290. 본 책의 초안이 완결될 즈음인 2022년 10월 28일 허먼 데일리가 84세의 나이로 사망했다. 워싱턴포스트지는 부고기사에서 "본인이 학계에 들어갔던 50년 전에는 경제학의 변방 분야였던 생태경제학을 창시한 인물로 허먼 데일리는 널리 알려졌다. 그러나 최근 들어서 생태경제학은 점점 더 세계적인 주목을 끌고 있다"고 지적하고 있다. https://www.washingtonpost.com/obituaries/2022/11/04/herman-daly-ecological-economist-dead/

291. Daly, Herman. 2014. 허먼 데일리의 '비경제적 성장'은 이반 일리치의 '역생산적(counter-productive)'이라는 표현과도 맥락상 유사하다. '역생산적'이란, 의료, 학교, 교통 등의 발전이 초기 단계에서는 긍정적인 효과를 만들어내지만 어떤 수준을 넘어서면 부정적인 결과를 초래하는 것을 말한다. 허먼 데일리가 거시적 차원에서 '비경제적'이라고 지적한 것을, 일리치는 미시적 국면에서 '역생산성'에 직면한 상황들로 포착해내고 있다. 한편 일부에서는 허먼 데일리가 비경제적 성장을 논증하면서 '한계효용'이나 '한계비효용' 같은 신고전파 경제학의 개념들을 끌어온 것에 대해 비판적인데, 기존 경제학자들에게 친근한 언어와 논리로 적정 규모를 넘어가는 상황을 설명하려 했을 뿐이라는 것이 허먼 데일리 설명이다. Farley. Joshua·Malghan, Deepak. 2016.

292. Victor, Peter. 2022. pp162-168. 본문에서 11가지로 압축한 성장주의자의 질문과 대답은 지난 50년 동안 허먼 데일리가 받았던 문제제기들과 그에 대한 허먼 데일리식의 논박을 피터 빅터가 그의 전기에서 요약한 것이다.

293. 김일방. 2016.

294. 여기서 고전파 경제학자들은 애덤 스미스, 맬서스, 리카도를 통상적으로 지칭하는데, 허먼 데일리의 표현을 보면 마르크스나 존 스튜어트 밀에 이르기까지 대체로 19세기 말 신고전파 경제학이 등장하기 이전의 경제학자들로 넓게 잡아야 할 것 같다.

295. 학부 시절에 영향을 받은 경제학자로 허먼 데일리는 두 사람을 꼽고 있는데, 한 명은 당대 최고의 케인지언 경제학자 존 케네스 겔브레이스였고, 다른 한 명은 케네스 볼딩이었다고 한다. Farley. Joshua·Malghan, Deepak. 2016.

296. Victor, Peter. 2022. p169.

297. 허먼 데일리가 그의 아내를 따라 브라질에 가게 된 사정은 그의 전기를 참조하라. Victor, Peter. 2022. pp31-33.

298. Daly, Herman. 1970.

299. 피터 빅터와의 대화에서 데일리가 했던 고백이다. Victor, Peter. 2022. p176.

300. Meadows, Dennis·Meadows, Donella et al. 2004(《성장의 한계》 2011, 361쪽에서 인용).

301. Victor, Peter. 2022. pp177-179.

302. Daly, Herman·Farley. Joshua. 2011. pp55-56.

303. Daly, Herman. 1997.(《성장을 넘어서:지속가능한 발전의 경제학》 2016, 95쪽에서 인용).

304. 출처 https://www.researchgate.net/figure/The-plimsoll-line-Source_fig18_313506430

305. https://ec.europa.eu/eurostat/web/circular-economy/material-flow-diagram

306. Victor, Peter. 2022. pp188-192.

307. Daly, Herman. 1992. '공동체 안의 개인'은 5장 27절에서 좀 더 자세히 설명할 예정이다.

308. 5장 27절에서 자세히 설명할 예정이다.

309. 5장 27절에서 자세히 설명할 예정이다.

310. Daly, Herman. 1994.

311. Daly, Herman. 1994.

312. 이미 2장 7절에서 설명했다.

313. Daly, Herman. 1997(《성장을 넘어서:지속가능한 발전의 경제학》 2016, 155쪽에서 인용).

314. '100퍼센트 지급준비율제도'는 5장 32절에서 다시 자세히 설명할 예정이다.

315. 허먼 데일리 질문의 원문은 "It's politically impossible to control growth, and it's bio-physically impossible to keep on growing, so, we've got a real dilemma. Do you try to do what's physically impossible, or do you try to do what's politically impossible? I'd rather take my chances with the politically impossible" http://www.conversationearth.org/economic-heresy/

316. Daly, Herman. 1990.

317. Victor, Peter. 2022. p198.

318. Daly, Herman. 1992.

319. Victor, Peter. 2022. p201.

320. Farley. Joshua·Malghan, Deepak. 2016.

321. Victor, Peter. 2022. pp203-208.

322. Victor, Peter. 2022. p216.

323. Victor, Peter. 2022. pp215-217.

324. 세르주 라투슈. 2015.

325. Foster, John Bellamy. 2018.

326. Smith, Richard. 2010.

327. Spash, Clive. 2020.

328. Victor, Peter. 2022. p221.

329. Victor, Peter. 2022. pp222-223.

330. https://www.nytimes.com/2022/11/08/business/economy/herman-daly-

dead.html

331. Raworth, Kate. 2017(《도넛 경제학》 2018, 21쪽에서 인용).

332. Raworth, Kate. 2017(《도넛 경제학》 2018, 58-59쪽에서 인용).

333. Raworth, Kate. 2017(《도넛 경제학》 2018, 283쪽에서 인용).

334. van den Bergh, Jeroen. 2017.

335. Raworth, Kate. 2017(《도넛 경제학》 2018, 289쪽에서 인용).

336. Raworth, Kate. 2017. pp70-71.

337. 가디언지는 2020년 4월 8일자 기사에서 암스테르담이 도넛 모델을 적용했다고 보도했다. https://www.theguardian.com/world/2020/apr/08/amsterdam-doughnut-model-mend-post-coronavirus-economy

338. 타임지 2021년 1월 22일자. https://time.com/5930093/amsterdam-doughnut-economics/

339. '도넛 경제학 실행 랩'에 관한 정보는 다음 사이트를 참조하라. https://doughnuteconomics.org/

340. 팀 잭슨은 2009년 저서에서 당시 생태거시경제학의 한계를 이렇게 표현한다. "생태 한계 안에서 경제안정을 이뤄내는 능력은 우리에게 여전히 부족하다. 우리는 자본이 축적되지 않는 경우에 일반 거시경제학상의 '총량(생산, 소비, 투자, 무역, 자본, 공적 지출, 노동, 자금공급 등)'이 어떻게 작용할지에 대한 모델을 가지고 있지 않다. 우리는 생태적 요인(예를 들어 자원 이용과 생태계 서비스)들에 대한 경제의 의존을 체계적으로 설명할 수 있는 모델 또한 가지고 있지 않다." Jackson, Tim. 2009(《성장 없는 번영》 2016, 161쪽에서 인용).

341. Meadows, Dennis·Meadows, Donella et al. 2004(《성장의 한계》 2011, 391쪽에서 인용).

342. 세르주 라투슈도 이 대목을 다음과 같이 지적한다. "초기에는 탈성장 정책이 역설적으로 거시경제 차원의 생산 증가로 나타날 수 있다. 친환경 설비에 맞춘 수요, 필요한 모든 작업 때문이다." 세르주 라투슈. 2015. p101.

343. Raworth, Kate. 2017(《도넛 경제학》 2018, 307-308쪽에서 인용).

344. Jackson, Tim. 2009(《성장 없는 번영》 2016, 205-208쪽에서 인용).

345. Allan, Bently·Lewis, Joanna·Oatly, Thomas. 2021.

346. 최근 생태거시경제학 쪽에서 포스트성장 시대의 경제모델 개발과 적용이 활발하게 진행되는 것 같다. 루카스 하르트(Lukas Hardt)는 2017년 논문에서, 포스트성장 시대라는 미래가 어찌될지를 전망해보고 안정성을 평가하는 22개의 생태거시경제학 모델을 예시하고 비교했다. 이 모델들은 경제와 환경의 상호작용, 화폐 시스템, 소득 불평등, 고용과 노동시간, 웰빙지수, 생산의 분배, 비즈니스 모델 등을 다루고 있다. 특히 자연환경에 거시경제가 어떻게 의존하는지, 즉 실업과 성장, 인플레이션 같

은 거시경제 과정이 자연자원이나 생산 폐기물의 변화에 어떻게 의존하는지, 그리고 어떻게 환경적 충격이 거시경제에 되먹임 되는지를 다룬다. Hardt, Lukas·O'Neill, Daniel. 2017.

347. 하르트의 논문에 따르면 앞서 22개 모델 가운데 무려 13개가 포스트케인지언 모델을 차용하고 있을 정도다.

348. 결정적으로 포스트케인지언이 경제성장을 당연시한다는 근본적인 차이가 있지만 최근에는 일부에서 경제성장이 '양날의 칼'이라는 문제의식도 생기고 있다.

349. 이 모델 역시 경제 영역에 걸쳐서 화폐 흐름을 일관되게 설명해줄 수 있는 포스트 케인지언의 Stock-Flow Consistent(SFC) 모델을 생태거시경제학에 적용한 것이다. Victor, Peter. 2019. pp272-273.

350. Victor, Peter. 2019. pp278-281.

351. 생태거시경제에서 대외적 요인들이 제대로 고려되고 있지 못하는 한계에 대해서는 생태경제학 내부에서도 지적되고 있다. Hickel, Jason. Kallis, Giorgos. Jackson, Tim et al. 2022.

352. Victor, Peter. 2019. pp286-296.

353. D'Alessandro, Simone·Dittmer, Kristofer et al. 2018. 구체적으로 녹색성장 시나리오(기술혁신, 재생에너지 확대, 탄소세와 탄소국경조정, 녹색투자), 사회적 형평성 추구 시나리오(사회정의와 저탄소 동시 추구, 일자리 보장, 노동시간 단축, 재생에너지 확대, 탄소세와 탄소국경조정, 에너지 효율을 위한 기술혁신), 그리고 탈성장 시나리오(사회적 형평성 시나리오에서 소비와 수출 제한, 부유세 증세 포함)였다.

354. Jackson, Tim. 2009(《성장 없는 번영》 2016, 257쪽에서 인용).

355. Hickel, Jason. 2020.

356. Tooze, Adam. 2021(《셧다운》 2022, 15쪽에서 인용).

357. UNEP. 2022.

358. 세르주 라투슈. 2010. p217.

359. Schmelzer, Matthias·Vetter, Andrea·Vansintjan, Aaaron. 2022. p191. 슈멜쩌뿐 아니라 세르주 라투슈도 탈성장 개념을 다음과 같이 매우 포괄적으로 정의하고 있다. "탈성장 패러다임에 기반을 둔 구체적 유토피아는 어느 한 가지 대안 모델이 아니라 대안의 모태이다." 세르주 라투슈. 2010. p138.

360. 리카르도 페트렐라·세르주 라투슈·엔리케 두셀. 2021. pp66-67.

361. '리서치와 탈성장' 그룹의 웹사이트를 참조하라. https://degrowth.org/

362. 1장 5절 생태경제학의 역사 세 번째 부분을 참조하라.

363. https://degrowth.org/definition/

364. Hickel, Jason. 2020. p204.

365. Schmelzer, Matthias·Vetter, Andrea·Vansintjan, Aaaron. 2022. pp191-201.

366. 2장 11절을 참조하라.

367. 5장 33절에서 자세히 설명할 것이다

368. 4장 21절 정상상태 경제와 탈성장을 비교한 내용을 참조하라.

369. Wright, Eric Olin. 2019.

370. Schmelzer, Matthias·Vetter, Andrea·Vansintjan, Aaaron. 2022. pp255-283.

371. Mastini, Riccardo·Kallis, Giorgos·Hickel, Jason. 2021. pp108-111.

372. Jackson, Tim. 2021(《포스트 성장 시대는 이렇게 온다》 2022, 266-270쪽에서 인용). Porritt, Jonathon. 2020. pp297-312.

373. Fiorino, Daniel. 2018. p24.

374. 그렇다고 개발도상국들이 과거 선진국의 경로를 따라 탄소집약적 산업화 과정을 통과할 필요는 전혀 없을 것이다.

375. 제임스 오코너의 두 번째 모순을 머레이 북친은 유사한 어조로 이렇게 표현했다. "자본주의는 새로운 모순, 어쩌면 가장 중요한 새 모순을 야기하고 있다. 다름 아닌 무한성장에 기초한 경제와 자연환경의 고갈 사이의 충돌이다" 그러면서 그는 이 모순이 이윤율 저하 경향보다 더 근원적인 것이라고 생각한다고 덧붙였다. Bookchin, Murray. 2012(《머레이 북친의 사회적 생태론과 코뮌주의》 2012, 124-125쪽에서 인용).

376. 이광근. 2022, 최병두. 2022.

377. Löwy, Michael. 2018.

378. Angus, Ian. Kovel, Joel. Lowy, Michael. 2009.

379. Hickel, Jason. 2020. p204.

380. Löwy, Michael. 2022.

381. 성장주의 비판에 대한 박태주의 회의적 시선은 상당한 오해에 근거하고 있어 논외로 하더라도, 다양한 자본주의 스펙트럼 안에서 탄소 배출 감축이 가능할 수 있다는 그의 지적을 아예 논의에서 배제해버릴 필요는 없다고 생각한다. 그는 이렇게 말한다. "오늘날 자본주의가 기후위기를 낳는 악당이라는 말에 공감하더라도 '자본주의인가 아닌가?'라는 질문보다는 '어떤 자본주의인가?'라고 묻는 게 현실적이라고 봅니다. 자본주의를 고쳐 쓸 수는 없을까라는 고민을 말씀드리는 거죠. 신자유주의와 불평등의 확대가 아닌, 이해당사자의 참여를 보장하고, 성장에 덜 매달리더라도 평등과 연대를 지향하는, 달리 말해 시장을 사회적 통제 아래에 두는 그런 자본주의를 말씀드리는 겁니다."
https://www.pressian.com/pages/articles/2022102510240440226
김일방도 존 벨라미 포스터를 비판하면서, "'자본주의는 생태 문제의 근원적 원인'이고, '사회주의는 생태 문제의 근원적 해결책'이라는 나이브한 인과론적 도식이 생태 문제와 사회체제의 연관성을 지나치게 단순화"하고 있다고 지적하는 등 유사한 문제의식을 나타낸다. 김일방. 2022. p461.

382. 서영표. 2022.

383. 현재 기후운동에서 논의되고 있는 체제 전환이 어떤 수준의 '시스템 변화(system change)'를 말하는 건지는 사실 분명하지가 않다.

384. Piketty, Thomas·Goldhammer, Arthur. 2020.

385. 사이토 고헤이. 2021. pp238-240.

386. Malm, Andreas. 2020(《코로나, 기후, 오래된 비상사태》 2021, 192쪽에서 인용).

387. Tooze, Adam. 2021(《셧다운》 2022, 225쪽에서 인용).

388. 김현우. 2022. "생태레닌주의는 자본주의로부터 인류를 구할 수 있을까?". 생태적 지혜연구소 미디어

389. "UNCTAD, 한국 지위 '개도국 → 선진국' 변경 … 57년 역사상 처음" 한겨레신문 2021년 7월 14일. https://www.hani.co.kr/arti/politics/diplomacy/1002004.html

390. https://yearbook.enerdata.co.kr/total-energy/world-consumption-statistics.html

391. http://www.globalcarbonatlas.org/en/CO2-emissions

392. 그 증거가 2022년 치러진 20대 대선이다. 유력 후보인 이재명 후보는 3만 5천 달러 국민소득을 5만 달러로 올리고, 6천4백억 달러 수출을 1조 달러까지 끌어올려 '세계 5강 경제대국'으로 진입하겠다는 공약을 냈다. 여전히 주요 경제 공약이 양적으로 더 높은 성장, 더 급격한 팽창인 것이다.

393. 탄소 배출량은 한 국가에서 생산하여 수출하는 재화와 서비스까지 포함해서 계산하는 '생산 기준 배출량'이 있고, 수입품까지 감안해서 한 국가 안에서 소비하는 재화와 서비스를 포함해서 '소비 기준 배출량'으로 계산하는 방법이 있다. 수출 의존도가 큰 탄소집약적 산업을 가지고 있는 한국이나 중국은 생산 기준 배출량이 소비 기준 배출량보다 크다. https://ourworldindata.org/co2-gdp-decoupling

394. Tooze, Adam. 2021(《셧다운》 2022, 423쪽에서 인용).

395. https://www.newscientist.com/article/mg24032072-400-seven-steps-to-save-the-planet-how-to-take-on-climate-change-and-win/

396. Duflo, Esther·Banerjee, Abhijit. 2020(《힘든 시대를 위한 좋은 경제학》 2020, 554쪽에서 인용).

5장 정의로운 분배개혁에 도전하는 생태경제학

397. Daly, Herman. 1992. 규모와 분배, 배분의 관계에 관한 설명은 특히 허먼 데일리의 1992년 논문이 매우 흥미 있는 통찰을 제공해준다면서 피터 빅터가 이 논문의 중요성을 거듭 강조하고 있는 점을 제외하면 의외로 생태경제학에서 이 프레임이 더 풍부하게 발전되지는 않는 것 같다. Victor, Peter. 2022. pp100-115.

398. Appelbaum, Binyamin. 2019(《경제학자의 시대》 2022, 169쪽에서 인용). 루카스의 극단적인 주장과 달리, 최근에는 경제학도 많은 변화를 해왔다면서, 가치관이나 이데올로기가 정책적 선택에 영향을 준다는 것은 모든 경제학자들이 동의하고 있으며, 새뮤얼 보울스처럼 경제와 윤리를 연결시키려 하거나 에컬로프처럼 정체성의 중요성에 주의를 돌리거나, 쉴러처럼 내러티브와 설득을 강조하는 경향도 보인다고 경제학자 다이앤 코일Diane Coyle은 반박하고 있기도 하다. Coyle, Diane. 2021. pp2-5.

399. Daly, Herman. 1992.

400. 경제학에서는 미래의 가치를 현재 가치로 계산하고자 할 때 일정한 할인율을 적용하여 평가한다. 예를 들어 10년 뒤의 100만 원에 대해 할인율 5%를 적용해서 현재가치로 환산하면 대략 61만 원이 조금 넘게 나온다. 이는 현재 61만 원의 가치를 복리 이자 5%로 계산해서 10년 뒤에 100만 원이 되는 것과 같은 맥락이다. 어쨌든 이 계산법에 따른 할인율을 크게 설정하면 할수록 미래의 가치나 피해비용이 저평가된다. 기후위기에 적용되는 할인율은 윌리엄 노드하우스가 4.5퍼센트, 니콜라스 스턴이 1.5퍼센트일 정도로 편차가 크고 임의적이어서 특히 많은 비판 대상이 되고 있다.

401. 물론 현실에서는 시장실패가 일어나기 때문에 시장의 가격기제가 언제나 자원의 효율적 배분을 가능하게 해주지는 않는다. 또한 페미니스트 경제학자들이 지적하듯 시장 밖에서 이뤄지는 가사노동이나 돌봄 서비스 역시 시장이 자원을 배분하지도 않는 등 자원의 효율적 배분이 모두 시장의 가격기제로 작동하지 않는다는 점도 잊지 말아야 한다.

402. Farley. Joshua·Malghan, Deepak. 2016.

403. 물론 실제 탄소배출권 거래제도는 허먼 데일리가 주장한 방식대로 설계되어 있지도 않고, 거래 대상도 너무 한정적이어서 기대한 만큼 탄소 배출 감축에 큰 영향을 주지는 못하고 있다.

404. 허먼 데일리는 미국신학자 존 캅(John Cobb)과 함께 '공동체 안의 개인'이라는 독특한 인간관을 정의한다. 그에 따르면 모든 개인은 다양한 커뮤니티 안에서의 관계를 매개로 정의된다. 예를 들면 나는 누구의 아들, 누구의 남편, 누구의 아버지, 누구의 친구, 어디의 시민, 어느 곳의 구성원 등이다. 이 모든 관계를 버리면 '나'를 규정할 것이 얼마 남지 않는다는 것이 허먼 데일리 설명이다. 더욱이 이들 관계는 나의 외부와 연결된 것이 아니라, 자의식과 의지를 가진 존재로서 나의 정체성의 일부를 구성하는 내부적 관계다. 심지어 나와 환경에 관한 관계 역시 외부적인 것만은 아니다. 나는 말 그대로 내가 환경에서 취하는 것으로 구성된다. 공기에 대한 나의 연결도 외적인 것이 아니라 내가 호흡하는 폐의 관점에서는 내적인 관계다. Farley, Joshua·Malghan, Deepak. 2016. 전통적으로 사용해온 사회적 인간이라는 표현 대신에 그가 인간과 비인간 생태계까지를 포함해서 관계 안에서의 인간을 설정한 것은 좀 더 깊숙이 발전시켜 볼 여지가 있는 의미 있는 발상이다.

405. 총소득이 10만 달러인 10명의 경제공동체를 상상해보자. 한 명이 5만5천 달러를 벌고, 나머지 9명이 각기 5천 달러를 버는 소득분배 상황에서는 자동차를 1대만 생산하는 게 효율적이다. 지불 능력이 있는 자동차 구매 선호를 보일 사람은 한 사람일 것이기 때문이다. 하지만 10명 모두에게 1만 달러씩 평등하게 분배된다면, 지불 능력이 있는 자동차 구매선호는 훨씬 더 늘어날 수 있으며, 이때에는 1대 이상의 자동차를 생산하도록 자원을 배분하는 것이 효율적이다. 이처럼 배분적 효율은 소득분배 양상에 따라 달라질 수 있는 것이지 소득분배와 무관하게 오직 하나의 효율적 상태가 존재하는 것은 아니다.

406. 세르주 라투슈. 2010. p220.

407. https://inequality.org/great-divide/a-economist-that-future-economists-and-societies-will-dare-not-ignore/

408. Pizzigati, Sam. 2018.

409. 김병권. 2020b.

410. Kelton, Stephanie. 2020. 현대화폐이론을 가장 간명하게 정리한 스테파니 켈튼의 최근 저서다. 국내 저서는 경제학자 전용복이 저술한 책을 참조할 수 있다. 전용복. 2020.

411. Tcherneva, Pavlina. 2020. 일자리 보장제는 파블리나 체르네바의 주장이 가장 선명하다.

412. Chancel, Lucas. 2020. p107.

413. Chancel, Lucas Piketty, Thomas et al. 2021.

414. Porritt, Johathon. 2020. p18.

415. Thunberg, Greta. 2022. pp405-409.

416. Kish, Kaitlin·Farley, Joshua. 2021. 이들은 생태 의제를 민주적 숙의로 풀어야 하는 이유를 다음과 같이 제시하고 있다. 첫째, 숙의 담론에 참여하는 개인들에게 개인 소비자 관점에서 시민과 사회의 일원이라는 관점으로 초점을 이동시켜줄 수 있다. 둘째, 개인 선호를 단순 합산하는 투표 행위와 달리, 숙의와 공적 이성은 능동적으로 선호를 형성할 수 있게 해주고 그 결과 사회적 선호를 만들 수 있게 한다. 셋째, 공론장에서 숙의는 지속 가능한 사회로 인도하여 만들어나갈 수 있는 규범적 가치를 정당화시켜줄 수 있다.

417. Thunberg, Greta. 2022. pp390-395.

418. Klein, Naomi. 2019(《미래가 불타고 있다》 2021, 393쪽에서 인용).

419. European Commissim. 2022.

420. Smil, Vaclav. 2021(《대전환》 2022, 452쪽에서 인용).

421. Skidelsky, Robert·Skidelsky, Edward. 2013(《얼마나 있어야 충분한가》 2013, 65-76쪽에서 인용).

422. Brand, Ulrich. Wissen, Markus. 2017.

423. https://hotorcool.org/1-5-degree-lifestyles/ 유럽에서는 1.5℃ 라이프스타일을 캠페인하는 민간 싱크탱크 등도 등장하고 있다.

424. Daly, Herman. 1985. 허먼 데일리의 1985년 논문 "교환가치의 순환적 흐름과 물질-에너지의 선형적 처리량"은 세대간 분배에 대해서는 매우 중요한 통찰을 제공하고 있다.

425. Shafik, Minouche. 2021. pp150-151.

426. Daly, Herman. 1985.

427. Koch, Max. 2020.

428. 녹색 일자리는 상당히 모호한 개념으로 간주될 수도 있다. 대체로 ILO가 정의한 것을 참조하면, "제조 및 건설과 같은 기존의 전통적인 산업부문이나, 재생에너지 및 에너지 효율화와 같은 새롭게 부상하는 녹색부문에서, 생산 과정과 생산결과가 환경을 보존하거나 복원하는 데 기여하는 괜찮은 일자리"라고 정의된다. 여기서 '환경을 보존하거나 복원하는 데 기여하는' 것이란, ①에너지 및 원자재 효율성 향상, ②온실가스 배출 제한, ③폐기물 및 오염 최소화, ④생태계 보호 및 복원, ⑤기후변화 영향에 대한 적응 지원이라고 명시된다(ILO. 2018). 참고로 녹색 분류체계에서는 '6대 환경목표'로서, ①온실가스 감축, ②기후변화 적응, ③물의 지속 가능한 보전, ④자원순환, ⑤오염방지 및 관리, ⑥생물다양성 보전에 기여하는 경제활동으로 조금 더 넓게 잡는다(환경부. 2021).

429. Mckinsey and Company. 2020.

430. ILO. 2018

431. Pollin, Robert·Wicks-Lim, Jeannette et al. 2022

432. Pollin, Robert. 2015. pp85-91.

433. 물론 자원생산성을 향상시키더라도 절대 경제 규모를 키우면 절대 자원 투입량은 늘어나게 된다. 제본스 역설이 그것이다

434. Tcherneva, Pavlina. 2020(《일자리보장-지속가능사회를 위한 제안》 2021, 146쪽에서 인용).

435. Jackson, Tim. 2018.

436. "Why 2023 Could Finally Be the Year of the 4-Day Workweek". Time. 2023년 1월 19일자

437. 주 4일제가 젠더정책에 미치는 영향은 이렇게 요약될 수 있다. "모두의 직장 근무시간을 단축하면 남성과 여성이 가사노동을 더 공정하게 배분할 수 있는 공간이 열린다. '두 번째 교대근무(퇴근후 가사노동을 말함-인용자)'는 좀 더 평등한 일자리 분담이 될 수 있다. 더욱이 직장 근무시간을 단축하면 특히 번아웃과 스트레스에 시달리는 노동자들이 받는 압력을 덜 수 있다. 이 범주의 노동자에는 압도적 다수가 여성인

교사와 간호사가 포함된다. 따라서 노동시간 단축에 대한 요구는 지불노동이 여성 노동자의 건강에 상대적으로 심각한 타격을 입힌다는 사실을 인정하는 한편, 가정에서 요구되는 돌봄노동을 위해 더 많은 시간을 제공하는 것이기도 하다." Lewis, Kyle and Stronge, Will. 2021(《오버타임》 2021, 87쪽에서 인용).

438. Lewis, Kyle and Stronge, Will. 2021(《오버타임》 2021, 97쪽에서 인용).

439. Coote, Anna·Harper, Aidan·Stirling, Alfie. 2021(《주4일 노동이 답이다》 2022, 20-38쪽에서 인용).

440. Schumacher, Ernst. 1973(《작은 것이 아름답다》 2022, 67쪽에서 인용).

441. Foster, John Bellamy. 2019.

442. Jackson, Tim. 2021(《포스트 성장 시대는 이렇게 온다》 2022, 195쪽에서 인용).

443. Thunberg, Greta. 2022. p392.

444. Jackson, Tim. 2021(《포스트 성장 시대는 이렇게 온다》 2022, 205-208쪽에서 인용).

445. Daly, Herman. 1985.

446. Victor, Peter. 2019. pp57-74.

447. 예일대 등의 연구진이 다보스포럼에서 발표해온 환경지표의 일종으로, 11개 문제 범주에 걸쳐 40개 성과지표를 사용하여 기후변화 성과, 환경 건강 및 생태계 활력에 대해 180개 국가의 순위를 매긴다. 관련 내용은 웹사이트 https://epi.yale.edu/ 참조

448. 영국 신경제재단이 도입해서 측정하는 웰빙과 환경적 영향에 관한 지수. 주관적인 삶의 만족도나 기대수명, 생태발자국 등을 측정하여 계산한다. 관련 내용은 웹사이트 https://neweconomics.org/2006/07/happy-planet-index 참조

449. 2장 7절을 참조하라

450. Thunberg, Greta. 2022. p333.

451. Spash, Clive. 2020.

452. Kish, Kaitlin·Farley. Joshua. 2021.

453. Rifkin, Jeremy. 2022(《회복력 시대》 2022, 25쪽에서 인용).

454. Boyce, James. 2019. pp32-33.

455. Roubini, Nouriel. 2022. p236.

456. Green, Jessica. 2021.

457. 조영탁은 국내에서는 드물게 생태경제학의 관점을 가지고 있음에도 불구하고, 현실적으로는 이미 인간의 경제가 기후과학자들이 정해놓은 지구 생태 한계선을 일부 넘어가고 있는 긴급 상황이라는 사실을 외면한다. 그리고 우리 경제 현실이 무리한 탄소 감축을 감당할 상황이 아니라면서 과감한 탄소 배출 감축과 적극적 탈탄소 산업 전환을 비현실적이라고 공박한다. 이런 식의 문제의식은 지구 생태계 한계 안의 경제라는 생태경제학의 기본원리를 그저 말로만 반복할 뿐 실천적으로 적용하려는 의지를 의심하게 만드는 것이다. http://www.naeil.com/news_view/?id_

art=397311

458. Buller, Adrienne. 2022. pp64-65. Pindyck, Robert. 2016.

459. Boyce, James. 2019. pp43-44.

460. 자료는 국가온실가스 종합관리시스템을 참조하라. https://ngms.gir.go.kr/main.do

461. 1장 1절을 참조하라. Stoddard, Isak·Anderson, Kevin et al. 2021.

462. Mann, Michael. 2021. pp44-45.

463. Carney, Mark. 2021(《초가치》 2022, 581-587쪽에서 인용).

464. Buller, Adrienne. 2022. pp152-153.

465. 한국은 2025년부터 자산 총액 2조 원 이상 코스피 상장사에, 2030년부터는 전체 코스피 상장사에 '지속가능 경영보고서' 작성을 의무화하기로 예정되어 있다. 물론 지금도 자발적으로 지속가능 경영보고서를 공개하는 기업들도 있지만 워낙 주관적인 홍보 성격이 강하다.

466. Carney, Mark. 2021(《초가치》 2022, 584쪽에서 인용).

467. Buller, Adrienne. 2022. pp158-161.

468. 이코노미스트 2021년 11월 4일자. "Tariq Fancy on the failure of green investing and the need for state action"

469. Gunningham and Holley, 2016

470. 웹사이트는 https://www.there100.org/

471. Reclaim Finance. 2022.

472. 넷제로 자산운용 이니셔티브는 2020년 12월에 설립되었는데, 온실가스 순배출 제로 목표를 달성하고자 하는 자산운용업계 모임이다. 웹사이트를 참조하라 https://www.netzeroassetmanagers.org/

473. "누가 석유 공룡이 멸종한다 했나" 조선일보 2022년 6월 2일자.   https://www.chosun.com/economy/mint/2022/06/02/SN2ZEUYJ3JEAVBQTIXYEGJAI74/

474. 국제결제은행은 기후위기가 예기치 못한 거대 충격을 몰고 올 수 있다는 의미에서 '그린스완', 또는 '기후라는 블랙스완' 사건이 될 수 있으며, 다음번의 금융 시스템 위기의 원인이 될 수도 있다고 분석한다. 그러므로 중앙은행들은 앞으로 기후위기를 금융위기 발생의 중요한, 매우 특별한 요인으로 보고 모니터링 방안이나 대처 방안들을 준비하라고 권고한다. 김병권. 2020a.

475. Bolton, Patrick·Despres, Morgan. 2020.

476. 2장 6절을 참조하라.

477. Victor, Peter. 2022. p251.

478. 허먼 데일리는 이를 '화폐의 이중적 성격'이라고 불렀는데, 화폐가 "개인 관점에서 보면 부(wealth)의 추상적 형태지만, 공동체 관점에서 보면 생물리학적 채무(biophysical liability)로 간주"되기 때문이다. Renner, Ansel. Daly, Herman.

Mayumi, Kozo. 2021.

479. 이 대목을 가장 적절히 짚은 것이 현대화폐이론(MMT)이다. 전용복. 2020.

480. Fisher, Irving. 1935(《완전한 화폐》 2022, 15쪽에서 인용).

481. Victor, Peter. 2022. p256.

482 Hickel, Jason. 2020. p240.

483. Daly, Herman. 2013.

484. Raworth, Kate. 2017(《도넛 경제학》 2018, 215-222쪽에서 인용).

485. Raworth, Kate. 2017(《도넛 경제학》 2018, 310쪽에서 인용).

486. Kallis, Giorgos. 2019. p59.

487. Kallis, Giorgos. 2019. p60.

488. 물론 허먼 데일리 같은 생태경제학자는 일찍이 '목적과 수단의 스펙트럼'을 통해서, 더 많은 물질적 소비와 삶의 행복을 동일시하는 것에 반대하고 경제와 더 높은 윤리적 목표를 연결할 것을 제안하기도 했다. 2장 11절 참조.

489. Jackson, Tim. 2021(《포스트 성장 시대는 이렇게 온다》 2022, 128-134쪽에서 인용).

490. 세르주 라투슈. 2010. p142쪽에서 재인용.

491. 한편 일찍이 경제학자 케네스 겔브레이스도 이미 1950년대에 무한 물질소비를 추구하는 경향에 대해 지적했는데, 그는 기업의 과잉 광고를 문제 삼았다. "필요하지 않던 물건도 일단 생산하면 필요하게 되는 것이 현실이다. 이런 현상은 유행이나 사회적 욕구, 단순한 모방과 어우러져 더 강화된다. 남들이 하는 것은 자기도 해봐야 하고, 남들이 가진 것은 자기도 가져야 하기 때문이다. 실제로 소비수요를 만들어내는 가장 중요한 원천은 공급자에 의한 광고와 판매 기술이다. 일단 상품을 생산해 놓고 그 상품에 대한 시장을 만들어나가는 것이다" Galbraith, John. 1998. p8. 이 맥락은 이후 로겐에게도 이어지며, 최근에는 제이슨 히켈이 과잉 소비를 촉진하는 광고에 대한 제한을 말하기도 했다. Hickel, Jason. 2020. p211-214.

492. Keynes, John Maynard. 1930.

결론 생태경제학의 경제개혁 전략과 정책

493. Georgescu-Roegen, Nicolas. 1975.

494. Daly, Herman. 2015.

495. Kallis, Giorgos·Paulson, Susan et al(《디그로쓰》 2021, 105-130쪽에서 인용).

496. McGovern, Gerry. 2020. pp88-93.

497. McGovern, Gerry. 2020. pp118-119.

498. 이외에도 2022년 국제생태사회주의자 5차 회합에 이르기까지 이들이 공개한 보고서들에서 좀 더 풍부한 내용을 참조해볼 수 있다. https://www.alterecosoc.org/

499. Hickel, Jason. 2020. pp207-240.

500. Thunberg, Greta. 2022. pp333-336.

501. Standing, Guy. 2019.

502. Ostrom, Elinor. 1990.

503. 에르베 켐프. 2012. pp199-202.

504. 이 주제는 5장 29절에서 설명했다

505. 이 부분은 5장 32절에서 설명했다

506. Lovelock, James. 2010. p95.

507. Fiorino, Daniel. 2018. p87. 다니엘은 특히 중앙정부(연방정부)와 함께 지방정부
나 도시들의 다양성에 기초한 민주주의 잠재력이 기후위기와 생태위기 해결을 위해
중요하다고 강조하고 있다.

508. D'Alisa, Giacomo·Kallis, Giorgos. 2020. 최근 자코모 달리사 등이 "탈성장과 국
가Degrowth and the State"와 같은 논문을 발표하며 관심을 보이고는 있으나 아직
기초적 단계다.

509. 말름의 전시공산주의 해법은 4장 25절을 참고하라.

510. Jackson, Tim. 2009(《성장 없는 번영》 2016, 205-209쪽에서 인용).

511. Koch, Max. 2020.

512. 영국 시사주간지 이코노미스트는 미래의 재정정책은 불가피하게 어느 정도는 확장
재정으로 갈 수밖에 없다면서 그 이유로 고령화, 군비경쟁, 그리고 탈탄소화를 예로
들었다. https://www.economist.com/special-report/2022-10-08

513. Smil, Vaclav. 2022. pp216-217. 그는 더 나아가 "매년 40억 톤의 시멘트와 20억
톤의 철강이라는 거대한 물질량을 도대체 당장 무얼로 대체할 수 있단 말인가" 하고
의문을 제기하면서, "철강과 시멘트, 암모니아, 플라스틱은 여전히 미래 문명을 떠받
치는 4개의 물질적 기둥이 될 것"이라고 단언한다.

참고문헌

관계부처합동. 2022. 《2021년 기후이상보고서》.

관계부처합동. 2020. 《2050 탄소중립 추진전략》

기욤 피트롱. 2018. 《프로메테우스의 금속》. 갈라파고스.

김병권. 2021. 《진보의 상상력: 기후위기와 불평등의 시대, 정치란 무엇인가》. 이상북스.

김병권. 2020a. 《기후위기와 불평등에 맞선 그린뉴딜》. 책숲.

김병권. 2020b. 《사회적 상속》. 이음.

김상현. 2020. 〈그린뉴딜 다시쓰기〉. 창작과 비평 2020 봄, 통권 187호.

김일방. 2016. 〈허먼 데일리(Herman Daly)의 생태경제사상-그 형성배경을 중심으로〉.
    환경철학 No.25(2018), pp.31-60.

김일방. 2022. 《환경사상의 흐름》. 그린비

더글러스 러미스. 2000. 김종철 최성현 옮김(2002). 《경제성장이 안되면 우리는 풍요롭
    지 못할 것인가》. 사계절

리카르도 페트렐라·세르주 라투슈·엔리케 두셀. 2021. 《탈성장》. 대장간.

마야 괴펠. 2020. 《미래를 위한 새로운 생각: 우리는 더 이상 성장해서는 안 된다》. 나무
    생각.

브뤼노 라투르·니콜라이 슐츠. 2022. 《녹색계급의 출현》. 이음.

브뤼노 라투르. 2017. 《지구와 충돌하지 않고 착륙하는 방법》. 이음.

사이토 고헤이. 2021. 《지속 불가능 자본주의-기후위기 시대의 자본론》. 다다서재.

서울대 국제문제연구소·경제연구소. 2022. 《ESG정치경제학》. (주)르몽드코리아.

세계자연기금·런던동물학회 동물학연구소. 2022. 《지구생명보고서 2022》. WWF-Kore.

세르주 라투슈. 2015. 《성장하지 않아도 우리는 행복할까?》. 민음사.

세르주 라투슈. 2010. 《탈성장 사회: 소비사회로부터의 탈출》. 오래된 생각.

서영표. 2020. 〈신고전파경제학 패러다임 비판과 생태경제학의 가능성〉. 비판사회학회 2020년도 비판사회학대회. pp.33-35.

서영표. 2022. 〈생태주의, 페미니즘, 그리고 사회주의 : 위기의 시대, 전환의 길 찾기〉. 문화과학. 2022-03 109:279-304.

에르베 켐프. 2012. 《지구를 구하려면 자본주의에서 벗어나라》. 서해문집.

이광근. 2022. 〈21세기 초 생태맑스주의 논쟁의 쟁점들: 물질대사 균열 비판과 반비판〉. 비판사회학회 학술대회 자료집. 2021-11 2021(11):214-230.

이브 코셰. 2012. 《불온한 생태학》. 사계절.

이상엽 외. 2022. 《탄소중립연구》. 경제·인문사회연구회.

이상호. 2016. 〈생태경제학과 탈성장: 조지스큐-로이젠과 라투슈의 관계를 중심으로〉. 기억과 전망 Vo.34(2016), 통권 34호 pp.149-186.

이상호. 2005. 〈조지스큐-로이젠의 생태경제학과 시장 비판〉. 경제학의 역사와 사상 제5권 pp.87-120.

이상호. 2008. 〈조지스큐-로이젠의 생명경제학과 플로-펀드모델〉. 경제학연구 제56집 제4호.

자코모 달리사·페데리코 데마리아 외. 2018. 《탈성장 개념어 사전》. 그물코.

전용복. 2020. 《나라가 빚을 져야 국민이 산다》. 진인진.

정태인·이수연. 2013. 《협동의 경제학》. 레디앙.

조영탁. 2021. 《생태경제와 그린뉴딜을 말하다》. 보고사.

조영탁. 2013. 《한국경제의 지속가능한 발전전략: 생태경제학의 기획》. 한울.

조효제. 2022. 《침묵의 에코사이드》. 창비.

최병두. 2022. 〈인류세인가, 자본세인가: 생태마르크스주의의 이론적 균열〉. 공간과 사회 32. 1 (2022): 115-165.

파블로 세르비뉴·라파엘 스테방스. 2021. 《붕괴의 사회정치학》. 에코리브르.

헤르만 셰어. 2012. 《에너지 명령》. 고즈윈.

환경부. 2021. 《한국형 녹색분류체계 가이드라인》.

Aghion, Philippe·Antonin, Celine·Bunel, Simon. 2021. The Power of Creative Destruction: Economic Upheaval and the Wealth of Nations. Harvard University Press. 이민주, 《창조적 파괴의 힘》, 에코리브르, 2022.

Ament, Joe. 2019. "Toward an Ecological Monetary Theory". Sustainability

Vo1.923(2019).

ANdreoni, Antonio. 2021. "Industrial Policy Reloaded". Economic + Social Issues
Vol.27

Angus, Ian Kovel, Joel Lowy, Michael. 2009. "Belem Ecosocialist Declaration".

Angus, Ian. 2016. facing the Anthropocene: fossil capitalism and the crisis of the
earth system. New York: Monthly Review Press.

Antal, Miklos. 2014. "Green goals and full employment: Are they compatible?".
Ecological Economics Vol. 107(2014), pp276-286.

Appelbaum, Binyamin. 2019. The Economist's Hour: False Prophets, Free
Markets, ans the Fracture of Society. New York: BKMT LLC. 김진원, 《경제학자
의 시대》, 부키, 2022.

Aronoff, Kate. 2021. Overheated: How Capitalism Broke the Planet and How We
Fight Back. New York: Bold Type Books.

Bagstad, Kenneth·Shammin, Rumi. 2012. "Can the Genuine Progress Indicator
better inform sustainable regional progress?—A case study for Northeast
Ohio". Ecological Indicators Vol.18(2012), pp.330-341.

Bendell, Jem·Read, Rupert. 2021. Deep Adaptation. UK:Polity Press. 김현우·김미
정·추선영·하승우, 《심층적응》, 착한책가게, 2022.

Bergh,J.C.J.M. van den. 2017. "A third option for climate policy within potential
limits to growth . Nature Climate Change, Vol.7(2017).

Bergh, J.C.J.M. van den. 2000. "Ecological Economics: Themes, Approaches,
and Differences with Environmental Economics". Regional Environmental
Change Vol2. pp13-23.

Berik, Günseli. 2018. "Toward more inclusive measures of economic well-being:
Debates and practices. ILO future of work research paper series.

Berry, Stephen. 2019. Three Laws of Nature: A Little Book on Thermodynamics.
USA:Yale University Press. 신석민, 《열역학》, 김영사. 2021.

Blum, Olivier·Wackernagel, Mathis. 2021. "Strategies for one-planet prosperity".
Schneider Electric.

Bolton, Patrick·Despres, Morgan. 2020. "The green swan: Central banking and
financial stability in the age of climate change". BIS.

Bootle,Roger. 2019. AI Economy. USA: Hodder & Stoughton . 이경식, 《AI경제》,
세종연구원, 2020.

Boston, Jonathan. 2022. "Living Within Biophysical Limits: green growth versus
degrowth". Policy Quarterly, Vol.18. No.2(2022).

Bookchin, Murray. 2012. Social Ecology and Communalism. UK: AK Pres. 서유석, 《머레이 북친의 사회적 생태론과 코뮌주의》, 메이데이, 2012.

Boulding, Kenneth. 1966. "The economics fo the coming spaceship earth". Environmental Quality in a Growing Economy, pp.3-14.

Bonaiuti, Mauro. 2011. From Bioeconomics to Degrowth:Georgescu-Roegen's "New Eonomics" in eight essays. New York: Routledge.

Boyce, James. 2019. the Case for Carbon Dividends. UK: Polity Press.

Boyce, James. 2018. "Carbon Pricing: Effectiveness and Equity". PERI.

Brand, Ulrich Wissen, Markus. 2017. The Emperial Mode of Living: Everyday Life and the Ecological Crisis of Capitalism. London: Verso. 이신철, 《제국적 생활양식을 넘어서》, 에코리브르, 2020.

Bregman, Rutger. 2016. Utopia For Realists: How we can build the ideal world. New York: Little, Brown and Company. 안기순, 《리얼리스트를 위한 유토피아 플랜》, 김영사, 2017.

Brewer, Michael. 1963. "Barnett, Harold J. and Morse, Chandler, Scarcity and Growth: The Economics of Natural Resource Availability".Resources J. 550 (1963).

Buck, Matthias·Dusolt, Alexander. 2022. "Regaining Europe's Energy Sovereignty - 15 Priority Actions for RePowerEU".

Buller, Adrienne. 2022. The Value of a Whale: On the illusions of Green Capitalism. USA: Manchester University Press.

Carney, Mark. 2021. Value(s): Building a Better World for All. New York: Public Affairs. 이경식, 《초가치》, 윌북, 2022.

Canuto, Enrico·Mazza, Daniele. 2022. "Fossil fuel reserves and depletion: can they comply with CO2-emission pledges and targets?". Academia Letters, April 2022

Chancel ,Lucas. 2022. "Global carbon inequality over 1990-2019". Nature Sustainability September 2022.

Chancel, Lucas·Piketty, Thomas et al. 2021. "World Inequality Report 2022". World Inequality Lab.

Chancel, Lucas. 2020. Unsustainable Inequalities: Social Justice and the Environment. London: The Belknap Press.

Christopher, Magee·Tessaleno, Devezas. 2017. "A Simple extension of dematerialization theory: Incorporation fo technical progress and the rebound effect". Technological Forecasting & Social Change Vol.117(2017), pp.196-205.

Climate Action Tracker. 2022. "Global reaction to energy crisis risks zero carbon transition".

Common, Mick·Perrins, Charles. 1992. "Towards an ecological economics of sustainability". Ecological Economics, Vol.6(1992). pp.7-34.

Coote, Anna·Harper, Aidan·Stirling, Alfie. 2021. The Case for Four Day Week. UK:Polity Press Ltd. 이성철 장현정, 《주4일 노동이 답이다》, 호밀밭, 2022,

Costanza, Robert·Kubiszewski, Ida et al. 2014. "Time to leave GDP behind". Nature. 2014 Jan 16;505(7483) pp.283-5.

Couix, Quentin. 2019. "Natural Resources in the Theory of Production: The Georgescu-Roegen/Daly versus Solow/Stiglitz Controversy". Dernière modification le : vendredi 29.

Coyle, Diane. 2021. Cogs And Monsters: What Economics is, And What it should be. USA: Prinston University Press.

Crawford, Kate. 2021. Atlas of AI. USA:Yale University Press. 노승영, 《AI 지도책 – 세계의 부와 권력을 재편하는 인공지능의 실체》, 소소의 책, 2022.

Cuvelier, Lara. 2022. "The Asset Managers Fueling Climate Chaos: 2022 scorecard on asset managers fossil fuels and climate change".

D'Alessandro, Simone·Dittmer, Kristofer et al. 2018. "EUROGREEN Model of Job Creation in a Post-Growth Economy". Greens | EFA

D'Alisa, Giacomo·Kallis, Giorgos. 2020. "Degrowth and the State". Ecological Economics Vol.169(2020) pp.106 486.

Daly, Herman. 2019. "Growthism: its ecological, economic and ethical limits". R real-world economics review, issue No. 87.

Daly, Herman. 2015. "Economics for a Full World". A Great Transition Initiative Essay.

Daly, Herman. 2014. From Uneconomic Growth to a Steady-State Economy. USA: Elgar.

Daly, Herman. 2013. "Nationalize Money, Not Banks". https://positivemoney. org/2012/08/nationalize-money-not-banks-by-herman-daly/

Daly, Herman. 1997. Beyond Growth: The Economics of Sustainable Development. USA: Beacon Press. 박형준, 《성장을 넘어서: 지속가능한 발전의 경제학》, 열린책들, 2016.

Daly, Herman. 1994. "Farewell speech to the World Bank". https://editors.eol. org/eoearth/wiki/Farewell_speech_to_the_World_Bank_by_Herman_E._

Daly.

Daly, Herman. 1992. "Allocation, distribution, and scale: towards an economics that is efficient, just, and sustainable". Ecologicd Economics, Vol.6(1992) pp.182-193.

Daly, Herman. 1990. "Toward Some Operational Principle of Sustainable Development". Ecological Economics, Vol.2(1990) pp.1-6.

Daly, Herman. 1985. "The Circular flow of Exchange Value and The Linear Throughput of Mater-Energy: A Case of Misplaced Concreteness". Review of Social Economy, Vol.43, No.3(1985), pp. 279-297.

Daly, Herman. 1970. "The Canary Has Fallen Silent". The New Yok Times Oct. 14, 1970.

Daly, Herman. 1968. "On Economics as a Life Science". Journal of Political Economy, Vol.76, No.3(May - Jun., 1968), pp.392-406.

Daly, Herman·Farley. Joshua. 2011. Ecological Economics:Principles and Applications(Second Edition). London:Island Press.

Daly, Herman·Czech, Brian et al. 2007. "Are We Consuming Too Much—for What?". Conservation Biology Vol.21, No.5, pp.1359-1362.

Daly, Herman·Renner, Ansel·Mayumi, Kozo. 2021. "The dual nature of money: why monetary systems matter for equitable bioeconomy". Environmental Economics and Policy Studies Vol.23(2021) pp.749-760.

Demailly, Damien.2012. "Green Growth vs. Degrowth: Beyond a Sterile Debate". Green European Journal.

Devall, Bill·Sessions, George. 2007. Deep Ecology: Living as if Nature Mattered. USA:Gibbs Smith, Publisher. 김영준·민정희·박미숙·함엄석. 《딥 에콜로지》, 원더박스, 2022.

Distelkamp, Martin. 2019. "Pathways to a Resource-Efficient and Low-Carbon Europe". Ecological Economics Vol.155(2019) pp.88-104.

Duflo, Esther·Banerjee, Abhijit. 2020. Good Economics for Hard Times. USA: Penguin Books Ltd. 김승진, 《힘든 시대를 위한 좋은 경제학》, 생각의 힘, 2020.

Easterlin, Nancy and Easterlin, Richard. 2021. An Economist's Lessions on Happiness: Farewell Dismal Science. USA:Springer. 안세민, 《지적 행복론》, 윌북, 2022.

Elhacham, Emily·Ben-Uri, Liad et al. 2020. "Global human-made mass exceeds all living biomass". Nature Vol.588(2020).

Ellis, Erle. 2018. Anthropocene: A Very Short introduction, First Edition. UK:

Oxford University Press. 김용진·박범순, 《인류세》, 교유서가, 2021.

Enerdata. 2022. "Energy crisis: opportunity or threat for EU energy transition?". Executive Brief, May 2022.

Energy Transition Commission. 2018. "Reaching Net-Zero Carbon Emissions from Harder to Abate Sectors by Mid Century".

Escobar, Arturo. 2015. "Degrowth, postdevelopment, and transitions: a preliminary conversation". Sustainability Science Vol.10(2015), pp.451-462.

European Commission. 2022. "REPowerEU Actions".

European Environment Agency. 2021. "Reflecting on green growth Creating a resilient economy within environmental limits". EEA Report Vol 11/2021.

European Environmental Bureau. 2019. Decoupling Debunked.

Fancy, Tariq. 2021. "Tariq Fancy on the failure of green investing and the need for state action". Economist.

Farley, Joshua·Malghan, Deepak. 2016. Beyond Uneconomic Growth: A Festschrift in honor of Herman Daly. USA: Edward Elgar Pub.

Farley, Joshua. 2014. "Extending market allocation to ecosystem services: Moral and practical implications on a full and unequal planet". Ecological Economics xxx (2014) xxx-xxx.

Fiorino, Daniel. 2018. Can Democracy Handle Climate Change?. USA: Polity.

Fisher, Irving. 1935. 100% Money. 현정환, 《완전한 화폐》, 박영사. 2022.

Foster, John Bellamy. 2022. "Socialism and Ecological Survival: An Introduction". Monthly Review July 1, 2022.

Foster, John Bellamy. 2019. "The Meaning of Work in a Sustainable Society". TJSGA/TLWNSI Essay/SD (E020) June 2019.

Foster, John Bellamy. 2018. "The hope of ecosocialism: Interview of John Bellarmy Foster by Jonas Elvander for Flamman in Sweden". MRonline.

Foster, John Bellamy. 2018. "Do Red and Green Mix?: A Roundtable". Great Transition Initiative.

Foster, John Bellamy·Burkett, Paul. 2000. Marx and the Earth: An anti-critique. USA: Monthly Review Press. 김민정·황정규, 《마르크스의 생태학: 유물론과 자연》. 인간사랑, 2016.

Galbraith, John. 1998. The Affluent Society. USA: Mariner Books. 노택선, 《풍요한 사회》, 한국경제신문, 2006.

Georgescu-Roegen, Nicolas. 1975. "Energy and Economic Myths". Southern Economic Journal Vol.41, No.3(1975).

Georgescu-Roegen, Nicolas.1971. The Entropy Law and The Economics Process. USA: Harvard University Press. 김학진 유종일, 《엔트로피와 경제》, 한울, 2017.

Glavovic, Bruce·Smith, Timothy·White, Iain. 2021. "The tragedy of climate change science". Published by Informa UK Limited, trading as Taylor & Francis Group.

Goodman, Rob·Sony, Jimmy. 2018. A Mind at Play: How Claude Shannon Invented the Information Age. New York:Simon & Schuster. 양병찬, 《저글러, 땜장이, 놀이꾼, 디지털 세상을 설계하다》, 곰출판, 2020.

Görg, Christoph·Plank, Christina. 2020. "Scrutinizing the Great Acceleration: The Anthropocene and its analytic challenges for social-ecological transformations". The Anthropocene Review Vol.7(2020), pp.42–61.

Green, Brian. 2020. Until The End of Time. USA: William Morris Endeavor Entertainment, LLC. 박병철, 《엔드 오브 타임》, 와이즈베리, 2021.

Green, Jessica.2021. "Does carbon pricing reduce emissions? A review of ex-post analysis". Environmental Research. Vol.16(2021). No. 043004.

Guillemette, Yvan·Turner, David. 2021. The Long Game: Fiscal Outlooks to 2060 Underline Need for Structural Reform. OECD Economic Policy Paper Vol.29.

Gunningham, Neil Holley, Cameron. 2016. "Next-Generation Environmental Regulation: Law, Regulation, and Governance". Annual Review of Law and Social Science, 12.

Haas, Willi·Krausmann, Fridolin. 2020. "Spaceship earth's odyssey to a circular economy - a century long perspective". Resources Conservation & Recycling, Vol.163 (2020), No.105076.

Hardt, Lukas·O'Neill, Daniel. 2017. "Ecological Macroeconomic Models: Assessing Current Developments", Ecological Economics Vol.134(2017), pp.198–211.

Hashim, Mastura·Sifat, Imtiaz Mohammad·Mohamad, Azhar. 2018. "GDP vs genuine progress quantification of economic performance in South Korea and Malaysia. Economics and Business Letters Vol.7(2018), pp.169–179.

Healya, Noel·Barry, John. 2017. "Politicizing energy justice and energy system transitions: Fossil fuel divestment and a 'just transition'". Energy Policy Vol.108(2017), pp.451–459.

Heinberg, Richard. 2011. The End of Growth. Canada: New Society Publishers Ltd. 노승영, 《제로성장 시대가 온다》, 부키, 2013.

Herrington, Gaya. 2020. "Update to limits to growth Comparing theWorld3 modelwith empirical data". Journal of Industrial Ecology(2020), pp.1-13.

Hickel, Jason. 2020. Less is More: How Degrwth will Save the World. London: William Heinemann. 김현우·민정희, 《적을수록 풍요롭다-지구를 구하는 탈성장》, 창비, 2021.

Hickel, Jason. 2020. "Quantifying national responsibility for climate break down: an equality-based attribution approach for carbon dioxide emissions in excess of the planetary boundary". Lancet Planet Health 202, Vol.4, pp.399-404.

Hickel, Jason. 2020. "Degrowth and MMT: A thought Experiment". https://www.jasonhickel.org/blog/2020/9/10/degrowth-and-mmt-a-thought-experiment.Hickel,Jason·Kallis,Giorgos. 2019. "Is Green Growth Possible?". Political Economy , Vol.25(2019), pp.1-18.

Hickel, Jason. 2018. "The contradiction of the sustainable development goals: Growth versus ecology on a finite planet". Sustainable Development, 2019, pp.1-12.

Hickel, Jason·Kallis, Giorgos·Jackson, Tim et al. 2022. "Degrowth can work — here's how science can help". Nature Vol.612(December 2022). pp.400-403.

Holling, C.S. 1973. "Resilience and stability of ecological system". Annual Review of Ecologicval System Vol.4. pp.1-24.

Holt, Richard·Pressman, Steven·Spash, Clive edited. 2009. Post Keynesian and Ecological Economics: Confronting Environmental Issues. UK: Edward Elgar.

Hubacek, Klaus·Chen, Xiangjie et al. 2021. "Evidence of decoupling consumption-based CO_2 emissions from economic growth". Advanced in Applied Energy Vol.4(2021), No.100074.

IEA. 2022. World Energy Outlook 2022.

IEA. 2021. Net Zero by 2050 A Roadmap for the Global Energy Sector.

Illich, Ivan. 1977. Disabling Professions. Marion Boyars Publishers LTD. 신수열, 《전문가들의 사회》, 사월의 책, 2015.

ILO. 2018. "Greening With Jobs".

IPCC. 2021. "Climate Change 2021:The Physical Science Base". Working Group I contribution to the Sixth Assessment Report of the Intergovernmental Panel on Climate Change.

IPCC. 2022a. "Climate Change 2022: Impacts, Adaptation and Vulnerability". Working Group II Contribution to the Sixth Assessment Report of the Intergovernmental Panel on Climate Change.

IPCC. 2022b. "Climate Change 2022:Mitigation of Climate Change". Working Group III contribution to the Sixth Assessment Report of the Intergovernmental Panel on Climate Change.

IRENA. 2022. Renewable_energy_statistics_2022. www.irena.org

IRENA. 2021. "Renewable Energy and Jobs Annual Review". www.irena.org

Isham, Amy·Mair, Simon·Jackson, Tim. 2021. "Worker wellbeing and productivity in advanced economics: Re-examining the link". Ecological Economics, Vol.184(2021), No.106989.

Jackson, R·Friedlingstein. 2022. "Global fossil carbon emissions rebound near pre-COVID-19 levels". Environ. Res. Lett. Vol.17(2022) No.031001.

Jackson, Tim. 2021. Post Growth: Life after Capitalism. UK: Polity Press. 우석영·장석준, 《포스트 성장 시대는 이렇게 온다》, 산현재, 2022.

Jackson, Tim. 2020. "Wellbeing Matters: An Economy That Works: Tackling growth dependency". An Economy That Works, Briefing Paper No.3.

Jackson, Tim. 2018. "The Post-Growth Challenge:Secular Stagnation, Inequality and Limits to Growth". CUSP Working Paper No.12.

Jackson, Tim. 2009. Prosperity Without Growth: Economics for a finite planet. UK: Routledge. 전광철, 《성장없는 번영》, 착한책가게, 2016.

Jackson,Tim·Victor,Peter. 2019. "Unraveling the claims for (and against) green growth: Can the global economy grow indefinitely, decoupled from Earth's limitations?". Science Vol.366, ISSUE 6468.

Jacobs, Michael·Mazzucato, Mariana.2016. Rethingking Capitalism. UK:Wiley-Blackwell. 정태인, 《자본주의를 다시 생각한다》, 칼폴라니사회경제연구소, 2017.

Kallis, Giorgos·Paulson, Susan et al. 2020. the case for Degrowth. UK: Polity Press. 우석영 장석준, 《디그로쓰》, 산현재.

Kallis, Giorgos. 2019. Limits: Why Malthue was wrong and Why Environmentalists shoud care. USA: Stanford University Press.

Kallis, Giorgos·Kostakis, Vasilis. 2018. "Research On Degrowth". Annual Review of Environment and Resources. Vol.43, pp.291-316.

Keen, Steve. 2020. "The appallingly bad neoclassical economics of climate change". globalization, Vol.10(2020).

Kelton, Stephanie. 2020. The Deficit Myth : Modern Monetary Theory and How to Build a Better Economy. USA: John Murray Press, 이가영, 《적자의 본질-재정 적자를 이해하는 새로운 패러다임》, 비즈니스맵, 2021.

Kemp, Luke. Xu, Chi et al. 2022. "Climate Endgame: Exploring catastrophic climate change scenarios". PNAS. Vol. 119 No. 34.

Keynes, John Maynard. 1930. Essays in Persuasion.. 정명진, 《설득의 에세이》, 부글, 2017.

King, John.2015. Advanced Introduction to Post Keynesian Economics. UK:Elgar. 현동균 박해선, 《포스트 케인지언 경제학에의 초대》, 진인진, 2021.

Kish, Kaitlin·Farley. Joshua. 2021. "A Research Agenda for the Future of Ecological Economics by Emerging Scholars". Sustainability 2021, 13, 1557.

Klein, Naomi. 2019. On Fire: The case for a Green New Deal. New York: Simon & Schuster. 이순희, 《미래가 불타고 있다》. 열린책들, 2021.

Koch,Max. 2020. "The state in the transformation to a sustainable postgrowth economy". Environmental Politics, Vol. 29 No. 1, pp.115-133.

Kovel, Joel. 2007. "Why Ecosocialism Today?".

Krausmann, Fridolin·Schandl, Heinz et al. 2017. "Material Flow Accounting: Measuring Global Material Use for Sustainable Development". Annual Review of Environment and Resources Vol.42(2017), pp.647-675.

Krausmann, Fridolin·Lauk, Christian et al. 2018. "From resource extraction to outflows of wastes and emissions: The socioeconomic metabolism of the global economy, 1900-2015". Global Environmental Change Vol.52(2018). pp.131-140.

Krausmann, Fridolin·Wiedenhofer, Dominik et al. 2017. "Global socioeconomic material stocks rise 23-fold over the 20th century and require half of annual resource use". PNAS Vol.114(2017). No.8.

Kubiszewski, Ida·Costanza, Robert. 2013. "Beyond GDP: Measuring and achieving global genuine progress". Ecological Economics Vol.93(2013), pp.57-68.

Lange, Steffen. 2018. Macroeconomics Without Growth: Sustainable Economies in Neoclassical, Keynesian and Marxian Theories. UK: Metropolis.

Lehmann, Catherine. Delbard, Olivier. Lange, Steffen.2022. Green growth, a-growth or degrowth? Investigating the attitudes of environmental protection specialists at the German Environment Agency. Journal of cleaner production Vol.336(2022), No.130306.

Lewis, Kyle and Stronge, Will. 2021. Overtime. UK: Verso. 성원, 《오버타임》, 시프, 2021.

Lovelock, James. 2010. The Vanishing Face of Gaia: A Final Warning: A Final Warning. USA: Basic Books.

Löwy, Michael. 2022. "For an Ecosocialist Degrowth". Monthly Review, April 1, 2022.

Löwy, Michael. 2918. "Why Ecosocialism:For a Red-Green Future". Great Transition Initiative December 2018.

Malm, Andreas. 2020. Corona, Climate, Chronic Emegency. UK:Verso. 우석영·장석준, 《코로나, 기후, 오래된 비상사태》, 마농지, 2021.

Malm, Andreas. 2016. Fossil Capital: The Rise of Steam Power and the Roots of Global Warming. UK: Verso.

Mann, Michael. 2021. The New Climate War: The Fight to Take Back the Planet. New York: Public Affairs.

Markard, Jochen. 2021. "Beyond Carbon Pricing: Six Sustainability Transition Policy Principle for Net Zero.". Economic + Social Issues Vol.27

Mastini, Riccardo·Kallis, Giorgos·Hickel, Jason. 2021. "A Green New Deal without growth?". Ecological Economics Vo.179(2021), No.106832.

Mather, Neil. 2008. Nature's New Deal. UK: Oxford University Press.

Mazzucato, Mariana. 2021. Mission Economy: A Moonshot Guide to Changing Capitalism. UK: Allen Lane.

Mazzucato, Mariana. 2018. The Value of Everything:Making and Taking in the Global Economy. UK: Allen Lane. 안진환, 《가치의 모든 것》, 민음사, 2020.

Mazzucato, Mariana. 2013. The Entrepreneurial State: Debunking Public vs. Private Sector Myths. UK: Anthen Press. 김광래, 《기업가형 국가》, 매일경제신문사, 2015.

McAfee, Andrew. 2020. More from Less: The Surprising Story of How We Learned to Prosper Using Fewer Resources--And What Happens Next. USA: Portfolio. 이한음, 《포스트 피크》, 청림출판, 2020.

McCauley, Darren·Ramasar, Vasna. 2018. "Energy justice in the transition to low carbon energy systems". University of Dundee.

McGovern, Gerry. 2020. World Wide Waste:How digital is killing our planet - And what we can do about it. Silver Beach Publishing.

McGuire, Bill. 2022. Hothouse Earth: An Inhabitant's Guide. UK and USA: Icon.

McKay, David Armstrong. Staal, Arie et al. 2022. "Exceeding 1.5°C global warming could trigger multiple climate tipping points". Science Vol.377. No.6611.

Mckinsey and Company. 2020. "How a post-pandemic stimulus can both create jobs and help the climate"

McNeil, JR. Engelke, Peter. 2014. The Great Acceleration: An Environmental History of the Anthropocene since 1945. London: The Belknap Press of Harvard University Press.

Meadows, Dennis·Meadows, Donella et al. 2004. Limits to Growth: The 30 Year Global Update. USA: Chelsea Green Pub Co. 김병순, 《성장의 한계》, 갈라파고스, 2011.

Miss, Maria·Shiva, Vandana. 1993. Ecofeminism. USA:Zed Books. 손덕수·이난아, 《에코페미니즘》, 창비, 2020.

Missemer, Antoine. 2017. "Nicholas Georgescu-Roegen and degrowth". European Journal of the History of Economic Thought, Taylor & Francis (Routledge), Vol.24(2017), pp.493-506.

Mitchell, Timothy. 2011. Carbon Democracy. UK: Verso. 에너지기후정책연구소, 《탄소 민주주의》, 생각비행, 2017.

Nadeaum, Robert. 2015. "The Unfinished Journey of Ecological Economics". Ecological Economics Vol.109(January 2015), pp.101-108.

Nikiforuk, Andrew. 2012. The Energy of Slaves. USA: Greystone Books. 김지현, 《에너지 노예, 그 반란의 시작》, 황소자리, 2013.

Nordhaus, William. 2021. The Spirit of Green: The Economics of Collisions and Contagions in a Crowded World. USA: Princeton University Press.

Nordhaus, William. 2018. "Climate change: The Ultimate Challenge for Economics". Nobel Price Lecture.

Nordhaus, William. 2016. The Climate Casino: Risk, Uncertainty and Economics for Warming World. USA: Yale University Press. 황성원, 《기후카지노》, 한길사, 2018.

OECD. 2018. "OECD economic scenarios to 2060 illustrate the long-run benefits of structural reforms"

Olson, Mancur·Landsberg, Hans edited. 1974. The No-Growth Society. USA: W. W. Norton & Company. 박동순, 《제로성장사회》, 삼성문화재단, 1975.

O'Neill, Daniel. 2012. "Measuring Progress Towards a Socially Sustainable Steady State Economy". University of Leeds School of Earth and Environment.

Ostrom, Elinor. 1990. Governing the Commons: The Evolution of Institutions for Collective Action. USA: Cambridge University Press. 윤홍근, 《공유의 비극을 넘어》, 랜덤하우스코리아, 2010.

Perkins, Patricia. 2007. "Feminist Ecological Economics and Sustainability". Journal of Bioeconomics(2007), Vol.9, pp.227-242.

Pianta, Mario·Lucchese, Matteo. 2020. "Rethingking the European Green Deal: an industrial policy for a just transition in Europe". Paper for the EuroMemo Conference, 24 Sepmtember 2020. New York: Belknap Press.

Piketty, Thomas·Goldhammer, Arthur. 2020. Capital and Ideology. 안준범, 《자본과 이데올로기》, 문학동네, 2020.

Pizzigati, Sam. 2018. The Case for a Maximum Wage. UK: Polity Press. 허윤정, 《최고임금 - 몽상, 그 너머를 꿈꾸는 최고임금에 관하여》, 루아크. 2019.

Pollin, Robert·Wicks-Lim, Jeannette et al. 2022. "A Green Economy Transition Program for South Korea". Political Economy Research Institute.

Pollin, Robert. 2018. "De-growth vs Green New Deal". NLR Vol.112(2018).

Pollin, Robert. 2015. Greening the Global Economy. USA: MIT Press.

Porritt, Johathon.2020. Hope in Hell: How we can confront the climate crisis and save the earth. London: Earth Aware.

Prigogine, Ilya·Stengers, Isabelle. 1984. Order out of Chaos. UK: Verso Books. 신국조, 《혼돈으로부터의 질서》, 자유아카데미, 2011.

Raworth, Kate. 2017. Doughnut Economics: Seven Ways to Think Like a 21st-Century Economist. UK:Business Books. 홍기빈, 《도넛경제학》. 학고제. 2018.

Reclaim Finance. 2022. "The Asset Managers Fueling Climate Chaos: 2022 scorecard on asset managers, fossil fuels and climate change".

Renner, Ansel·Daly, Herman·Mayumi, Kozo. 2021. "The dual nature of money: why monetary systems matter for equitable bioeconomy". Environmental Economics and Policy Studies(2021) 23: 749-760.

Rezai, Armon·Stagl, Sigrid. 2016. "Ecological macroeconomics: Introduction and review". Ecological Economics Vol.121(2016), pp.181-185.

Rezaia, Armon·Taylor, Lance·Foley, Duncan, 2018. "Economic Growth, Income Distribution, and Climate Change". Ecological Economics Vol.146(2018), pp.164-172.

Rifkim, Jeremy. 2022. The Age of Resilience: Reimagine Existence of a Rewilding Earth. New York: St. Martin's Press. 안진환, 《회복력 시대》, 민음사, 2022.

Rocström, Johan·Gaffney, Owen.2021. Breaking Boudaries: The Sicence of Out Planet. USA:Punguin Random House. 전병옥, 《브레이킹 바운더리스》, 사이언스북스, 2022.

Rogoff, Kenneth. 2012. "Rethingking the growth imperative". project sysdicate.

Røpke, Inge. 2004. "The early history of modern ecological economics". Ecological Economics Vol.50(2004), pp.293-314.

Røpke, Inge. 2005. "Trends in the development of ecological economics from the late 1980s to the early 2000s". Ecological Economics Vol.55(2005), pp.262‒290.

Rorritt, Jonathon. 2020. Hope in Hell: How we can confront the climate crisis and save the earth. London: Earth Aware.

Roubini, Nouiel. 2022. Megathreats: The ten trends that imperil our future and how to survive them. USA: John Murray.

Saes, Beatriz·Romeiro, Ademar.2019 . "Ecological macroeconomics: a methodological review". Economia e Sociedade, Campinas, Vol.28, No.2(66), pp. 365-392.

Schumacher, Ernst. 1979. Good Work. USA: HarperCollins. 박혜영, 《굿워크》, 느린 걸음. 2011.

Schumacher, Ernst. 1973. Small is Beatiful. UK:Blond & Bridge Ltd. 이상호, 《작은 것이 아름답다》, 문예출판사, 2022.

Schmelzer, Matthias. 2017. The Hegemony of Growth: The OECD and the Making of the Economic Growth Paradigm. UK: Cambridge University Press.

Schmelzer, Matthias·Vetter, Andrea·Vansintjan, Aaaron. 2022. The Future is Degrowth: A Guide to a world beyound Capitalism. London: Verso.

Schneider, Eric·Sagan, dorian. 2006. Into the Cool: Energy Flow, Thermodynamics, and Life. USA: University of Chicago Press.

Schwab, Klaus·Vanham, Peter. 2021. Stakeholder Capitalism: A Global Economy That Works for Progress, People and Planet. USA: Wiley. 김미정, 《자본주의 대 예측》, 메가스터디 북스, 2022.

Scrieciu, Şerban·Barker, Terry·Ackerman, Frank. 2011. "Pushing the boundaries of climate economics: critical issues to consider in climate policy analysis". Ecological Economics xxx (2011).

Sen, Amartya· Stiglitz, Joseph E. 2011. Mis-measuring Our Lives : Why the GDP Doesn't Add Up. New Pr. 박형준, 《GDP는 틀렸다》, 동녘. 2011.

Shafik, Minouche. 2021. What We Owe Each Other: A New Social Contract. Princeton University Press.이주만, 《이기적 인류의 공존 플랜》, 까치, 2022.

Shmelev, Stanislav Edit. 2012 . Green Economy: Reader Lectures in Ecological Economics and Sustainability. UK:Springer.

Shrodinger, Erwin. 1944. What is Life?: The Physical Aspect of the Living Cell. Cambridge University Press. 서인석·황상익, 《물리학자의 관점에서 본 생명현상: 생명이란 무엇인가》, 한울. 2001.

Sivaram, Varun. 2019. Taming the Sun. MIT Press. 김지현, 《태양 길들이기 - 인류 운명을 바꿀 가장 강력한 무기》, 한국능률협회컨설팅(KMAC), 2018.

Skidelsky, Robert·Skidelsky, Edward. 2013. How Much is Enough?: Money and the Good Life. UK: Adult Pbs. 김병화, 《얼마나 있어야 충분한가》, 부키, 2013.

Smil, Vaclav. 2022. How the World Really Works: A Scientist's Guide to Our Past, Present and Future. UK: Punguin Books.

Smil, Vaclav. 2021. Grand Transition: How the Modern World Was Made. USA:Oxford University Press. 솝희, 《대전환》, 처음북스, 2021.

Smith, Richard. 2010. "Beyond Growth or Beyond Capitalism?". Real-world Economics Review, Issue 53, pp. 28-42.

Spash, Clive. 2020. "A tale of three paradigms: Realising the revolutionary potential of ecological economics". Ecological Economics Vol.169(2020) pp.106518.

Spash, Clive. 2013. "The Ecological Economics of Boulding's Spaceship Earth". RePEc - Research Papers in Economics.

Spash, Clive. 2012. "New Foundations for Ecological Economics". Ecological Economics, Vol.77. pp. 36-47.

Spash, Clive·Smith, Tone. laager2019. "Of ecosystems and economies: re-connecting economics with reality". Real-world economics review, issue no. 87.

Standing, Guy. 2019. Plunder of the Commons: A Manifesto for Sharing Public Wealth. UK: Penguin Books Ltd. 안효상, 《공유지의 약탈 - 새로운 공유 시대를 위한 선언》, 창비, 2021.

Steffen, Will et al. 2004. Global Change and the Earth System: A Planet Under Pressure. USA: Springer.

Steffen, Will et al. 2005. "The trajectory of the Anthropocene: The Great Acceleration". The Anthropocene Riview. 2005. pp.1-18. W Steffen et al.

Stocker, Andrea·Gerold, Stefanie et al. 2016. "The Interaction of Resource and Labor Productivity". Sustainable Europe Research Institute (SERI).

Stoddard, Isak·Anderson, Kevin et al. 2021. "Three Decades of Climate Mitigation: Why Haven't We Bent the Global Emissions Curve?". Annual Review of Environment and Resources, Vol.46, pp.653–89.

Stratford, Beth. 2020. "Green Growth vs degrowth: are we missing the point". Open Democracy.

Suzman, James. 2020. Work: A History from the Stone Age to the Age of Robots. USA: Penguin Books. 김명화, 《일의 역사》, 알에치코리아, 2022.

Swiss Lee Institute. 2021. "The economics of climate change: no action not an option". WEF.

Taylor, Lance·Rezai, Armon et al. 2015. "An Integrated Approach to Climate Change, Income Distribution, Employment, and Economic Growth". WU Vienna University of Economics and Business, Ecological Economic Papers; No. 3.

Tanzi, Vito. 2022. Fragile Futures: The Uncertain Economics of Disasters, Pandemics, and Climate Change. UK: Cambridge University Press.

Tcherneva, Pavlina. 2020. The Case for a Job Guarantee. Polity Press. 전용복, 《일자리보장-지속가능사회를 위한 제안》, 진인진, 2021.

The Wellbeing Economy Alliance(WEAll). 2021. "Wellbeing Economy Policy Design Guide".

Thunberg, Greta. 2022. The Climate Book. UK USA: Penguin Books.

Tooze, Adam. 2021. Shutdown: How Covid Shook the World's Economy. New York: Viking. 김부민, 《셧다운》, 아카넷, 2022.

Tukker, Arnold. Ekins, Paul. 2019. "Concepts fostering resource efficiency: a trade-off between ambitions and viability". Ecological Economics Vol.155(2019), pp.36-45

UN, 1987. "Our Common Future".

UNEP. 2022. "Emissions Gap Report 2022".

UNEP. 2016. "Global Material Flows and Resource Productivity".

UNFCCC. 2022. "2022 NDC Synthesis Report".

Victor, Peter. 2022. Herman Daly's Economics for a Full World: His Life and Ideas. London and New York:Routledge.

Victor, Peter. 2019. Managing without Growth: Slower by Design, not Disaster(Second Edition). UK: Elgar.

Victor, Peter. 2021. "The Macroeconomics of a Green Transformation: The Role of Green Investment". Economic + Social Issues Vol.27

WeALL. 2018. Wellbeing Economy Policy Design Guide. wellbeingeconomy.org.

Wiedmann, Thomas·Lenzen, Manfred. 2020. "Scientists' warning on affluence". Nature Communications, 2020.

Williams, Jeremy. 2013. "Genuine Progress vs GDP". The Earthbound Report.

Wallis, Victor. 2022. Red-Green Revolution: The Politics and Technology of Ecosocialism: Second Edition. Toronto: Political Animal Press.

WMO. 2022. "Global Annual to Decadal Climate Update".

Wright, Eric Olin. 2019. How to Be an Anticapitalist in the Twenty-First Century. UK: Verso. 유강은, 《21세기를 살아가는 반자본주의자를 위한 안내서》, 이매진, 2020.

WWF. 2020. "Towards an EU Wellbeing Economy: A Fairer, More Sustainable Europe After Covid-19".

찾아보기